Михаил ВАЙСКОПФ

ПИСАТЕЛЬ СТАЛИН

Новое литературное обозрение
Москва
2001

Елене Толстой

НОВОЕ ЛИТЕРАТУРНОЕ ОБОЗРЕНИЕ
Научное приложение. Вып. XXII

В оформлении книги использованы работы
С. Дали

Вайскопф М.
Писатель Сталин. — М.: Новое литературное обозрение, 2001. — 384 с.

М. Вайскопф — известный израильский славист, автор многих статей по истории русской культуры. Обе его предыдущие книги — «Сюжет Гоголя» (1993) и «Во весь логос: Религия Маяковского» (1997) — стали интеллектуальными бестселлерами.

В новом исследовании ученого рассматриваются литературный язык Сталина и религиозно-мифологические стереотипы, владевшие его сознанием. При крайней скудости лексики и убогой стилистике его писания представляют собой парадоксальный образчик чрезвычайно изощренной семантической системы, которая отличается многозначностью и текучестью самых, казалось бы, ясных и определенных понятий. Выявлен обширный фольклорный слой (преимущественно северокавказский эпос) сталинского мировоззрения и его связь с общереволюционной мифологией; исследуются отношения между христианскими и языческими моделями в сочинениях этого автора. В работе использовано большое количество текстов и материалов, до сих пор не входивших в научный обиход.

100255472Х

ISBN 5—86793—102—1

В некоторых адах виднеются как бы развалины домов и городов после пожара: тут живут и скрываются адские духи.

Э. Сведенборг

— Сталин снится?
— Не часто, но иногда снится. И какие-то совершенно необычные условия. В каком-то разрушенном городе… Никак не могу выйти. Потом встречаюсь с ним.

Сто сорок бесед с Молотовым:
Из дневника Ф. Чуева

Предисловие

Однажды он сам назвал себя писателем. И все же в качестве заглавия это определение многим покажется странным. О каком «писателе» может идти речь, если русский язык был для Джугашвили чужим, а его публицистика не блистала литературным талантом? Ведь сталинский стиль выглядит примитивным даже на фоне общебольшевистского волапюка. В ответ на подобные возражения мне остается напомнить, что именно стиль, язык явился непосредственным инструментом его восхождения к власти, а следовательно, обладал колоссальным эффектом, причина которого заслуживает изучения. Не зря одну из последних своих работ Сталин посвятил языку — будто в знак признательности за его верную службу. Более развернутое и комплексное исследование должно было бы охватывать не только его авторскую, но и огромную редакторскую работу, получившую поистине тотальный государственный размах[1]. Сталин отредактировал Советский Союз. Но он же создал и основной текст для своего государства. Именно к этой, собственно писательской стороне его личности обращена данная книга.

В конечном итоге мы сталкиваемся здесь с поразительным парадоксом. Несмотря на скудость и тавтологичность, слог Сталина наделен великолепной маневренностью и гибкостью, многократно повышающей значение каждого слова. По семантической насыщенности

---

[1] Во введении к своей монографии «Сумбур вместо музыки: Сталинская культурная революция 1936—1938» (М., 1997. С. 3) Леонид Максименков очень точно отмечает, что «Сталин как политик был прежде всего редактором подготовленного для утверждения текста. Его решения вторичны по отношению к документу-первооснове. Он воспринимал российскую политическую культуру через письменный текст».

этот минималистский жаргон приближается к поэтическим текстам, хотя сфера его действия убийственно прозаична. Очевидно, это были те самые слова, которые обладали одновременно и рациональной убедительностью, и, главное, необходимой эмоциональной суггестией, обеспечивавшей им плодотворное усвоение и созвучный отклик. Иначе говоря, они опознавались сталинской аудиторией как глубоко родственные ей сигналы, как знаки ее внутренней сопричастности автору.

На некоторые аспекты этой интимной связи давно указывалось в литературе. Я имею в виду тему так называемого сталинского православия, заданную еще в 1930-е годы В. Черновым, Л. Троцким, Н. Валентиновым, а позднее подхваченную А. Авторхановым, М. Агурским и сонмом других авторов[2]. Стандартный перечень этих конфессиональных влияний — в который мы еще внесем очень существенные коррективы — выглядит примерно так. От православной семинарии Сталин унаследовал жесткий догматизм, борьбу с ересями, литургическую лексику («очищение от грехов», «исповедь перед партией»), богословскую ясность и точность изложения, проповедническую тягу к доверительно-разъяснительной устной речи (которую он подчас имитирует в своих статьях и письмах: «Слышите?»; «Послушайте!»), ступенчатую систему аргументации (часто с перечислениями: «во-первых, во-вторых...») и пристрастие к вопросам и ответам, подсказанные катехизисом. Вопрос в том, насколько оригинален был Сталин в публицистической и прочей эксплуатации этого церковно-догматического наследия и как оно увязывалось с российской леворадикальной словесностью. Но это только частный случай рассматриваемой здесь темы. Важно проследить общую зависимость — как и персональные отклонения — Сталина от штампов революционной риторики и мифотворчества.

Такой подход требует адекватной методики. Пользуясь моделью Пола Брандеса, можно было бы сказать, что весь послеоктябрьский

---

[2] См., в частности: *Троцкий Л.* Сталин: В 2 т. Vermont, 1985. Т. 1. С. 130; *Белади Ласло, Краус Тамаш.* Сталин. М., 1989. С. 11; *Антонов-Овсеенко А.* Портрет тирана. Нью-Йорк, 1989. С. 72—73; *Валентинов Н. В.* Наследники Сталина / Сост. Ю. Фельштинский. М., 1991. С. 199; *Авторханов А.* Загадка смерти Сталина (Заговор Берия). Frankfurt/Main, 1976. С. 109; *Agursky, Mikhail.* Stalin's Ecclesiastical Background // Survey, 1984. № 28 (автор решительно — хотя без особых на то оснований — приписывает себе приоритет в деле изучения «церковного» периода сталинской биографии); *Маслов Н. Н.* Об утверждении идеологии сталинизма // История и сталинизм. М., 1991. С. 51; *Такер Р.* Сталин. Путь к власти 1879—1929: История и личность. (В оригинале: *Tucker, Robert C.* Stalin as a Revolutionary 1879—1929: A Study in History and Personality). М., 1990. С. 126—127; *Волкогонов Дм.* Триумф и трагедия. Политический портрет И. В. Сталина: В 2 кн. М., 1989. Кн. I, ч. 1. С. 38—39, 64; кн. II, ч. 2. С. 137—139 (кстати сказать, в документальной области это самая, пожалуй, информативная работа; в концептуальном же отношении она проникнута сильнейшим влиянием Троцкого, вполне естественным в годы «перестройки».); *Фурман Д.* Сталин и мы с религиоведческой точки зрения // Осмыслить культ Сталина. М., 1989. С. 402—429.

период большевистской агитации раскладывается на три фазы: «Революционная риторика на протяжении первой стадии характеризуется бесконечным повторением лозунгов, которые, вместе с музыкой, одеждой и другими ритуалами, предназначены для восстановления среди революционеров идентификации, утерянной при отходе от старого режима. Вторая стадия революции, могущая иметь место во время войны или мира, показывает вырождение риторики в персональные инвективы. <...> Третья стадия в революционной риторике обнаруживает доминирующую лексику, направленную против контрреволюции — этот порыв может далеко заходить в тот период, когда от нового режима уже не требуется такой бдительности»[3]. Единственное неудобство, сопряженное с подобными «теориями политической риторики», состоит в их непомерной грандиозности. Если они легко — слишком легко — применимы к большевизму, да, пожалуй, и к самому Сталину «в целом», то зато решительно непригодны для строго текстуального исследования сталинского стиля. (С этой точки зрения мне, признаться, ближе кропотливый учет, допустим, слова home в речах какого-нибудь американского президента, отличающий иные работы по политической риторике.) В качестве действительной проблемы я мог бы сослаться на постоянную зависимость Сталина — включая его поздние годы — от ленинского слога, где он нашел навсегда прельстившие его обороты — «кажется, ясно», «невероятно, но факт», «третьего не дано» и т. п. Надо ли уточнять, что речь идет не только о стиле, коль скоро le style c'est l'homme? Столь мощное идиоматическое влияние, несомненно, является гарантом более широкой — духовной или ментальной — преемственности[4]. Символической заставкой к этой теме, которой тут будет уделено немало страниц, может служить следующий пример. Отрицая внутреннее родство обоих правителей, коммунисты вегетарианского типа всегда победоносно ссылались на знаменитую сталинскую фразу о простых людях — *«винтиках* государственной машины» как на образец бездушно-бюрократического, казарменного социализма, абсолютно не совместимого с гуманным ленинским духом[5]. Фактически, однако, этот образ взят был именно у Ленина, из

---

[3] *Brandes P.* The Rhetoric of Revolt. New Jersey: Prentice-Hall, 1971. P. 14.

[4] О громадном воздействии Ленина на идеологическое и поведенческое становление Сталина писали очень многие авторы. См., в частности, *Такер Р.* Указ. соч. С. 120—127.

[5] Ср.: «Представление о партии как об "ордене меченосцев", низведение простых людей до функции "винтиков", идея, что по мере продвижения к высотам социализма нас ждет обострение классовой борьбы, — вот, пожалуй, и все явственные отклонения Сталина от духа марксизма-ленинизма. По крайней мере, читая о его ревизии научного коммунизма, постоянно сталкиваешься лишь с этими немногими примерами» (*Ципко А.* Истоки сталинизма // Вождь. Хозяин. Диктатор / Сост. А. М. Разумихин. М., 1990. С. 433).

антименьшевистской книги которого «Шаг вперед, два шага назад» Сталин назидательно процитировал в своих «Вопросах ленинизма» такое рассуждение:

> Русскому нигилисту этот барский анархизм особенно свойственен. Партийная организация кажется ему чудовищной "фабрикой". Подчинение части целому и меньшинства большинству представляется ему "закрепощением"... Разделение труда под руководством центра вызывает с его стороны трагикомические вопли против превращения людей в колесики и *винтики*[6].

При всем том диктаторов принципиально разделяет само отношение и к собственному, и к чужому слову. Ленину был чужд тот напряженный, вездесущий и хитроумный вербальный фетишизм, который отличал его наследника и во многом содействовал его успеху. Но до того как перейти к показу таких содержательных компонентов сталинщины, как магизм, культ Ленина, русско-революционная или кавказско-фольклорная мифология, православие, язычество и т.п., нам понадобится произвести вводный разбор словаря и основных риторических приемов Сталина. Собственно говоря, в этом и заключается ближайшая задача публикуемой книги, поставленная в ее первой главе. По профессии я литературовед, а не советолог, и занимают меня не столько биографические или политические реалии сталинизма, изучавшиеся такими знатоками предмета, как А. Улам, Р. Такер, Дм. Волкогонов и др., сколько внутренняя организация сталинского текста. Немало отрывочных наблюдений над языком Сталина разбросано у его биографов — но все еще нет ни одного настоящего и целостного исследования, посвященного этому вопросу[7].

В мои намерения входит дать фронтальный, системный и целостный обзор сталинской стилистики, во всем объеме его — доступных нам — сочинений. Подробной фактологической проверке подверглись при этом некоторые положения, считавшиеся более-менее установленными, — например, вопрос о его языковых и литературных познаниях. По возможности я стремился идти от готовых теорий или предубеждений назад — к фактам, к текстовой эмпирике, к непосредственному генезису и контексту. Я готов безоговорочно принять упрек в позитивистской ограниченности такого подхода — но, по моему твердому убеждению, для понимания реального сталинизма он все же может дать больше, чем те совершенно безличные и голословные концепции, которые превосходно обходятся без вся-

---

[6] Мотив «винтиков» тут маркирован самим Лениным: через несколько страниц он снова глумливо нападает на «невинные декламации о самодержавии и бюрократизме, о слепом повиновении, винтиках и колесиках».

[7] К сожалению, не представляет тут никакого исключения и только что вышедшая работа А. Гетти и О. Наумова о терроре 30-х гг.: *Getty Arch and Naumov Oleg.* The Road to Terror: Stalin and the Self-Destruction of the Bolsheviks, 1932—1939. New Haven and London. P. 15 ff.

кого конкретного материала и развиваются тем вдохновеннее, чем дальше от него отстоят. В этом смысле предлагаемая работа всецело примыкает к традиции, означенной Андреем Белым в его книге о Гоголе: «Не бесцельны... скромные работы собирателей сырья: в качестве... введения к элементам поэтической грамматики... работа моя... не бесполезна... Все же, что не имеет прямого отношения к... "словарю", я предлагаю рассматривать как субъективные домыслы, как окрыляющие процесс работы рабочие гипотезы, легко от нее отделимые и не могущие никого смутить».

Несколько технических и библиографических замечаний. Курсив во всех цитатах мой *(М. В.)*. Графические выделения подлинника переданы разрядкой. Мои ремарки, введенные в цитаты, заключены в квадратные скобки.

Некоторые, довольно пространные фрагменты «Писателя Сталина» в том или ином виде уже публиковались. Разделы, касающиеся церковного и кавказского субстрата сталинизма, под названием «Подземные силы», в начале 1998 года были напечатаны в тель-авивской газете «Вести». В июле того же года на Международной конференции по иудаике, проходившей в РГГУ, был заслушан мой доклад о раннем контексте и клерикальных истоках сталинской юдофобии — «Дух марксизма и дух субботний». Наконец, практически одновременно с этой книгой в Петербурге (изд. Академический проект) в 2000 году должен выйти сборник о соцреалистическом каноне, куда включена обширная часть первой главы.

В работе использованы главным образом сталинские Сочинения (1946—1951), из которых, как известно, вышло лишь 13 вместо предусмотренных автором 16 томов. Три заключительных тома изданы, однако, в США Гуверовским институтом войны, революции и мира, под редакцией Роберта Мак-Нила (I. Stalin. Works. Vol. 1 [XIV], 1934—1940; Vol. 2 [XV], 1941—1945; Vol. 3 [XVI], 1946—1953. Edited by Robert McNeal, Stanford, 1967) — правда, за вычетом «Краткого курса» (авторство которого в 1956 году дезавуировал Хрущев[8]), зато с прибавлением кое-каких посмертных публикаций. Российский чи-

---

[8] Вместе с тем Сталин настолько скрупулезно отредактировал всю книгу, что полностью несет за нее не только идеологическую, но и литературную ответственность (в ряде случаев — помимо известных разделов 4-й главы — совершенно бесспорно и его непосредственное писательское участие в создании текста). Открыто о его авторстве говорил, например, Л. Мехлис, назвавший книгу «сталинским творением и подарком партии» (Речь на XVIII съезде ВКП(б). М., 1939. С. 10). См. также свидетельство Ем. Ярославского, крайне важное (дано со скидкой на его официальную восторженность) для понимания сталинского отношения к слову: «Ежедневно, по нескольку часов подряд, иногда далеко за полночь, буквально строка за строкой просматривался весь "Краткий курс". Я должен сказать, товарищи, что на протяжении всей своей партийной деятельности я много видел всякого рода редакционных комиссий, но никогда не видел и не встречал еще такого серьезного, требовательного отношения к работе редакционной комиссии, которое проявлял лично товарищ Сталин. Эти 12 вечеров, в течение ко-

татель, не располагающий этим вспомогательным сводом, может частично заменить его 15 и 16 томами сталинских Сочинений, напечатанных так называемым Рабочим университетом: И. В. Сталин. Сочинения. Т. 15: 1941—1945; Т. 16: 1946—1952. Сост. и общая редакция Ричарда Косолапова. М., 1997. Это коммунистическое изделие содержит и многочисленные добавочные материалы, почерпнутые из других публикаций (часть которых, заимствованная из книги В. Жухрая «Сталин: Правда и ложь», представляет собой, впрочем, примитивную фальсификацию[9]). Прижизненно печатавшиеся сталинские сочинения в моей работе приводятся обычно по этим собраниям без дополнительных указаний (тогда как ленинские писания цитируются по: ПСС: В 55 т. М., 1959—1970; Избранные произведения: В 3 т. М., 1976). Ссылки даны только на посмертно изданные тексты, включая как мак-ниловские (римская нумерация), так и косолаповские тома (арабская нумерация).

Что касается сочинений, представленных в тринадцатитомнике, то в них Сталин произвел значительные купюры: исключались и работы целиком, и отдельные фрагменты вроде панегирика Троцкому в статье к первой годовщине Октября («Вся работа по практической организации восстания проходила под непосредственным руководством председателя Петроградского Совета тов. Троцкого») или знаменитой реплики в защиту «Бухарчика» («Крови Бухарина требуете? Не дадим вам его крови, так и знайте»)[10]. Суммарное число ранних

торых просматривалась каждая глава, у каждого из нас останутся глубоко запечатленными на всю нашу жизнь. Это была забота о том, чтобы не выпустить в свет “Краткий курс” истории партии хотя бы и с мелкими ошибками и неточностями» (*Ярославский Ем*. Идейная сокровищница партии. Цит. по: Язык газеты. Практическое руководство и справочное пособие для газетных работников. Под ред. Н. И. Кондакова. М.; Л., 1941. С. 72). Сказанное относится, конечно, и к таким поздним сталинским трактатам, как «Марксизм и вопросы языкознания» и «Экономические проблемы социализма в СССР», — авторство Сталина абсолютно бесспорно, хотя написаны они были с чужой помощью. (См.: *Волкогонов Дм*. Указ. соч. Кн. II, ч. 2. С. 152—154.)

[9] Вот один из ее примеров. В 15-м томе (с. 16) приведена сталинская беседа с А. С. Яковлевым, датированная 26 марта 1941 года. Публикатору важно опровергнуть представление об антисемитизме Сталина, которому здесь приписывается такая тирада: «Мне докладывали, что гитлеровцы готовят полное физическое истребление еврейского населения как в самой Германии, так и в оккупированных ею странах. С этой целью ими разработан план уничтожения еврейского населения, закодированный под названием “План Ваннзее”. Жаль трудолюбивый и талантливый еврейский народ, насчитывающий шеститысячелетнюю историю». Сталин тут в полтора раза удлинил еврейскую историю, однако главное состоит в том, что никакого «плана Ваннзее» вообще не существовало — имеется в виду так называемое совещание в Ванзее, на котором разрабатывались меры по депортации европейских евреев в лагеря смерти, но и оно состоялось почти через год после этой профетической беседы — а именно 20 января 1942 года.

[10] См.: *Берлин П*. Сталин под автоцензурой // Социалистический вестник. 1951. № 11 (648).

(до 1929 г.) сталинских публикаций, опущенных в этом издании, по оценке Р. Мак-Нила, могло бы составить один-два тома[11]. Но и в каноническом собрании имеется немало отступлений от первоначального варианта. В большинстве случаев, однако, правка носит редакционно-косметический или ритуализованный характер: это в основном малосущественные изменения некоторых формулировок[12], ретроспективное изъятие слова «товарищ» перед именами Троцкого, Зиновьева и вообще почти всех репрессированных и т.п. Я должен подчеркнуть, что с точки зрения изучения сталинского стиля и его «авторского облика» эти подробности никакого значения не имеют, — для поставленной задачи наличного материала более чем достаточно.

Значимо как раз другое — та феноменальная откровенность, с какой Сталин приоткрывает потаенные пружины своих действий, их переменчивый контекст и предысторию, резко расходящуюся, например, с «Кратким курсом». Само собой, множество своих приказов, распоряжений, выступлений и пр. он тщательно засекретил — но, с другой стороны, в Сочинения вошло огромное количество высказываний, за любое из которых их автор, не будь он Сталиным, поплатился бы головой. Среди прочего здесь можно найти комплименты тому же Троцкому, не говоря уже о Бухарине или Зиновьеве и Каменеве; совершенно криминальное — в других устах — упоминание о так называемом завещании Ленина; такие шедевры двуличия, как заверения в прочности НЭПа и решительном отказе от раскулачивания, прозвучавшие в самый канун коллективизации; несбывшиеся сталинские пророчества о сроках победы над Германией (в 1941-м, к примеру, он так определил эту дату: «Еще несколько месяцев, еще полгода, может быть, годик»). В 4-й том он ввел статью 1918 года, где защищал «оклеветанных чеченцев и ингушей», — книга появилась в 1947 году, т.е. вскоре после памятной всем сталинской депортации этих же народов, ставших «изменниками». В разгар послевоенной конфронтации с Западом и психопатической антиамериканской пропаганды он из года в год переиздает — в составе книги о ВОВ (потенциального 16-го тома Сочинений) — свои торжественные поздравления вчерашним англо-американским союзникам «с блестящими победами» над общим врагом; в 13-м томе (изд. 1951) восхваляет американскую экономическую помощь Советскому Союзу (и там же говорит о горячих советских симпатиях к немцам, что звучало особенно актуально на фоне недавних событий). Интереснее всего, что напечатанные декларации такого рода ни в коем случае не предназна-

---

[11] *McNeal R. C.* Introduction // Op. cit. Vol 1 (XIV). P. XII—XIII.

[12] О некоторых догматических нюансах этой редактуры см.: *Благовещенский Ф.* В гостях у П. Л. Шарии // Минувшее: Политический альманах. М., 1992. Т. 7. С. 486—487.

чались к использованию. Кто, кроме сумасшедшего, осмелился бы цитировать, предположим, сталинские фразы: «Да что Сталин, Сталин человек маленький»; «Куда мне с Лениным равняться»? Перед нами совершенно уникальный случай, когда корпус сакральных писаний заведомо включает в себя жесточайше табуированные фрагменты. Зачем же, спрашивается, Сталин ввел их в свои Сочинения?[13] Помимо естественного авторского тщеславия здесь был, вероятно, и некий пропагандистско-дидактический расчет, сопряженный с его общей установкой на раздвоение личности[14]. Сталин как бы отрекался от собственного монолитно-статичного и помпезного официального образа, демонстрируя диалектическую подвижность, сложность, извилистость своего политического пути, скромную самооценку, житейскую и политическую честность, как и человеческое право на ошибки и колебания, — но с тем же успехом его писания должны были служить наглядным пособием по хитроумной и беспринципной тактике большевизма.

Эта и другие многочисленные трудности, возникавшие у меня при изучении сталинских текстов, стимулировали устное обсуждение накопившегося материала. Мне остается выразить признательность тем, кто так или иначе способствовал написанию данной книги своими советами, информативными или критическими замечаниями, а также технической помощью, — Зееву Бар-Селла, Михаилу Генделеву, Евгению Добренко, Леониду Кацису, Виктору Куперману и Дану Шапира. Екатерине Неклюдовой я благодарен за компьютерный набор этой работы.

---

[13] Это вопрос озадачивал даже его ближайших соратников. Рассуждая, уже в 1980-х гг., о сталинских ошибках периода Февральской революции (пацифизм и готовность поддержать Временное правительство), Молотов с недоумением заметил: «Его статья напечатана в собрании сочинений, я до сих пор удивляюсь, почему он ее там напечатал» (Сто сорок бесед с Молотовым. Из дневника Ф. Чуева. М., 1991. С. 158).

[14] Читатель, интересующийся психоанализом, может обратиться к итоговой книге известного американского слависта Дэниэля Ранкур-Лаферриера (1988), русское издание которой вышло в Москве в 1996 г.: «Психика Сталина. Психоаналитическое исследование». Как многие психоаналитические работы, эта монография наряду с убедительными наблюдениями содержит, однако, и неизбежные курьезы — таковы (на с. 210) экзотические рассуждения автора о советско-финской войне (Сталин, мол, отказался от полного захвата вражеской страны из уважения к памяти Ленина, воспринимавшегося им в статусе «отца»); досадным недостатком этой яркой книжки является также излишне доверчивое — особенно для такого добросовестного и внимательного исследователя — отношение к беллетристическим фантазиям Виктора Некрасова, повествующего о своих несостоявшихся разговорах со Сталиным.

Глава 1

Вопросы языкознания

ЛИТЕРАТУРНАЯ ЭРУДИЦИЯ

О культурном уровне и эстетических предпочтениях Сталина высказываются самые разные мнения, но в общем тут очерчивается достаточно устойчивый консенсус: судя по его отношению к Булгакову, Маяковскому, даже Мандельштаму и другим авторам, он был человеком вполне эрудированным, выказывающим порой признаки настоящего литературного чутья (куда хуже обстояло у него с музыкой, кинематографом и пластическими искусствами). Известно, что он много читал и неустанно следил — преимущественно в буквальном значении слова — за подопечной ему литературой[15].

Но если его осведомленность в литературе советской эпохи сомнений не вызывает, то, как показывает подробное изучение вопроса, в классической традиции Сталин почти не ориентируется, а его редкие ссылки на дореволюционных писателей отдают казусным провинциализмом. При его необъятной памяти это невежество выглядит даже как-то странно. «Его обращение к классике было очень редким, — пишет Волкогонов, — что отражало и весьма ограничен-

---

[15] См.: *Флейшман Л.* Борис Пастернак в тридцатые годы. Jerusalem, 1984, passim; *Волкогонов Дм.* Указ. соч. Кн. I, ч. 1. С. 231—232; *Симонов К.* Глазами человека моего поколения. Размышления о И. В. Сталине. М., 1990; *Бибиченко Д. Л.* И. Сталин: «Доберемся до всех» (Как готовили послевоенную идеологическую кампанию. 1943—1946 гг.) // Исключить всякие упоминания... Очерк истории советской цензуры / Сост. Т. М. Горячева. Минск, 1995; *Максименков Л.* Сумбур вместо музыки. Сталинская культурная революция 1936—1938; *Радзинский Э.* Сталин. М., 1997. С. 330—331; «Счастье литературы». Государство и писатель. 1925—1938. М., 1997; *Громов Е.* Сталин: власть и искусство. М., 1998.

ное знакомство генсека с шедеврами мировой и отечественной литературы»[16]. Высмеяв представление о Сталине как «корифее всех наук» и новаторе марксизма, А. Авторханов заметил: «Невероятно ограниченным был духовный багаж Сталина и в области русской литературы. В его литературных выступлениях ни разу не встречаются герои и примеры из гуманистической классической литературы (Пушкин, Лермонтов, Достоевский, Тургенев, Толстой, даже Горький), но зато он неплохо знал классиков-"разоблачителей" (Гоголь, Щедрин)»[17]. Оно и понятно: леворадикальная публицистика кишела ссылками на этих «разоблачителей». В поздние годы, по свидетельству Светланы Аллилуевой, «он часто перечитывал Гоголя и раннего Чехова; вдвоем со Ждановым они иногда брали с полки Салтыкова-Щедрина, чтобы процитировать нечто из "Истории города Глупова"»; «Отец, — добавляет она, — не любил поэтического и глубоко-мифологического искусства. Я никогда не видела, чтобы он читал стихи, — ничего, кроме поэмы Руставели "Витязь в тигровой шкуре", о переводах которой он считал себя вправе судить. Не видела на его столе Толстого или Тургенева»[18]. Из старых русских поэтов он, как все тогдашние публицисты, предпочитает Крылова[19], но цитаты приводит анонимно, будто из вторых рук, и походя перевирая текст: «Недаром говорят: "Беда, коль пироги начнет *печь* сапожник!.."» (вместо «начнет *печи*»). Мертвая глухота к элементарному благозвучию плохо вяжется с образом молодого Сталина-поэта, пусть и грузинского, и с позднейшими легендами о чуткости к поэтическому слову. (В юности он действительно был стихотворцем, достаточно бездарным, чтобы войти в хрестоматию.) Что касается странной анонимности («говорят»), то она глубоко симптоматична: Крылова он, без сомнения, читал. Вернее будет сказать, что уже на этой самой ранней стадии его публицистики мы сталкиваемся с постоянной чертой сталинского стиля — инстинктивной конспиративностью, с методом темного намека, намеренной деперсонализацией объекта, предшествующей его прямому называнию. Любил он ссылаться и на другие, столь же обезличенные, крыловские тексты, чаще прочих — на басню «Пустынник и Медведь».

Никакого влечения к Пушкину, о котором иногда вспоминали верноподданные, я у Сталина не обнаружил — кроме того случая, когда он склеил Крылова со школьной «Полтавой»: «Наивные люди! Революционера Камкова, кадета Авсентьева и "расплывчатого" Чер-

---

[16] Указ. соч. Кн. I, ч. 1. С. 233.

[17] *Авторханов А.* Технология власти. Frankfurt/Main, 1976. С. 552.

[18] *Аллилуева С.* Только один год. NY and Evanston, 1969. С. 337.

[19] О широчайшей популярности крыловских (как и гоголевских) образов в революционную эпоху см. хотя бы: *Наживин И.* Записки о революции. Вена, 1921. С. 79—82.

нова они, после ряда неудач, хотят еще раз впрячь в одну телегу!» (Контаминация басни «Лебедь, Щука и Рак» с пушкинским стихом «В одну телегу впрячь не можно...»). Не знаю, как это звучало в сталинском оригинале — ведь приведенную цитату, подобно предыдущей, Сочинения дают в обратном переводе, — но за его редакцию отвечал, безусловно, сам автор. По-грузински — и снова анонимно — цитирует он стихи из горьковского «Буревестника», также включив их в свои Сочинения в перевранном виде: «Пусть сильнее грянет гром, пусть сильнее разразится буря!» (Вместе с тем творчество Горького — которого Авторханов причислил к классикам — он знал хорошо и, по свидетельству М. Джиласа, выше всего ставил дореволюционные рассказы, «Фому Гордеева» и «Городок Окуров»[20], что само по себе интересно, так как эта вещь исполнена в мрачно-сологубовской манере.)

Однажды в полемике с меньшевиками он сравнил их с гоголевским героем, возомнившим себя «королем Испании». Но по большей части ссылки на Гоголя тоже безличны и черпаются из обычного газетного шлака: «Как говорится, унтер-офицерская вдова сама себя высекла». Другие мотивы и образы «Ревизора» фигурируют в неряшливом и противоестественном сочетании с абстрактной мировой классикой, воспринятой понаслышке, вроде мелькающих у него Дон-Кихотов с вечными ветряными мельницами: «эсеровские Гамлеты» «бегают петушком» — как Добчинский — вокруг Керенского (так, по Ленину, оппортунисты «петушком, петушком бегут» за русской интеллигенцией); есть и Ляпкины-Тяпкины из эсеровской газеты, и хозяйственный Осип, припасающий веревочку. Все эти гамлеты и дон-кихоты — стертые газетно-публицистические фантомы, не состоящие ни в каком родстве со своими литературными тезками. Довольно редки отсылки к «Мертвым душам» — в крохотном диапазоне от стабильной «маниловщины» или «дамы приятной во всех отношениях» до полюбившегося Сталину за политическую грамотность Селифана, который журит крепостную девчонку Пелагею: «Эх ты, черноногая. Не знает, где право, где лево!» За эти скромные пределы гоголеведческая эрудиция Сталина не простирается, а когда он решается их преступить, то покушение кончается конфузом. Поддавшись соблазну литературного соперничества с Троцким, он обвинил последнего в том, что тот «хитроумно приставляет нос Ивана

---

[20] *Джилас М.* Лицо тоталитаризма. М., 1992. С. 113. Зато как раз горьковские стихи, наподобие «Песни о Соколе», Сталин терпеть не мог. Подробнее об их взаимоотношениях см., в частности: *Флейшман Л.* Указ. соч. С. 239 сл.; *Громов Е.* Указ. соч. С. 90—99; *Никё М.* К вопросу о смерти Горького // Минувшее. Т. 5, СПб., 1991; *Иванов Вяч.* Почему Сталин убил Горького? // Вопросы литературы. 1993. № 1; Переписка М. Горького и И. В. Сталина (1934—1936) / Публ. и коммент. Т. - Дубинской-Джалиловой, А. Чернева // Новое литературное обозрение. 1999. № 40.

Ивановича XIX столетия к подбородку Ивана Никифоровича XX столетия». Сталин тут перепутал повесть о двух Иванах с «Женитьбой», где к носу приставляются все же губы, а не подбородок, — правда с анатомией он всегда обходился так же прихотливо, как с литературными цитатами.

Можно найти у него и цитату из (неупомянутого) А. Островского, которого он проходил в семинарии[21]: «Кто тебя, Тит Титыч, обидит? Ты сам всякого обидишь». Единичны среди приводимых им авторов Кольцов, опять-таки не названный по имени (отрывок из «Леса»), и столь же анонимный Некрасов, которого он процитировал в речи «О задачах хозяйственников»: «Помните слова дореволюционного поэта: "Ты и убогая, ты и обильная, ты и могучая, ты и бессильная, матушка Русь"«. Самого Некрасова открывать для этого не требовалось — те же точно стихи (впрочем, давно облюбованные народниками) поставлены эпиграфом к посвященной Брестскому миру ленинской статье «Главная задача наших дней». Ленин здесь осуждает тех, «у кого кружится голова» (ср. сталинское «Головокружение от успехов»), а затем возвращается к некрасовским эпитетам, говоря о непреклонной решимости большевиков «добиться того, чтобы Русь перестала быть убогой и бессильной, чтобы она стала в полном смысле слова могучей и обильной». По близкой, хотя несколько оглупленной, модели действует Сталин, призывая покончить с национальной отсталостью, радующей врагов России, которым он непринужденно приписывает знакомство с Некрасовым: «Эти слова старого поэта хорошо заучили эти господа. Они били и приговаривали: "Ты и убогая, бессильная — стало быть, можно бить и грабить тебя безнаказанно <...>". Вот почему нам нельзя больше отставать». Словом, некрасовский оригинал здесь явно не понадобился, чем и подтверждается свидетельство Светланы Аллилуевой о полном равнодушии ее отца к поэзии.

В 1917 году у него внезапно выскакивает драматургический Чехов: « — В Москву, в Москву! — шепчутся "спасители страны", удирая из Петербурга». «Собственно, именно Чехов являлся любимым автором Сталина, — утверждает Громов. — Его он будет читать всю жизнь»[22]. Трудно сказать, на чем основано это категорическое заявление, — разве что на свидетельстве Анны Аллилуевой, подтверждающей его симпатию преимущественно к раннему, юмористическому — то бишь «разоблачительному» — Чехову: «"Хамелеон", "Унтер Пришибеев" и другие рассказы Чехова он очень любил. Он читал, подчеркивая неповторимо смешные реплики действующих лиц "Хамелеона"». Кроме того, «очень любил и почти наизусть знал он чеховскую "Душеч-

---

[21] О семинарском курсе русской словесности в Тифлисе см.: *Громов Е.* Указ. соч. С. 21.

[22] Там же. С. 27.

ку"»[23]. В 1930 году в «Заключительном слове» на XVI съезде Сталин обратился к рассказу «Человек в футляре», с мнительным и опасливым героем которого сравнил оппозиционеров, а через десять лет, на встрече с кинематографистами, одобрительно отозвался о Чехове[24].

Есть и довольно смутные сведения о его интересе к Достоевскому, идущие прежде всего от С. Аллилуевой: «О Достоевском он сказал мне как-то, что это был "великий психолог". К сожалению, я не спросила, что именно он имел в виду — глубокий социальный психологизм "Бесов" или анализ поведения в "Преступлении и наказании"?»[25] Думаю, ему больше всего импонировала ненависть Достоевского к революционерам и либералам. До революции почитывал он и народнического Глеба Успенского[26] да еще некоторых модных авторов вроде Арцыбашева («низменного») и Пшибышевского, которого, как и Мережковского и прочих «декадентов», в своих оценках «не щадил». «Воскресение» Толстого Сталин прочитал только в поздние годы и, судя по пометкам, весьма не одобрил («ха-ха-ха»)[27].

Этим, собственно, исчерпывается документально зафиксированное знакомство *корифея* с русской дореволюционной литературой. С западной, как подчеркивает Волкогонов, обстояло еще хуже. Правда, в 1896 году во время учебы в семинарии, когда он баловался недозволенным чтением, инспектор нашел у него две книги Гюго — «93-й год» и «Труженики моря» (а позже и трактат Летурно «Литературное развитие народных рас»)[28]. Историю западноевропейской литературы Сталин усваивал, кажется, по одноименному трактату бездарнейшего марксиста П. Когана[29]. Уже в 1920-х годах он увлекся инфантильным Брет Гартом, которого рекомендовал советским золотоискателям[30]. В тот же период всплывает у него Гейне — не как поэт, а как язвительный спорщик, удачно состривший по поводу Ауфенберга[31]. Важнее были, видимо, театральные впечатления, под-

---

[23] *Аллилуева А.* Воспоминания. М., 1940. С. 190.

[24] *Латышев А.* Сталин и кино // Суровая драма народа: Ученые и публицисты о природе сталинизма. М., 1989. С. 501.

[25] *Аллилуева С.* Только один год. С. 337. Ср. также свидетельства Джиласа: Указ. соч. С. 82, 112 — 113.

[26] См. его письмо Р. Малиновскому от 10 апреля 1914 г. — Большевистское руководство. Переписка 1912—1927. М., 1996. С. 20.

[27] *Громов Е.* Указ. соч. С. 30—32, 40.

[28] *Каминский В., Верещагин И.* Детство и юность вождя // Молодая гвардия. 1939. № 12. С. 71. Там же (с. 69) указано, что Сталин прочел еще в семинарии Гоголя («Мертвые души») и «Ярмарку тщеславия» Теккерея.

[29] *Громов Е.* Указ. соч. С. 32—33.

[30] *Такер Р.* Сталин у власти: История и личность. 1928—1941. М., 1997. С. 155.

[31] Скорей всего, ссылка на эту шутку Гейне тоже была одним из тогдашних полемических шаблонов — так, задолго до революции ее использовал Валентинов в споре с Плехановым. См.: *Валентинов Н.* Встречи с Лениным. Нью-Йорк, 1953. С. 250.

сказавшие ему очередной выпад против Троцкого, — Сталин приписал ему стремление подражать «ибсеновскому герою саги старинной». В другой раз он сопоставил свое отношение к оппозиции с отношением Альфонса Доде к знаменитому вралю Тартарену из Тараскона — в изображении Сталина последний хвастался тем, будто в горах Атласа «охотился на львов и *тигров*». Но тут вождь перещеголял самого Тартарена, знавшего хотя бы, что в Африке тигры не водятся (кстати, упоминал этого героя и Ленин). Кроме того, он трижды (1912, 1917, 1924) цитировал стихи «Мы живы, кипит наша алая кровь огнем неистраченных сил» — и напоследок, в четвертый раз, сославшись на них в письме Демьяну Бедному (1926), назвал автора — Уитмена, которого похвалил за чисто большевистскую жизнерадостность. Комлимент пришелся не по адресу: стихотворение сочинил народник В. Богораз-Тан, из цензурных или каких-то других соображений приписавший его знаменитому американцу[32]. Внимательно читал он также «диалоги» Анатоля Франса, с особым интересом фиксируя антихристианские и юдофобские реплики, а однажды, в беседе с А. Громыко, «очень хвалил» Мопассана[33].

Редкие перлы общекультурной эрудиции, мерцающие в этой публицистической куче[34], — некоторые исторические экскурсы, упоминание о Менении Агриппе или пересказ мифа об Антее, украсивший концовку «Краткого курса». Вообще говоря, историей он как раз интересовался, но и по этой части допускал ляпы — чего стоит его известное высказывание о «революции рабов»? Владение платоновской философией ограничено у него хрестоматийным сократовским присловьем «Клянусь собакой», которое он перенял в своих дружеских дореволюционных письмах Каменеву и Малиновскому[35], — других сократических познаний я у Сталина не обнаружил (зато, как мы позже увидим, он кое-что твердо усвоил из семинарского Аристотеля). Экспертом в области мировой культуры Сталин мог выглядеть лишь на фоне полуграмотных Шкирятовых или своих преемников вроде Хрущева и Брежнева: ведь немногих действительно образованных большевиков он истребил — вместе с прочими — почти полностью. Для оставшихся он вполне сходил за корифея.

Что же до его лингвистической оснащенности, которую до сих пор отважно превозносят некоторые сталинисты, то о ней свидетель-

---

[32] См. комментарий А. Дымшица: Революционная поэзия (1890—1917). 2-е изд. Л., 1954. С. 600—601.

[33] *Громов Е.* С. 40—42, 237.

[34] Любопытно при этом, что он очень дорожил всеми крохами своей литературной образованности. А. Ильин-Женевский вспоминает, как Сталин был раздражен, когда из его статьи выбросили какую-то литературную цитату. — От Февраля к захвату власти // Сб. От первого лица. М., 1992. С. 387.

[35] См.: Большевистское руководство. Переписка. 1912—1927. М., 1996. С. 16, 19.

ствуют и курьезы с перечнем языков в «Марксизме и вопросах языкознания», и обиходные высказывания, вроде такого: «Пересмотр по-немецки означает ревизию». Увы, с русским языком у знаменитого языковеда тоже складывались весьма конфликтные отношения — вопреки убеждению всесоюзного старосты. Признаться, мне не хотелось осквернять жемчужное сияние сталинских нелепиц сколь-нибудь массивным комментарием — я довольствуюсь легкой оправой сопроводительных замечаний.

Отступление головотяпов на ленинские позиции, или Победа марксизма над языкознанием

Как любой иноземец, Сталин использует слова, порой не понимая их точного смысла: «Они забыли, что нас ковал великий Ленин <...>, что чем сильнее беснуются враги <...>, тем больше *накаляются* большевики для новой борьбы». Занимательней, пожалуй, выглядит такая ошибка: «Группа Бухарина <...> *бросает палки* в колеса» — он спутал эту сексуальную идиому («кинуть палку») с другой: «совать палки в колеса». Понравилось ему, скажем, красивое, звучное слово «огульный» — и мы читаем:

Плавный, огульный подъем вверх.

Огульный наплыв в партию, —

а партию эту он называет «сколоченной из стали».

Но еще больше в сталинских сочинениях ошарашивают раскулачивание метафор, необоснованные массовые репрессии против строя и духа русской речи[36]. Об этом давно следовало бы сказать во всеус-

---

[36] В частности, Сталину свойственно — типичное для иностранца — смешение падежей: «немецкие захватчики <...> распяли на крест поляков, чехов, сербов»; «похоронить в гроб дело социализма в СССР». Есть и просто безграмотные обороты: «в угоду и к выгоде наших врагов»; «в приезде, я думаю, не требуется»; «критика системы друг друга» и пр. Иногда в его грамматику вторгаются грузинские конструкции — например, в письме Кагановичу от 22 октября 1931 г.: «Надо уничтожить карточную систему по хлебу (может быть, и по к р у п а м и м а к а-р о н у)...». (Цит. по: *Хлевнюк О. В.* Политбюро: Механизм политической власти в 1930-е годы. М., 1996. С. 126.) По устному замечанию З. Бар-Селлы, фраза свидетельствует о том, что грузин Сталин слабо различает твердые и мягкие согласные, и потому отождествляет макарон*ы* с макарон*и*: поскольку в грузинском языке окончание *-и* обозначает единственное число имен существительных, он так же воспринимает и, соответственно, склоняет русское слово.

лышанье — или, как по иному поводу заявил в молодости сам Сталин на своем горско-марксистском жаргоне,

> Сказать громко и резко (фактически сказать, а не на словах только!..).

Излишней экзотикой отдает, например, постоянный у него мотив «борьбы», доставляющей Сталину немало радости, особенно когда он ведет ее бок о бок с верными соратниками; он так и говорит: «Дружная борьба с врагами». У последней имеются свои интригующие особенности, для описания которых русский язык, очевидно, не слишком пригоден:

> Если один конец классовой борьбы имеет свое действие в СССР, то другой ее конец протягивается в пределы окружающих нас буржуазных государств.

Эта палка о двух протянутых концах вызывает у Сталина довольно колоритные ассоциации воинственно-эротического свойства:

> Революция <...> всегда одним концом удовлетворяет трудящиеся массы, другим концом бьет тайных и явных врагов этих масс.

Впрочем, его сексуальной фантазии свойственно облекаться и в формы экономического сотрудничества с буржуазным миром:

> Наша политика тут ясна. Она базируется на формуле: *"даешь — даю"*. Даешь кредиты *для оплодотворения* нашей промышленности — получаешь <...> Не даешь — не получаешь.

Лично мне больше всего нравится фраза «отступление головотяпов на ленинские позиции», взятая в качестве названия этой главки, но с ней могут соперничать многие другие речения — хотя бы связанные с аграрным вопросом:

> Что это [национализация земли] — облегчает крестьян или не облегчает? Ясно, что облегчает[37].

Облюбованная им система риторических вопросов, тяготеющая к несколько шизофреническому внутреннему диалогу, в сочетании с установкой на элементарную ясность и доступность слога сама по себе провоцирует непредусмотренные автором комические эффекты. Иногда его медитации напоминают размышления столяра Джузеппе над таинственным поленом из «Буратино»:

> Была ли это размычка? Нет, это не было размычкой. Может быть, это была пустяковина какая-нибудь? Нет, это не было пустяковиной.

---

[37] Вот еще несколько красочных примеров: «Победа никогда не приходит сама — ее обычно притаскивают»; «Вопли отпали, а факты остались»; «Троцкий не дает никакого просвета». Не менее колоритны его медицинские раздумья: «Для чего вызван к жизни нынешний корниловский выкидыш?» — или замечания о меньшевистских щеголях: «Такова уж участь меньшевиков: <...> не последний раз пытаются они щегольнуть в старых большевистских штанах». Таким перечнем можно было бы заполнить целые страницы.

Гораздо чаще Сталин звучит как персонаж Зощенко[38]:

Избиратели-приказчики! Не голосуйте за кадетов, пренебрегших интересами вашего отдыха;

Раньше, бывало, на ногу наступишь — и ничего. А теперь это не пройдет, товарищи!

Все это, кстати, ничуть не мешало ему считать себя экспертом по части русского литературного стиля. Светлана Аллилуева вспоминает, как Сталин отреагировал на ее любовную переписку с А. Каплером: «Отец рвал и бросал в корзину мои письма и фотографии. "Писатель! — бормотал он. — Не умеет толком писать по-русски! Уж не могла себе русского найти!"»[39]

Бывает, что, при всей своей осторожности, он нечаянно проговаривается. Одна из таких «фрейдистских обмолвок» датируется 1937 годом, когда, поднимая тост «за здоровье средних и малых хозяйственных руководителей», Сталин добавил: «Вообще о руководителях нужно сказать, что они, к сожалению, не всегда понимают, на какую *вышку* подняла их история в условиях советского строя». В 1937 году слово «вышка» звучало особенно выразительно: не то расстрел, не то пост лагерной охраны.

Обобщая эти замечания, стоит уточнить, что дело было не только в происхождении самого Сталина, но и в специфическом русскоязычном окружении, навязывавшем ему свои вкусы. Почти все большевистские лидеры вышли из захолустно-мещанской среды, наложившей коряный отпечаток на их литературную продукцию. Сюда необходимо прибавить дикость тогдашней революционной публицистики в целом. Хваленый слог Троцкого, например, часто поражает сочетанием провинциального кокетства и генеральского рявканья[40].

---

[38] Эта параллель развита в остроумной статье Л. Баткина: Сон разума. О социо-культурных масштабах личности Сталина // Осмыслить культ Сталина. С. 23—24, 33—34. Там же (С. 38—40) дана блестящая пародия на сталинский стиль. Ср., кроме того, в книгах Б. Сарнова о Зощенко, а также в моей статье «Сталин глазами Зощенко» (авторское название — «Один прекрасный грузин»): Известия РАН: Сер. литературы и языка, 1998. Т. 57. № 5.

[39] *Аллилуева С.* Двадцать писем к другу. М., 1990. С. 170. Ср. его нападки на А. Авдеенко: «Культуры у него мало, человек малограмотный, русским языком не владеет, а сколько у него нахальства литературного! Прямо диву даешься, когда читаешь!» (Цит. по: *Громов Е.* Указ. соч. С. 256).

[40] В свое время Алданов дал очень емкий портрет этого литератора: «От Троцкого останется десять тысяч восклицаний, — все больше о б р а з н ы е. После покушения Доры Каплан он воскликнул: "Мы и прежде знали, что у товарища Ленина в груди металл!" Где-то на Волге, в Казани или в Саратове, он в порыве энтузиазма прокричал "глухим голосом": "Если буржуазия хочет взять для себя все место под солнцем, мы потушим солнце!" Галерка ревела от восторга <...> Троцкий вдобавок "блестящий писатель" — по твердому убеждению людей, не имеющих ничего общего с литературой <...> Троцкому в совершенстве удаются все тонкости ремесла: и "что сей сон означает?", и "унтер-офицерская вдова, кото-

А вот как изъяснялся прародитель русской социал-демократии Плеханов в своих «Письмах без адреса»: «Когда собака опрокидывается перед хозяином брюхом вверх, то ее поза, составляющая все, что только можно выдумать противоположного всякой тени сопротивления, служит выражением полнейшей покорности. Тут сразу бросается в глаза действие начала антитеза»[41]. Да мало ли ахинеи хотя бы у Ленина? Тут и «утробный зародыш», и фраза «не расположен идти ползком на брюхе», и «Каутский цитирует полностью частицу», — и такие мудрые сентенции: «Во всякой сказке есть элементы действительности: если бы вы детям преподнесли сказку, где петух и кошка не разговаривают на человеческом языке, они не стали бы ею интересоваться». Есть у Ильича и высокохудожественная реплика, навеянная тем, что капиталисты обзывают большевиков «крокодилами»: «Если ты — всемирная, могущественная сила, всемирный капитал, если ты говоришь: "крокодил", а у тебя вся техника в руках, — то попробуй, застрели. А когда он попробовал, то вышло, что ему же от этого больнее». Таков же и Бухарин — «любимец партии», специфически покладистая стилистика которого могла бы воодушевить начинающего фрейдиста:

> Мне самому товарищи неоднократно вставляли соответствующие места, и я с этим соглашался[42].

Так ли уж сильно наш автор уступает всем этим мастерам слова?

С другой стороны, некоторые риторические приемы Сталина производят порой ощутимое впечатление на его чуть более цивилизованных оппонентов. В 1912-м и затем, более развернуто, в конце 1913 года он вводит в обращение образ Троцкого как фальшивого циркового атлета: «Несмотря на "геройские" усилия Троцкого и его "ужасные угрозы", он оказался, в конце концов, просто шумливым чемпионом с фальшивыми мускулами». Троцкому, очевидно, запомнилось сравнение, и, слегка его изменив, он направил выпад по другому адресу: «Маяковский атлетствует на арене слова и иногда делает поистине чудеса, но сплошь и рядом с героическим напряжением поднимает заведомо пустые гири»[43].

рая сама себя высекла", и "тенденция, проходящая красной нитью", и "победить или умереть!". Клише большевистской типографии он умеет разнообразить стопудовой иронией: "В тех горних сферах, где ведутся приходно-расходные книги божественного промысла, решено было в известный момент перевести Николая на ответственный пост отставной козы барабанщика, а бразды правления вручить Родзянке, Милюкову и Керенскому"» (*Алданов М. А.* Современники. 2-е изд. Berlin, 1932. С. 133—134).

[41] *Плеханов Г. В.* Избр. философские произведения: В 5 т. М., 1958. Т. V. С. 297.

[42] Цит. по: *Роговин В.* Сталинский неонэп. М., 1995 (1994?). С. 275.

[43] *Троцкий Л.* Литература и революция. М., 1991. С. 120. Дальнейшую судьбу этой метафоры Троцкого проследил Л. Флейшман, связавший ее с мандельштамовским выпадом против Безыменского: «силач, подымающий картонные гири»

Итак, кроме нелепиц в языке Сталина имелось и нечто другое, что заставляло к нему прислушиваться. Мы не раз встретимся со смысловыми и стилистическими курьезами в его писаниях, но ничего не поймет в Сталине тот, кто не увидит противоположной стороны дела. В дни судьбоносных исторических поворотов — и прежде всего во время войны — этот монотонный, малообразованный и даже не слишком грамотный автор, подвизавшийся на чужом языковом материале, действительно умел создавать неотразимые лозунги, выверенная лапидарность которых неимоверно усиливала их давление. Подлинная загадка заключается в том, что «писатель Сталин» немыслим без обоих этих качеств: магической убедительности и смехотворного, гунявого словоблудия.

ЩУПАЛЬЦА СТАТНОГО ОРЛА: СТАЛИНСКИЙ БЕСТИАРИЙ

Если Троцкого Сталин изначально не жалует, то зато фигура Ленина очень рано пробуждает у него комплиментарные, хотя порой казусные, ассоциации, — включая сюда пословицу, неправильное употребление которой мельком отметил тот же Троцкий: «В плане блока видна рука Ленина — он мужик умный и знает, где раки зимуют». Но о зоологических аналогиях Сталина приходится говорить отдельно, поскольку в небогатом наборе его метафорики животный мир занимает видное место.

О первом своем, еще только эпистолярном знакомстве с Лениным Сталин рассказывает так:

> Это простое и смелое [ленинское] письмецо еще более укрепило меня в том, что *мы имеем в лице Ленина горного орла* нашей партии <...>. Ленин рисовался в моем воображении в виде *великана, статного и представительного*»[44]. Затем, продолжает Сталин, во время личного контакта его подкупили другие свойства вождя: «Логика в речах Ленина — это какие-то всесильные *щупальцы*, которые охватывают тебя со всех сторон *клещами*.

(Эпизод с Безыменским в «Путешествии в Армению» // Slavica Hierosolymitana. 1978. Vol. III. С. 193—197). Ронен, в свою очередь, противопоставил эти «картонные гири эпигона» «верным гирям» из мандельштамовского стихотворения о Сталине: *Ронен О.* «Инженеры человеческих душ»: К истории изречения // Лотмановский сборник, 2. М., 1997. С. 398. Как сказал бы Сталин, «вот какая цепочка получилась, товарищи». Пора напомнить о ее начальном звене.

[44] «Злопыхатели глумятся, — печально констатируют современные сталинисты. — Однако при спокойно-объективном восприятии видно, как точно Сталин передал свои молодые чувства, такое может сделать только тот, кто обладает литературным дарованием» (*Семанов С., Кардашов В.* Иосиф Сталин: Жизнь и наследие. М., 1997. С. 43).

Чудесный гибрид горного орла, представительного великана, осьминога и кузнеца (если не рака: он вполне мог спутать клешни с клещами), запечатленный «в лице» Ленина, вовсе не уникален у бывшего поэта. Как мы далее убедимся, его вообще привлекают хтонические образы, но они распределяются у него по контрастным идеологическим полюсам. В тот же хтонический ряд вовлекаются враждебные силы, и тогда под пером Сталина рождаются сложные контрреволюционные химеры, противостоящие «недовольной России»:

> Осажденное царское самодержавие *сбрасывает, подобно змее, старую кожу*, и в, то время как недовольная Россия готовится к революционному штурму, оно *оставляет* (как будто оставляет!) *свою нагайку и, переодевшись в овечью шкуру*, провозглашает политику примирения![45]

Словом, его басенные твари бесцеремонно попирают любые зоологические конвенции. Так ведет себя, например, хамелеон (представляющий собой некий натуралистический эквивалент апостола Павла, приспосабливавшего свою проповедь к любой ситуации):

> Как известно, всякое животное имеет свою определенную окраску, но природа хамелеона не мирится с этим, — со львом он принимает окраску льва, с волком — волка, с лягушкой — лягушки, в зависимости от того, какая окраска ему более выгодна...

Троцкий, меланхолически замечая по этому поводу: «Зоолог, вероятно, протестовал бы против клеветы на хамелеона», приводит еще один захватывающий образчик сталинского «стиля несостоявшегося сельского священника»[46]:

> Теперь, когда первая волна подъема проходит, темные силы, спрятавшиеся было за ширмой крокодиловых слез, начинают снова появляться.

Жаль, однако, что, высмеивая сталинские изыски, Троцкий не сопоставил их со слогом обожаемого им Ильича, который в одной только своей речи на VII съезде дал целую коллекцию нетривиальных зоологических наблюдений, например, такое:

> Лежал смирный домашний зверь рядом с тигром и убеждал его, чтобы мир был без аннексий и контрибуций, тогда как последнее могло быть достигнуто только нападением на тигра.

Позднее в стилистическую кунсткамеру Сталина войдут и собственно советские экспонаты, столь же непредставимые, как ленинские «смирные домашние звери», нападающие на тигра, — например, шагающие свиньи («Иному коммунисту не стоит иногда большого труда перешагнуть, наподобие свиньи, в огород государства и хапануть там»), либо пресловутые «империалистические акулы», сре-

---

[45] «Типичное для Джугашвили сочетание метафор», — вскользь бросает Р. Такер (Сталин: Путь к власти. С. 119).

[46] *Троцкий Л.* Сталин. Т. 1. С. 126.

ди коих «имеет хождение буржуазный план», или их сухопутные заместители: «волки империализма, нас окружающие, не дремлют». Из советского жаргона позаимствует он такие причудливые сочетания, как «неистовый *вой лакеев* капитала» — или «вой империалистических джентльменов». Правда, у Ленина воют от злобы даже рыбы — «акулы империализма» («Письмо к американским рабочим»), но по части подобной гибридизации или бесцеремонной перестановки несовместимых семантических элементов Сталин, пожалуй, перекрывает любые, в том числе и ленинские, рекорды большевистского косноязычия. Однажды на встрече с учеными он поведал, вспоминая 1917 год:

Против Ленина были тогда все и всякие люди науки.

Не каждый газетчик додумался бы, например, до высказанной им в 1925 году угрозы «взнуздать революционного льва во всех странах мира» — или до болотно-орнитологических наблюдений:

Все заготовали в отечественном болоте интеллигентской растерянности.

Так они куковали и куковали, и докуковались наконец до ручки.

В его публицистике постоянно свершаются анатомические чудеса вроде вышеупомянутого склеивания носа Ивана Ивановича с подбородком Ивана Никифоровича. Ср.:

С интересующего нас предмета сняли голову и центр полемики перенесли на хвост.

Согласно этой логике, ранее «центр» помещался в голове: смешаны понятие «центр» — и «глава», главное в предмете.

И разве что брезгливое недоумение должны вызвать столь же хитроумные, сколь и антисанитарные пакости контрреволюционеров, которые норовят «пролезть в открывающуюся щелочку и лишний раз нагадить Советской власти».

Небезынтересны, с другой стороны, сталинские оригинальные охотничьи навыки:

Мы не откажемся выбить у вороны орех, чтобы этим орехом разбить ей голову.

«Вырвать у вороны орех» — это, как мне указал Давид Цискиашвили, грузинская идиома, обозначающая ловкача, пройдоху, но вовсе не включающая в себя последующее разбивание вороньей головы. Чтобы представить себе этот изощренный охотничий прием, требуется известная работа воображения, на которую я не способен. Да и не всегда из метафор Сталина можно понять, что он, собственно, имеет в виду, — например, в такой фразе: «Царя уже нет, и вместе с царем снесены прочие царские скорпионы». Что тут подразумевается под «снесенными скорпионами» — знаменитые римские плети из семинарского курса Священной истории или сами эти гады? Может быть, он перепутал их с разрушенными бастионами? Эклектика сказывается, в частности, на змеином облике троцкистско-зиновьевской оппозиции:

> Можно по-каменевски извиваться и заметать следы... Но надо же знать меру.

Змея, безудержно заметающая следы, в своем зоологическом коварстве уступает все же Троцкому, который

> приполз на брюхе к большевистской партии, войдя в нее как один из ее активных членов.

На XVIII съезде Сталин сравнил Карпатскую Украину с козявкой, а Украину советскую — со слоном. Развертывая эту богатую антитезу, оратор вступил в прямое соперничество с памятным ему Крыловым:

> Подумайте только. Пришла козявка к слону и говорит ему, подбоченясь: "Эх ты, братец ты мой, до чего мне тебя жалко... Живешь ты без помещиков, без капиталистов, без национального гнета, без фашистских заправил, — какая ж это жизнь... Гляжу я на тебя и не могу не заметить, — нет тебе спасения, кроме как присоединиться ко мне... Ну что ж, так и быть, разрешаю тебе присоединить свою небольшую территорию к моей необъятной территории..."

Но сталинская *подбоченившаяся козявка* была итогом довольно пестрой эволюции. Ей предшествовали другие портативные химеры, выращенные в «Кратком курсе» (1938):

> Эти белогвардейские *пигмеи*, силу которых можно было бы приравнять всего лишь силе ничтожной *козявки*, видимо, считали себя — для потехи — хозяевами страны и воображали, что они в самом деле могут раздавать и продавать на сторону Украину, Белоруссию, Приморье.
>
> Эти *белогвардейские козявки* забыли, что хозяином Советской страны является Советский народ <...>
>
> Эти ничтожные *лакеи* фашизма забыли, что стоит советскому народу пошевелить пальцем, чтобы от них не осталось и следа.

Следует бодрое резюме:

> НКВД привел приговор в исполнение. Советский народ одобрил разгром бухаринско-троцкистской банды и перешел к очередным делам[47].

В 1930 году, т.е. за несколько лет до этого жизнерадостного финала, Сталин на XVI съезде по тактическим соображениям решил на время продемонстрировать смягчение травли. В том самом «Заключительном слове по политическому отчету», где он сравнил оппозиционеров с чеховским «Человеком в футляре», докладчик переключился на инфантильные сопоставления:

---

[47] История Всесоюзной коммунистической партии (большевиков). Краткий курс. М., 1945. С. 332. Дальнейшие ссылки — по этому изданию.

Особенно смешные формы принимают у них эти черты человека в футляре при появлении трудностей, при появлении малейшей тучки на горизонте. Появились у нас где-нибудь трудности, загвоздки — они уже в тревоге: как бы чего не вышло. Зашуршал где-нибудь таракан, не успев еще как следует вылезти из норы, — а они уже шарахаются назад, приходят в ужас и начинают вопить о катастрофе, о гибели Советской власти.

Мы успокаиваем их и стараемся убедить, что тут нет еще ничего опасного, что это всего-навсего таракан, которого не следует бояться. Куда там! Они продолжают вопить свое: "Как так таракан? Это не таракан, а тысяча разъяренных зверей! Это не таракан, а пропасть, гибель Советской власти" <...>

Правда, через год, когда всякому дураку становится ясно, что тараканья опасность не стоит и выеденного яйца, правые уклонисты начинают приходить в себя и, расхрабрившись, не прочь пуститься даже в хвастовство, заявляя, что они не боятся никаких тараканов, что таракан этот к тому же такой тщедушный и дохлый. Но это через год. А пока — извольте-ка маяться с этими канительщиками...»

Сталин, конечно, пересказывает здесь «Тараканище» (на этот плагиат указал сам Чуковский в своей дневниковой записи от 9 марта 1956 г.[48]). На себя он принимает роль отважного Воробья, склевавшего Таракана. Веселый абсурдизм Чуковского, рассчитанный именно на детское восприятие, преподносится здесь как громоздкая метафора весьма взрослой аудитории. В сущности, нелепое и вроде бы высмеиваемое оратором превращение «тщедушного и дохлого таракана» в «тысячу разъяренных зверей» вполне адекватно характеризует как собственные пристрастия Сталина в области политической гиперболики, так и его реальный подход к запуганным жертвам, реализовавшийся потом на московских процессах, когда он устами Вышинского потребовал всех этих жалких «козявок и тараканов» уничтожить, «как бешеных собак».

В КАПКАН ПОД ДУДКУ: АГРАРНЫЕ МЕТАФОРЫ

Тот же эклектический принцип, следуя которому Сталин соединил Чехова с Чуковским, а «тараканью опасность» с «выеденным яйцом», распространяется на все прочие стороны жизни — например, на судорожные телодвижения персонажей:

Вместо того, чтобы сорвать маску с мошенников от оппозиции <...> они лезут в капкан, отпихиваясь от лозунга самокритики, пляшут под дудку оппозиции.

---

[48] «Он пересказал всю мою сказку и не сослался на автора», — обиженно вспомнил Чуковский в эту пору сплошных разоблачений (*Чуковский К.* Дневник 1930—1969. М., С. 237). Здесь же он опровергает ходячее мнение, будто сказка (написанная еще в 1921 г.) изображает самого Сталина.

Сделать круто поворот к отступлению с тем, чтобы механически отпали от оппозиции приставшие к ней грязные хвосты.

Козыряли собственно тенью прошлого, козыряли, конечно, фальшиво.

Есть на свете, оказывается, люди <...> которые находят позволительным в эту тяжелую минуту *бросить камень* в железнодорожников, не понимая или не желая понять, что *этим они льют воду на мельницу людоедов.*

Контрастным сочетаниям подвержены у него и природные силы, облюбованные революционной метафорикой:

Волны социалистической революции неудержимо растут, осаждая твердыни империализма <...> *Почва* под ногами империализма *загорается.*

Хочется одним словом охарактеризовать эту *кипучую* жизнь: *ГОРЕНИЕ.*

Страна, которая послужит очагом для <...> вливающихся в русло.

Для этой оглушительной словесной какофонии нет никаких вкусовых и смысловых ограничений, она свободна и демократична, как сталинская конституция. Здесь порванная нить может, как в сказке, обернуться сперва мостом и тут же — стеной:

Ниточка эта не выдерживает, рвется нередко, и вместо соединяющего моста образуется иногда глухая стена.

Опять-таки подобная мешанина тропов была не только личным изобретением генсека, но и в какой-то мере товарищеским достоянием всей партийной риторики. Вот тот же Ленин, энергично сконтаминировавший басню с поговоркой: «Пусть моськи буржуазного общества, от Белоруссова до Мартова, визжат и лают по поводу каждой лишней щепки при рубке большого, старого леса. На то они и моськи, чтобы лаять на пролетарского слона» («Очередные задачи советской власти»). Но с таким же правом можно сослаться и на Бухарина: «Некоторые полудрузья-полувраги используют эти разоблачения для того, чтобы, нагромождая их, как вавилонскую башню, и тщательно вычеркивая каждое светлое пятно, топча ногами свежую зеленую поросль молодой новой жизни, дискредитировать все строительство, всю страну, замазав все черной "сумеречной" краской», — или того лучше: «Вот этот тип собачьей старости, который идейно родственен дезертирству, но облекается в туманную вуаль "высокого и прекрасного", нужно лечить, пока не поздно»[49].

После эдакой собачьей вуали не столь уж впечатляет и сталинская галерея метафорических монстров; просто их у него значительно больше, чем у Бухарина. Родственное и чужеродное, близкое и далекое для Сталина зачастую просто неразличимы:

Меньшевики <...> носят их на руках: рыбак рыбака видит издалека.

---

[49] *Бухарин Н. И.* Проблемы теории и практики социализма. М., 1989. С. 187; его же: Путь к социализму в России // Избр. произведения. N.Y., 1967. С. 182.

Это — перепевы старых меньшевистских *песен* из старой меньшевистской *энциклопедии.*

Обратить в щепки карточный домик их мишурной "победы".

Огни революции неизбежно должны прорываться <...> *сводя насмарку* капиталистические *заплаты.*

И откуда только берется у людей эта страсть сравнивать хибарочку с Монбланом?

Вместе с тем тут правомерно говорить об определенной смысловой установке, явственно пробивающейся сквозь мутный стилевой хаос. Я имею в виду отчетливую сталинскую тенденцию к соединению в рамках одного образа фундаментальных бинарных оппозиций — таких, например, как верх и низ (подъем и спуск):

Восходящая линия нарастающих провалов.

Рост их падает прежде всего на районы, где у нас *поднимается* промышленность.

Аналогично синхронизируются у него противоположные — передняя и задняя — стороны пространственных объектов, судя, в частности, по такому образчику сталинского карате:

За старые заслуги следует поклониться им в пояс, а за новые ошибки и бюрократизм можно было бы дать им по хребту.

Ср.: «Оборачиваясь лицом к деревне, мы не можем стать спиной к городу».

Чем же тогда встать к городу?

Вот чуть более запутанный случай контрастной синхронизации (ибо Сталин, ко всему прочему, склеивает здесь разные виды движения — гужевое и пешее):

Выпадение части наших лидеров» «*из тележки* большевистской партии только избавит нашу партию от людей, *путающихся в ногах* и мешающих ей двигаться вперед.

Встречаются и саркастические варианты того же синтеза несовместимых пространственно-мобильных элементов:

Вы знаете, что Каменев и Зиновьев шли на восстание *из-под палки.* Ленин их *погонял палочкой,* угрожая исключением из партии, и они вынуждены были *волочиться* на восстание.

Погоняет палкой тот, кто *сзади,* а «волочиться» можно лишь за тем, кто идет впереди.

Но, вероятно, самый впечатляющий вид подобной эквилибристики постоянное у Сталина сплетение статики и движения, поданное в диком антураже партийно-номенклатурного красноречия:

Мертвая точка оцепенения начинает проходить.

«Это и есть фракция, когда одна группа членов партии поджидает центральные учреждения партии у переулочка, <...> чтобы выскочить потом из-за угла, из засады и стукнуть партию по голове». Учреждения здесь путешествуют, да еще вместе со всей партией.

Рабочие и крестьяне всего мира хотят сохранить Республику Советов как *стрелу*, пущенную верной рукой товарища Ленина в стан врагов, как *опору* своих надежд, как верный *маяк*, указывающий им путь освобождения.

Выходит, стремление «сохранить» летящую стрелу превращает ее в незыблемую опору, а последняя преображается в «маяк». Аналогичная метаморфоза постигает поэтический утес, древний символ церкви:

Наша партия *стояла как утес*, отражая бесчисленные удары врагов и *ведя* рабочий класс вперед, к победе». Ср. также: «Перед нами *стоят* две силы. С одной стороны — наша партия <...> С другой стороны — оппозиция, *ковыляющая* за нашей партией[50].

Было бы наивно объяснять неуклюжие оксюморонные композиции такого рода одним лишь косноязычием Сталина. На деле они примыкали к еще более обширной серии контрастных комбинаций, представлявших собой как бы спонтанное, непосредственно языковое выражение владевшего им духа всеиспепеляющей и коварной «борьбы»[51], топливом для которой служили всевозможные дихотомии, а идеологической мотивировкой — гегелевско-марксистская «диалектика»[52]. Аляповатые сгустки семиотических антиномий словно аккумулировали в себе принцип «единства и борьбы противоположностей» (хотя в таком сопряжении «далековатых идей» или просто несовместимых семантических элементов можно заподозрить и дополнительный генезис — школьное воздействие старого церковного барокко). По тому же способу он будет отождествлять левую оппозицию с правой, а социал-демократию — с фашизмом. Иначе говоря, в этой стилистической беспринципности таится жесткая политическая направленность, которую нам в дальнейшем предстоит выявить. Тогда мы увидим, что аморфность и приблизительность обернутся выверенной, хитроумно дозированной точностью, продуманностью и подвижностью этого, казалось бы, косного и заскорузлого слога.

---

[50] Иногда соединение статики с динамикой дается на фоне крайне унылого идеологического ландшафта, напоминающего какие-то сказочные распутья: «Ленинизм <...> стоял и продолжает стоять на этом пути. Отойти от этого пути — значит попасть в болото оппортунизма. Соскользнуть с этого пути — значит поплестись в хвосте за социал-демократией».

[51] «По машинальным записям, сделанным в конце 20-х годов, — свидетельствует изучивший их Волкогонов, — можно сделать лишь один определенный вывод: Сталин жил борьбой» (Указ. соч. Кн. I, ч. 2. С. 189).

[52] О беспринципной «сталинской диалектике» как доминирующей черте его мышления см.: *Авторханов А.* Технология власти. Frankfurt/Main, 1976. С. 233—234.

МАТЬ, КОТОРАЯ РОДИЛА

Манере сочетать несочетаемое у Сталина сопутствует противоположная склонность — к монотонному накоплению однородных смысловых элементов. В литературе о Сталине всегда указывается на утомительную тавтологичность его стиля. Прием этот, призванный обеспечить некий гипнотический эффект, давался ему легко уже вследствие ограниченности его словарного фонда, но со временем получил целенаправленное развитие. (Вместе с тем в чисто деловой переписке Сталина он встречается значительно реже.) В 1923 году, выступая на совещании в ЦК, генсек заметил: «Тут есть, конечно, повторение, но я считаю, что повторять иногда некоторые вещи не вредно». Задолго до того, в одном из своих ранних писем (1904), он приоткрывает назначение этого метода, говоря, что Плеханов, полемизируя с Лениным, должен был ясно поставить вопросы, «в силу своей простоты и тавтологичности в себе самих заключающие свое решение». Но как раз в этот юношеский период его слог в целом еще не столь монотонен (так что обычные ссылки на воздействие семинарии тут нерелевантны). Зато с годами, по мере укрепления его власти, сопряженной с все более капитальным погружением в русскую языковую среду, идиолект Сталина не расширяется, а неуклонно беднеет, и число повторов в нем явно возрастает. Вероятно, такая эволюция в значительной степени предопределена самой природой тоталитаризма, который, как показал Виктор Клемперер на материале Третьего рейха, естественно тяготеет к тавтологическому и скудному жаргону[53]. Ту же крепнущую тенденцию к монотонному вдалбливанию одних и тех же слов, доступных простой аудитории, П. Брандес проследил у Ленина на примере его подстрекательской речи в июне 1917 года[54].

Порой Сталин пытается замаскировать тавтологии за счет простого удлинения фразы, но делает это не слишком удачно. Так, Антей «питал особую признательность к *матери своей, которая его родила, вскормила и воспитала*». В ряде случаев посылки и вытекающие из них выводы у него совершенно тождественны, классификация их абсурдна. Ср.:

> Она [женщина] может загубить общее дело, если она забита и *темна*, конечно, не по своей злой воле, а *по темноте своей*.

> Товарищи! Мы, коммунисты, — люди особого склада <...> Не всякому дано быть членом такой партии. Не всякому дано выдержать невзгоды и бури, связанные с членством в такой партии. Сыны рабочего класса, сыны нужды и

---

[53] *Клемперер В.* LTI. Язык Третьего рейха. Записная книжка филолога. М., 1998. С. 46, 229.

[54] *Brandes P.* The Rhetoric of Revolt. P. 96—97.

борьбы, сыны героических лишений и героических усилий — вот кто, прежде всего, должны быть членами такой партии. *Вот почему* партия ленинцев, партия коммунистов, называется вместе с тем партией рабочего класса.

Если оставить в стороне роскошный образ «сынов лишений и усилий», то суть тирады сведется к тому неоспоримому положению, что «сыны рабочего класса» состоят в «партии рабочего класса». (Впрочем, «сыны лишений» потребовались автору и для того, чтобы растворить в них свое непролетарское происхождение.)

> *Разжигание борьбы* означает не только организацию и руководство борьбой. Оно означает *вместе с тем* <...> *раздувание классовой борьбы*.

> Тов. Санина и Венжер *делают шаг назад в сторону отсталости*.

> Россия стала очагом *ленинизма, а* <...> *Ленин* — *его творцом*.

Сгущаясь, сталинские тавтологии обретают маниакальную на- зойливость:

> Если уж брать примеры, то лучше было бы взять пример с гоголевского Оси- па, который говорит: "веревочка? — давайте сюда, и веревочка пригодится". Уж лучше поступать так, как поступал гоголевский Осип. Мы не столь бо- гаты ресурсами и не так сильны, чтобы могли пренебрегать веревочкой. Даже веревочкой мы не должны пренебрегать. Подумайте хорошенько, и вы пой- мете, что в нашем арсенале должна быть и веревочка.

Еще одна щедрая порция масла масляного:

> Противоречия можно преодолеть лишь путем *борьбы* за те или иные <...> цели *борьбы*, за те или иные методы *борьбы*, ведущей к *цели*.

Есть, разумеется, и чисто ритуальные многословные повторы — рассмотрим хотя бы его отчетный доклад на двух партсъездах. Гото- вясь к одному из них, Сталин попросту чуть видоизменил фразы из своего предыдущего выступления:

XVI съезд	*XVII съезд*
Товарищи! Со времени XV съезда про- шло два с половиной года. Период времени, кажется, не очень большой. А между тем за это время произошли се- рьезные изменения в жизни народов и государств.	Товарищи! Со времени XVI съезда прошло более трех лет. Период не очень большой. Но он более, чем ка- кой-либо другой период, насыщен со- держанием.
Такова картина нынешнего положения в двух словах.	Такова общая картина международно- го положения в данный момент.
Перейдем к рассмотрению данных об экономическом кризисе в капиталис- тических странах.	Перейдем к рассмотрению основных данных об экономическом и полити- ческом положении капиталистических стран.
Промышленный кризис главных капи- талистических стран не просто совпал,	Кризис промышленный переплелся с кризисом аграрным, охватившим все

а переплелся с сельскохозяйственным кризисом в аграрных странах.

без исключения аграрные и индустриальные страны.

Нынешний экономический кризис развертывается на базе общего кризиса капитализма.

Промышленный кризис разразился в условиях общего кризиса капитализма.

Важнейшим результатом мирового экономического кризиса является обнажение и обострение противоречий, присущих мировому капитализму.

Результатом затяжного экономического кризиса явилось небывалое доселе обострение положения капиталистических стран.

Вполне понятно, что в этой обстановке так называемый пацифизм доживает последние дни.

Неудивительно, что буржуазный пацифизм влачит теперь жалкое существование.

Хотя в обеих речах, естественно, присутствуют различающиеся между собой содержательные моменты, обусловленные историческими сдвигами за истекший период, процитированные параллельные фрагменты можно без всякого труда поменять местами. Но если здесь тавтологии объясняются хотя бы обрядовым характером съездов, то в других случаях у Сталина нетрудно найти прямое дублирование обширных пассажей, продиктованное простой любовью к механическому воспроизведению текста, без всякой на то необходимости. Так, он буквально повторяет вопросы своего японского интервьюера Фусе. Можно было бы предположить, что, отвечая на них, Сталин хочет выиграть время или желает удостовериться, что он правильно понял собеседника — но без учета этого пристрастия к тавтологиям все равно будет странно, зачем ему понадобилось дублировать реплики журналиста в самой публикации.

Вопрос. У нас, у японского народа, есть лозунг — "Азия для азиатов". Не находите ли Вы общность между нашим стремлением и вашей революционной тактикой по отношению к колониальным странам Востока?

Ответ. Вы спрашиваете: нет ли общности между лозунгом "Азия для азиатов" и революционной тактикой большевиков в отношении колониальных стран Востока? <...>

Вопрос. Не считаете ли Вы все чаще и чаще происходящие в Китае, Индии, Персии, Египте и других восточных странах события предзнаменованием того, что близко то время, когда западным державам придется похоронить себя в ту яму, которую они сами себе вырыли на Востоке?

Ответ. Вы спрашиваете: не считаю ли я, что усиление революционного движения в Китае, Индии, Персии, Египте и других восточных странах является предзнаменованием того, что близко то время, когда западные державы похоронят себя в той яме, которую они сами себе вырыли на Востоке?

И этот же метод он настойчиво внедряет в свои развернутые теоретические и полемические упражнения.

ПОЧВА ОСНОВЫ: ТАВТО-ЛОГИКА

Его аргументация тоже строится на более или менее скрытых тавтологиях, на эффекте одуряющего вдалбливания. Как известно, один из употребительнейших видов сталинского дискурса, подсказанный семинарией, — перечисление соподчиненных тезисов. Прием этот распространяется как на положительные, так и на отрицательные полемические доводы: «ложь первая, ложь четвертая, ложь восьмая»; «вторая ошибка, допущенная Троцким... третья ошибка, допущенная Троцким... шестая ошибка Троцкого»; «необходимо разбить и отбросить прочь третью гнилую теорию... необходимо разбить и отбросить прочь пятую гнилую теорию». Похожие построения встречаются и у многих других большевиков, включая Ленина (ср. его канцелярски пронумерованные тезисы, список «г л а в н ы х п я т и у р о к о в» колчаковщины и т.п.), но опять-таки гораздо реже, чем у Сталина. Больше всего такие перечни смахивают на помесь инвентарной описи с реестром смертных грехов, но в качестве каузально оформленных серий они генетически связаны со школьной аристотелевско-богословской логикой, исходным пунктом которой мыслится абсолют — Творец как первопричина или безусловная основа обусловленного и опосредованного бытия[55].

---

[55] Некоторое подтверждение этой мысли я нашел у К. Камерона. Он с большим чувством порицает Сталина за идеалистический уклон, который усматривает у автора четвертой главы «Краткого курса» примат «метода» (пусть даже диалектического) и «чистой логики» над самим материализмом, вытекающим, в подаче Маркса и Ленина, из практического, а не умозрительного изучения природы и социума. «Его абстрагирующий, аристотелевский метод, — резюмирует Камерон, — несомненно имеет культурные корни в его выучке в Тифлисской духовной семинарии». Особое возмущение вызывает у Камерона встречающаяся еще в дебютном «Анархизме или социализме?» — и в 1946 г. с минимальными изменениями перенесенная в Сочинения — сталинская трактовка сознания и материи как «двух различных форм» природы или общества. Понимая эту «форму» по Аристотелю, он пишет: «Постулировать некую третью силу как совместную основу для сознания и материи, — безразлично, называют ли ее природой или как-то иначе, — это не материализм, а идеализм, в конечном счете, возможно, производный от аристотелевского "перводвигателя" и напоминающий мнение Уильяма Джеймса (одобрительно отмеченное Бертраном Расселом) о том, что "фундаментальное вещество [stuff] мира не ментально и не материально, — это нечто более простое и более фундаментальное" (т.е. Бог)» (*Cameron K.* Stalin: Man of Contradiction. Appendix II. Dialectical Materialism: Stalin and After. Stevenage, Herts: The Strong Oak Press, 1989. P. 150—151). Должен возразить, что, вопреки Камерону, «формы» Сталин упоминает не в аристотелевском смысле, а скорее как «атрибуты» субстанции, ибо само представление о природе в качестве совместной основы для сознания и материи подсказано здесь вовсе не Аристотелем, а Спинозой, воспринятым, конечно, в передаче Плеханова (который твердо считал его материалистом). Однако в остальном Камерон, несомненно, прав, говоря о воздействии семинарского Аристотеля на сталинское мышление.

В смутном соответствии как с той же философской традицией, так и с адаптировавшим ее материалистическим детерминизмом (роль «базиса») Сталин охотно дает указания на «источник» или, чаще, на «основу», «основную причину» исчисляемых явлений, которые, в свою очередь, сами могут служить «основой» для дальнейших построений. Ее аграрный эквивалент (симптоматически перекликающийся с протонацистским и нацистским жаргоном) — «корень» или еще более внушительная «почва» — причем, соединяя эти понятия, Сталин создает настоящие шедевры тавтологии: «выкорчевать с корнями»; «та *основа, на почве* которой...»; «элементарная *почва, на базе* которой...»; и даже «*фундамент, на основе* которого...». Но и здесь он только заметно утрирует общебольшевистскую любовь к всевозможным «корням» и «истокам», да так, что она принимает у него направление, близкое Козьме Пруткову. Девизы «Зри в корень!» и «Отыщи всему начало, и ты многое поймешь» в сталинском исполнении выглядят следующим образом:

> Основой стахановского движения послужило прежде всего коренное улучшение материального положения рабочих. Жить стало лучше, жить стало веселее, товарищи. А когда весело живется, работа спорится. Отсюда герои и героини труда. В этом корень стахановского движения.

Очень рано были отработаны и негативные версии схемы, в которой еще ощутимо свежее дуновение семинарии:

> В этом коренная ошибка съезда, за которой сами собой должны были последовать все остальные ошибки.

Датируется эта формула 1906 годом, но верность ей Сталин сохранил на всю жизнь. Спустя пятнадцать лет он пишет: «В этом непонимании источник ошибок Троцкого», — а спустя двадцать: «Основная ошибка оппозиции состоит в том... Из этой ошибки вытекает другая ее ошибка, состоящая в том... Эти две ошибки ведут к третьей ошибке оппозиции». Своя основа имеется у самых многоликих явлений, например у чьей-либо «слабости»: «Что лежит в основе этой слабости капиталистического мира? В основе этой слабости лежат...»

Таким подходом обусловлено, конечно, и встречное желание Сталина, — роднящее его, впрочем, с другими идеологами большевизма, — непременно «подорвать основы» или «вырвать корни» враждебных тенденций: «Опасность... усиления антисоветской агитации в деревне будет наверняка подорвана в корне»; «Значение этих вопросов состоит прежде всего в том, что марксистская их разработка дает возможность *выкорчевать с корнями* все и всяческие буржуазные теории», и т.п. — примеры бесчисленны. Сами же «основы» порой прихотливо варьируются им даже в рамках одного и того же выступления; но еще чаще они счастливо совпадают во всем с собственными «следствиями».

Бог весть, как его обучали логике, но с чисто формальной стороны сталинские умозаключения представляют собой обширную коллекцию логических ошибок, главные из которых — использование недоказанного суждения в качестве посылки и так называемое petitio principii, т.е. скрытое тождество между основанием доказательства и якобы вытекающим из него тезисом. Тавтологичность сталинских аргументов (idem per idem) постоянно образует классический «круг в доказательстве»:

> «Правильно ли это определение? Я думаю, что правильно. Оно *правильно, во-первых, потому, что правильно* указывает на исторические корни ленинизма», и т.д.

Часто наличествуют перестановка так называемых сильных и слабых суждений, подмена терминов, ошибки — вернее, фальсификации, — сопряженные с соотношением объема и содержания понятий, с дедуктивными и индуктивными выводами и пр. Имитация каузальных схем приводит к тому, что причины и следствия, ввиду их полной тождественности, свободно меняются местами в общем потоке псевдологической суггестии:

> Глубочайшая *ошибка* новой оппозиции состоит в том, что она *не верит* в этот путь развития крестьянства, не видит или *не понимает* всей неизбежности этого пути в условиях диктатуры пролетариата.

Ошибка как частное следствие общего непонимания уравнивается здесь с самим непониманием, а выше — с неверием, т.е. феноменом не рационально-логическим, а интуитивным. Затем те же смежные, данные в порядке соположения, понятия внезапно рисуются как логически соподчиненные, и число их нарастает (забегая вперед, следует отметить и симптоматический примат веры над пониманием):

> А *не понимает* она этого потому, что *не верит* в победу социалистического строительства в нашей стране, не верит в способность нашего пролетариата повести за собой крестьянство по пути к социализму. [Почему бы не наоборот — «А не верит она в это потому, что не понимает...»?]
> Отсюда непонимание двойственного характера нэпа <...>
> Отсюда непонимание социалистической природы нашей государственной промышленности <...>
> Отсюда непонимание <...> громадной работы партии по вовлечению миллионных масс <...>
> Отсюда безнадежность и растерянность перед трудностями нашего строительства.

Всю эту бесконечную цепь выводов можно без малейшего ущерба свернуть в исходное состояние рокового «непонимания» или «неверия» в упоительные возможности советского крестьянства. Надо сказать, что Ленин временами тоже вытягивает «семинарско»-ритмическую цепочку логических производных, разделенных абзацем, —

например, в одной статье 1916 года («Здесь "гвоздь" его злоключений <..> *Отсюда* — игнорирование <...> *Отсюда* — упорное свойство...»), — но осмысленность у него имитируется чуть старательнее, тогда как у Сталина эта мнимая последовательность представляет собой чисто декларативное развертывание одинаковых или смежных утверждений, латентно содержащихся в самом первом из них. Вместо каузальной преемственности дается синонимия:

> Слова и дела оппозиционного блока неизменно вступают между собой в конфликт <...> Отсюда разлад между делом и словом.

> Несчастье группы Бухарина в том именно и состоит, что они <...> не видят характерных особенностей этого периода <...> Отсюда их слепота.

Уж лучше бы перевернуть этот квазилогический ряд, ибо неспособность видеть те или иные «особенности» обусловлена общей слепотой, а не наоборот.

Свой безотказный аналитический прием он начал осваивать еще в молодости, — в интеллектуальном отношении все же чрезмерно затянувшейся, — и тут наиболее примечателен его ранний теоретический трактат «Анархизм или социализм?», написанный в возрасте 28 лет (конец 1906 — начало 1907 г.). В этой работе содержится множество умопомрачительных тезисов, один из которых открывается величавой максимой: «Диалектический метод говорит, что жизнь нужно рассматривать именно такой, какова она в действительности»[56]. (Вероятно, другие методы предлагают рассматривать ее как-то иначе.) А дальше сказано:

> То, что в жизни рождается и изо дня в день *растет*, — неодолимо <...> То есть, если, например, в жизни рождается пролетариат как класс и изо дня в день *растет*, то <...> в конце концов он все же победит. *Почему? Потому, что он растет* <...> Наоборот, то, что в жизни *стареет и идет к могиле*, непременно должно потерпеть поражение <...> То есть, если, например, буржуазия постепенно теряет почву под ногами и *с каждым днем идет вспять*, то <...> в конце концов она все же потерпит поражение. *Почему? Да потому, что она как класс разлагается, слабеет, стареет.*

Физиологическая рисовка диалектики (соприродная архаично-крестьянскому жизнеощущению) концептуально подсказана, видимо, школьным Аристотелем с его классификацией движения — возникновение, уничтожение, рост, старение, — но сама аристотелевская логика схвачена каркасом сталинских тавтологий: один класс растет, потому что растет, а второй — стареет, потому что стареет.

> *Отсюда* и возникло известное диалектическое положение: все то, что действительно существует, т.е. все то, что изо дня в день растет, — разумно, а все то, что изо дня в день разлагается — неразумно.

---

[56] Столь же допустим и противоположный подход. В 1934 г. в интервью американскому журналисту Сталин одобрил Рузвельта, поскольку тот «реалист и знает, что действительность является такой, какой он ее видит».

Этот животноводческий силлогизм, посильно стилизованный под Гегеля, совершенно непригоден к дальнейшему употреблению, и напрасно мы стали бы задаваться вопросом, верно ли, что неразумное все-таки существует, хоть и разлагается, или же оно попросту иллюзорно. Его мысль развертывается в других измерениях, неподвластных философскому дискурсу. Уже в первой из бесспорно атрибутируемых Сталину статей — «Как понимает социал-демократия национальный вопрос?» (1904) — он изобретает чрезвычайно нетривиальные аргументы:

Я вспоминаю русских метафизиков 50-х годов прошлого столетия, которые назойливо спрашивали тогдашних диалектиков, полезен или вреден дождь для урожая, и требовали от них "решительного ответа". Диалектикам нетрудно было доказать, что такая постановка вопроса совершенно не научна, что в разное время различно следует отвечать на такие вопросы, что во время засухи *дождь* полезен, *а в дождливое время — бесполезен и даже вреден.*

Хотелось бы, естественно, узнать имена этих потрясающих метафизиков и диалектиков, утаенные автором. Проделанные разыскания привели меня к тому историко-философскому выводу, что соответствующим авторитетом в области русской диалектики «50-х годов прошлого столетия» для него мог служить вышеупомянутый Козьма Прутков, опубликовавший в 1854 году глубоко научный афоризм:

Если у тебя спрошено будет: что полезнее, солнце или месяц? — ответствуй: месяц. Ибо солнце светит днем, когда и без того светло; а месяц — ночью.

Все же у Сталина имелся, помимо Пруткова, непосредственный текстуальный источник. Я подразумеваю глубокомысленное рассуждение Чернышевского, который в 1856 году в «Очерках гоголевского периода русской литературы» так иллюстрировал гегелевскую диалектику, противопоставляя ее ситуативную конкретность всевозможным отвлеченностям:

Например: "благо или зло дождь?" — это вопрос отвлеченный; определительно отвечать на него нельзя: иногда дождь приносит пользу, иногда, хотя реже, приносит вред; надобно спрашивать определительно: "после того, как посев хлеба окончен, в продолжение пяти часов шел сильный дождь, — надобен ли был он *для хлеба?*" — только тут ответ ясен и имеет смысл: "этот дождь был очень полезен". — Но, в то же лето, когда настала пора уборки хлеба, целую неделю шел проливной дождь, — "хорошо ли было это для хлеба?" Ответ так же ясен и так же справедлив: "нет, этот дождь был вреден". Точно так же решаются в гегелевской философии все вопросы [57].

Абсурдистский колорит сталинскому поучению сообщает само снятие этой четкой аграрной «определительности», дополненное выдуманным спором между какими-то русскими метафизиками и их

---

[57] *Чернышевский Н. Г.* Эстетика и литературная критика: Избр. статьи. М.; Л., 1951. С. 286.

столь же юродивыми оппонентами. Но диалектический пассаж Чернышевского Сталин мог почерпнуть и у Плеханова, уважительно цитирующего максиму о дожде в своем «Монистическом взгляде» (1895). В 1901 году этот мыслитель, которого Ленин, несмотря на политические расхождения, твердо считал лучшим марксистским философом после Энгельса[58], тоже обратился к метеорологическим доводам:

> Историческая эволюция есть цепь явлений, подчиненных определенным законам. Явления, подчиненные определенным законам, суть явления н е о б х о д и м ы е. Пример: дождь. Дождь есть явление закономерное. Это значит, что при определенных условиях капли воды непременно падают на землю. И это вполне понятно, когда речь идет о каплях воды, не обладающих ни сознанием, ни волей.

Как мы помним, еще в 1904 году Сталин пожурил Плеханова за недостаточную тавтологичность аргументации. Но не к этому ли авторитету — а совсем не к тифлисской семинарии, как обычно говорят, — восходит и тавтологичность самих сталинских максим, привнесенных им в марксистскую сокровищницу чванливого пустословия? И вовсе не в духовном, а в юнкерском училище воспитывался отечественный преемник Энгельса, изрекавший следующие умозаключения:

> Если бы первобытный человек смотрел на низших животных н а ш и м и глазами, то им, наверное, не было бы места в его религиозных представлениях. Он смотрит на них иначе. Отчего же иначе? Оттого, что он с т о и т на иной ступени культуры. Значит, если в одном случае человек старается уподобиться низшим животным, а в другом — противопоставляет себя им, то это зависит от состояния его культуры («Письма без адреса»).

> Идеалистическое понимание истории правильно в том смысле, что оно заключает в себе часть истины. Да, часть истины оно заключает в себе <...> Есть поэтому доля истины в идеалистическом понимании истории. Но в нем нет еще всей истины («Материалистическое понимание истории»)[59].

Столь же непреклонной, воистину плехановской, логикой блещет и сталинский анализ капиталистического строя в «Анархизме или социализме»:

> Почему плоды труда пролетариев забирают именно капиталисты, а не сами пролетарии? Почему капиталисты эксплуатируют пролетариев, а не пролетарии — капиталистов?
> Потому, что <...> капиталисты покупают рабочую силу пролетариев, и именно поэтому капиталисты забирают плоды труда пролетариев, именно поэтому капиталисты эксплуатируют пролетариев, а не пролетарии капиталистов.
> Но почему именно капиталисты покупают рабочую силу пролетариев? Почему пролетарии нанимаются капиталистами, а не капиталисты — пролетариями?

---

[58] См.: *Валентинов Н.* Встречи с Лениным. Нью-Йорк, 1953. С. 252.

[59] *Плеханов Г. В.* Избр. философские произведения. Т. II. С. 654; T. V. С. 306.

На этот таинственный вопрос Сталин отвечает с той же изнурительной доходчивостью:

> Потому, что главной основой капиталистического строя является частная собственность на орудия и средства производства... —

и т.д., и т.п., вплоть до нового логического тупика.

В любом случае этот квадратно-гнездовой способ аргументации нельзя списывать только на авторскую молодость или неопытность, поскольку любовь к нему Сталин сохранил на всю жизнь. Так, в 1925 году он снова «бабачит и тычет»:

> Мы имеем, таким образом, две стабилизации. На одном полюсе стабилизируется капитализм <...> На другом полюсе стабилизируется советский строй <...> Почему одна стабилизация идет параллельно с другой, откуда эти два полюса? <...> Потому, что мир раскололся на два лагеря — на лагерь капитализма <...> и лагерь социализма, во главе с Советским Союзом.

При всех ссылках на влиятельные прецеденты странно все же другое — как сочетался такой идиотский назидательный вздор с громадным практическим умом Сталина? Это одно из многочисленных и трудноразрешимых противоречий, с которыми надо считаться при изучении его текстов. Как бы то ни было, он и здесь выказал замечательную прозорливость. Семена идиотизма, трудолюбиво посеянные им в умах советских людей, принесли пышные всходы, и само фантастическое обилие дураков на сегодняшних коммунистических сборищах великолепно подтверждает неиссякаемую действенность сталинского учения.

АССОЦИАЦИИ ПО СМЕЖНОСТИ

Мы видели, насколько пестры, контрастны и несогласованны между собой составные элементы его агрегатных метафор, которые объединяются по принципу мнимой тождественности. Однако в тропах Сталина прослеживается и обратная тенденция — склонность к моторному собиранию смежных смысловых рядов. Здесь наличествует как имитация развертывания, динамического расподобления скрытых тавтологий, так и сущностная неподвижность, застылость выстраиваемого из них образа, стесненного в нищенские пределы собственных отражений. Несколько примеров:

> *Черная* реакция собирает *темные* силы (1905).

Можно и в обратном порядке:

> *Темная* работа *черных* сил идет непрерывно (1917).

> Буржуазия знает, где раки *зимуют*. Она взяла да и выставила пушки у *Зимнего* дворца. (Зимующие раки автоматически подверстываются к Зимнему дворцу.)

> Устрялов — автор этой идеологии. Он служит у нас на транспорте <...> Пусть он знает, что, мечтая о перерождении, он должен вместе с тем *возить воду* на нашу большевистскую мельницу. Иначе ему плохо будет.

Устряловская служба на транспорте трансформировалась у Сталина в должность водовоза (есть тут, видимо, и фольклорный подтекст: воду в преисподней черти возят на грешниках).

> Выходит <...> что большевики <...> не ставили своей задачей проведение *борозды* между беднейшим крестьянством и зажиточным крестьянином.

Идея о размежевании крестьян подсказывает автору аграрные, хотя и неуместные, ассоциации с бороздой (вместо межи).

> Так *родилась* социал-демократическая партия Германии. Бебель был ее *повивальной бабкой* <...> Зато правительство наградило его двумя годами тюрьмы, где он, однако, не зевал, написав знаменитую книгу "*Женщина и социализм*".

Гинекологическая метафора, подкрепленная аллитерацией (Бебель — баба), направила здесь Сталина к смежному мотиву брачного союза между женщиной и социализмом.

> Депутата, свернувшего с дороги, они [избиратели] имеют право *прокатать на вороных*.

Тут же дается аляповатая реализация этой земско-помещичьей идиомы («на вороных»), отождествляющая избирателей с лошадьми, которые сбрасывают всадников:

> Мой совет <...> следить за своими депутатами и, ежели они вздумают свернуть с правильной дороги, *смахнуть их с плеч*.

В другом случае колористические ассоциации, навеянные тезисом насчет расового равенства граждан СССР, переходят у Сталина в соседний мотив лошадиных мастей и столь же сумбурную дорожно-транспортную метафорику:

> *Черные и белые*, русские и нерусские, *люди всех цветов* и народностей *стоят* в одной упряжке и *тянут* вместе дело управления нашей страной.

Ср. типологически близкие примеры:

> Двух зайцев хотели убить в день выстрелов. (Имеется в виду «Кровавое воскресенье».)

> Вы умели биться на улицах против *царских фараонов*.

«Фараоны», т.е. городовые, механически соотнесены с царем, который явно ассоциируется с египетским правителем из Библии. Столь же автоматически «сэр» тянет за собой смежных «джентльменов»:

Из кого состоит эта самая революция? Из "неизменного" Керенского, из представителей кадетов <...> и из одного сэра, стоящего за спиной этих джентльменов.

Ср. также:

Беспартийность чувствует свое бессилие в деле объединения несоединимого и поэтому вздыхает:
   "Ах, если бы, да кабы
   во рту росли грибы!"

Вероятно, Сталин принял эту, оборванную им, пословицу за творение какого-то неведомого стихотворца и потому предусмотрительно ее закавычил и разбил на поэтические строки. Продолжение же пословицы — насчет «огорода» — тут же провоцирует его на незатейливое расширение ботанического смыслового ряда:

Но *грибы* во рту не растут, и беспартийность каждый раз остается на *бобах*, в чудаках. Человек безголовый, или — точнее — с *репой* на плечах вместо головы — вот беспартийность.

Сходным образом переплетающееся с тем же набором аграрных ассоциаций слово «растут» влечет за собой «расцветают», употребленное, однако, совсем не по назначению:

На наших глазах растут и *расцветают* новые люди.

Даже конспиративная фантазия Сталина способна созидать новые формы только из подручного, близлежащего материала. Когда во время войны ему от избытка бдительности захотелось замаскировать фамилии своих полководцев, он снабдил их псевдонимами, которые были всецело выстроены на основе их собственных имен. Из отчества Баграмяна — Христофорович — возник Христофоров, а из отчества Жукова — Константинов. Семен Буденный сделался Семеновым, Александр Василевский — Александровым, Климент (Клим) Ворошилов — Климовым[60], и т.п.

Временами моторные ассоциации носят чуть более сложный характер:

Каменевщина периода апреля 1917 года — вот что тянет вас за ноги, т. Покровский.

Т. е. «каменевщина» пробудила у автора представление о камне, который тянет за ноги утопленника.

Вступая в работу, мы знаем, что *путь наш усеян терниями*. Достаточно вспомнить "*Звезду*", перенесшую кучу конфискаций.

Соединение «терний» со «Звездой» подсказано знаменитым «через тернии к звездам», тогда как «куча конфискаций» представляет собой, вероятно, прямое видение газетных кип, конфискованных полицией.

---

[60] См.: *Волкогонов Дм.* Указ. соч. Кн. II, ч. 1. С. 290.

СОПРИЧАСТНОСТЬ ВМЕСТО АНАЛОГИЙ

За любыми литературными приемами Сталина ощутимы те или иные культурные, ментальные и политические притяжения, взывающие к реконструкции в рамках более широкого контекста. Забегая вперед, следует уточнить, что речь идет о некоторых специфических приметах, разделяющих раннебольшевистский и меньшевистский дискурс и обусловленных базисными особенностями обоих движений. Оплодотворенный семинарией жречески-наставительный слог Сталина мог так впечатляюще разрастись лишь на пажитях раннего большевизма, обладавшего полнотой истины (имеется в виду, конечно, ленинский, а не богдановский извод этой идеологии). При всей своей догматической зачарованности, меньшевизм отличался от него все же большей внутренней свободой, сопряженной с организационной нестабильностью, центробежностью и автономизмом; кроме того, смягчению суровых марксистских нравов несколько способствовала и меньшевистская теоретическая установка на сближение с «либеральной буржуазией». Большевистскому волевому централизму, прагматике и дисциплине (соединявшимся с разжиганием массовых стихийно-разрушительных импульсов) здесь отвечал скорее морально-идеологический консенсус, рассудочный диктат старой доктрины. Само собой, мы тут по необходимости упрощаем живую реальность — эмоциональную, текучую и хаотическую, подверженную влиянию случайных факторов; но ясно, что регулятивные принципы или главенствующие тенденции соперничающих группировок не могли не сказаться на культурном самосознании их сторонников.

Как известно, меньшевизм, сохраняя верность статической модели марксизма, подбирал для всякого данного этапа предуказанного социального развития ближайшее соответствие на исторической шкале[61]. Традиция пришла с Запада, но обилие евреев среди меньшевиков и впрямь придавало раввинистический привкус этой методе, в которой проглядывало нечто от талмудической экзегезы с ее сопоставительной синхронизацией разновременных явлений и приемом расширительных аналогий («каль ва-хомер») Конечно, у большевиков, включая Ленина, тоже мелькали все эти сравнения современных российских событий с Великой французской революцией, 1848 го-

---

[61] «Меньшевики гораздо больше своих конкурентов-большевиков следовали букве марксизма, стараясь действовать в строгом соответствии с линией поведения Маркса и Энгельса в 1848 г., поскольку ситуация в Европе в середине XIX в., по их мнению, больше всего напоминала ситуацию в России в начале 900-х годов. В большом ходу в меньшевистской публицистике (А. С. Мартынов [Пиккер] и др.) были также аналогии с эпохой Великой французской революции конца XVIII в.» (*Тетюкин С. В.* Меньшевизм как идейно-политический феномен // Меньшевики: Документы и материалы 1903—1917 гг. М., 1996. С. 14).

дом, Парижской коммуной и т.п. (уже в 20-е годы такие параллели — преимущественно между сталинским режимом и «термидором» — возлюбил Троцкий), но эксплуатировались они все же гораздо реже и почти исключительно в ритуальных или полемических целях. Мало затронула большевизм и древнехристианская традиция аллегорического «прообразования». Сама эта манера была принципиально чужда ленинскому направлению, упорно претендовавшему на живую, диалектическую динамику, открытость и злободневность. Так, говоря о своем режиме, Ленин называет его прямым «продолжением», а вовсе не аналогом Парижской коммуны. Соответственно, и Сталин объявляет последнюю не прообразом, а «зародышем» советской власти. Видимо, это была действительно общая черта большевистской поэтики, присущая и тем, кто, как А. Богданов, призывал «освободить большевизм от ленинизма». Скажем, в программно-«впередовской» статье «Социализм в настоящем» (конец 1910 г.) он пишет, что пролетарская организованность и сотрудничество — «не прообраз социализма, а его истинное начало»[62]. Бухарин в 1922 году высмеивает свойственный «социал-демократическим талмудистам» прием «аналогий и *исторических параллелей*», «крайне *рискованных*» и даже «*бессмысленных*» («Буржуазная революция и революция пролетарская»)[63].

Привычно подражая в определениях «лучшему теоретику», Сталин вполне искренне солидаризуется с его подходом. К мишуре интеллигентских сравнений он относится с открытым презрением, поддержанным сочетанием невежества, патриотизма и здоровой житейской эмпирики: «Необходимо, чтобы партия вырабатывала лозунги и директивы не на основе заученных формул и исторических параллелей, а в результате тщательного анализа конкретных условий», — в 1925 году говорит он немецкому коммунисту Герцогу. «Меньшевистскую группу» в марксизме Сталин порицает именно за то, что «указания и директивы черпает она не из анализа живой действительности, а из аналогий и исторических параллелей», — и за ту же манеру бранит Троцкого (бывшего меньшевика), увлеченного «детской игрой в сравнения».

В конце 1931 года, отвечая на вопрос Эмиля Людвига о своем предполагаемом сходстве с Петром Великим, Сталин слово в слово повторил формулы не упомянутого им Бухарина: *«Исторические параллели всегда рискованны. Данная параллель бессмысленна»*[64]. Сопо-

---

[62] Неизвестный Богданов: В 3-х кн. М., 1995. Кн. 2. С. 92.

[63] *Бухарин Н. И.* Путь к социализму в России // Избр. произведения. N.Y., 1967. С. 157—159, 162.

[64] Очень редко и преимущественно в полемических видах он, правда, и сам использует параллели (например, между китайской и Октябрьской революциями), подбирая для них примитивное методологическое обоснование. Так, дискутируя

ставлению он обычно предпочитает уже знакомый нам принцип смежности или причастности: «Я только ученик Ленина, и цель моей жизни — быть достойным его учеником <...> Что касается Ленина и Петра Великого, то последний был каплей в море, а Ленин — целый океан». Капля и океан — часть и целое: сравнение заменено как прямой преемственностью («ученик»), так и включением в общность.

Смена тропов далеко не безобидна. Ср. ее грозные возможности, приоткрывающиеся, например, в поздней брошюре Сталина «Экономические проблемы социализма в СССР», где разбор «ошибок т. Ярошенко» строится в двух планах — отрицательном (это не Маркс и не Ленин) и положительном (к кому же они тогда восходят?). Проследим последовательность его ходов, развернутых на протяжении нескольких страниц; для наглядности я использую отдельное издание 1952 года:

а) *Вместо марксистской* Политической экономии у т. Ярошенко получается *что-то вроде* [аналогия] "Всеобщей организационной науки" Богданова (С. 64);

б) Следует отбросить *не ленинскую* формулу, являющуюся единственно правильной, а так называемую формулу т. Ярошенко, явно надуманную и немарксистскую, *взятую из богдановского арсенала* [причастность] "Всеобщей организационной науки" (С. 66);

в) Поступать так, «как это делает т. Ярошенко, — значит *подменить марксизм богдановщиной*» [прямое отождествление с врагом] (С. 70).

Но Сталину нужен гораздо более демонизированный противник, чем полузабытый Богданов, — и он без труда его находит:

а) У него [Ярошенко] получается... *что-то вроде бухаринской* [аналогия] "общественно-организационной техники" (С. 64);

б) В этом вопросе т. Ярошенко *перекликается с Бухариным* [контакт, т.е. общность] (С. 71);

в) На самом деле *он делает то, что проповедовал Бухарин* и против чего выступал Ленин. Тов. Ярошенко плетется по стопам Бухарина [непосредственное отождествление и причастность] (С. 72).

Справедливости ради надо сказать, что некоторый приоритет в использовании подобных приемов принадлежит все же Ленину, о чем можно судить хотя бы на материале «Материализма и эмпирио-

с Зиновьевым, по большевистской традиции осудившим этот метод, он заявил: «Было бы глупо утверждать, что нельзя вообще брать аналогий <...> Разве революция одной страны не учится у революций других стран, если даже эти революции являются неоднотипными? К чему же сводится тогда наука о революции?» Следует дежурная апелляция к Ленину, который, по счастью, в одной своей статье, оказывается, «широко пользовался аналогией из французской революции 1848 года при характеристике ошибок тех или иных явлений перед Октябрем».

критицизма». У Сталина такие ходы могут носить принципиально безличный характер, как происходит, допустим, в его докладе на XVII съезде (1934): «Эта путаница в головах и эти настроения, *как две капли воды, похожи* на известные взгляды правых уклонистов». Затем от сходства «двух капель» дается переход к их прямому слиянию; точнее, аналогия подменяется гомогенностью, идеей прорастания (ср. «зародыш») и губительного укрупнения уцелевшей *части*: «Как видите, *остатки* идеологии разбитых антиленинских групп вполне способны к оживлению». Инквизиторская отмычка действует безотказно: «Случайно ли это совпадение взглядов? Нет, не случайно...» Главное — приобщить то или иное лицо к адекватному социально-идеологическому «окружению», к соответствующим классовым силам, агентами которых и предстают все эти Богдановы, Бухарины, как и примкнувший к ним Ярошенко.

Мы соприкасаемся здесь с универсальным качеством сталинской риторической технологии: несмотря на свою дань революционной метафорике, подлинное первенство она отдает *метонимии и синекдохе*, роднящим ее одновременно и с архаикой, и, естественно, с авангардом (к которому так настойчиво прикрепляет Сталина Борис Гройс[65]). В позитивном аспекте эта — по сути, чисто *пространственная* — поэтика эстетически соответствовала организационной модели большевизма, исходно строившегося, — по крайней мере, в теории, — как унифицированная структура однородных расходящихся ячеек, управляемых из общего центра[66]. (И под ту же модель со временем подстраивался образ идеологического противника — только он представительствовал от другой, враждебной совокупности.) Сам этот центр официально призван был замещать «партию в целом», подавляя от ее имени любые претензии на качественные отличия и самобытность. По определению Ленина в «Шаг вперед, два шага назад», такая система обуславливалась неукоснительным подчинением «части целому», готовностью «пожертвовать всей и всякой групповой особенностью и групповой самостоятельностью в пользу великого, впервые на деле создаваемого нами, целого: партии»; так налаживалась «единая партийная связь всех социал-демократов России», «материальное единство организации» — в противовес идейной, т.е. субъективной и расплывчатой, «интеллигентской» доминанте, выдвигавшейся меньшевиками.

Легко разглядеть, конечно, кровную связь между этой декларативной ориентацией на принципиальную гомогенность движения и марксистско-плехановским пафосом безличных масс, растворяющих

---

[65] Стиль Сталин // *Гройс Б.* Утопия и обмен. М., 1993.

[66] Комментируя программную ленинскую брошюру «Что делать?», Такер говорит, что Ленин хотел создать партию, «чье влияние будет распространяться концентрическими кругами от ядра», состоящего из вождей (Указ. соч. С. 41).

или приобщающих к себе индивида. Марксизм дружески аукался с традиционной имперсональностью и «соборностью» отечественной религиозной традиции, перелицованной на пролетарский и пролеткультовский лад. «Я счастлив, что я этой силы частица, что общие даже слезы из глаз. Сильнее и чище нельзя причаститься великому чувству по имени класс», — писал уже в советское время бывший сверхиндивидуалист Маяковский, вторя заветам агитпропа. И когда Сталин лицемерно рассуждает о «капле» и «океане», он просто переиначивает траурное обращение ЦК после смерти Ленина: «Каждый член нашей партии есть частичка Ленина»[67].

Безусловно, сталинская пропаганда вовсю разрабатывала именно «исторические параллели»: Александр Невский, Иван Грозный и Петр Первый как бы «прообразовывали» вождя. Но тут необходимо учитывать установочное расхождение между официально-экстатическим сталинским культом и его «авторским образом», канонизированным в речах и писаниях[68]. Индивидуальная стилистика Сталина по большей части манифестирует умышленный разрыв с этой выспренней пропагандой, опирающейся на громоздкие исторические прецеденты, создавая вождю алиби за счет его большевистской «скромности», деловитости и реализма. Он выступает как часть, адекватно представляющая целое, как безлично-аскетическое воплощение партийной веры, воли — и несокрушимой марксистской «логики». Рассмотрим ее подробнее, начав, так сказать, с математических представлений Сталина.

ПРОЦЕНТ ИСТИНЫ

Марксистская политэкономия и большевистский коллективизм, вечный примат класса, массы над ничтожной «частицей» стимулировали цифровой подход к реальности, который уже в сталинские (и послесталинские времена) трансформировался в статистическую манию режима, вечно озабоченного подсчетами своих военных, экономических и прочих достижений. С неменьшим усердием режим занимался, однако, их агитационной фальсификацией. И, конечно, непревзойденным мастером или изобретателем подобных ухищрений и подтасовок был Сталин.

---

[67] Цит. по: К годовщине смерти В. И. Ленина. 1924 — 21 января — 1925: Сб. статей, воспоминаний и документов. Л.; М., 1925. С. 20.

[68] Ср.: «Не стоит полностью отождествлять официальную культурную политику тех лет с личностью ее главного творца. Он позволял себе, в определенных пределах, и не считаться с нею, отходить от нее» (*Громов Е.* Указ. соч. С. 6).

Цифры, как и сама жизнь, должны соответствовать его теоретическим прозрениям — а не наоборот. Выступая на XV съезде (декабрь 1925 г.), он свирепо обрушился на крайне неприятные ему статистические данные по социальной дифференциации крестьянства в советское время (до «великого перелома» еще далеко, и Сталин, придерживающийся «правой» ориентации, пока вовсе не заинтересован в увеличении процента кулаков):

> Я читал недавно одно руководство, изданное чуть ли не агитпропом ЦК, и другое руководство, изданное, если не ошибаюсь, агитпропом ленинградской организации [т.е. зиновьевцами, «левыми»]. Если поверить этим руководствам, то оказывается, что при царе бедноты было у нас что-то около 60%, а теперь у нас 75%; при царе кулаков было что-то около 5%, а теперь у нас 8 или 12%; при царе середняков было столько-то, а теперь меньше. Я не хочу пускать в ход крепких слов, но нужно сказать, что эти цифры — хуже контрреволюции. Как может человек, думающий по-марксистски, выкинуть такую штуку, да еще напечатать, да еще в руководстве? <...> Как могут болтать такую несусветную чепуху люди, именующие себя марксистами? Это ведь смех один, несчастье, горе.

На сталинском жаргоне точные данные называются утратой научной объективности[69] (хотя в повседневной работе он предпочитал, разумеется, реальную статистику, а не диалектические выкрутасы).

> Мы верим в то, — добавил он, — что ЦСУ есть цитадель науки <...> Мы считаем, что ЦСУ должно давать объективные данные, *свободные от какого-то ни было предвзятого мнения,* ибо попытка подогнать цифру под то или иное предвзятое мнение есть преступление уголовного характера.

Напрасно протестовал П. Попов из ЦСУ, взволнованно обвинявший Сталина в клевете на свое учреждение и в фальсификации выводов, — его статьи «Правда» отказалась печатать[70].

В конце 1935 года (период второй пятилетки), призывая комбайнеров усерднее работать ввиду «колоссального роста потребности в зерне», вождь сослался на демографический бум:

> Сейчас у нас каждый год чистого прироста населения получается около трех миллионов душ[71].

А всего через три года, уже после Большого террора, когда перепись катастрофически поредевшего населения была объявлена вре-

---

[69] О сталинской псевдостатистике см.: *Лацис О.* Перелом // Вождь. Хозяин. Диктатор. С. 101; *Маслов Н. Н.* Указ. соч. // История и сталинизм. С. 66—67.

[70] См.: Большевистское руководство. Переписка. 1912—1927. С. 312—314.

[71] Реальные цифры таковы: «Население СССР, например, с осени 1932 по апрель 1933 г. сократилось на 7,7 млн человек, главным образом за счет крестьян» (*Ивницкий Н. А.* Голод 1932—1933 гг.: Кто виноват? // Судьбы российского крестьянства / Под общей ред. Ю. Н. Афанасьева. М., 1996. С. 361). См. также: *Роговин В.* Сталинский неонэп. М., [1995]. С. 41—42.

дительской, Сталин на XVIII съезде инкриминировал работникам Госплана использование тех же цифр:

> Эти товарищи ударились в фантастику не только в области производства чугуна. Они считали, например, что в течение второй пятилетки ежегодный прирост населения в СССР должен составить три-четыре миллиона человек, или даже больше того. Это тоже была фантастика, если не хуже.

К статистике, предназначенной для пропагандистских целей, он вообще относится творчески, избегая начетничества, что явствует, к примеру, из продиктованного им числа погибших в войне 1941—1945 годов, которое он снизил до семи миллионов. Тогда же, еще во время войны, перед ним возникла неприятная дилемма. Чтобы как-то убавить, приостановить массовую сдачу в плен, нужно было припугнуть красноармейцев указанием на массовое же истребление военнопленных, проводимое немецкими властями. С другой стороны, ему требовалось всячески скрывать подлинные масштабы этой ужасающей капитуляции, которую он приравнивал к измене и дезертирству. Двойственная задача разрешилась статистическим копромиссом. В ноябре 1942 года, когда количество советских солдат, погибших или замученных в немецком плену, уже приблизилось к трем миллионам[72], Сталин заявил: «Гитлеровские мерзавцы взяли за правило истязать военнопленных, убивать их *сотнями*, обрекать на голодную смерть *тысячи* из них».

Он ловко манипулирует пропорциями явлений, степенью их «внутренней значимости». В 1935 году, выступая на Всесоюзном совещании стахановцев, он сказал:

> Стаханов поднял техническую норму добычи угля *впятеро или вшестеро*, если не больше.

Задача сталинской демагогии — распространить фантастические достижения Стаханова на всю промышленность, сделав их чуть ли не обязательной нормой производительности труда. Для этого он далее, в той же самой речи, преподносит некий статистический фокус, внезапно удваивая стахановские рекорды:

> Стаханов перекрыл существующую техническую норму, кажется, раз в *десять или даже больше*. Объявить эти достижения новой технической нормой для всех работающих на отбойном молотке (sic) было бы неразумно. Очевидно, что придется дать норму, проходящую где-либо *посредине* между существующей технической нормой и нормой, осуществленной тов. Стахановым.

Иначе говоря, за счет эластичного «кажется», объем выработки, навязываемый уже всем шахтерам, и составит изначальное стахановское завышение нормы «впятеро или вшестеро».

---

[72] *Семиряга М. И.* Военнопленные, коллаборационисты и генерал Власов // Другая война: 1939—1945 / Под общей ред. Ю. Н. Афанасьева. М., 1996. С. 317.

Подчас его идеологические выкладки выглядят настолько причудливо, что напоминают школьные упражнения с дробями:

> Мы в СССР осуществили девять десятых тех двенадцати требований, которые выставляет Энгельс.
>
> Раковский *изменил втрое и сократил вчетверо* резолюцию.

Почему, спрашивается, в 1929 году внезапно начала обостряться классовая борьба, хотя число «капиталистических элементов» неимоверно сократилось? Оказывается, дело в том, что, «несмотря на падение их удельного веса, абсолютно они все-таки растут». Это сказано без тени юмора.

Неважно, какова доля правды в тех или иных — отрицательных или положительных — утверждениях Сталина. Ему достаточно любой зацепки, чтобы вызвать к жизни исполинскую тень врага на пропагандистском экране. По этому поводу часто цитируется его заявление, прозвучавшее на докладе «О работах апрельского объединенного пленума ЦК и ЦКК» (1928):

> Иногда ругают критиков за несовершенство критики, за то, что критика оказывается иногда правильной не на все 100 процентов. Нередко требуют, чтобы критика была правильной по всем пунктам, а ежели она не во всем правильна, начинают ее поносить, хулить. Это неправильно, товарищи. Это опасное заблуждение. Попробуйте только выставить такое требование, и вы закроете рот сотням и тысячам рабочих, рабкоров, селькоров <...> Ежели вы будете требовать от них правильной критики на все 100 процентов, *вы уничтожите этим возможность всякой критики* снизу, возможность всякой самокритики. Вот почему я думаю, что *если критика содержит хотя бы 5—10 процентов правды, то и такую критику надо приветствовать*, выслушать внимательно и учесть здоровое зерно. В противном случае, повторяю, нам пришлось бы закрыть рот всем тем сотням и тысячам преданных делу Советов людей, которые недостаточно еще искушены в своей критической работе, но *устами которых говорит сама правда.*

Выходит, надо защищать не оклеветанных людей от травли, в которой содержится всего лишь «5—10 процентов правды» (их возражения и контраргументы парадоксально оцениваются как «хула на критику»), а самих клеветников. Это не только прямое поощрение массового доносительства[73] — здесь предвосхищены будущие разнарядки по процентам арестов в годы коллективизации и массового террора[74].

---

[73] *Авторханов А.* Технология власти. С. 406—407.

[74] Ср.: *Ивницкий Н. А.* По материалам Политбюро ЦК ВКП(б) и ОГПУ // Судьбы российского крестьянства. С. 282; *Авторханов А.* Там же. С. 410. Ср. также в сталинской речи на I съезде колхозников-ударников (1933) цифры, характеризовавшие классовое расслоение накануне коллективизации: «На каждые 100 дворов в деревне можно было насчитать 4—5 кулацких дворов, 8 или 10 дворов зажиточных».

Вместе с тем, если того требуют новые тактические условия, та же минимальная норма достоверности легко может быть обращена против стукачей, «устами которых говорит сама правда». В статье «Против опошления лозунга самокритики» (июнь 1928 г.) Сталин, стремясь застраховать своих выдвиженцев, дает вышеприведенным цифрам совершенно противоположную, но столь же гибкую интерпретацию[75], на сей раз отождествляя именно критику с недопустимой травлей:

> Конечно, мы не можем требовать, чтобы критика была правильной на все 100 процентов. Если критика идет снизу, мы *не должны пренебрегать* даже такой критикой [т.е. уже не "приветствовать" ее], которая является правильной лишь на 5—10 процентов. Все это верно. Но разве из этого следует, что мы должны требовать от хозяйственников гарантии от ошибок на все 100 процентов? <...> Разве трудно понять, что самокритика нужна нам не для травли хозяйственных кадров, а для их улучшения и их укрепления?

Если «5—10 процентов правды» могут быть важнее тьмы низких истин, ибо определяют главенствующую тенденцию, то последняя вообще не нуждается в реальной основе или, точнее, испытывает в ней самую минимальную потребность. В предисловии к брошюре Е. Микулиной «Соревнование масс» (1929) Сталин высоко оценил ее «попытку дать связное изложение материалов из п р а к т и к и соревнования» — «простой и правдивый рассказ о тех глубинных процессах трудового подъема, которые составляют внутреннюю пружину социалистического соревнования». Приведу некоторые зарисовки этого трудового подъема из главы «Зарядье»:

> Даже сама фабрика словно не та стала. На полу ни соринки не найдешь <...> В воскресенье собрались ткачихи фабрику мыть. *В первый раз узнали стены и окна, что такое мочалка и мыло»; «От прядильни говорила Бардина <...> —* Пусть ткачихи нос не дерут перед нами. Я думаю, бабочки, что как мы возьмемся, так очень просто можем их обогнать[76].

Но Сталина поджидала неприятность — Феликс Кон переслал ему уничижительный отклик некоей Руссовой на простую и правдивую брошюру Микулиной, в котором указывалось, что журналистка просто выдумала воспеваемое ею «соревнование масс» со всеми его реалиями. В ответ уязвленный Сталин осудил не благонамеренные домыслы Микулиной, а вполне конкретные возражения Руссовой:

> Рецензия т. Руссовой производит впечатление слишком односторонней и пристрастной заметки. Я допускаю, что *прядилки Бардиной нет в природе и в Зарядье нет прядильной.* [Т. е. нет тех самых предприятий, где проводится «соревнование».] Допускаю также, что *Зарядьевская фабрика "убирается*

---

[75] Ср.: *Лацис О.* Перелом // Указ. соч. С. 104.

[76] *Микулина Е.* Соревнование масс. М.; Л., 1929. С. 41, 45—46.

еженедельно". Можно допустить, что т. Микулина, может быть, будучи введена в заблуждение кем-нибудь из рассказчиков, допустила ряд грубых ошибок, и это, конечно, нехорошо и непростительно. Но разве в этом дело? Разве ценность брошюры определяется *отдельными частностями* [т.е. ее достоверностью], а не *общим направлением?* Знаменитый писатель нашего времени тов. Шолохов допустил в своем "Тихом Доне" ряд грубейших ошибок и прямо неверных сведений <...> но разве из этого следует, что "Тихий Дон" — никуда не годная вещь, заслуживающая изъятия из продажи? В чем состоит достоинство брошюры т. Микулиной? В том, что она п о п у- л я р и з и р у е т идею соревнования и з а р а ж а е т читателя духом соревнования <...> Я думаю, что брошюра т. Микулиной, несмотря на ее отдельные и, может быть, грубые ошибки, принесет рабочим массам большую пользу (1929; первая публикация — 1949).

Этот подход уже полностью предопределяет или, как говаривали в семинарии, «прообразует» утопию социалистического реализма[77]. В 4-й главе «Краткого курса» Сталин объявил: «Для диалектического метода важно прежде всего не то, что кажется в данный момент прочным, но начинает уже отмирать, а то, что возникает и развивается, если даже выглядит оно в данный момент непрочным, ибо для него неодолимо только то, что возникает и развивается». Фактически он действует по тому же способу, который однажды приписал основателю большевизма. По его утверждению, дабы «предупредить партию и застраховать ее от ошибок», Ленин «иногда раздувает "мелочь" и "делает из мухи слона"». (На сей раз полемический смысл данного заявления, впрочем, состоял именно в том, чтобы дискредитировать ссылки оппозиции на Ленина, сведя его высказывания к «мелочи».)

ЧАСТЬ ИЛИ ЦЕЛОЕ

Труднодостижимый ленинский идеал идеологической и организационной *целостности* — сплоченности, спаянности — большевизма был одной из тех установок движения, которые наиболее импонировали Сталину уже благодаря церковным ассоциациям, а также, вероятно, в силу ее самоочевидного родства с фольклорно-магической оппозицией целый—нецелый, целое—часть. В его сочинениях целостный образ — например, партии, ленинского учения, некоей поли-

---

[77] О Сталине как подлинном изобретателе соцреализма см.: *Громов Е.* Указ. соч. С. 157—158. Ср., например, расхожую формулу тех лет в передовой статье журнала «Литературный критик» (1933. № 6): «Советская художественная литература выработала свои принципы художественного творчества, что нашло свое теоретическое выражение в положении тов. Сталина о социалистическом реализме» (С. 5).

тической ситуации — постоянно противопоставляется дробному и ущербному восприятию тех же предметов, непременно отличающему меньшевиков, троцкистов и пр. Вместе с тем, как мы только что видели, само соотнесение частного и общего, совокупного носит у него несравненно более хитроумный, скользкий и взаимообратимый характер, чем у всех других партийных писателей, — обстоятельство, парадоксально связанное и с гораздо большей его приверженностью к таким допотопным формам мировосприятия, как тавтологические и особенно кумулятивные модели, о которых мы будем говорит отдельно. Если в тавтологической цепочке все положения наличествуют в самом первом или даже любом из них, значит, эта часть («основа, корень», т . е потенция развития) на деле равна целому.

Любую деталь, взятую в умозрительной проекции, Сталин готов объявить целокупным феноменом, любую целостность — частной и незначительной подробностью целого. В апреле 1928 года, к примеру, он следующим образом оспаривал критику Бухарина, встревоженного террористической практикой хлебозаготовок: «Поступать так — значит закрывать глаза на главное, выдвигая на первый план *частное* и случайное».

Беспрестанно генерализуя чьи-либо выдергиваемые из контекста словеса, обмолвки, «документы», бумажные «факты», ленинские и прочие цитаты, Сталин демонстрирует настоящие чудеса вербальной эквилибристики. Его политическое чувство слова и функциональная обработка чужого стилевого материала граничат с писательским озарением. Но если к «документам» и цитатам прибегает противник, то Сталин обвиняет его в использовании метода «вырванной цитаты», в неспособности к целостному, духовному усвоению текста. «Тут богатое поле для цитат, — говорит он с горечью о ленинских высказываниях разных лет, — тут богатое поле для всякого, кто хочет скрыть правду от партии»; «В чем состоит зиновьевская манера цитирования Маркса? Ревизионистская манера цитирования Маркса состоит в подмене т о ч к и   з р е н и я   Маркса буквой, ц и т а т а м и из отдельных положений Маркса», — и именно в этой манере уличается Зиновьев. (Выходит, ревизионизм заключается не в ревизии, т.е. пересмотре Марксовых текстов, а в дотошном следовании им.) Семинаристская выучка только стимулирует тягу Сталина к этому общебольшевистскому противопоставлению духа и буквы марксизма, которое он успешно обращает против соратников по партии: «Некоторые “читатели”, умеющие “читать” буквы, но не желающие понять прочитанное, все еще продолжают жаловаться, что Ленин их “запутал” в вопросе о природе нашего государства <...> Выход, по-моему, один: изучать Ленина не по отдельным цитатам, а по существу, изучать серьезно и вдумчиво, не покладая рук».

Сам же Сталин, если возникает необходимость, охотно эксплуатирует не только «отдельные цитаты», но и какие-то полунамеки и просто невразумительные замечания Ленина, раздувая их в целостную концепцию, «простую и ясную». А когда несравненно более «простые и ясные» ленинские тезисы действительно складываются в целостную доктрину, но по каким-то соображениям его не устраивающую, в дело идут всевозможные выверты по расподоблению целостного понятия, освобожденного от бремени однозначности и строгой очерченности: «То, что у тов. Ленина является оборотом речи в его известной статье, Бухарин превратил в целый лозунг». Ленинскому слову в подобных случаях Сталин приписывает несвойственную ему метафоричность, иносказательность, поступаясь тем самым своей обычной тягой к прямолинейно-расширительным выводам.

Выразительный пример такой лексической джигитовки — история с термином «диктатура партии», которым охотно оперировал достаточно откровенный Ленин, так что выражение, естественно, закрепилось в официальных партийных резолюциях (хотя оно драматически расходилось с Марксовым пониманием «диктатуры пролетариата», обозначавшей правление народного большинства). Сталину, с его ориентальным лицемерием, ленинский термин не пришелся по вкусу, и он стал опровергать его затейливыми ссылками на самого автора, который будто бы «не считал формулу "диктатура партии" безупречной, точной, ввиду чего оно употребляется в трудах Ленина крайне редко и берется иногда в кавычки». Протестуя против ее отождествления с «диктатурой пролетариата», Сталин поучает:

> Но это же чепуха, товарищи. Если это верно, то тогда не прав Ленин, учивший нас, что Советы о с у щ е с т в л я ю т диктатуру, а партия р у к о в о д и т Советами». Ср. в другом месте сходную мысль насчет правления политбюро: «Я вовсе не хочу сказать, что партия наша тождественна с государством. *Нисколько.* Партия есть руководящая сила в нашем государстве. Глупо было бы говорить на этом основании, как говорят некоторые товарищи, что Политбюро есть высший орган в государстве. Это неверно. Эта путаница, льющая воду на мельницу наших врагов. Политбюро есть высший орган не государства, а партии [что, кстати, неправильно: по уставу, «высший орган» партии — ее съезд], партия же есть высшая руководящая форма государства.

Казалось бы, раз в стране установлена «диктатура пролетариата», которой, в свою очередь, «руководит партия», то отсюда непреложно следует, что руководство диктатурой и есть сама диктатура в ее высшей инстанции, — но Сталину совсем ни к чему пересуды о том, что именно он, как генсек партии, теперь практически правит государством (в те годы уже популярна острота оппозиционеров насчет «диктатуры секретариата»). Везде и всюду срабатывает двойная формула: «Нельзя противопоставлять... Нельзя отождествлять». Ср. в его выпаде против Зиновьева:

> Что значит отождествлять диктатуру партии с диктатурой пролетариата? Это значит... *ставить знак равенства между целым и частью этого целого,* что абсурдно и ни с чем не сообразно.

В таких случаях целое и его часть расслаиваются уже поэтапно:

> Между партией и классом стоит целый ряд массовых беспартийных организаций пролетариата, а за этими организациями стоит вся масса пролетариата.

На сей раз задача — ввести посредующие звенья, чтобы удлинить дистанцию и забормотать, загромоздить, заслонить главенствующее место партаппарата в системе власти. Однако я предложил бы читателю обратить внимание на совсем другой аспект этой сталинской аргументации. Речь идет о хитроумной манере прикровенно, вскользь менять пропорции и местоположение объекта, то вводя его в гомогенную группу, то выделяя (или, вернее, выталкивая) объект из нее. В данном случае соответствующее скольжение смыслов отражено в двойственном статусе всех составных элементов приведенного ряда.

Дабы разобраться в только что процитированной фразе о партии и классе, вспомним, что, согласно официальной догматике, партия есть непосредственная — хотя и ведущая — *часть* рабочего класса. А раз так, то между ней и *«классом» в целом* нет и не может быть никакого буфера, представленного Сталиным в виде «массовых беспартийных организаций пролетариата» — т.е. профсоюзов и пр., — коль скоро последние это просто другая (только подчиненная партии) часть все того же пролетариата. Наконец, ряд замыкается «всей массой пролетариата», анонимно стоящей «за» своими же собственными организациями (а не состоящей в них?). Тождественна ли эта «вся масса» богоносному пролетариату в целом, или она тоже остается всего лишь его частью, хотя и самой обширной (которую, если понадобится, можно будет трактовать как несознательный слой класса, нуждающийся в просвещении и строгой опеке)? Все обтекаемо, все двоится — незыблема только иллюзия непреклонной твердости и ясности определений.

Подобную фрагментацию Сталин использует повсеместно — допустим, в установочной брошюре «К вопросам ленинизма»:

> Диктатура пролетариата состоит из руководящих указаний партии плюс проведение этих указаний массовыми организациями пролетариата плюс их претворение в жизнь населением. Тут мы имеем дело, как видите, с целым рядом переходов и промежуточных ступеней <...> Между указаниями партии и их претворением в жизнь лежит, следовательно, воля и действия руководимых, воля и действия класса»; «Партия есть ядро власти. Но она не есть и не может быть отождествлена с государственной властью.

Перечисленные «плюсы» на деле суть «минусы» — технические минусы любой диктатуры. С таким же основанием можно было бы отрицать наличие диктатуры, например, в армии, поскольку приказы верховного командования тоже проходят «целый ряд промежуточных ступеней», а их выполнение зависит от «воли и действий» исполнителей. Еще в 1923 году Сталин на XII съезде открыто назвал рабочий класс «армией партии» (это определение встречается у него и гораздо раньше). Словом, в любом случае наличествует именно диктатура партии — и над пролетариатом, и над государством, вернее, диктатура ее «руководящих органов». По отношению к ним Сталин контрастно меняет логическую тактику: опустив все промежуточные звенья, он напрямую отождествляет руководящую «часть» («ядро») партии с ней самой:

> Нельзя отделять ЦК от партии. Нельзя»; «Партия исходит из того, что партийный аппарат и партийные массы составляют *единое целое,* что партийный аппарат <...> *олицетворяет* собой руководящий элемент *партии в целом,* что партийный аппарат вмещает в себя лучших людей пролетариата.

Короче, тут нет никаких зазоров и промежуточных ступеней, как это было, когда он говорил о принципиальной нетождественности пролетариата и партии.

Сама же Партия непременно — и значительно чаще, чем у прочих авторов, — тяготеет к олицетворению, подчеркивающему ее сакральную внутреннюю целостность («партия говорит... партия указывает... партия считает... партия понимает...»). В январе 1924 года, накануне смерти Ленина, Сталин возглашает, что «партия должна быть единым, самостоятельным организмом с единой волей». Такова, впрочем, общая тенденция с начала 20-х годов, но Сталин, бесспорно, лидирует в ее разработке и проведении.

Внутри и снаружи, «мы» и «они»: отлучение от целостности

Существенно, что в качестве единого, слитного организма у Сталина партия противостоит собственной своей части — мятежной оппозиции, так что последняя, формально пребывая пока еще в рядах ВКП, одновременно будто выводится за ее пределы (задолго до официального исключения «из рядов»). Простейший пример такой махинации — мерцающий статус крамольного индивида:

> Если после каждой атаки Троцкого на партию его начинает бросать в жар, то партия в этом не виновата.

> Курьезно, что Бухарин призывает партию последовать его примеру и тоже покаяться, хотя весь мир знает, что партия тут ни при чем, ибо она с самого начала своего существования (1898 г.) признавала право на самоопределение и, стало быть, каяться ей не в чем»; «Не думает ли он, что партия существует для него, а не он для партии?

В зачаточной форме такие двусмыслицы восходят к Ленину еще 1900-х годов, но тот был все же гораздо сдержаннее в их применении;

ср., правда, его выпад против Троцкого времен Августовского блока: «мы заявляем о т   и м е н и   п а р т и и   в   ц е л о м, что Троцкий ведет *антипартийную* политику». Ранний Сталин на какой-то период подхватывает и всячески нагнетает эту — поначалу обусловленную эпизодической ситуацией II съезда и потому нестабильную — тенденцию ленинской группы к прямому отождествлению партийного большинства с целостностью. В 1905 году в брошюре «Коротко о партийных разногласиях» он осуждает редакторов-меньшевиков за то, что они саботируют решения съезда: «Каждый обязан был подчиниться ему: съезд — это выразитель воли партии, высший орган партии, и кто идет против его решений, тот попирает волю партии. Но эти упрямые редакторы не подчинились воле партии, партийной дисциплине (партийная дисциплина — это та же воля партии)». Конечно, после Октября и особенно со времен рокового X съезда склонность к таким определениям, стимулированная заботой о «единстве партии», отличает многих большевистских лидеров — Зиновьева, Троцкого, да и самого Ленина; ср. хотя бы в его заключительном выступлении на съезде:

> Троцкий выступил и говорил: "Кто не понимает, что нужно соединиться, тот идет против партии; конечно, мы соединимся, потому что мы люди партии". Я поддержал его. Конечно, мы с тов. Троцким расходились, и когда в ЦК образуются более или менее равные группы, партия рассудит так, что мы объединимся согласно воле и указаниям партии. Вот с каким заявлением мы с тов. Троцким... пришли сюда.

Но «партия» здесь вполне конкретное, хотя и обширное, сообщество, представленное делегатами съезда, перед которыми отчитываются члены ЦК, как посредством документов обязаны они отчитываться и перед массовыми низовыми организациями. Поэтому и в ленинской речи при закрытии следующего, XI съезда появляется прежнее уточнение: *Партия в целом* поняла...» — причем эта целостность осмыслена как единство более-менее плюралистического типа.

Вместе с тем с его же подачи в аппаратных верхах явственно крепнет теперь — и особенно после смерти Ленина — авторитарно-централизаторская и центростремительная установка, которую Сталин неустанно поддерживает с тем, чтобы позднее ее узурпировать. В эти 20-е годы, когда снова актуализируется тема слитного партийного организма, он на первых порах несколько осторожничает в определениях, демонстрируя стремление к точности. Еще в январе 1924 года, накануне смерти Ленина, он достаточно взвешенно формулирует свою полемическую позицию (вернее, позицию правящей группы). Но здесь же, в объеме всего двух предложений, Сталин проделывает характерный семантический фокус. Сперва исподволь проводится мысль о том, будто оппозиционеры противятся партийному единству, а вслед за тем так же плавно и ненавязчиво совершается переход от «большинства партии» к «партии в целом», трактуемой теперь в качестве сплоченного содружества, которому противостоит крамольное меньшинство:

> *Центральный Комитет думает вместе с подавляющим большинством партии,* что *партия должна быть единой*, что НЭП не нуждается в пересмотре. Немногочисленная оппозиционная группа, имеющая в своем составе пару известных имен, придерживается другой точки зрения, чем *вся партия в целом*.

С тех пор понятие «в целом», посредством pars pro toto, становится у него сущностным, органическим свойством партии или, что то же самое, ее руководства, вбирающего в себя дух рядовой массы. Напомню хотя бы неуклюжую фразу насчет фракции как «группы членов партии», которые в засаде «поджидают центральные учреждения партии», чтобы «стукнуть партию по голове». Коварно атакованные учреждения («голова») автоматически отождествляются со всей партией. Но где находится нападающая на нее группа партийцев — внутри, т.е. в самой партии, или все-таки уже снаружи? Очевидно, верно второе.

В таком же двусмысленном освещении подается опальная группа и по отношению к партийному «большинству», статус которого примечательно эволюционирует на протяжении небольшого фрагмента из сталинской речи на XIV съезде, долженствовавшей продемонстрировать гуманность генсека:

> Позвольте теперь перейти к истории нашей внутренней борьбы *внутри большинства* Центрального Комитета <...> Ленинградский губком вынес постановление об исключении Троцкого. *Мы, т.е. большинство ЦК*, не согласились с этим, имели некоторую борьбу с *ленинградцами* [т.е. с Зиновьевым] и убедили их выбросить из своей резолюции пункт об исключении. Спустя некоторое время после этого, когда собрался *у нас пленум ЦК* и ленинградцы вместе с Каменевым потребовали немедленного исключения Троцкого из Политбюро, *мы* не согласились и с этим предложением *оппозиции*, получили *большинство* и ограничились снятием Троцкого с поста наркомвоенмора. *Мы не согласились с Зиновьевым и Каменевым* потому, что метод отсечения, метод пускания крови — а они требовали крови — опасен, заразителен: сегодня одного отсекли, завтра другого — что же *у нас* останется *в партии*?

Сперва борьба развертывается тут *внутри* того самого («нашего») большинства, в которое входили тогда вместе со Сталиным жестокосердые ленинградцы и Каменев. Затем «мы» — это и есть «большинство ЦК», только уже без зиновьевцев — большинство, получившее доминантный статус: «мы... ограничились... мы не согласились»; зато кровожадные Зиновьев и Каменев теперь ретроспективно переосмысляются в качестве тогдашней оппозиции, а вовсе не части правоверного большинства. И, наконец, «мы» исподволь отождествлено со всей «партией» («*у нас... в партии*»).

Приведу другой, довольно изощренный, образец перестановки, поэтапно осуществляемой в объеме небольшого абзаца. В 1928 году

Сталин вспоминает о том, как Ленин некогда строго наказал проштрафившихся функционеров:

> Прав ли бы Ленин, поступая так? Я думаю, что он был совершенно прав. *В ЦК тогда положение* было не такое, как теперь. Половина ЦК шла тогда за Троцким, а в самом ЦК не было устойчивого положения. Ныне *ЦК поступает* несравненно более мягко. Почему? Может быть, мы хотим быть добрее Ленина? Нет, не в этом дело. Дело в том, что *положение ЦК* теперь более устойчиво, чем тогда, и ЦК имеет теперь возможность поступать более мягко.

Рассмотрим графически выделенные фрагменты. Как и в предыдущем случае, сперва речь велась о прежнем положении «в ЦК», то есть *внутри* достаточно разнородной группы, половина которой «шла за Троцким». Затем — уже о положении ЦК как абсолютно целостного образования, выступающего поэтому в качестве коллективной личности, заменившей своего вождя. (В те годы для Сталина уже характерны такие выражения, как «ЦК РКП(б) <...> стал бы хохотать до упаду» и другие, не менее красочные формы персонификации.) Что касается Ленина, то, будучи символом партии и верховным арбитром, он в тот ранний период, согласно этому описанию, пребывал словно за пределами еще рыхлого и неоформленного ЦК, управляя им со стороны. Иначе говоря, обособленность может трактоваться и позитивно — но только тогда, когда она обозначает самую суть, субстанцию большевизма (в дальнейшем мы не раз будем иметь дело с этой чисто метафизической константой сталинского мышления.) Во всех остальных случаях выделенность равнозначна роковому отпадению от партии — вернее, от правящей сталинской группы в ЦК. Отсюда и антитезы:

> Большевики говорили... Правые уклонисты упорно отмежевывались от большевистского прогноза. (Т. е. правые уклонисты — это уже не большевики.)
>
> Партия отвечает... Оппозиция же говорит...

И наконец:

> Вопрос стоит так: либо партия, либо оппозиция.

Дихотомия, как мы только что видели, может развертываться и посредством тонких грамматических сдвигов, за счет меняющегося соотношения личных местоимений «мы», «вы» и «они». Утрированно марксистское, массовидное «мы» Сталин употребляет при любой оказии. Даже хрестоматийное: «Платон мне друг, но истина дороже» — он, на богдановско-богостроительный манер, переключает в коллективистский регистр:

> В старину говорили про философа Платона: Платона *мы* любим, но истину — еще больше. То же самое можно было бы сказать и о Бухарине: Бухарина мы любим, но истину, но партию, но Коминтерн любим мы еще больше.

Получается, что Бухарин, которого Ленин называет «лучшим теоретиком» и «любимцем партии», будто невзначай противопоставлен марксистской «истине» и этой самой «партии»[78].

Показателен отрывок из сталинского выступления на выпуске Академии Красной Армии (1935):

> Эти товарищи <...> рассчитывали запугать нас и заставить свернуть с ленинского пути. *Эти люди*, видно, забыли, что *мы, большевики*, — люди особого покроя, и т.д.

Антитеза «мы—они», прослеживаемая еще к его ранним антименьшевистским выпадам в брошюре 1905 года («*Они* объявили партии бойкот <...> и стали грозить партии»), вообще принадлежит к числу наиболее употребительных сталинских ходов. Чаще всего «мы» — это «большевики», целостная партия, к которой понапрасну пытаются примазаться «они» — лидеры оппозиции, не понимающие *наших большевистских* темпов»; «в старину *у нас, большевиков*, бывало так... *Мы* этого *от вас* [небольшевиков] не требуем», — а иногда, напротив, требуем:

> Вы хотите знать, чего требует от вас партия, уважаемые оппозиционеры, — теперь вы знаете, чего она от вас требует.

Приведу также примечательный пример того, как зреет идея отторжения в самых, на первый взгляд, миролюбивых сталинских тирадах. В заключительной части своего доклада на XIV съезде Сталин сказал:

> Мы за единство, мы против отсечения. Политика отсечения противна нам. Партия хочет единства, и она добьется его *вместе* с Каменевым и Зиновьевым, если они этого захотят, *без них* — если они этого не захотят.

Добиться единства *без* Каменева и Зиновьева — это и значит их «отсечь».

Прием столкновения местоимений всегда содержит смертельную угрозу. В декабре достопамятного 1937 года Сталин получил от Л. Мехлиса (редактора «Правды») запрос относительно памфлета «Ад», сочиненного опальным Демьяном Бедным. Обнаружив там «критику советского строя», вождь поручил передать «новоявленному Данте»:

> Так как *у нас (у советских людей)* литературного хлама и так не мало, то едва ли стоит умножать такого рода литературу еще одной басней, так сказать...[79].

Спустя много лет, в 1952-м, антитеза звучит все так же зловеще:

---

[78] Волкогонов совершенно убедительно усматривает в этом, как и во многих других замечаниях генсека, скрытую полемику с ленинской оценкой Бухарина. См.: Указ. соч. Кн. I, ч. 1. С. 14.

[79] Цит. по: *Максименков Л.* Сумбур вместо музыки. С. 194—195.

Тт. Санина и Венжер, видимо, не согласны с этим. Тем хуже для них. Ну, а *мы, марксисты*, исходим из известного марксистского положения...

Противопоставления могут иметь и не столь инквизиторский, но все же достаточно безрадостный характер. Вот Сталин обращается с речью к хозяйственникам, взявшим на себя повышенные обязательства:

Товарищи! <...> Слово большевика — серьезное слово. Большевики привыкли выполнять обещания, которые они дают <...> Но *мы* научены "горьким опытом". Мы знаем, что не всегда обещания выполняются.

В нарочито туманной схеме большевики гипотетически противопоставлены «вам», которым еще предстоит доказать свое право на звание коммуниста. Здесь «мы» — это те именно правоверные («серьезные», настоящие) большевики. Но в принципе дело гораздо сложнее. «Мы» может получать весьма эластичный, нефиксированный набор значений, включающих в себя все, что угодно: и «они», и «вы», и, главное, «я».

МЫ И Я: МЕЖДУ МАССОЙ И ЛИЧНОСТЬЮ

Порой «мы» применяется для покаянных формул безлично-обобщенной «большевистской самокритики», нивелирующих индивидуальную провинность Сталина, — например, его ответственность за постыдно скромный масштаб репрессий: «Сама жизнь не раз сигнализировала *нам* о неблагополучии в этом деле. Шахтинское дело было первым серьезным сигналом». Еще более серьезные сигналы поступали к 1937 году — но, увы, «мы» их тоже своевременно не распознали: «Таковы корни *нашей* беспечности, забывчивости, благодушия, политической слепоты» (Правда, «мы» в данном случае — это скорее «они», прочие партийцы, а не сам бдительный вождь».)

Зато сходные маневры со стороны своих политических противников Сталин незамедлительно пресекает:

Зиновьев говорил в этой цитате о том, что "мы ошиблись". Кто это мы? Никаких "мы" не было и не могло быть тогда. Ошибся, собственно, один Зиновьев.

К себе он относится куда снисходительнее. Правда, в 20-е годы он изредка кается в своих персональных грехах, но, как отмечают биографы, в целом преобладает это его хорошо известное стремление растворить «ошибки» в необъятном лоне партии, свалить вину «на стрелочника»[80]. Единичные формулы индивидуального покаяния могут звучать следующим образом: «Эту ошибочную позицию я разделял тогда с другими товарищами по партии»; «как один из членов ЦК я также отвечаю, конечно, за эту неслыханную оплошность».

Однако и свое всевластие генсек обычно выдает за выражение партийного или всеобщего «мы». По замечанию Волкогонова, «уже в середине 30-х годов его указания оформлялись как постановления ЦК или циркулярные распоряжения»; а во время войны, занимая несколько должностей, Сталин подписывал документы «тоже по-разному: от имени ЦК, Ставки, ГКО или Наркомата обороны». Нередко на этих директивах, по его распоряжению, проставлялись подписи тех, кто тогда отсутствовал или просто не имел к тексту никакого касательства[81]. С другой стороны, не признавая за собой никаких ведомственных ограничений, он распространял свою власть — и свою личность — на все сферы деятельности. «Многие сторонние посетители, вызываемые в Кремль, — пишет Исаак Дойчер, — поражались тому, как во многих вопросах, больших и малых, военных, политических и дипломатических, Сталин лично принимал решения. По сути дела, он был сам себе главнокомандующим, министром обороны, квартирмейстером, министром снабжения, министром иностранных дел и даже chef du protocole»[82].

Все выглядело так, будто, прекрасно разбираясь именно в психологической ситуации — по крайней мере, в эмоционально-интуитивном основании любой личности, ее «нижнем этаже», — и строя на этом понимании свою высокоэффективную «кадровую политику», Сталин в то же время парадоксально неспособен к осознанию собственно персонального начала, индивидуальной бытийности человека — и потому с такой неимоверной легкостью то смешивает его с социальной группой, то резко вычленяет из нее. И точно так же, несмотря на весь свой ревнивый и агрессивный нарциссизм, он без труда отрекается от собственного «я», обволакивая его бесцветным покровом коллектива. Эта двойственность сказывается и в быту: мы знаем о его угрюмой нелюдимости, болезненно проступившей, например, в годы туруханской ссылки, — но в другие времена он умел контрастно сочетать мизантропическое затворничество и скотскую грубость с повышенной контактностью, умением очаровывать и привлекать к себе множество людей. По данным Волкогонова, он очень редко встречался с посетителями наедине — предпочитал находить-

---

[80] Иногда оба варианта — укрывание за спиной «мы» и перенос вины на низовых руководителей — у него совмещаются; ср. «Мы виноваты в том, что целый ряд наших партийных руководителей оторвались от колхозов... Мы виноваты в том, что целый ряд наших товарищей все еще переоценивает колхозы».

[81] *Волкогонов Дм.* Указ. соч. Кн. I, ч. 2. С. 108; Кн. II, ч. 1. С. 177, а также с. 205—206 и др.

[82] *Deutcher I.* Stalin: A Political Biography. Penguin Books, 1966. P. 456.

ся в обществе Молотова, Ворошилова и прочих «товарищей», обычно выполнявших, однако, работу немых статистов, роль коллективистского фона[83].

Мне кажется, Сталин — в некотором согласии с теорией «нарциссического расстройства», развернутой Кохутом[84], — обладал каким-то гуттаперчевым чувством собственной индивидуальности: она то сжималась до эгоцентрической точки, то расширялась в безудержной экспансии, абсорбирующей любую общность. Если его «мы» зачастую предстает только ритуальной завесой для тиранического «я», то и последнее, в свою очередь, нередко подвергается деперсонализации. Более того, как ни странно это звучит, «я» далеко не сразу обретает свою, так сказать, собственно личностную адекватность в его ранних писаниях. Сама истина, вещая анонимными устами, нерешительно застывает на полпути к персонификации. В одной из первых своих работ, «Как понимает социал-демократия национальный вопрос?» (1904), Сталин напрямую отождествил себя с логикой и учением марксизма. Полемизируя с печатным органом грузинских федералистов «Сакартвело» и, как всегда, стараясь унизить противника, он снисходительно замечает:

> Я готов даже оказать ему ["Сакартвело"] помощь в деле разъяснения нашей программы, но при условии, чтобы оно: 1) собственными устами признало свое невежество; 2) внимательно слушало меня и 3) было бы в ладу с логикой.

Единственное, что слегка подрывает эту величавую менторскую позицию, — тот факт, что свою заметку автор публикует без подписи (т.е. без всякого псевдонима). Кого же тогда слушать невежественным оппонентам? Сварливый призрак марксистской истины еще некоторое время продолжает блуждать в конспиративных туманах, не решаясь приоткрыть свой лик. В брошюре «Коротко о партийных разногласиях» (1905) Сталин вновь выступает с обширным набором наставлений, преподнося их все от того же таинственного первого лица. Однако начинающего публициста, конечно, сильно заботит атрибу-

---

[83] «Когда я приходил докладывать Сталину, — вспоминал Ковалев [бывший нарком путей сообщения], — у него, как правило, были Молотов, Берия, Маленков. Я еще про себя думал: мешают только. Вопросов никогда не задают. Сидят и слушают. Что-то записывают. А Сталин распоряжается, звонит, подписывает бумаги, вызывает Поскребышева, дает ему поручения... А они сидят. Сидят и смотрят то на Сталина, то на вошедшего... И так я эту картину заставал десятки раз... Видимо, Сталину нужно было это присутствие. То ли для выполнения возникающих поручений. *То ли для истории...*» (Цит. по: *Волкогонов Дм.* Указ. соч. Кн. II, ч. 1. С. 187). Ср. там же: «Для него это был своеобразный "аппаратный антураж", психологический допинг, к которому он привык, как к какому-то обряду, ритуалу выработки решений» (Кн. II, ч. 2. С. 131).

[84] *Kohut H.* The Analysis of the Self: A Systematic Approach to the Psychological Treatment of Narcissistic Personalities Disorders. N.Y. 1971. Возможность применения его теории к личности Сталина обсуждается в книге Д. Ранкур-Лаферриера. Указ. соч. С. 216—217.

ция текстов, и вскоре он находит удивительное, но вполне характерное для него компромиссное полурешение. Очередную свою публикацию — «Ответ "Социал-демократу"«, Сталин предваряет словами, подчеркивающими его индивидуальное авторство:

> Прежде всего я должен извиниться перед читателем, что запоздал с ответом. [С годами он так же клиширует этот покаянный эпистолярный зачин, как и последующую ссылку на свое подчиненное положение в составе «мы».] Ничего не поделаешь: обстоятельства заставили работать в другой области, и я был вынужден на время отложить свой ответ; сами знаете — мы не располагаем собой.
>
> Я должен еще заметить вот что: автором брошюры "Коротко о партийных разногласиях" многие считают Союзный комитет, а не отдельное лицо. Я должен заявить, что автором этой брошюры являюсь я. Союзному комитету принадлежит только редакция ее.

В дальнейшем у него появятся уточнения обратного свойства: такая-то статья принадлежит не ему лично, а написана по поручению ЦК; с другой стороны, он способен присвоить себе авторство коллективных, хотя и отредактированных им, опусов. Все это лишний раз показывает, насколько условной оставалась для него преграда между анонимным «мы» и «я», растекающимися на всю партию. Но пока, в этот кавказский период, мы сталкиваемся с еще более причудливой формой атрибуции: энергично отстаивая в «Ответе» свою публицистическую индивидуальность, Сталин снова оставляет статью без подписи[85].

Легко увидеть здесь прямое сходство с его привычкой безымянно цитировать тех или иных писателей. Иногда так же анонимно он цитирует вместе с ними и самого себя. Вспоминая в 1922 году о Ленском расстреле, он прибавляет: «"Звезда" была тогда права, восклицая: "Мы живы, кипит наша алая кровь огнем неистраченных сил..."» — Сталин пересказывает собственную заметку столь же конспиративно, как и подразумеваемого в ней Уитмена.

Он вообще обожал безличные конструкции, безымянные ссылки: «говорят... утверждают». Но эта манера дополняется у него обратной готовностью победоносно атрибутировать абстрактное «говорение» конкретным лицам, будто прорезающимся из серого марева. Естественно, что охотнее всего он применяет этот метонимический прием в криминальных видах, уличая какого-нибудь мелкого оппонента в том, будто тот излагает взгляды Троцкого, Бухарина или другого влиятельного ересиарха. Технология навета нам уже известна.

---

[85] Аналогичной практики — вероятно, от избытка осторожности — он придерживается и в критических ситуациях 1917 года. «Одной из удивительных особенностей августовских публикаций Сталина, — озадаченно пишет Р. Слассер, — было то, что ни одна из них не носила никаких указаний на его авторство» (*Слассер Р.* Сталин в 1917 году: Человек, оставшийся вне революции. М., 1989. С. 233).

Сперва Сталин выявляет созвучия между чьей-либо «ошибкой» и соответствующей антимарксистской теорией, а потом, верный своей нелюбви к аналогиям, подменяет сопоставление отождествлением.

Правда, и сама личность оппозиционеров, согласно марксистским идеологемам, предстает в сталинском изображении лишь отпечатком или отголоском того или иного враждебного класса или социальной группы, — но весь подлинный интерес и вся интрига сосредоточены для него именно в этой индивидуальной сфере. «Вопрос о лицах не решает дела, хотя и представляет несомненный интерес», — вскользь замечает он, готовясь к разгрому Бухарина.

Достигнув неизмеримо большей власти, чем Гитлер или Муссолини, Сталин, в отличие от них, предпочитал, как известно, вместо «я» говорить «мы». В дальнейшем будет показано, что он узурпировал и коллективистский пафос «богостроителей». С формальной точки зрения тут взаимодействуют два подхода. Согласно принципу pars pro toto, он как бы собирает, аккумулирует в себе волю олицетворяемого им целого и потому замещает его, но, с другой стороны, Сталин одновременно остается всего лишь частицей абстрактного социума. В первом случае его «мы» — массовидное инкогнито царского величия («мы, Николай Второй...»), во втором — знак марксистской принадлежности к этой же массе. Верный своей склонности к раздвоению, «двурушничеству», он словно и отождествляется с группой, и смотрит на нее извне. Попытаемся как-то очертить, определить эту странно овнешненную позицию.

МЫ И СВЕРХ-МЫ: ВЫЧЛЕНЕНИЕ МЕТАФИЗИЧЕСКОГО СУБЪЕКТА

Если внимательнее присмотреться к знакомой нам фразе: «Партия исходит из того, что партийный аппарат и партийные массы составляют единое целое», — то нетрудно будет обнаружить замечательнейший нюанс, проливающий свет на подлинную уникальность сталинского мышления. В апофеоз аппаратно-народного двуединства исподволь привнесен некий третий, главенствующий элемент, а именно «партия» как таковая, чем-то отличающаяся, наверное, и от аппарата, и от собственных своих масс. Это столь же неуловимая, сколь и могущественная абстракция, которая витает, подобно божественному арбитру, над обеими своими составными. Ближе всего к ее сущности стоит, очевидно, понятие «единое целое», но и здесь нет полной тождественности — ибо партия эту свою целостность оценивает тоже как бы извне, словно отвлекаясь от себя самой. С похожей

двусмыслицей мы уже соприкасались на материале сталинской демагогии относительно «беспартийных организаций» и «всей массы»
пролетариата, отделяющих партию от класса в целом. Где тут сам
этот целостный класс?

Под таким углом стоит заново обратиться к соотношению
понятий «мы» и «партия». Заканчивая отчетный доклад на XV съезде обычными ритуальными лозунгами, Сталин, среди прочего,
объявил:

> Трудности будут. Но мы их преодолеем, как преодолевали до сих пор, ибо
> мы — большевики, выкованные железной партией Ленина.

Сквозь эту, казалось бы, заурядную сталинскую тавтологию сквозит чисто метафизическая дихотомия, идущая от «энтелехии» Аристотеля: дихотомия между органической целостностью и простой
совокупностью элементов. Оказывается, партия — как отвлеченное
субстанциальное единство — «выковывает» именно тех, из кого она
состоит, т.е. самое себя. Партия одновременно имманентна и транс-
цендентна сообществу большевиков, тождественна и внеположна
ему. Ср. в более ранней сталинской речи — на XIII съезде:

> Основное в чистке — это то, что люди такого сорта [провинившиеся] чув-
> ствуют, что *есть хозяин, есть партия*, которая может потребовать отчета за
> грехи *против партии*. Я думаю, что иногда, время от времени, *пройтись хо-
> зяину по рядам партии* с метлой обязательно следовало бы. (А п л о д и с -
> м е н т ы)

Примечательна уже концовка первой из двух этих фраз: «против
партии», а не против себя, что выглядело бы более естественным. Но
повтором прикрыт семантический сдвиг. В тавтологической вроде бы
конструкции партия латентно раздваивается — на себя самое как ак-
тивный субъект («хозяин») и пассивный объект действия. Так что,
признаться, я не совсем понимаю, чему, собственно, аплодируют
участники съезда. Тому, что партия — в целом — как-то загадочно
«хозяйничает» над всеми, кто входит в ее состав? И что означает тогда
другая льстивая фраза — о партии как хозяине, подметающем «ряды
партии»? Ведь такой «хозяин» должен заведомо находиться вне этих
самых рядов, занимать по отношению к ним некую обособленную,
наружную позицию. Вероятно, делегатов зачаровала комплиментар-
ность и мнимая простота, иллюзорная ясность сталинской элоквенции.

Итак, в партии вычленяется нечто вроде отвлеченного духа охра-
нительной целокупности, субстанциальный сакральный субъект,
равный и одновременно внеположный самому себе как эмпиричес-
кому скоплению личностей. Вообще говоря, тенденция к метафизи-
ческому раздвоению опорных социальных сил заложена была в самой
диктаторской природе коммунизма, владычествующего над классом
от лица класса и над партией — от лица партии при безотказном

содействии «демократического централизма». Ср., например, у Ленина уже в феврале 1918 года, в его обращении от имени ЦК: «Мы уверены, что *все члены партии* исполнят свой долг перед *партией*». Вовсе не Сталин изобрел «павлинистскую» интерпретацию РКП как церкви и целостного организма (о чем еще пойдет речь во 2-й главе), но именно он сообщил ей столь заостренно-метафизическое выражение[86], проглядывающее, например, уже в заметке 1921 года «Партия до и после взятия власти», где он рассуждает о начальной фазе партийного строительства. Партия вновь распадается — на субъект и объект попечения:

> Центром внимания и забот партии [субъект] в этот период является сама партия [объект], ее существование, ее сохранение. Партия рассматривается в этот период как некая самодовлеющая сила.

Кем «рассматривается»? Да, конечно, самой же партией, напоминающей здесь мистико-биологическую Artseele или то, что специалисты по экологии называют иногда «гением популяции», пекущимся о выживании последней. Все же Сталин поначалу ощущал, видимо, какое-то неудобство, связанное с ноуменальным инобытием партии, и через несколько строк обратился к другому, правда еще более абстрактному, гению-хранителю:

> Основная задача *коммунизма* в России в этот период — вербовать в партию лучших людей <...> поставить на ноги партию пролетариата[87].

Сходную мистическую роль могут выполнять и прочие абстракции — например, советский народ, который, кстати, вообще легко раздваивается у Сталина сообразно его насущным пропагандистским потребностям. Напомню цитату из «Краткого курса»: «*Советский народ приговорил* бухаринско-троцкистских извергов к расстрелу. НКВД привел приговор в исполнение. *Советский народ одобрил разгром* бухаринско-троцкистской банды и перешел к очередным делам». Очевидно, советский народ в первом своем образе — как коллективный судья, действующий посредством карательного аппарата, — отличается от того народа, который лишь пассивно одобряет эту кару. Любопытны тут изменения, которые Сталин внес в проект Государ-

---

[86] С годами метафизическое противопоставление партии и партийцев все успешнее закреплялось в обрядовой риторике, и, например, Радек в своей покаянной речи на XVII съезде (1934) сокрушался о том, что честолюбивые оппозиционеры, попусту претендуя на руководство, не сумели быть даже «такими рядовыми, которых партия наша воспитала миллионы» (XVII съезд ВКП(б). Стенографический отчет. М., 1934. С. 627). Радек непринужденно игнорирует то очевидное соображение, что партия и есть совокупность этих самых «миллионов».

[87] В этой теологической стилистике Сталин отчасти следует за Лениным, писавшим в «Государстве и революции». «*Воспитывая рабочую партию, марксизм* воспитывает авангард пролетариата, способный взять власть и вести весь народ к социализму».

ственного гимна СССР. Первоначальную редакцию стиха: «Нас вырастил Сталин — избранник народа» — он переделал так:

Нас вырастил Сталин — на верность народу[88].

Даже в первом варианте строка выказывала некоторую зависимость от сталинских семантических дублей («нас», т.е. народ, вырастил наш собственный, народный избранник); но знаменательным результатом его вмешательства явилось уже совершенно непостижимое расслоение смысла: Сталин вырастил народ («нас») на верность народу — как целостному и сакральному понятию, отграниченному от своей подвижной и переменчивой земной ипостаси. Между обеими функциями «народа» обретается сам вождь, соединяющий их своим божественным величием.

В дуалистических конструкциях такого рода потусторонний наставник, «коммунизм», «народ» или его столь же надмирные и всегда персонифицированные аналоги неизбежно выказывают фамильные приметы все той же органической энтелехии либо метафизического начала, статичной парадигмы, управляющей бесконечно изменчивой повседневной жизнью. Это недвижное русло коварного диалектического потока — та именно школьно-богословская «основа основ», к всевозможным заменителям которой в риторических видах постоянно прибегает Сталин.

Теоретическая жесткость базового сакрального абсолюта — или, лучше сказать, сталинской веры в его наличие — прямо пропорциональна неудержимой текучести его протеических проявлений, предельная статика отвечает предельной динамике[89]. «Необходимо, — говорит он, — чтобы партия умела сочетать в своей работе непримиримую революционность... с максимумом гибкости и маневроспособности». На уровне стиля такой стратегической двуплановости изофункциональна повсеместная особенность сталинской метафорики, маркированная в начале настоящей книги, — синкретизм статики и движения: «Наша партия стояла, как утес <...> ведя рабочий класс вперед», и т.п. И всегдашней особенностью Сталина будет это соединение алтарного догматизма с неимоверной тактической изворотливостью, трупной застылости — с поистине нечеловеческой живостью особого, богомольного упыря.

Иное дело, что под мощным влиянием этого циничного диалектического релятивизма любые конкретные кандидаты на должность

---

[88] *Волкогонов Дм.* Указ. соч. Кн. I, ч. 2. С. 113—114.

[89] По определению Михаила Геллера, в сталинские времена «утверждается доктрина, отличающаяся одновременно гибкостью и жесткостью: она может меняться мгновенно, переходя в свою противоположность, но в промежутке между переменами — она абсолютно неподвижна» (*Геллер М., Некрич А.* Утопия у власти: История Советского Союза с 1917 года до наших дней. 2-е изд. London, 1986. С. 282).

абсолюта — Маркс, Энгельс, Ленин, рабочий класс, политбюро, партия — у Сталина постоянно меняют значение и пропорции, взаимоограничиваются. Если бы он стал священником, то начал бы интриговать против лиц Св. Троицы, мысленно стравливая их между собой. Сюда нужно прибавить крайне важный для него — вопреки марксистским укоризнам Камерона — постулат о встречном воздействии *практики* (ленинский «критерий истины»), «работы», живого дела или, как он часто пишет, «реальной жизни» на ту или иную идеологическую святыню, вносящий в нее пригодные Сталину коррективы (хотя при желании он может отвергать практику как раз за ее несоответствие теории).

В бурлении тактических хитростей и борьбы за власть контуры верховной истины, ее концентрические круги неуклонно сужаются вокруг сталинского «мы», подчиняющего себе ту самую «партию», с которой оно вроде бы отождествлялось. Перечисляя на XIV съезде большевистские достижения, Сталин возгласил: «Мы укрепили партию». Анонимные «мы» суть члены той же самой партии, вернее, уже ее руководство, по отношению к которому она оценивается как производная и в чем-то внеположная ему масса, нуждающаяся в цементировании. Но бывает, что и это авторитарное «мы», в свою очередь, незаметно расслаивается, выделяя из себя таинственный остаток, сквозящий за внешне элементарной словесной конструкцией. Ср. в его речи 1937 года:

Я думаю, что большевики напоминают нам героя греческой мифологии Антея.

Кому это — «нам»? Участникам пленума, т.е. самим же большевикам? Исходя из прямого смысла фразы, логичнее было бы заключить, что в данном случае «мы» — это как раз небольшевики, которым большевики (взятые в третьем лице, т.е. «они») кого-то там напоминают. Конечно, подобное толкование идеологически недопустимо, но ясно тем не менее, что между обеими категориями партийцев есть какая-то чуть приметная, молчаливо подразумеваемая грань: «большевики» — это объект, а «мы» — субъект суждения. Однако здесь же раскладывается и сам этот (коллективный) субъект. Как главная, авторизованная его часть, «я», будучи всего лишь одним из «нас», претендует одновременно на некий обособленный — третий — статус: «я думаю, что они нам напоминают». В качестве сверхсубъекта «я» арбитражно возвышается и над «нами», и над «большевиками»[90].

---

[90] Момент отчужденности подчеркнут интонацией неполного знания о "нас": ведь вместо четко отстраненного (и несколько даже несуразного) *"я думаю, что напоминают"*, куда более уместным выглядело бы простое *"могут"* или *"должны нам напоминать"*; вторая, противоположная, функция этого неуверенного *"я думаю"* — обозначить как раз коллективистскую скромность вождя, деликатно отказывающегося от тиранической речевой позиции.

Приведем другое, нарочито запутанное высказывание, пригодное для того, чтобы стать наглядным введением в сталинский дискурс:

> Партия, — говорит Троцкий, — не ошибается. Это неверно. Партия нередко ошибается. Ильич *учил нас учить партию* на *ее ошибках*. Если бы у партии не было ошибок, то не на чем было бы учить партию. *Задача наша* состоит в том, чтобы улавливать эти ошибки, вскрывать их корни и *показывать партии* и рабочему классу, как *мы ошибались*.

Кого, спрашивается, Ильич «учил учить» ошибающуюся партию, кто здесь авторитарное «мы»? Конечно, это руководство, неповинное в ошибках всей остальной «партии». К кому же тогда относится последующее обвинение в огрехах — «показать партии... *как мы ошибались*» — ко всей партии или все-таки к «нам» лично, т.е. к этим самым лидерам, кающимся перед кругом соратников? «Мы» снова то растягивается на всю партию, то съеживается до размеров сталинского ЦК. В любом случае совершенно ясно, что только это руководство, обученное Ильичем («мы»), сохраняет, в отличие от профанной публики, целительную прикосновенность к верховному мерилу истины — гаранту распознания и исправления ошибок.

Партия, Ленин и ЦК у Сталина «неслиянны и нераздельны», как лица Св. Троицы в определении Халкидонского собора. Генсек будет то идентифицироваться с любым из этих божеств, то расчетливо от него отстраняться, приобщаясь к смежному сакральному авторитету. В этой постоянной овнешненности взгляда проявляется его ошеломляющая способность к предательству, отступничеству, мгновенному отречению, получившая с годами столь эпохальное воплощение. И пусть в редуцированном виде, но та же диалектика неслиянности и нераздельности распространяется на его собственный «авторский» образ.

Везде и всюду в его писаниях доминирует готовность выйти из пределов своего «я», взглянуть на него, как на объект, со стороны, отграничиться от собственного облика (как всегда отрекался он от своих сообщников) — с тем, чтобы дать ему оценку, претендующую на непредвзятость. Очень часто такая позиция, как и следовало бы ожидать, граничила с прямым распадом или дроблением личности. Вот, например, фрагмент из его беседы с иностранным визитером:

> Л ю д в и г. Вы даже не подозреваете, как Вы правы.
> С т а л и н. Как знать, может быть и подозреваю.

В шутливо-несуразную и скептическую ответную реплику мимоходом привнесен оттенок раздвоенности: Сталин как бы вчуже, извне «подозревает» о правоте Сталина, реагирующего на замечание Людвига. (Как можно «подозревать» о собственной правоте, коль скоро без самоочевидной убежденности в ней было бы немыслимо то самое высказывание, которое тут комментируют собеседники?)

Но, конечно, несравненно более внушительный образчик грамматической шизофрении дают его бесконечные упоминания себя в третьем лице, представленные в широчайшем смысловом диапазоне: от нарциссического призыва Сталина — председателя Госкомитета обороны «сплотиться вокруг партии Ленина—Сталина» (в начальный период войны) до критических замечаний относительно устарелости или неактуальности некоторых положений, выдвинутых в трудах «тов. Сталина». Впервые такую отсылку, данную еще в шутливо-конспиративной форме, я нашел в его письме 1914 года, отправленном Малиновскому из ссылки: «Здравствуй, друг! <...> Мне пишет один из питерских моих приятелей, что работников-литераторов страшно мало в Питере. Если это верно, напиши — я скажу И. Сталину, чтобы он почаще писал. Все-таки помощь»[91]. С середины 20-х он всячески закрепляет этот диковатый грамматический ход — причем не без стимулирующего влияния Троцкого, который тогда тоже повадился говорить о себе в этой манере[92].

Склонность к автоцитатам объясняют обычно сталинской мегаломанией, что все же не совсем справедливо. Разумеется, было здесь, как у Троцкого, и самолюбование, упоение своим звучным псевдонимом. Но вместе с тем эту привычку говорить о себе в третьем лице Сталин субъективно мог интерпретировать совсем по-другому — как пропагандистски выигрышную декларацию скромности, сопряженной с отказом от кичливого выпячивания своего «я». Подобно Троцкому, он опирался на классическую и весьма почтенную традицию, заданную, в частности, Юлием Цезарем, который в своих «Записках о Галльской войне» писал о себе в третьем лице.

Вообще говоря, иерархическое соотношение между «тов. Сталиным» и ссылающимся на него «я» (чаще всего, правда, само слово «я» в таких случаях скромно опускалось) было сложным и переменчивым. Ему случалось и восхвалять и, как сказано, порицать свои работы. Но в обоих случаях тот, кто выступал с их овнешненной оценкой, представительствовал от некоей глобальной, непререкаемой истины, безотносительно к тому, облачался ли он в одеянье ее харизматического вестника или смиренного служителя. Впрочем, подробнее о двупланности его авторского образа будет сказано в последней главе.

ХОЗЯИН И РАБОТНИК

В социально-административной риторике Сталина место абсолюта занимают, естественно, официальные правители страны — ее партий-

---

[91] Цит. по: Большевистское руководство. Переписка. 1912—1927. С. 18—19

[92] См., например, его апологетическое письмо в Истпарт (1927): *Троцкий Л.* Сталинская школа фальсификаций: Поправки и дополнения к литературе эпигонов. Берлин, 1932. С. 25 и др.

но-пролетарские «массы». Ведь, согласно усвоенному генсеком канону «демократического централизма», авторитарная элита в конечном счете управляется партийными низами, делегирующими ей свою волю. В борьбе с оппозицией Сталин виртуозно, как никто другой в партии, орудует этими демагогическими трюизмами, ревностно отстаивая культ «дисциплины», который он начал усваивать еще на заре своей партийной карьеры, когда боролся с горделивыми меньшевиками. «Оказывается, — писал он в 1905 году, — партийная дисциплина выдумана для таких, как мы, простых работников!» Добиваясь массовой поддержки, Сталин с 20-х годов грубо имитирует верноподданническую преданность идеалу плебейского коллективизма, противопоставляя его зазнавшимся партийным вельможам и облекая эту антитезу в доходчивые формы примитивно-экономической субординации, в отношения между «хозяином» и работником. Поучая Троцкого, он превозносит партию за то, что у нее «выросло чувство силы и достоинства, что партия чувствует себя хозяином и она требует от нас, чтобы мы [т.е. члены партии] умели склонить голову перед ней, когда этого требует обстановка». Впрочем, чудесный прилив совершенно аналогичных чувств испытывают, по наблюдению генсека, и все прочие *хозяева* Советского государства. На этот счет он ничуть не скупится:

> За последнее время, — говорит он в 1925 году, — у рабочего класса особенно развилось и усилилось чувство силы и чувство своего достоинства. Это есть возросшее чувство хозяина у класса, представляющего в нашей стране господствующий класс.

Словом, не прошло и восьми лет после объявления «диктатуры пролетариата», как этот последний — причем почему-то на взлете НЭПа — наконец-то начал ощущать себя пусть не диктатором, но все же хозяином страны. Уже в 50-е годы Сталин снова говорит, что рабочий класс «держит в своих руках власть и владеет средствами производства». По-хозяйски ведет себя, как следовало ожидать, и колхозное крестьянство. В начале 1933 года, т.е. в разгар голодомора, генсек, выступая на пленуме, порадовался за счастливого советского мужика:

> Теперь крестьянин — обеспеченный хозяин, член колхоза, имеющего в своем распоряжении тракторы, сельхозмашины, семенные фонды, запасные фонды и т.д., и т.п..

Понятно, что от благорасположения этих правящих народных масс — партии, пролетариата, крестьянства — безоговорочно зависит обслуживающее их руководство, включая советское правительство и самого вождя. Всевластному народу ничего не стоит уволить своих нерадивых слуг, особенно тех, кто претендует на диктатуру: «Никогда, ни при каких условиях, наши рабочие не потерпели бы теперь власти одного лица», — втолковывает он в 1931 году Э. Людвигу, очарованному советской демократией.

Дело не только в демагогии, сверхъестественном лицемерии или лицедействе Сталина. Отработанная им комическая инверсия подлинной социальной иерархии внутренне мотивирована, ко всему прочему, той же метонимической и синекдохической поэтикой. Его «авторский образ» беспрестанно балансирует между двумя полюсами, по карнавальной оси перемещаясь от амплуа вождя, олицетворяющего и концентрирующего в себе волю всего советского общества, до мизерной частицы этого необъятного социума, послушной его суровой власти. В этой шутовской амплитуде было нечто от забав Петра Великого или — если обратиться к еще более употребительной аналогии — от Ивана Грозного, который подвизался то на правах богоравного самодержца, то в карнавальной роли «пса смердящего» — жалкого грешника либо убогого подданного государя Симеона Бекбулатовича. Подобным государем или, если угодно, всемогущим «князь-кесарем» мог быть для Сталина пленум ЦК и партийный съезд, а также ВЦИК, президиум «всенародно и свободно избранного» Верховного Совета и его августейший председатель — «Михалываныч» Калинин, возглавлявшие, согласно сталинской конституции, Советское государство. Для своих бесчисленных рабов Сталин всегда оставался «вождем и учителем», «солнцем народов», «корифеем» и пр., но официальный его титул в течение долгих лет маркировал подчиненную, вспомогательную миссию при коллективном начальстве, — всего-навсего «секретарь ЦК», как он расписывался на директивных документах. «Я человек подневольный», — любил он повторять.

У всесоюзной игры имелся пародийно-домашний эквивалент, подсказанный как плебейско-подьяческим воображением Сталина, знавшего лишь две социальные ниши — холопа и властелина, — так и его национально-этнографическими ассоциациями. Свою малолетнюю дочь диктатор величал «хозяйкой» (во 2-й главе мы коснемся и непосредственно кавказской подоплеки этого прозвища), у которой он, ничтожный «секретаришка», покорно испрашивал «приказы»[93].

Копыта партии

Инверсии такого рода отражаются в диалектических причудах пространственно-двигательной семиотики Сталина, неоднократно упоминавшихся на этих страницах. Мы говорили, помимо прочего, о

---

[93] Не исключено, что каким-то стимулом для этой эпистолярной клоунады послужило Сталину шутливое послание Г. Пятакова времен гражданской войны: «Ваше Высокопревосходительство! Осмеливаюсь всепокорнейше, почтительнейше и настоятельнейше просить Вас отдать нам Серго <...> Егорка Пятаков» (Большевистское руководство. Переписка 1912—1927. С. 110).

свойственном ему сплетении статики и динамики. В остальных случаях отмечалась странная взаимообратимость и двуединство таких симметричных категорий, как внешняя и внутренняя, лицевая и обратная стороны объектов, движение вперед и назад, верх и низ. Удобной иллюстрацией к сталинскому восприятию социальной иерархии может служить традиционнейшая метафора политического движения к цели или государственного строительства как скачки. Сталин настойчиво пользовался этой кавалерийской аллегорикой, словно компенсируя свой — действительно странный для кавказца и так называемого создателя Первой конной — страх перед лошадьми и верховой ездой. «Эти государства, — бросил он как-то в беседе с Роем Говардом по поводу соседей Советского Союза, — ...прочно сидят в седле». По отношению к народу и стране правящая партия изображалась им в контурах Петра Великого — т.е. в образе седока или жестокого, властного наездника. Комментируя «итоги первой пятилетки», он высказался на этот счет достаточно откровенно:

> Партия как бы подхлестывала страну, ускоряя ее бег вперед <...> Нельзя не подгонять страну, которая отстала на сто лет.

В 30-е годы он не раз призывает «новых людей», новые промышленные кадры — «*оседлать*» и «*погнать вперед*» технику, а на склоне лет, в «Экономических проблемах социализма», говорит о способности общества «оседлать» даже экономические законы. В то же время и сама эта партия наделяется теми же приметами ездового животного, что и все прочие подданные, — например, копытами:

> Партия должна подковать себя на все четыре ноги.

Если тут с газетной непринужденностью собраны в нелепый химерический образ конь и подковывающий его кузнец, то чаще всего Сталин ограничивается прямым сопоставлением любимой партии с тягловой скотиной:

> В партии имеются *коренники* и молодые... центровые и окраинные люди.

> Большинство ЦК, запрягшись в государственную телегу, двигает ее вперед с напряжением всех своих сил[94].

Согласно его речи от 13 апреля 1928 года, не обделен этой почетной обязанностью и рабочий класс — тот самый, который (в том же выступлении) изображается им в качестве «хозяина» страны:

> Нам нужно поставить дело так, чтобы бдительность рабочего класса развивалась, а не заглушалась, чтобы сотни тысяч и миллионы рабочих *впрягались* в общее дело социалистического строительства.

---

[94] Это была и популярная тогда метафора самоотверженной большевистской работы. Ср. в покаянном письме Н. Угланова (заявление в ЦКК, 1933): «Я стараюсь усиленно работать и впрячься в партийную телегу» (Цит по: Неизвестная Россия: XX век. М., 1992. Т. I. С. 62).

Не забыта, разумеется, вторая классовая составная советского общества. Еще раньше Сталин выразил надежду на то, что удастся

запрячь крестьянство в общую упряжку с пролетариатом по пути строительства социализма.

Чтобы докомплектовать тройку, к ней осталось присоединить советскую интеллигенцию:

Она вместе с рабочими и крестьянами, *в одной упряжке с ними*, ведет стройку нового бесклассового общества («О проекте Конституции Союза ССР»).

Тут впору напомнить о профессоре Устрялове, обреченном «возить воду» на большевизм. С другой стороны, если не в меру старательные партийцы зарываются, бестолково ускоряя бег, «таких товарищей надо *осаживать*» (речь на XIV съезде). Хуже всего, конечно, когда головокружительная скачка уносит их прочь от генеральной линии, когда, как пишет Сталин в 1930 году по поводу «ошибок в колхозном движении»,

одна часть наших товарищей, ослепленная предыдущими успехами, *галопом* неслась в сторону от ленинского пути.

Живописуя эту опасность, Сталин доходит в своем наездническом пафосе до невольного подражания пушкинскому Медному всаднику, сумевшему спасти Россию, остановив ее «над самой бездной»:

Трудно остановить во время бешеного бега и повернуть на правильный путь людей, несущихся стремглав к пропасти.

Иногда он, напротив, побуждает коней сбросить седока — например, в наказе избирателям «следить за своими депутатами и, ежели они вздумают свернуть с правильной дороги, смахнуть их с плеч». Вероятно, он был знаком с классическим, заимствованным у Платона, святоотеческим образом: разум как всадник или возничий, управляющий мятежными силами, воплощенными в конях. Как бы ни был фальшив демократизм Сталина, прозвучавший в этом увеселительном наказе, глубоко показательно все же его подстрекательское обращение именно к хтоническому символу, к низшему, аффективному слою коллективной советской личности, к ее волюнтативно-бунтарскому началу, — при несомненной самоидентификации с безжалостным тираном-возничим. Подстрекательский призыв — на сей раз к доносительству («критика снизу») — прозвучал и в только что процитированной здесь речи от 13 апреля 1928 года, где метафору пролетарской трудовой упряжки он соединил с требованием поднять «бдительность» рабочего класса как подлинного «хозяина» страны. Так он и управлял своей партией, своим государством — порабощая низы, он одновременно натравливал их на те или иные неугодные ему верхи в нескончаемом процессе циркуляции власти, освежаемой притоком новых, рвущихся к ней социальных сил.

СВЕРХЖЕСТКОСТЬ И СВЕРХРАСТЯЖИМОСТЬ ПОНЯТИЙ

Итак, мы могли удостовериться, насколько сложна политическая поэтика Сталина, которую принято называть примитивной и однозначной. Волкогонов был глубоко неправ, когда писал: «В мышлении Сталина трудно выделить оттенки, переходы, оговорки, оригинальные идеи, парадоксы. Мысль вождя однозначна»[95]. Напротив — именно «оттенки и переходы», амбивалентное скольжение тончайших нюансов и составляют секрет его мышления, запечатленного в, казалось бы, топорном и монотонном языке. Одним из уникальных свойств сталинского стиля мне видится сочетание этой обманчивой ясности, точности, тавтологической замкнутости ключевых понятий и их внутренней двусмыслицы, предательской текучести, растяжимости.

Если тавтологические конструкции маскируются под ступенчатое логическое развертывание, то, с другой стороны, как мы не раз видели, одно и то же слово таит в себе запас контрастных значений, как бы спрессованных в его мнимой четкости и однозначности. Даже слово «колхоз», столь любезное Сталину, на поверку предстает сгустком бинарных оппозиций, вступающих между собой в непримиримый конфликт. Оказывается, что

колхозы и Советы представляют лишь ф о р м у организации, правда, социалистическую, но все же ф о р м у организации. Все зависит от того, какое с о д е р ж а н и е будет влито в эту форму <...> Колхозы могут превратиться на известный период в прикрытие всякого рода контрреволюционных деяний, если в колхозах будут заправлять эсеры и меньшевики, петлюровские офицеры и прочие белогвардейцы, бывшие деникинцы и колчаковцы <...> Колхозы могут быть л и б о большевистскими, л и б о антисоветскими.

По этой заговорщической логике, предельно далекой от ортодоксального марксизма с его приматом «производственных отношений», и рабовладение, и крепостное право, и наследственный земельный надел можно объявить всего лишь «формой организации»[96], в которую достаточно влить социалистическое содержание. И напротив: весь режим «диктатуры пролетариата» и сама коммунистическая партия легко могут наполниться капиталистическим контрреволюционным содержанием, если в них «будут заправлять» агенты раз-

---

[95] *Волкогонов Дм.* Указ. соч. Кн. I, ч. 1. С. 217.

[96] Любопытно вместе с тем, что рассуждение насчет Советов как пустой «формы» Сталин взял у левых коммунистов (Бухарин и др.), выдвинувших этот тезис в период Брестского мира, к немалому возмущению Ленина: «Мы не скажем, что Советская власть есть только форма, как сказали нам молодые московские друзья» (Речь на VII экстренном съезде в 1918 г.; см. также в его тогдашней статье «Странное и чудовищное»).

громленной ранее буржуазии. Так, собственно, и произойдет позднее — в сталинской трактовке — с Югославией.

Как пример криминальной двусмыслицы стоит привести и слово «товарищ». В своей, уже упоминавшейся тут, речи на выпуске Академии Красной Армии (1935) Сталин, подводя итоги партийно-государственным достижениям (коллективизации и индустриализации, сопряженной с «жертвами» и «жесточайшей экономией»), сказал:

> Но не у всех наших товарищей хватило нервов, терпения и выдержки <...> Эти товарищи не всегда ограничивались критикой и пассивным сопротивлением. Они угрожали нам поднятием восстания в партии против Центрального Комитета. Более того: *они угрожали кое-кому из нас пулями*. Видимо, они рассчитывали запугать нас и заставить нас свернуть с ленинского пути. Эти люди, очевидно, забыли, что *мы, большевики*, — люди особого покроя. Они забыли, что *большевиков не запугаешь* ни трудностями, ни угрозами <...> Понятно, что мы не думали сворачивать с ленинского пути. Более того, укрепившись на этом пути, мы еще стремительней пошли вперед, сметая с дороги все и всякие препятствия. Правда, нам пришлось при этом на пути помять бока кое-кому из этих товарищей. Но с этим уже ничего не поделаешь. Должен признаться, что я тоже приложил руку к этому делу. (Б у р н ы е а п л о д и с м е н т ы, в о з г л а с ы "у р а").

Спрашивается, являются ли для большевиков «товарищами» враги ленинизма, люди, угрожающие им пулями? Эластичное слово «товарищ» таит в себе обвинения, чреватые грядущим истреблением тех, к кому оно прилагается. Перед тем как расстрелять Зиновьева и Каменева, он, обращаясь к обоим арестантам, доставленным в Кремль, тоже назвал их «товарищами»[97]. Сталинское слово отличается тем самым двурушничеством, которым он так любил попрекать своих противников.

Порой двусмыслицы подаются в ироническом освещении, как, например, в «Ответе товарищам колхозникам» (1930):

> Я получил за последнее время ряд писем от товарищей колхозников с требованием ответить на поставленные там вопросы. Моя обязанность была ответить на письма в порядке частной переписки. Но это оказалось невозможным, так как больше половины писем было получено без указания адреса их авторов (забыли прислать адреса). Между тем вопросы, затронутые в письмах, представляют громадный политический интерес для всех наших товарищей. Кроме того, понятно, что я не мог оставить без ответа *и тех товарищей, которые забыли прислать свои адреса*.

Многочисленные *товарищи*[98], подверженные внезапной рассеянности, представляют собой весьма характерный образчик сталинской иронии.

---

[97] *Орлов А.* Тайная история сталинских преступлений. Нью-Йорк; Иерусалим, 1983. С. 135.

[98] Общее число этих писем насчитывало не менее 50 тысяч. — См.: «Коллективизация и раскулачивание в начале 30-х годов» // Судьбы российского крестьянства. С. 283.

Почти каждое слово прячет в себе собственный негатив. В принципе тут бесспорна прямая зависимость от Ленина, который, по определению Ю. Тынянова, занимается «анализом лексического единства слов; полемизируя, разоблачая лозунг, он дает его словарный анализ и указывает затуманивающее действие фразы и лексического плана: "Спрашивается: — Равенство какого пола с каким полом?"« (Увы, надо признать, что ввиду необычайного обилия полов, предполагаемого ленинским вопросом, поучительная сила цитаты несколько поколеблена.) И далее: «Лексическое единство взрыхлено. Слово как название лексического единства перестает существовать. Исчезает эмоциональный "ореол" "слова вообще", и выдвигаются отдельные конкретные ветви лексического единства»[99]. Вся разница, однако, в том, что Сталин не «взрыхляет», а резко раздваивает лексическое единство; он заботится вовсе не о разоблачительной конкретизации различных «ветвей», а о строго симметрическом противопоставлении двух смыслов:

> Нам нужна самокритика — не та критика, злобная и по сути дела контрреволюционная, которую проводила оппозиция, — а критика честная, открытая большевистская самокритика. [Как будто злобная критика не может быть честной и открытой.]

> Само собой понятно, что речь здесь идет не о "всякой" критике. Критика контрреволюционеров является тоже критикой. <...> Критика нужна нам для укрепления Советской власти, а не для ее ослабления.

> Два слова о характере наших трудностей. Следует иметь в виду, что наши трудности никак нельзя назвать трудностями застоя или упадка <...> Наши трудности не имеют ничего общего с этими трудностями <...> Они есть трудности п о д ъ е м а, трудности роста.

И вообще:

> Нам нужна не всякая индустриализация.

> Нам нужен не всякий рост производительности народного труда.

> Нам нужен не всякий союз с крестьянством.

> Нам нужна не всякая связь между городом и деревней.

> Нам нужна не всякая дискуссия и не всякая демократия.

> Не всякого старика надо уважать, и не всякий опыт нам важен.

Более того, сами эти диалектические контрасты тоже подвержены взаимному противопоставлению или разделению:

> Нельзя сваливать в одну кучу два ряда неодинаковых противоречий. (И наоборот — при случае он может объединить их, заявив: «Наши разногласия — не принципиальные разногласия».)

---

[99] Словарь Ленина-полемиста (1924) // *Тынянов Ю.* Проблема стихотворного языка. Статьи. М., 1965. С. 222—223. Надо заметить, что Тынянов в общем следует интерпретации ленинского стиля, уже закрепившейся к тому времени в партийной печати.

Расподоблению внутренних контрастов отвечает их обратное соединение в диалектических оксюморонах:

Капитализм, развивавшийся в порядке загнивания.

Прогрессивное загнивание капитализма.

Запад с его империалистическими людоедами превратился в *очаг тьмы* и рабства.

Отрицательный омоним способен лишь мимикрировать под симметричное ему положительное понятие. Отсюда суеверная сталинская манера — присущая, впрочем, всей советской публицистике начиная с Ленина — закавычивать самые обычные слова, коль скоро они увязываются с политическим противником: «работа» врага, его «сочинения», «отдых» и пр. Это псевдослова, вербальные маски лицемера и подлого оборотня, которые требуется поскорее сорвать[100]. Взять, к примеру, слово «мир». Еще в 1913 году Сталин писал: «Когда буржуазные дипломаты готовят войну, они начинают усиленно кричать о "мире" и "дружественных отношениях". Если какой-нибудь министр иностранных дел начинает распинаться на "конференции мира", то так и знайте, что "его правительство" уже отдало заказ на новые дредноуты и монопланы <...> Хорошие слова — маска для прикрытия скверных дел». В общем, как и во множестве сходных заявлений («пацифизм нужен буржуазии для маскировки» и т.п.), Сталин очень точно предсказал здесь пацифистскую кампанию, организованную им в период подготовки к Третьей мировой войне[101]. Мы еще не раз встретимся с этой гротескной (и хорошо известной) особенностью его симметрических построений: инкриминировать врагу свои собственные преступления, собственную тактику — или же, зачастую вполне откровенно, присваивать себе приемы противника.

Другие его словоупотребления носят заведомо расплывчатый, «безразмерный» характер, облегчающий свободу маневра. Достаточно

---

[100] Разоблачительные и иронические кавычки Тынянов повсеместно фиксирует у Ленина, даже изобретшего особый термин — «слово-мошенник» (Указ. соч. С. 217—219, 238). Клемперер, называя этот прием «врожденным признаком» национал-социалистического жаргона, тщательно обходит вопрос о его большевистском генезисе (См.: *Клемперер В.* Указ. соч. С. 96). Вернее сказать, прием «иронических кавычек» появился, конечно, задолго до большевизма, но тот дал ему самое систематическое и энергичное применение, оказавшее влияние и на фашистскую риторику.

[101] Вспоминая предоктябрьскую большевистскую тактику 1917 г., Сталин както заметил: «Революция как бы маскировала свои наступательные действия оболочкой обороны для того, чтобы тем легче втянуть в свою орбиту нерешительные, колеблющиеся элементы. Этим, должно быть, и объясняется внешне оборонительный характер речей, статей и лозунгов, имевших тем не менее глубоко наступательный характер по своему внутреннему содержанию» («Троцкизм или ленинизм?», 1924).

присмотреться, например, к пресловутому термину «кулак». Без конца бичуя кулаков, противопоставляя их середнякам и беднякам, Сталин ни разу не озаботился опубликовать свое сколь-нибудь ясное и отчетливое определение для этих, по существу, крайне зыбких обозначений[102]. Более того, он раздраженно реагирует на любые попытки строгой «марксистской» классификации этих слоев. На июльском пленуме 1928 года генсек процитировал записку сотрудника газеты «Беднота» Осипа Чернова: «Необходимо <...> грубее сделать признаки, откуда начинается эксплуататорское, кулацкое хозяйство». В ответ Сталин дает волю своему негодованию: «Вот оно — "расширение" нэпа. Как видите, семя, брошенное Троцким, не пропало даром». Позднее он с возмущением пересказывает возражения Бухарина, который искренне недоумевал по поводу применения подобной градации к условиям нищей советской деревни: «Он так и говорил здесь в одной своей речи: разве наш кулак может быть назван кулаком? Да ведь это нищий, — говорил он. А наш середняк — разве он похож на середняка? — заявлял здесь Бухарин. — Это ведь нищий, живущий впроголодь[103]. Понятно, что такой взгляд на крестьянство является в корне ошибочным взглядом, несовместимым с ленинизмом». (Через несколько лет, уже восхваляя блаженную колхозную жизнь, вождь для контраста упомянул о прежней бедности — и из его замечания явствует, что все-таки прав был Бухарин. «Добрая половина середняков, — сказал Сталин, — находилась в такой же нужде и лишениях, как бедняки».)

Десятки раз до того, в согласии с основоположниками, Сталин говорил о крестьянстве как целостном классе — а именно «мелкой буржуазии». Теперь, в целях порабощения деревни, Сталин, следуя отчасти за Лениным, вносит экзотические дополнения в марксизм, существенно расширяя его скромную классовую гамму благодаря превращению крестьянства в целую совокупность классов[104].

---

[102] Специальный циркуляр, по его настоянию, был все же составлен. Но и там, как замечает Волкогонов, комментируя этот документ, «по существу, создавалась широкая возможность подвести под раскулачивание самые различные социальные элементы» (Указ. соч. Кн. I, ч. 2. С. 18). См. также: *Lewin M.* «Who was the Kulak?» // Soviet Studies, 1966, № 2; *Медведев Р. А.* К суду истории: Генезис и последствия сталинизма. N.Y., 1974. С. 201; *Френкин М.* Трагедия крестьянских восстаний в России 1918—1921 гг. Иерусалим, 1987. С. 221—222; *Fitzpatrick, Sh.* Stalin's Peasants: Resistance and Survival in the Russian Village After Collectivization. NY, Oxford Univ. Press, 1996. P. 30—33; Голос народа: письма и отклики рядовых граждан о событиях 1918—1932 гг. [По материалам «Крестьянской газеты»]. М., 1998. С. 102; *Getty A. and Naumov O.* The Road to Terror: Stalin and the Self-Destruction of the Bolsheviks, 1932—1939. P. 21—22.

[103] См.: *Бухарин Н. И.* Проблемы теории и практики социализма. С. 294.

[104] Несколько более ортодоксальный способ классовой дифференциации, повсеместно употребительной в период гражданской войны, — расчленение крестьянства на «мелких собственников» и «пролетариат», неведомо откуда взявшийся

Перераспределение канонической схемы вызвало недоумение у излишне любознательных «товарищей-свердловцев», которые не смогли отыскать соответствующее определение у Ленина. Отвечая им, Сталин заявил:

> Ленин говорил о двух о с н о в н ы х классах. Но он знал, конечно, о существовании третьего, капиталистического класса (кулаки, городская капиталистическая буржуазия). Кулаки и городская капиталистическая буржуазия, конечно, не "сложились" как класс лишь после введения нэпа. Они существовали как класс и до нэпа, причем существовали как класс в т о р о - с т е п е н н ы й. Нэп на первых стадиях развития облегчил в известной степени рост этого класса.

В этой марксоидной эквилибристике странно, во-первых, вычленение какого-то особого класса «городской капиталистической буржуазии», чем-то отличающейся, видимо, от всей прочей городской буржуазии, а во-вторых, внезапное приобщение к этому городскому классу тех самых «кулаков», которые в других случаях трактуются лишь как «капиталистические элементы крестьянства» или даже как еще более заурядные «агенты буржуазии» в деревне. Установка, однако, ясна — так или иначе противопоставить «кулаков» крестьянам, но противопоставить так, чтобы избежать сколь-нибудь четкой дифференциации, могущей в чем-то ограничить или притормозить репрессии. Здесь та же неясность, размытость критериев, в которой он обвинил Бухарина, — но только с обратным знаком: не реалистическая, а идеологизированно-полицейская. «Кулак» — это не тот, кто эксплуатирует наемный труд, а тот, кто просто чуть устроеннее, зажиточнее своих нищих односельчан. Фольклор чутко отреагировал на эту умышленную невнятицу «классовой борьбы», запечатлев ее в пародии на популярный романс: «Вам восемнадцать лет, у вас своя корова. / Вас можно раскулачить и сослать». Аморфность, произвольность сталинских дефиниций обернется гибелью для миллионов людей, зачисленных в обреченные группы простой казенной разнарядкой, процентом раскулачивания, спущенным из ЦК.

Но при необходимости Сталину ничего не стоит вообще упразднить всякие классы, ибо его «окостенелый догматизм», о котором охотно рассуждали хрущевцы, всегда дополнялся феноменальной идеологической гибкостью и готовностью мгновенно отречься от любой догмы. Думаю, что известное полуюмористическое высказывание Гитлера — после разгрома СССР поручить Сталину управ-

---

в сельской среде. «Бедное крестьянство — деревенский пролетариат и полупролетариат», — пишет, например, какой-нибудь А. Дорогойченко в статье «Крестьянство и учредиловщина», комментируя перипетии социальных конфликтов в Поволжье (Четыре месяца учредиловщины. Историко-литературный сборник. Самара, 1918). Таких определений немало у Ленина. Подробнее об этой марксистской социально-терминологической проблеме, в которой всегда путались коммунисты, см.: *Валентинов Н.* Наследники Ленина. С. 105—108, 150—152.

ление захваченными территориями (поскольку «тот знает, как обращаться с русскими») — в принципе вполне могло реализоваться: светоч марксизма с ходу подыскал бы для своей новой должности потребное идеологическое обоснование. В отличие от Гитлера и Ленина, он не был идеалистом. (Показательно, что в годы войны у Сталина отступает на второй план даже любимое слово «партия», и когда оно появляется, то в иерархическом списке следует за словами «правительство», «армия» и т.п., а не предшествует им, как раньше.)

В марте 1936-го, когда обсуждался проект конституции, Сталин так разъяснял своему американскому интервьюеру Говарду тот факт, что в Советском Союзе существует только одна политическая партия:

> Наше общество состоит исключительно из свободных тружеников города и деревни — рабочих, крестьян и интеллигенции. Каждая из этих *прослоек* может иметь свои специальные интересы и отражать их через имеющиеся многочисленные общественные организации. Но коль скоро *нет классов*, коль *скоро грани между классами стираются*, коль скоро остается лишь некоторая, но не коренная разница между различными *прослойками* социалистического общества, не может быть питательной почвы для создания борющихся между собой партий. Где *нет нескольких классов*, не может быть нескольких партий, ибо партия есть часть класса.

Все помнят, что с официальной точки зрения, закрепленной Сталиным в бесчисленных тирадах и в той же самой конституции, СССР считался государством рабочего («правящего») класса и колхозного крестьянства, к которым примыкала интеллигентская «прослойка». (Раньше интеллигенция признавалась прослойкой между эксплуататорскими и угнетенными классами. Теперь, при социализме, стало неясно, что именно она прослаивала.) В своем интервью, растиражированном «Правдой», Сталин походя смазал все эти жесткие сакральные категории. То он, полностью отменяя классы, заменяет их «прослойками» (между чем?), то сообщает, что грани между этими — уже вроде бы не существующими — классами еще только стираются — и все для того, чтобы как-то предотвратить предвкушаемый им вопрос Говарда: почему не разрешено иметь свою партию такому классу, как крестьянство. (А как быть с несколькими партиями одного и того же «класса» на Западе, например в США?) Можно себе представить, как отреагировал бы Сталин на подобную правооппортунистическую расплывчатость, если бы ее продемонстрировал кто-нибудь другой.

В письме к С. Покровскому (май 1927 г.) он порицает адресата за склочные «придирки» к его, сталинским, фразам: «Вы просто изволите придираться, не в меру "диалектический" товарищ». Мы, однако, не найдем ни малейших следов столь же снисходительного отношения к чужим «неточностям» у самого Сталина. В июне 1927 года, отвечая на новое письмо Покровского, он мстительно цепляется именно к нюансам, придавая им кардинальное значение и обвиняя того в манере «бесцеремонно переворачивать вещи вверх ногами»:

> Но, признавая шепотком эту свою неправоту, Вы тут же стараетесь громогласно свести ее к пустячкам насчет "словесных" неточностей <...> Выходит, что спор шел у нас о "словесности", а не о двух п р и н ц и п и а л ь н о различных концепциях! Это называется у нас, говоря мягко, — н а х а л ь с т в о м <...> Я думаю, что пришло время прекратить переписку с Вами.

Но он умеет и полностью игнорировать слово в тех обстоятельствах, когда к речениям оппонента придраться нельзя. Тогда Сталин, на ленинский манер, предпочитает обвинять противников — до революции меньшевиков, после революции оппозицию — в «расхождении слова с делом». Ту же риторику «дела», не нуждающегося в какой-то жалкой письменной фиксации, он внедряет и в свои положительные идеологемы. Словесные же свидетельства, собранные оппонентами, Сталин безапелляционно третирует. Этот сверхбюрократ, дотошный коллекционер досье и партдокументов обрушивается на буквоеда Слуцкого в известном директивном письме в редакцию журнала «Пролетарская революция» (1931):

> Какие ему [Слуцкому] нужны еще документы? <...> Кто же, кроме безнадежных бюрократов, может полагаться на одни лишь бумажные документы? Кто же, кроме архивных крыс, не понимает, что партии и лидеров надо проверять по их делам прежде всего, а не по их декларациям? <...> Почему же он предпочел менее надежный метод копания в случайно подобранных бумагах?

С единством «слова и дела» Сталин обращается столь же гибко. Скажем, в конспективной заметке «О политической стратегии и тактике русских коммунистов» (1921) (впервые напечатана в Сочинениях) он их отчетливо разделяет:

> Лозунг агитации и лозунг действия. Смешивать их нельзя, опасно». А спустя несколько лет он пишет: «Нельзя ставить вопрос так, как его ставят некоторые товарищи; "рабоче-крестьянское правительство — фактически, или как агитационный лозунг" <...> При этой постановке вопроса выходит, что партия может давать внутренне фальшивые лозунги, в которые не верит сама партия <...> Так могут поступать эсеры, меньшевики, буржуазные демократы, так как расхождение между словом и делом и обман масс являются одним из основных орудий этих умирающих партий. Но так не может ставить вопрос наша партия никогда и не при каких условиях.

В первом случае Сталин был откровеннее, во втором — он прибегает именно к той аргументации, которую сам определил как «агитационный лозунг». Что это значит на практике, мы можем уяснить из его сверхсекретных «замечаний к тезисам товарища Зиновьева» (август 1923), связанным с подготовкой коммунистического путча в Германии:

Нужно прямо указать, что лозунг рабочего правительства является *лишь агитационным лозунгом,* питающим идею единого фронта, что он в своем окончательном виде (правительство коалиции коммунистов и социал-демократов) вообще неосуществим, что если бы он, паче чаяния, все же осуществился, то такое правительство было бы правительством паралича и дезорганизации <...> Нужно ясно сказать немецким коммунистам, что им одним придется взять власть в Германии[105].

Я забыл прибавить, что «прямо и ясно», «открыто и честно» — это одна из любимейших риторических формул Сталина.

БРАТЬЯ И СЕСТРЫ СТАЛИНА

Чрезвычайно яркий образчик коварной двусмыслицы представляет собой его знаменитое выступление 3 июля 1941 года — первое с начала войны:

> Товарищи! Граждане!
> *Братья и сестры!*
> Бойцы нашей армии и флота!
> К вам обращаюсь я, друзья мои!

Безусловно, человечный призыв к «братьям и сестрам», столь откровенно выдававший бывшего семинариста и как бы свидетельствовавший о его смятении перед лицом страшной угрозы[106], был очень успешно рассчитан именно на патриотический и на «христианский» эффект[107], который продолжает и сегодня умилять одряхлевших сталинистов. Однако им стоило бы внимательнее вчитаться в его литургические тирады.

---

[105] «Назначить Революцию в Германии на 9 ноября» // Источник. Документы русской истории. Приложение к российскому историческому журналу «Родина». Вестник Архива Президента РФ. 1995. № 5. С. 117–118. (Отдельная пагинация.)

[106] Еще раньше, той же ночью, со 2 на 3 июля, он, по совету военных, приказал переправить ленинскую мумию в Сибирь. См.: *Лопухин Ю. М.* Болезнь, смерть и бальзамирование В. И. Ленина: Правда и мифы. М., 1997. С. 118.

[107] Ср.: «На эти "братья и сестры" тогда обратили внимание многие. В них слышалось нечто традиционно-российское, православное, душевное» (*Громов Е.* Указ. соч. С. 320). Примерно так же оценили текст западные историки, — например, Иэн Грей. «Это была историческая речь, — проникновенно пишет он, — лишенная риторики, взывающая к национальной гордости народа и коренному русскому инстинкту — защищать свою родину. Он говорил как друг и как вождь, и в речи была та уверенность, которой все ждали от него <...> "Товарищи, граждане, братья и сестры..." — таковы были первые его слова. Они разительно отличались от его обычной формы обращения и вмиг сплотили аудиторию с ним воедино <...> Временами Сталин преувеличивал и оправдывался, но не скрывал правду» (*Grey, Ian.* Stalin: Man of History. London, 1979. P. 329).

Начнем с того, что показательна уже сама иерархическая града-
ция: сперва «товарищи» (т.е. в первую очередь члены партии, единомышленники), затем прочие «граждане» страны и лишь потом —
перед «бойцами» — «братья и сестры». В следующей по счету речи
Сталина — от 6 ноября 1941 года — наличествует только суммарное
обращение «товарищи!», но далее говорится: «Наши *братья в захва-
ченных немцами областях* нашей страны стонут под игом немецких
угнетателей».

В зачине выступления, прозвучавшего на другой день и обращен-
ного непосредственно к армии, «братья и сестры» снова сдвинуты к
концу: сначала «товарищи красноармейцы и краснофлотцы, коман-
диры и политработники», потом «рабочие и работницы, колхозники и колхозницы, работники интеллигентного труда» (тут строго вы-
держана официально-классовая субординация: рабочие, за ними
крестьяне и, наконец, интеллигентская прослойка), а в заключение:
«*Братья и сестры в тылу нашего врага, временно подпавшие под иго немецких разбойников,* наши славные партизаны и партизанки, разру-
шающие тылы немецких захватчиков!»

В его приказе от 1 мая 1942 года установлена еще более ясная
последовательность: на первом месте — армия, за ней — «партизаны и партизанки», далее рабочий класс, крестьянство и интеллигенция и после нее, уже на самом последнем месте, «*братья и сестры по
ту сторону фронта в тылу немецко-фашистских войск, временно подпавшие под иго немецких угнетателей*». А ниже, в основном тексте,
сказано: «Мы хотим *освободить наших братьев* украинцев, молдаван,
белорусов, литовцев, латышей, эстонцев, карелов от того позора и
унижения, которым подвергают их немецко-фашистские мерзавцы».

Словом, «братья и сестры» неизменно проживают под властью
немцев, как явствует и из праздничного доклада от 6 ноября 1942 года:

> Гитлеровские мерзавцы <...> насилуют и убивают гражданское население
> оккупированных территорий нашей страны, мужчин и женщин, детей и ста-
> риков, наших братьев и сестер.

Строго иерархический зачин, отодвигающий их в самый конец
списка (только с заменой классов обобщенными «трудящимися
Советского Союза»), сохранится почти до конца войны, обогатив-
шись, однако, любопытными вариациями. Вводный перечень адресатов в приказе от 1 мая 1944 года дополняет это заключительное упоминание новой формулировкой: «Братья и сестры, временно подпавшие под иго немецких угнетателей и насильственно *угнанные на фашистскую каторгу в Германию*!» Теперь, после изгнания немцев с
большей части советской территории, внимание Сталина всецело
переключается на перемещенных лиц. Именно так и заканчивается
перечень в приказе от 7 ноября 1944 года: «*Братья и сестры, насильственно угнанные на фашистскую каторгу в Германию!*» С тех пор хри-

стианский призыв у него навсегда исчезает: отныне «братьями и сестрами» Сталина вплотную займутся Смерш и НКВД. Но зато из вражеского стана откликнется другой бывший семинарист — генерал Власов. Манифест Комитета освобождения народов России, обнародованный им в Праге 14 ноября 1944 года, предварялся обращением: «Соотечественники! Братья и сестры!»[108].

Если не ошибаюсь, впервые этот притягательный термин встречается у Сталина в начале 1929 года, в послании к рабочим и работницам «Красного треугольника»:

В капиталистических странах ваши братья и сестры работают по 10—12—14 часов.

Вообще же в советской пропаганде слова «братья» или «братья и сестры» всегда резервировались за иностранными подданными, еще не познавшими социалистической благодати, реже — за отсталыми нацменами и за иностранными компартиями, которые так и назывались «братскими»: то был их официальный титул, унаследованный от христианской риторики I Интернационала, социал-демократов и русских народовольцев. В конце 1918 года (в записке А. Мясникову и М. Калмановичу) Сталин просит ЦК и Ленина принять белорусов «как младших братьев, может быть, еще неопытных, но готовых отдать свою жизнь партийной и советской работе»[109]. В 1923 году, в тезисах к XII съезду РКП, он потребовал перевоспитать советский аппарат в духе «братского внимания к нуждам и потребностям малых и отсталых национальностей», а в 1925 году высказал пожелание, «чтобы коммунист научился относиться к беспартийному, как брат к брату». В этом обозначении всегда таился привкус некоторой не-

---

[108] Цит. по: *Андреева Е.* Генерал Власов и Русское освободительное движение. Приложение 3. London, 1990. С. 339. Кстати, это далеко не единственный пример того воздействия, какое сталинская риторика оказывала на власовское движение, ментально соприродное советскому режиму. Штрик-Штрикфельд приводит рассказ видного деятеля РОД, Жиленкова (который, по всему прочему, был еще и редактором Манифеста), о его встрече с Геббельсом в начале 1945 г. Когда тот ввернул, что РОД можно было бы «распустить, если бы члены его вздумали повернуть против Третьего рейха, Жиленков как бы резко изменил тему разговора и спросил Геббельса, кто открыл Америку? И терпеливо ждал, пока Геббельс не сказал, что Колумб. — Да, — сказал тогда Жиленков. — Колумб открыл Америку. И Америка существует. А попробуйте, господин министр, теперь закрыть Америку? То же и с Русским освободительным движением» (*Штрик-Штрикфельд В.* Против Сталина и Гитлера: Генерал Власов и Русское освободительное движение. Frankfurt/Main, 1975. С. 173). Нацист, посрамленный Жиленковым, не знал, что этот комиссар (и бывший секретарь одного из московских райкомов) всего лишь приспособил к новым условиям отрывок из доклада Сталина «О проекте Конституции» (1936), где, высмеивая антисоветские выпады германского официоза, тот сопоставил их с резолюцией щедринского бюрократа: «Закрыть снова Америку!»

[109] Большевистское руководство. Переписка. 1912—1927. С. 71.

полноценности и ненадежности, который просквозил, например, в его речи на VII пленуме ИККИ (1926), когда он призвал германскую «братскую партию», также повинную в идеологических шатаниях, «помочь своим *заблудившимся братьям* выйти на дорогу». В 1939 году термин «братья и сестры» адресовался «освобождаемому» населению Западной Украины и Западной Белоруссии, подвергнутому вскоре глобальным репрессиям. Но эта акция подключалась к более широкому понятию — «братская помощь». Братскими назывались союзные республики, а также «младшие» (вроде тех же белорусов) и чемто подозрительные советские или славянские народы — так, в ноябре 1944 года, принимая варшавскую делегацию, Сталин упомянул о «братских чувствах польского народа к народам Советского Союза» (это было спустя несколько лет после Катыни и через несколько недель после того, как он радостно отдал восставших варшавских братьев на съедение немцам). Есть у него, кстати, симптоматическое выражение — «*братья по измене* рабочему классу» (1924). Да и вообще, обозначения семейного родства, как и нормальных человеческих чувств, обычно примыкают у Сталина к негативному семантическому полю. «У нас не семейный кружок, не артель личных друзей, а политическая партия рабочего класса», — наставительно заявил он в 1929 году затравленному Бухарину, который напомнил ему было о старой дружбе.

Если после всего сказанного принять во внимание, что ту самую первую свою военную речь от 3 июля 1941 года, где Сталин впервые воззвал к «братьям и сестрам», он открыл сообщением об обширных немецких захватах, то станет ясно: обращение это изначально адресовалось тем, кто уже не был для него ни «товарищем», ни «гражданином», а заведомо подозревался в нелояльности или коллаборационизме[110]. (Тем более нельзя было их причислить к рабочим и прочим «трудящимся», поскольку трудились они теперь на немцев.) Жесткая и многолетняя послевоенная сегрегация всяческих «лиц, проживавших на оккупированной территории» лишь подтверждает эти выводы насчет его христианского братолюбия, символической

---

[110] Можно, наконец, сослаться и на прямое свидетельство самих адресатов, обретавшихся по другую сторону фронта: «Советская пропаганда называла население “братьями и сестрами во временно занятых немцами областях”. В этом названии было больше поэзии, чем истинного отношения советского правительства к оставшейся у немцев части народа. На практике советская политика рассматривала этих братьев и сестер как лютых врагов. Против них главным образом, чаще, чем против немцев, и направлено было оружие партизан» (*Казанцев А.* Третья сила: История одной попытки. Frankfurt/Main, 1974. С. 212). Симптоматично, во всяком случае, что в составлении июльской речи Сталину помогал не кто иной, как Вышинский, известный своими юридическими достижениями. См.: *Усачев И.* Последняя роль (Воспоминания дипломатов) // Инквизитор: Сталинский прокурор Вышинский / Сост. и общая ред. О. Е. Кутафина. М., 1992. С. 365—366.

иллюстрацией к которому может служить сталинская надпись на книге, подаренной Кирову, — «Другу моему и _брату_ любимому от автора».

Это был охотничий зов Каина.

ГИПЕРБОЛИЗАЦИЯ И ВЗАИМООБРАТИМОСТЬ ВЫВОДОВ

К чужим высказываниям Сталин принюхивается с азартом дикаря и педантизмом изувера. О чем бы ни шла речь, он тщательно выискивает в ней ту или иную разрушительную ересь, и любое еретическое слово, преломляясь в гигантских кривых зеркалах сталинской криминологии, уходит в сумрачные перспективы грядущей бойни. Так, он вгрызается в случайную обмолвку Каменева, написавшего, со ссылкой на Ленина, что «очередным лозунгом нашей партии является будто бы превращение "России из н э п м а н о в с к о й" в Россию социалистическую». «Но одно дело, — поучает Сталин, — "нэповская Россия" (т.е. Советская Россия, практикующая новую экономическую политику), и совершенно другое дело Россия "нэпмановская" (т.е. такая Россия, во главе которой стоят нэпманы). [Выходит, расхожее выражение "Россия крестьянская" подразумевало Россию, во главе которой стоят крестьяне?] Понимает ли эту разницу сам Каменев? Конечно, понимает. Почему же он выпалил тогда этот странный лозунг? По обычной беззаботности насчет вопросов теории, насчет точных теоретических определений. А между тем весьма вероятно, что этот странный лозунг _может породить_ в партии кучу недоразумений, если ошибка не будет исправлена». Потом, на процессах 36—37 годов, выяснится, что дело, конечно, вовсе не в «беззаботности» Каменева, а в его сатанинских замыслах относительно реставрации капитализма.

Все это слегка напоминает знаменитое различение ангелов и агелов. Его речь, скудная и невыразительная, как мимика медведя, всегда таит угрозу. Проведение оксюморонных подмен обычно строится стадиально, посредством расширения метонимических замещений, которое доводит тезисы оппонента до их контрреволюционной противоположности. («Политика <...> вообще говоря, не исключает некоторого лукавства», — скромно замечает Сталин в письме к Демьяну Бедному от 15 августа 1924 г.)

Можно было бы, вслед за Волкогоновым, уделить немало места сталинской казуистике в брошюре «К вопросам ленинизма» по поводу различаемых Зиновьевым «возможности» построения социализма в одной стране и его «окончательной победы»[111]. Зиновьевское разграничение Сталин достраивает до антиленинской ереси, но меня здесь интересует сам механизм этой инверсии и ее чекистские ориентиры:

> Что все это может означать? А то, что под окончательной победой социализма в одной стране Зиновьев понимает <...> *возможность* [у Зиновьева — *«обеспеченная возможность»*] построения социалистического общества. Под победой же социализма в одной стране Зиновьев понимает такое строительство социализма, которое *не может* и не должно привести к построению социализма. Строительство на авось, без перспективы строительства социализма, при *невозможности* построить социалистическое общество — такова позиция Зиновьева.

Непостижимым образом в процессе этого виртуозного тавтологического шулерства декларируемая Зиновьевым *«обеспеченная* возможность» построения социализма превращается у Сталина в кощунственную невозможность такового, слово становится собственным антонимом. Между тем всего за несколько строк до того Сталин весьма одобрительно цитирует свои недавние высказывания по поводу той же «возможности», комментируя последнюю как раз в чисто позитивном плане:

> Что такое возможность победы социализма в одной стране? Это есть в о з - м о ж н о с т ь разрешения противоречий между пролетариатом и крестьянством <...> возможность взятия власти пролетариатом и использования этой власти для построения полного социалистического общества <...> Без такой возможности строительство социализма есть строительство без уверенности построить социализм <...> Отрицание такой возможности есть неверие в дело социализма, отход от социализма. (Опускаю его дальнейшие, поразительно сбивчивые ссылки на Ленина, говорящие вопреки оратору скорее о «невозможности» построения социализма в условиях капиталистического окружения.)

А коль скоро зиновьевская «возможность», в отличие от сталинской (вернее, бухаринской), трактуется как невозможность, из нее выводятся грозные следствия, которые Сталин домысливает за Зиновьева:

> Строить социализм б е з в о з м о ж н о с т и построить его, з н а я, ч т о н е п о с т р о и ш ь, — вот до каких несообразностей договорился Зиновьев.

Отсюда недалеко и до прямого вредительства. Вся вина Зиновьева — в его излишней марксистской ортодоксальности, в том, что он, вслед за Лениным (а еще недавно и в полном согласии со Стали-

---

[111] См. очень дельный разбор этого вопроса у Волкогонова, который аргументированно связывает его с семинаристскими пристрастиями Сталина (Указ. соч. Кн. II, ч. 2. С. 139—140) Историю полемики вокруг «социализма в одной стране» и сталинских колебаний см. также у Валентинова: Неизвестный Ленин. С. 81. Там же, с. 78, говорится о том, что инициатором этой теории «был Рыков, поддержанный Бухариным, а не Сталин» (были, однако, предшественники и у Рыкова).

ным), убежден в необходимости революции на Западе как гарантии и для полного построения социализма в СССР. По Зиновьеву, отрицание этой интернационалистической установки «отдает душком национальной ограниченности». Бурно негодуя, Сталин продолжает передергивать, реконструируя «внутреннюю логику» рассуждений Зиновьева, дабы увязать ее с пока не упомянутым, но однозначно подразумеваемым выводом о том, что он остался тем же «штрейкбрехером революции», каким был в Октябре:

> Таким образом, по Зиновьеву выходит, что признать возможность построения социализма в одной стране — это значит стать на точку зрения национальной ограниченности, а отрицать такую возможность — значит стать на точку зрения интернационализма.
>
> Но если это верно — стоит ли вообще вести борьбу за победу над капиталистическими элементами нашего хозяйства? Не следует ли из этого, что такая победа невозможна?
>
> Капитуляция перед капиталистическими элементами нашего хозяйства — вот куда приводит внутренняя логика аргументации Зиновьева <...>
>
> Не надо было брать власть в октябре 1917 года — вот к какому выводу приводит логика аргументации Зиновьева.

Если продолжить развитие «внутренней логики», то станет совершенно ясно, что человек, предпочитающий капитулировать перед капитализмом и отвергающий советскую власть («не надо было брать власть в октябре 1917 года»), в некоей умозрительной перспективе должен примкнуть к ее врагам, приверженцам капитализма, что, собственно, и будет доказано в середине 30-х. Пока достаточно того, что уже сейчас друг Ленина и один из лидеров Октября обличен в контрреволюционной тенденции, эксплицитно выводимой из его благонамеренных высказываний и имплицитно — из самой его биографии.

Модель криминального гиперболизма, только в кратком, а не развернутом его виде, мы найдем и у Ленина, например в его «Письме к рабочим и крестьянам по поводу победы над Колчаком» (1919):

> Кто не помогает всецело и беззаветно Красной Армии, не поддерживает изо всех сил порядка и дисциплины в ней, тот сторонник колчаковщины, того надо истреблять беспощадно»; «Кто не сдает излишков хлеба государству, тот помогает Колчаку, тот изменник и предатель рабочих и крестьян, *тот виновен в смерти и мучениях десятков тысяч* рабочих и крестьян в Красной Армии.

У Сталина этот метод просто доведен до патологического совершенства и дополнен совсем уж фантастическими инверсиями. Но и здесь он мог совершенно обоснованно сослаться — и действительно ссылался — как на марксизм, так и на своего изворотливого учителя, апеллировавшего к Энгельсу. В ленинской статье «О брошюре Юниуса» (1916) сказано:

Разумеется, основное положение марксистской диалектики состоит в том, что все грани в природе и обществе условны и подвижны, что нет ни одного явления, которое бы не могло, при известных условиях, превратиться в свою противоположность.

Сталину оставалось только подыскивать эти «условия», что он и делал с захватывающей изобретательностью. Все же его логические сальто-мортале, стремительная смена черного на белое, плюсов на минусы и наоборот озадачивали слишком многих большевиков, и генсеку приходилось обучать тугодумов настоящей диалектике. Одному из них, Шатуновскому, он писал:

Вы удивлены, что по мысли Сталина *новые хозяйственные* кадры *должны быть более опытными в техническом отношении, чем старые.* Почему, спрашивается? <...> Разве это не верно, что в период реконструктивный, когда вводится новая современная техника, старым хозкадрам приходится переучиваться по-новому, уступая нередко место новым, более подкованным техническим кадрам?

Смысловая инверсия обусловлена тут элементарной подстановкой понятий: теоретическая, узкоучебная «подкованность» новых кадров неправомерно отождествляется с практическим *опытом,* который можно накопить лишь при многолетнем использовании техники. Как мы далее увидим, этот сталинский вывод связан, помимо всего, и с общей ахронностью его мировосприятия.

Инверсии и изгибы сталинской аргументации, впрочем, иногда и его самого заводят в тупик. Так происходит, например, с другими обвинениями против Зиновьева, продиктованными несокрушимой «внутренней логикой».

Но разве не ясно после этого, что кто проповедует неверие в наши успехи по строительству социализма, тот помогает косвенно социал-демократам, тот ослабляет размах международного революционного движения, тот неизбежно *отходит от интернационализма?..*

Спрашивается — куда отходит? Ведь от интернационализма можно отойти только к национализму (русскому, советскому?). Но инкриминировать национализм Зиновьеву, только что осудившему «национальную ограниченность», Сталин все же не решился, замаскировав замешательство эмоциональным многоточием.

Упрек, брошенный им Покровскому, которого он обвинил в манере «бесцеремонно переворачивать вещи вверх ногами», идеально описывает полемическую методу самого Сталина. Выступая в разгар коллективизации (декабрь 1929 г.) против теории «устойчивости мелкокрестьянского хозяйства», он выдвигает совершенно оригинальный довод:

Наша практика, наша действительность дает новые аргументы против этой теории, а наши теоретики странным образом не хотят или не могут использовать это новое оружие против врагов рабочего класса. Я имею в виду практику уничтожения частной собственности на землю, практику национализации земли, освобождающую мелкого крестьянина от его рабской приверженности к своему клочку земли.

Сталину настолько понравилось это теоретическое «новое оружие», предоставленное самой действительностью, что он тут же повторил свой аргумент, противопоставив духовную свободу советского пахаря западному духовному рабству:

> И именно потому, что у нас нет частной собственности на землю, у нас нет той рабской привязанности к клочку земли, которая имеется на Западе.

Можно понять странную застенчивость «теоретиков», не рискнувших воспользоваться плодотворной концепцией. Ведь точно так же освобождал крестьян от «рабской зависимости» помещик-крепостник, отбирая у них землю. Следуя сталинским рассуждениям, отобрать у матери детей — значит освободить ее от рабской привязанности к детям, а посадить человека в тюрьму — избавить от рабской приверженности к свободе. Того же сорта — диалектический пируэт, подсказанный знаменитым изречением Энгельса о «свободе как осознанной необходимости» (которое в свою очередь восходит к новозаветному «познайте истину, и истина сделает вас свободными»):

> Внутрипартийная демократия есть <...> укрепление сознательной пролетарской дисциплины.

При каждой оказии Сталин воспевал колхозы за то, что они покончили с пагубной разрозненностью индивидуальных крестьянских хозяйств. Но, оказывается, в благоприобретенном коллективизме кроется страшная опасность:

> Пока крестьяне вели индивидуальное хозяйство, — они были разрозненны и отделены друг от друга, ввиду чего контрреволюционные поползновения антисоветских элементов в крестьянской среде не могли дать большого эффекта. [А Тамбовское и пр. восстания?] Совершенно другая картина получается при переходе крестьян к колхозному хозяйству. Здесь крестьяне имеют уже в лице колхозов готовую форму массовой организации. Ввиду этого проникновение антисоветских элементов и их антисоветская деятельность могут дать гораздо больший эффект («О работе в деревне», январь 1933).

Сталин, однако, обходит молчанием противоположный вывод, неизбежно явствующий из его рассуждений: коль скоро контрреволюционные силы теперь не рассыпаны по «индивидуальным хозяйствам», а собраны в одном месте, то тем самым неимоверно облегчается и работа ГПУ по их уничтожению.

Всем казалось, что введение НЭПа представляло собой некоторую легитимизацию капитализма, поощрение, хотя и ограниченное, частной инициативы, призванной спасти Советскую Россию от последствий террористического коммунизма и продразверстки. Но Сталин доказывает, что это глубоко ошибочное мнение.

Было бы глупо говорить <...> об "отмене" нэпа, о "возврате" к продразвер-
стке и т.п., — бестрепетно заявляет он в апреле 1928 года, накануне коллективизации и полной ликвидации нэпа. — Никому так не выгодна теперь
новая экономическая политика, как Советской власти. Но есть люди, которые думают, что нэп означает не усиление борьбы с капиталистическими
элементами, в том числе и с кулачеством, на предмет их преодоления, а пре-
кращение борьбы с кулачеством и другими капиталистическими элементами.
Нечего и говорить, что такие люди не имеют ничего общего с ленинизмом,
ибо таким людям нет места и не может быть места в нашей партии.

У Сталина получается, что НЭП в целом означал не введение частного сектора, а, напротив, именно «усиление» борьбы с этими, бог
весть откуда взявшимися «капиталистическими элементами».

Самым знаменитым среди его развернутых диалектических ок-
сюморонов стал, конечно, футурологический тезис о неминуемом
обострении классовой борьбы по мере успешного продвижения к
социализму. Так, в январе 1933 года, выступая с докладом об итогах
первой пятилетки («литературный шедевр», по Анри Барбюсу), Сталин заявил:

Уничтожение классов достигается не путем потухания (sic) классовой борьбы, а путем ее усиления. Отмирание государства придет не через ослабление
государственной власти, а через ее максимальное усиление <...> Надо иметь
в виду, что рост мощи Советского государства будет усиливать сопротивление последних остатков умиравшего класса. Именно потому, что они уми-
рают и доживают последние дни, они будут переходить от одних форм насковок к другим, более резким формам насковок, апеллируя к отсталым слоям населения и мобилизуя их против Советской власти. Нет такой пакости
и клеветы, которых эти бывшие люди не *возвели бы* на Советскую власть и
вокруг которых не *попытались бы* мобилизовать отсталые элементы. На этой
почве *могут ожить* и зашевелиться разбитые группы старых контрреволюционных партий <...> могут ожить и зашевелиться осколки контрреволюционных элементов из троцкистов и правых уклонистов.

Дисциплинированной «жизни» останется лишь подчиниться
сталинскому прозрению, переведя его из сослагательного накло-
нения («возвели бы», «попытались бы») и категории возможного в
реальность Большого террора.

Итоговое закрепление этот тезис получил в его достопамятном
докладе «О недостатках партийной работы и мерах ликвидации троцкистских и иных двурушников», зачитанном на февральско-мартовском пленуме 1937 года:

Чем больше мы будем продвигаться вперед, чем больше будем иметь успехов, тем больше будут озлобляться остатки разбитых эксплуататорских классов, тем скорей будут они идти на более острые формы борьбы, тем больше они будут пакостить Советскому государству, тем больше они будут хва-
таться за самые отчаянные средства борьбы как последние средства обреченных.

Сталин называл эту теорию «ленинской», но в таких случаях Сталину принято не верить. Его преемники утверждали, что концепция «обострения» трагически противоречит высокогуманному ленинизму. Жаль, что они предпочли не заметить такое, например, место из речи Ленина на IX съезде:

> На нашей революции больше, чем на всякой другой, подтвердился *закон*, что сила революции, сила натиска, энергия, решимость и *торжество ее победы усиливают вместе с тем силу сопротивления со стороны буржуазии*. Чем больше мы побеждаем, тем больше капиталистические эксплуататоры учатся объединяться и переходят в более решительное наступление.

Прямого отношения к марксизму данная догма уже не имеет — она подсказана религиозными стереотипами, древним убеждением в том, что нечистая сила больше всего неистовствует перед заутреней, а вторжение Антихриста и битва с ним должны предварять пришествие Христово[112]. Из этого теоретического положения неминуемо должен вытекать и другой вывод: если, согласно Сталину, при наступательно-репрессивной политике сопротивление врагов только усиливается, то, следовательно, при более мягких ее формах оно, напротив, будет ослабевать. Но нет — в беседе с Людвигом он сетует:

> *Чем мягче мы относимся к нашим врагам, тем больше сопротивления эти враги нам оказывают.*

В любом случае торжествует диалектика абсурда:

> Высшее развитие государственной власти в целях подготовки условий для отмирания государственной власти — вот марксистская формула. Это противоречиво? Да, "противоречиво". Но противоречие это жизненное, и оно целиком отражает Марксову диалектику <...>
>
> То же самое нужно сказать о формуле насчет национальной культуры: расцвет национальных культур (*и языков*) <...> в целях подготовки условий для отмирания и слияния их в одну общую национальную культуру (*и в один общий язык*) в период победы социализма во всем мире.

В переводе на транспортные термины все это означает, что ближайший путь из Москвы в Калугу лежит через Хабаровск.

Кумулятивные представления

Тотальная гиперболизация того или иного частного обстоятельства производится в виде развертывания якобы вытекающих из него не-

---

[112] Ср. во введении к знаменитому инквизиторскому трактату (1487): «В наше время, когда вечер мира клонится к полному закату, старое зло <...> особенно отвратительным образом проявляет себя, так как в своем великом гневе чувству-

минуемых выводов, которые проецируются в будущее. «Чтобы руководить, надо предвидеть», — заметил как-то Сталин. Провидческий дар принимает у него полицейско-профилактические формы. На XVI съезде он вменяет в вину троцкизму «признание свободы фракционных группировок». Сразу же нагнетаются предполагаемые губительные последствия такого подхода:

А что это значит? Это значит провозглашение свободы политических партий и фракций. Это значит, что вслед за свободой политических группировок в партии должна прийти свобода политических партий в стране, т.е. буржуазной демократии. Стало быть, мы имеем здесь признание свободы фракционных группировок вплоть до допущения политических партий в стране диктатуры пролетариата.

Такие же футурологические ходы используются и против так называемой правой оппозиции. В своей речи на Первом съезде колхозников-ударников (февраль 1933 г.) Сталин осудил мечту о раскрепощении крестьянства от колхозного строя, обрисовав ее гипотетические итоги.

Ибо что значит вернуться к единоличному хозяйству и восстановить кулачество? Это значит восстановить кулацкую кабалу, восстановить эксплуатацию крестьянства кулачеством и дать кулаку власть. Но можно ли восстановить кулачество и сохранить вместе с тем Советскую власть? Нет, нельзя. Восстановление кулачества *должно повести к* созданию кулацкой власти и к ликвидации Советской власти, — стало быть, оно должно повести к образованию буржуазного правительства. А образование буржуазного правительства должно в свою очередь вести к восстановлению помещиков [в которых, видимо, особенно заинтересованы кулаки, захватившие их землю] и капиталистов, к восстановлению капитализма.

Непонятно только, почему вся эта ужасающая перспектива не воплотилась еще при НЭПе, с его единоличным хозяйством и «кулаками». Больше всего, однако, она смахивает на популярную западноевропейскую сказку о молочнице или о глупой невесте, разбившей кувшин с молоком, либо на ее кавказские аналоги вроде грузинской сказки «Спор из-за ничего». Сюжеты такого типа в фольклористике называются цепными, или кумулятивными (cumulative tales, Kettenmaerchen). В. Пропп, посвятивший им специальное исследование, отмечает, что в них «самые события ничтожны (или начинаются с ничтожных), и ничтожность этих событий иногда стоит в комическом контрасте с чудовищным нарастанием вытекающих из них последствий и с конечной катастрофой (начало: разбилось яичко, конец — сгорает вся деревня)»[113].

ет, что в его распоряжении осталось мало времени» (*Шпренгер Я., Инститорис Г.* Молот ведьм. М., 1990. С. 63). Впервые русский перевод книги был издан в 1930 г., вскоре после Шахтинского дела и накануне процесса Промпартии.

[113] *Пропп В. Я.* Поэтика фольклора. М., 1998. С. 254.

Если учесть, что «основной художественный прием этих сказок состоит в каком-либо многократном повторении одних и тех же действий или элементов»[114], то в фольклорно-кумулятивном нарративе мы легко распознаем один из важнейших источников бесконечных тавтологий Сталина, включая сюда и его ступенчатые квазилогические композиции. Цепь, звенья — один из самых любимых его образов, который он воспроизводит с маниакальной настойчивостью:

В этот период *основным звеном и основной задачей в цепи звеньев и в цепи задач* <...> оказалось создание общерусской нелегальной газеты.

Реализация этой постоянной метафоры может войти у него в прямое столкновение с законами физики:

Очевидно, что "верх" и "низ" представляют тут одну цепь, и *если цепь порвалась внизу, то должна пасть вся цепь.*

Наряду с футурологическими прогнозами, нередкая у Сталина разновидность кумулятивных композиций — синхроническое, но тоже поэтапное расширение начальной посылки, осуществляемое посредством присоединения к ней все новых и новых логических звеньев, так что исходное явление становится ядром некоей грандиозной структуры обычно отрицательного свойства. Этот подход он отрабатывал еще на родном Кавказе. В не раз цитировавшейся здесь брошюре 1905 года «Коротко о партийных разногласиях» он соответственно оспаривает своего меньшевистского оппонента:

Автор упрямо твердит, будто "ленинизм в корне противоречит марксизму", он твердит, не понимая, куда приведет его эта "идея". Поверим ему на минуту, что ленинизм в самом деле "в корне противоречит марксизму". А дальше? Что из этого получится? Вот что. "Ленинизм увлек за собой" "Искру" (старую "Искру") — этого не отрицает и автор, — следовательно, и "Искра" "в корне противоречит марксизму". Второй съезд партии большинством 35 голосов признал "Искру" центральным органом партии и с большой похвалой отозвался о ее заслугах, следовательно, и этот съезд, и его программа, и его тактика "в корне противоречат марксизму"... Смешно, не правда ли, читатель?

Спустя два десятилетия он применяет такое же логическое жульничество по отношению к оппозиции. Согласно Каменеву, возмущается Сталин,

наша партия, оказывается, подменяет международную революционную перспективу национал-реформистской. Но так как наша партия является партией Ленина, так как она в своих решениях по вопросу о строительстве социализма опирается целиком и полностью на известные положения Ленина, то выходит, что ленинская теория строительства социализма является теорией национал-реформизма. Ленин — "национал-реформист" — вот какой глупостью угощает нас Каменев.

[114] *Пропп В. Я.* Поэтика фольклора. М., 1998. С. 253.

Другой подвид схемы — ее элементарно-пространственная экспансия, система расходящихся кругов. Знаменитая сталинская клятва, обращенная к скончавшемуся Ленину, выстроена посредством концентрических кругов именно так — от партийной единицы к всепланетному «интернационалу»: 1) «Уходя от нас, товарищ Ленин завещал нам высоко держать и хранить в чистоте великое звание члена партии»; затем дается переход к партии в целом: 2) «Товарищ Ленин завещал нам хранить единство нашей партии как зеницу ока»; от партии рабочего класса — ко всему пролетариату: 3) «Завещал нам хранить и укреплять диктатуру пролетариата»; от пролетариата — к более широкому, рабоче-крестьянскому единству: 4) «Завещал нам укреплять всеми силами союз рабочих и крестьян»; от этого рабоче-крестьянского государственного объединения — к территориальному расширению всего Союза ССР: 5) «Завещал нам укреплять и *расширять Союз республик*»; и наконец: 6) «Клянемся тебе, товарищ Ленин, что мы не пощадим своей жизни для того, чтобы укреплять и *расширять союз трудящихся всего мира* — Коммунистический Интернационал!»

Отрицательные — и менее упорядоченные — варианты этой концентрической динамики:

> Стоит одну маленькую ошибку совершить в маленькой стране, в Аджаристане (120 тысяч населения), как это отзовется на Турции и отзовется на всем Востоке, ибо Турция теснейшим образом связана с Востоком[115].

> Я думаю, что нынешние "мирные отношения" можно было бы уподобить старой поношенной рубашке, состоящей из заплат, связанных между собой тоненькой ниточкой. Стоит только дернуть более или менее серьезно эту ниточку, оборвать ее в том или ином месте, чтобы развалилась вся рубашка, чтобы ничего, кроме заплат, не осталось от нее. Стоит потрясти нынешние "мирные отношения" где-либо в Албании или в Литве, в Китае или в Северной Африке, чтобы развалилось все это здание "мирных отношений".

Но главное, конечно, захватывающие чекистские горизонты, ослепительные проблески 1937 года, к которому вкрадчиво — «шаг за шагом», как любит говорить Сталин, — продвигается кумулятивный метод. Очень удобно, среди прочего, растягивать пределы «моральной ответственности», возлагаемой на советскую внутрибольшевистскую оппозицию, например за высказывания некоего Корша в Германии:

---

[115] Но когда позже, в канун коллективизации, вследствие таких «маленьких ошибок» в Аджаристане вспыхнуло настоящее восстание (встревожившее Бухарина и других умеренных коммунистов), то Сталин расценил его как «ничтожную мелочь»: «В самом деле, что представляет собой это так называемое восстание в Аджарии в сравнении с такими восстаниями, как кронштадтское восстание? Я думаю, что в сравнении с этим восстанием так называемое "восстание" в Аджарии не представляет даже капли в море» («О правом уклоне в ВКП(б)»).

Оппозиция может сказать, что она не отвечает за позицию Корша. Но это неверно. Оппозиция *целиком и полностью* отвечает за деяния г. Корша. То, что говорит Корш, это есть *естественный вывод* из тех предпосылок, которые преподают своим сторонникам лидеры нашей оппозиции в виде известных обвинений против партии.

Сказано это в декабре 1926 года. Всего через восемь лет, сразу после убийства Кирова, «моральная ответственность» оппозиции перейдет в смежную с ней ответственность уголовную[116]. Кумуляция, запущенная Сталиным, станет движущей силой террора, при котором к любому арестанту, как к золотому гусю из немецкой сказки, в геометрической прогрессии присоединяются все новые и новые жертвы, соучастники феерических заговоров. В этом процессе есть своя хитроумная диалектика, рывки и паузы, пропущенные звенья. Начинается все примерно так. В 1927-м году провокаторы ГПУ — какие-то бывшие белогвардейцы и «буржуазные интеллигенты» — предложили оппозиционерам наладить подпольную типографию. Подготовленная *цепь* дает Сталину дивный пропагандистский материал:

Оппозиция, организуя нелегальную типографию, связалась с буржуазными интеллигентами, а часть этих интеллигентов, в свою очередь, оказалась в связях с белогвардейцами, замышляющими о военном заговоре;

Вот какая цепочка получилась, товарищи.

Тем не менее, как подчеркивает Сталин, настоящего убийственного криминала здесь пока еще нет:

Обвиняли ли мы когда-либо и обвиняем ли теперь оппозицию в устройстве военного заговора? Конечно, нет.

Обвинение придет позже, через десяток лет, когда «цепочку» сумеют дотянуть до Токио и Берлина. Ибо Сталин — «величайший

---

[116] А вот образчик совершенно другого подхода. В декабре 1926 г. Троцкий на VII пленуме ИККИ напомнил о том хорошо известном факте, что весной 1917 г., до приезда Ленина в Россию, Сталин (в дружеском согласии с Каменевым) проводил в редактируемой им «Правде» курс на поддержку Временного правительства, резко расходившийся с позицией Ленина (письма которого они с Каменевым, кстати, просто не пропускали к печати). (Подробнее об этом: *Слассер Р.* Сталин в 1917 году: Человек, оставшийся вне революции. С. 31.) Резонно предположить, что Сталин как соредактор «Правды» «целиком и полностью» отвечал не только за собственные публикации, но также за материалы своего коллеги и единомышленника. Но нет — бесцеремонно свалив всю вину на Каменева, он теперь решительно отказывается от какой бы то ни было — «моральной» и прочей — ответственности за эти совместные действия: «Фокус тут в том, что Троцкий спутал меня с Каменевым. Это верно, что Каменев стоял тогда в оппозиции против Ленина, против его тезисов, против большинства партии и развивал точку зрения, граничащую с оборончеством. Это верно, что Каменев тогда писал в "Правде", например в марте месяце, статьи полуоборонческого характера, за каковые статьи я не могу, конечно, отвечать *ни в какой степени*». Как и в примере с восстанием в Аджарии, кумулятивная связь, процесс генерализации внезапно обрублены.

дозировщик», по классическому определению Бухарина, — сам всегда действует по тому же кумулятивному методу, который он приписывает, в частности, революционным движениям:

> Революция развивается обычно не по прямой восходящей линии, в порядке непрерывного нарастания подъема, а путем зигзагов, путем наступлений и отступлений, путем приливов и отливов, закаляющих в ходе развития силы революции и подготавливающих их окончательную победу.

Это физиологическая тактика удава, заглатывающего козленка не сразу, а по частям. «Материал» же для любого, особенно истребительного, действия накапливается исподволь, поэтапно[117], почти неприметно для завороженной жертвы, пока его количество не перейдет в смертоносный качественный «скачок» — рывок удава, — ибо тут, как всегда, вдохновляющим примером для Сталина служит превозносимая им марксистская диалектика, о которой он писал в «Кратком курсе истории ВКП(б)»:

> Диалектика рассматривает процесс развития не как простой процесс роста <...>, а как такое развитие, которое переходит от незначительных изменений к изменениям открытым, к изменениям коренным, к изменениям качественным, где качественные изменения наступают не постепенно, а быстро, внезапно, в виде скачкообразного перехода от одного состояния к другому состоянию, наступают не случайно, а закономерно, наступают в результате *накопления незаметных и постепенных качественных и количественных изменений*[118].

Чтобы лучше оценить судьбоносную роль Сталина в экспансии мирового коммунизма, следует принять в расчет этот синтез марксистского учения с универсальным фольклорно-архаическим примитивом, достигнутый при его активнейшем участии. В своей работе о цепных сказках Пропп писал:

> Принцип кумуляции ощущается нами как реликтовый <...> Эти сказки уже не соответствуют нашим формам сознания и художественного творчества. Они — продукт каких-то более ранних форм сознания <...> Примитивное

---

[117] «Поскольку власть в моих руках, я постепеновец», — сказал он как-то Ф. Раскольникову. См.: *Раскольников Ф.* О времени и о себе: Воспоминания. Письма. Документы. Л., 1989. С. 522. Ср. также реплику Троцкого: «Осторожное дозирование ударов, наносимых партии, составляет главное искусство сталинской стратегии» (Речь на объединенном пленуме ЦК и ЦКК 1 августа 1927 г. // *Троцкий Л. Д.* Сталинская школа фальсификаций. С. 165).

[118] Камерон видит некий зловещий симптом — знак догматизма и отступления от диалектики Маркса и Ленина — в том, что, перечисляя «основные черты» диалектического метода, Сталин поместил единство и борьбу противоположностей на последнее место в иерархическом списке и вдобавок обошел молчанием «отрицание отрицания» (вызывающее, правда, скепсис у самого автора). — См.: *Cameron K. N.* Stalin: Man of Contradiction. P. 147, 149. В этой критике я не вижу ничего, кроме пугливых марксистско-ленинских суеверий, — диалектика как базисная черта всего интеллектуального и поведенческого строя сталинской личности не подлежит никакому сомнению.

мышление не знает времени и пространства как продукта абстракции <...> Оно знает только эмпирическое расстояние в пространстве и эмпирический отрезок времени, измеряемый действиями. Пространство и в жизни, и в фантазии преодолевается не от начального звена непосредственно к конечному, а через конкретные реально данные посредующие звенья: так ходят слепые, перебираясь от предмета к предмету. Нанизывание есть не только художественный прием, но и форма мышления вообще, сказывающаяся не только в фольклоре, но и на явлениях языка. Но вместе с тем сказка показывает уже и некоторое преодоление этой стадии. Эти сказки у нас — удел детей, новых типов не создается. Искусство их рассказывания закономерно приходит в забвение и упадок, уступая место новым, более соответствующим современности, формам повествования[119].

Увы, в данном случае фольклориста приходится уличить в неоправданном историческом «прогрессизме». Разве не механизм «нанизывания» лежал в основе большевистских сказок о поэтапном — от звена к звену — нарастании мировой революции? Но деградировавший нарратив задолго до того воскресает сперва у Плеханова, любившего кумулятивную аргументацию, а затем у его мятежного ученика — Ленина, на поучения которого резонно ссылается Сталин:

> В поворотные моменты движения всегда выдвигается какой-либо основной лозунг, как узловой, для того, чтобы, *ухватившись за него, вытянуть через него всю цепь*. Ленин так учил нас: найдите основное звено в цепи нашей работы, ухватитесь за него и вытягивайте его для того, чтобы через него вытянуть всю цепь и идти вперед.

Пересказывая этот пассаж из ленинской статьи «Очередные задачи советской власти», Сталин, правда, оборвал цитату. В подлиннике далее стоит оговорка: «порядок звеньев, их форма, их сцепление, их отличие друг от друга в исторической цепи событий не так просты и не так глупы, как в обыкновенной, кузнецом сделанной, цепи». С учетом этой купюры было бы заманчиво считать, будто Сталин, как всегда, «вульгаризировал» глубокомысленного Ильича. Между тем в цепных притчах (хотя и более редких) последнего грохочет такой же точно пафос пробудившегося примитива, которому отныне суждена долгая жизнь. Кумулятивна вся созданная им партийная организация, кумулятивна и его творческая фантазия. Вот, к примеру, ленинская система концентрических кругов, примененная к русской истории в его известной заметке «Памяти Герцена» (1909). Несколько поколений революционеров поочередно вырывают друг друга из объятий Морфея:

«Узок круг этих революционеров. Страшно далеки они от народа. Но их дело не пропало. Декабристы разбудили Герцена. Герцен развернул революционную агитацию. Ее подхватили, расширили, укрепили, закалили [типично кумулятивный напор однородных пере-

---

[119] *Пропп В. Я.* Указ. соч. С. 259.

численний] революционеры-разночинцы, начиная с Чернышевского и кончая героями «Народной воли». Шире стал круг бойцов», и т.д.

С этой сказкой о репке стоит сравнить параноидальную модель, которая через десять лет появится у Ленина в его «Письме к рабочим и крестьянам по поводу победы над Колчаком»:

> Малейшее нарушение советского порядка есть уже дыра, которую немедленно используют [ср. такую же фатальную «дыру», «щелочку» во многих рассуждениях Сталина], — есть зацепка для побед Колчака и Деникина. Преступно забывать, что колчаковщина началась с маленькой неосторожности по отношению к чехословакам, с маленького неповиновения отдельных полков.

Могут возразить, что фольклорная замшелость аргументации обусловлена здесь культурным уровнем самого адресата. Однако Ленин довольно охотно использует ее и в своих программных выступлениях. Его утопия сплоченной, монолитной организации внушала ему этот параноидальный ужас перед любым зазором, «щелью», грозящей хаотическим разрушением целого. Уже в базисном манифесте раннего большевизма — «Шаг вперед, два шага назад» — Ленин, возвращаясь к недавнему спору с меньшевиками о пресловутом первом пункте партийной программы, заявил:

> Всякое м а л е н ь к о е разногласие может получить о г р о м н о е значение, если оно послужит исходным пунктом п о в о р о т а к известным ошибочным воззрениям и если эти ошибочные воззрения соединятся, в силу новых и добавочных расхождений, с а н а р х и ч е с к и м и действиями, доводящими партию до раскола <...> Маленькая ошибка Мартова и Аксельрода по § первому представляет из себя маленькую щель в нашей посудине. [И мартовцы] направляют в с е усилия на то, чтобы сделать щель большой, чтобы расколоть посудину.

Вскоре он сам же и расколол эту «посудину». Но точно такой же страх нагнетается через много лет в его борьбе против любых фракций и разногласий уже в собственной, большевистской партии, — например, в очень важной статье «Еще раз о профсоюзах» (1921), где неудержимая гиперболизация сопровождается столь же обязательным наращиванием повторов:

> *Всякий знает*, что *большие разногласия вырастают иногда из самых маленьких* — ничтожных даже вначале — расхождений. *Всякий знает*, что ничтожная ранка или даже царапинка, которых каждому приходилось получать в своей жизни десятками, способна превратиться в опаснейшую, а то и в безусловно смертельную болезнь, если ранка начнет загнивать, если возникает заражение крови. *Так бывает* во всяких, даже чисто личных, конфликтах. *Так бывает* и в политике. Любое, даже ничтожное расхождение может стать политически опасным, если является возможность того, что *оно разрастется* в раскол, и притом такой именно раскол, который способен поколебать и разрушить все политическое здание.

Короче, все эти пещерные сюжеты, выпущенные на волю революцией, коммунистическая власть — в силу и внутренней потребности, и пропагандистских нужд — стала актуализировать с первых своих дней, и сразу же в ответ ей угодливо раздались кумулятивные агитки «лучшего и талантливейшего поэта советской эпохи» («Всем Титам и Власам РСФСР», «Сказка о дезертире...», «Сказка для шахтера-друга», «История про бублики» и пр.). Было здесь что-то созвучное самой конспиративно-магической эстетике режима, опознающей себя в реликтовых формах фольклора. Возводя стремительную градацию присоединяемых друг к другу явлений, фольклорное сознание любуется самой их накопительностью или же захватывающей диспропорцией между мизерными масштабами первичного объекта либо события, занимающего ничтожное с виду место на шкале реалий, — и его незримым, но сверхмощным детерминистским потенциалом, реализованным к концу ряда и замыкающим все его движение.

Некий аналог этому латентно нарастающему результату образует у Сталина описанная выше «диалектика» пропорций: всего пять или десять процентов истины тождественны целостной картине; чуть приметная, третьестепенная тенденция, прослеженная в ее гипотетическом развитии, *целиком и полностью* вытесняет вроде бы куда более массивные, весомые факторы, обреченные, однако, на регресс и уничтожение, а потому наделенные уже сейчас крайне зыбким онтологическим статусом. Как обычно, сталинская специфика состояла тут скорее в неимоверном, гротескном заострении и эффективнейшей утилизации черты, свойственной всему большевизму. Ибо то, что для других коммунистических лидеров служило лишь одним из употребительных приемов, для Сталина изначально было жизненной потребностью, пронизывающей все его сочинения.

Либо-либо и средняя линия

На этих страницах мы уже многократно имели дело и со сталинской склонностью к уподоблению контрастных предметов, и с обратным процессом расподобления и поляризации составных некоего целостного либо однородного понятия. Очень рано одной из наиболее стабильных антитез становится у него формула «либо-либо, третьего не дано», достаточно характерная и для Ленина («середины нет»). Бесспорно, как и у Ленина, она представляет собой идеологическую реализацию «закона исключенного третьего», усвоенного на школьных уроках логики и соединившегося как с евангельской биполярностью («Кто не со Мною, тот против Меня»; «Никто не может служить двум господам»), так и с русским революционным дуализмом, который коренится в средневековой христианской традиции[120].

На первый взгляд, дихотомия «либо-либо», которую Волкогонов связывает с «бинарной логикой» Сталина[121], свидетельствует лишь о непреклонной ригидности сталинского мышления, поскольку, солидаризируясь с одним из кристаллизующихся полюсов, оно предает анафеме другой, а вместе с ним и любые компромиссы, любую уступчивость. «Среднего нет, — пишет он, подобно Ленину, — принципы побеждают, а не примиряются»; средняя линия — «идейная смерть партии»; «искание третьего пути есть результат непонимания или печального недоразумения» — а главное, это вечный удел «оппортунистов» вроде меньшевиков, эсеров, удел беспочвенных интеллигентов-«соглашателей», ненавистных всему большевизму подозрительных личностей маниловской складки — «ни в городе Богдан, ни в селе Селифан». Этим средним звеном, смотря по обстоятельствам, может быть и крестьянство в целом, и его собственно «средний» слой, в межнациональном раскладе — периферийные «угнетенные народы» (в основном, как он отмечает, состоящие тоже из крестьян), а внутри партии — «партийное болото», т.е. большевики, которые колеблются между Сталиным и оппозицией, хотя и сама эта оппозиция сперва тоже объявляется им таким же посредующим звеном между большевистской и буржуазной идеологией, между пролетариатом и вражескими классами. Таковы и ревизионистские — «промежуточные, дипломатические» (это слово у Сталина тоже является бранным, указывающим на дух компромисса) — группы в германской и французской компартиях. В организационном аспекте «ревизионистские» медиативные элементы, в отличие от истых ленинцев, чистопородных пролетариев и т.п., всегда представлены не спаянной «стальной» массой, а непрочным конгломератом — беспринципным и разношерстным «блоком». Ненавистное «средостение» Сталин находит и на географической карте — это лимитрофы, новые государства между Советской Россией и Западом, созданные на территории бывшей Российской империи и обреченные на ликвидацию («Средостение», 1918).

Фактически, однако, как раз «средний» элемент представляет собой прямой общественно-политический аналог мнимо однозначному слову у Сталина, подлежащему затем неминуемой оксюморонной поляризации. Вопреки всей его антиномической риторике, ра-

---

[120] См. статью Ю. Лотмана и Б. Успенского «Роль дуальных оппозиций в динамике русской культуры (до конца XVIII века)». — *Успенский Б. А.* Избранные труды: В 2 т. М., 1996. Т. 1. О ленинском дуализме и его генезисе см. в блестящей книге Алена Безансона «Интеллектуальные истоки ленинизма» (М., 1998. С. 211—213).

[121] *Волкогонов Дм.* Указ. соч. Кн. I, ч. 1. С. 138.

стяжимая «средняя линия» — это и есть подлинный оперативный простор Сталина, его интеллектуальное Lebensraum[122], зона скрытого накопления и перераспределения сил для грядущего дуалистического взрыва — как во внутренней, так и во внешней политике. Но уклончивость ощутима только до тех пор, пока исподволь подготавливаются условия для концентрированного и внезапного удара. («Если война начнется, то нам не придется сидеть сложа руки, — сказал он еще в 1925 году, — нам придется выступить, но выступить последними. И выступить для того, чтобы бросить решающую гирю на чашу весов, гирю, которая могла бы перевесить».) Это область хитроумных «приливов и отливов», выжидания, а зачастую и самой элементарной нерешительности, которую он так любил подчеркивать в других: «Середняк на то и середняк, чтоб он выжидал и колебался: чья возьмет, кто его знает, уж лучше выждать». Он и сам нередко бывал таким середняком. Его бывший секретарь Бажанов вспоминает:

> Сталин — человек чрезвычайно осторожный и нерешительный. Он очень часто не знает, как быть и что делать. Но он и виду об этом не показывает. Я очень часто видел, как он колеблется, не решается и скорее предпочитает идти за событиями, чем ими руководить[123].

Ср. собственные его признания. В 1940 году, беседуя с кинематографистами, Сталин заметил: «Я бы предпочел... манеру Чехова, у которого нет выдающихся героев, а есть "серые" люди, но отражающие основной поток жизни»; «У нас в партии тоже есть середняки <...> Все мы были середняками»[124]. С этим можно сопоставить и другое, несколько более раннее, его высказывание: «В 1937 г. в узком кругу своих приближенных он сказал прямо: "Известно, что Троцкий после Ленина был самый популярный в нашей стране. Популярны были Бухарин, Зиновьев, Рыков, Томский. Нас мало знали, меня, Молотова, Ворошилова, Калинина. Тогда мы были практиками во времена Ленина, его сотрудниками. Но нас поддерживали средние кадры, разъясняли наши позиции массам. А Троцкий не обращал на эти кадры никакого внимания. *Главное в этих средних кадрах*"»[125].

Именно за промежуточное звено, выпадающее из дихотомии, Сталин ведет изнурительную борьбу, добиваясь его дифференциации и привлечения большинства на свою сторону. Тут всегда открывается

---

[122] Только однажды, отвергнув свою антитетическую формулу, он все-таки обмолвился: «Нельзя говорить: либо-либо. Нужно делать и то и другое» («О задачах комсомола»).

[123] *Бажанов Б.* Воспоминания бывшего секретаря Сталина. Нью-Йорк, 1983. С. 146.

[124] Цит. по: *Латышев А.* Сталин и кино // Указ. соч. С. 501, 502. (Все это сталинское выступление должно было войти в состав 14-го тома его Сочинений.)

[125] Цит. по: *Лельчук В. С.* Послесловие к книге Р. Такера «Сталин: Путь к власти». С. 451. (Полностью сталинское выступление переведено в книге Такера «Сталин у власти». С. 437—440.)

широчайшее поле для лавирования и тактических уловок, дробления и рассеивания противников. Во внутрипартийной сваре он, в общем, придерживается той же последовательности действий, которую постоянно приписывал самой логике политических событий, утверждая, что

> размежевка между двумя крайними лагерями будет расти, что средний лагерь будет ввиду этого таять, освобождая демократически настроенных в пользу социал-демократов (1913).

> Разношерстная армия блока неминуемо будет таять, отходя частью назад, к кадетам, частью — вперед, к нашей партии (1917).

Стихийный, казалось бы, процесс расслоения управляется и стимулируется обоими противоборствующими лагерями. Так, например, реакция стремится «привлечь на свою сторону нейтральную массу и, таким образом, вызвать разброд в стане противника» (1906). Но и «пролетариат не может даже мечтать серьезно о взятии власти, если эти [средние] слои по крайней мере не нейтрализованы, если эти слои не успели еще оторваться от класса капиталистов»[126] («Октябрьская революция и вопрос о средних слоях», 1923). Аналогичную тактику он в 1926 году рекомендует лидерам Гоминдана касательно их неблагонадежных политических партнеров и сам придерживается этой схемы по отношению к советским техническим «спецам», проповедуя «политику р а з г р о м а активных вредителей, р а с с л о е -н и я нейтральных и п р и в л е ч е н и я лояльных». Ср. раздвоение партийного «болота», к которому апеллируют конфликтующие стороны в ходе дискуссии: «В результате болото вынуждено самоопределиться, несмотря на всю его инертность. И оно действительно самоопределяется в результате этих апелляций, отдавая одну часть своих рядов оппозиции, другую — партии и переставая, таким образом, существовать как болото»[127].

Нейтрализацию Сталин понимает при этом очень своеобразно. Рассуждая в 1923 году о большевистском поэтапном расслоении крестьянства — сперва «вместе со всем крестьянством», потом с беднейшим «при нейтрализации среднего крестьянства» и, наконец, против кулаков «вместе с беднотой, при прочном союзе с середняком», — он между делом уточняет: «А что значит нейтрализация среднего крестьянства? Это значит — держать его под политическим наблю-

---

[126] Ср., впрочем, этот тактический прием у Ленина (с безличной ссылкой на Маркса): «Речь идет о присоединении этих промежуточных слоев к одной из главных сил, к пролетариату или буржуазии. Ничего иного быть не может» (1919).

[127] Об устрашающих методах этого расслоения он однажды высказался с удивительной откровенностью: «Не бывает того, чтобы сочувствующие и, тем более, нейтральные и колеблющиеся добровольно согласились разделить судьбу своих активных друзей после того, как эти последние потерпели жестокое и непоправимое поражение» (1931).

дением пролетариата, не доверять ему и принимать все меры к тому, чтобы оно не вырвалось из рук».

Но и на третьей, заключительной стадии рассечения во вспомогательных целях вычленяется некое новое, уже заведомо ненавистное посредующее звено, новое, всецело вредоносное «болото», приобщаемое только к вражескому лагерю, — например, «примиренчество к правому уклону, несовместимое с пребыванием в рядах партии». В деревне функциональный идеологический аналог «примиренцам» составляли так называемые подкулачники, отторгавшиеся властью от благонадежной части крестьянства и уничтожавшиеся вместе с «кулаками». В данной фазе уже абсолютно неприемлемым становится само понятие нейтрализации, нейтральности: «Что касается "нейтральных" колхозов, то их нет вообще и не может быть в природе <...> Колхозы могут быть л и б о большевистскими, л и б о антисоветскими» («О работе в деревне»). Этому третьему этапу — изоляции кулаков — в партийной борьбе отвечает тождественная тактика: «Третий этап — это полная изоляция оппозиции» («VII расширенный пленум ЦККИ»). Но неминуемое отсечение должно быть обстоятельно подготовлено с пропагандистской стороны, т.е. подкреплено нарастающей травлей. Ср.: «Деборин, по-моему, безнадежный человек, однако в редакции его надо оставить, чтобы было кого бить»[128]. Чехословацкая компартия порицается им за отказ от этой упоительной игры в кошки-мышки: «Левые допускают в Чехословакии серьезную ошибку, поторопившись с исключением Бубника. Вместо того, чтобы использовать до дна случай с Бубником и связать его с принципиальной позицией правых по вопросу о массовых выступлениях, разоблачить их преступную физиономию, они поторопились с исключением, отрезав себе все пути к дальнейшему наступлению против правых на этой почве»[129].

Метод изоляции проецируется Сталиным и на личные отношения, подготавливая почву для последующего разобщения людей в годы тотального террора: «Что значит подкрепить свое [покаянное] заявление делом? Это значит порвать с теми, которые ведут борьбу с линией партии <...> Ты хочешь, чтобы твое заявление было принято всерьез,— тогда подкрепи свое заявление делом и прекрати политическую дружбу [а какая дружба является «не политической»?] с людьми, ведущими борьбу против линии партии» («О социал-демократическом уклоне в нашей партии», 1926). Через несколько месяцев он удовлетворенно констатирует: «Теперь оппозиция изолирована как никогда».

---

[128] Цит. по: *Волкогонов Дм.* Указ. соч. Кн. I, ч. 2. С. 127.

[129] Ср. *Фирсов Ф. И.* Сталин и Коммунистический Интернационал // История и сталинизм. С. 148.

Еще позже, когда цель — единство партии и полное отчуждение самых стойких противников — будет окончательно достигнута, Сталин начнет новую серию «отсечений», уничтожая всех, кто успел перебежать на его сторону.

Но больше всего он обожал наушничать, подстрекать и стравливать людей (кстати, не только политических деятелей, но и военных, да и всех прочих), чтобы не дать им объединиться в потенциальном противостоянии его владычеству. Даже сказочный Ленин — «этот великан, ворочавший горами и сталкивавший их друг с другом» — под комплиментарным сталинским пером предстает каким-то партаппаратным Горыней, интригующим против родного ландшафта.

Чувство меры и уклон к забвению

К числу наиболее броских особенностей сталинской полемической тактики относится манера противопоставлять любое истинно ортодоксальное понятие не одной, а сразу двум еретическим альтернативам. *Следовать генеральной линии* — значит постоянно балансировать между двумя крайностями — «перегибами» или «извращениями», которые, в свою очередь, прослеживаются к соответствующим «уклонам» (а те, по кумулятивному шаблону, — к смежным буржуазным влияниям и затем к тому или иному вражескому заговору):

Нельзя отставать от движения, ибо отстать — значит оторваться от масс. Но нельзя и забегать вперед, ибо забежать вперед — значит потерять массы и изолировать себя.

Необходимо, чтобы партия в своей работе умела сочетать высшую принципиальность (не смешивать с сектантством!) с максимумом связей и контактов с массами (не смешивать с хвостизмом!).

Есть люди, думающие, что индивидуальное крестьянское хозяйство исчерпало себя, что его не стоит поддерживать. Это неверно, товарищи. Эти люди не имеют ничего общего с линией нашей партии [сказано за год с небольшим до обвальной коллективизации]. Есть, с другой стороны, люди, которые думают, что индивидуальное крестьянское хозяйство является концом сельского хозяйства вообще. Это также неверно. Более того, такие люди явным образом грешат против основ ленинизма.

Неправы те, которые думают, что чрезвычайные меры плохи при всяких условиях. С такими людьми надо вести систематическую борьбу. Но не правы и те, которые думают, что чрезвычайные меры всегда необходимы и всегда целесообразны. С такими людьми необходима решительная борьба.

Генеральная линия змеится между серпом правого и молотом левого уклона, и сбиться с маршрута ничего не стоит. Так Сталин, среди прочего, обеспечивает себе идеальные условия для мгновенного отречения от любой неудачной инициативы в ЦК или на местах, трактуемой в качестве ереси, а вместе с тем — безотказную мотивировку для внутрипартийного террора и глобального порабощения партийной массы. Полицейско-интриганская эстетика и любовь к оксюморонам подсказывают ему строгую симметрию этих взаимообратимых уклонов:

> Если первая версия является извращением ленинизма в одном направлении, то вторая версия представляет извращение совершенно в другом направлении, прямо противоположном первому направлению.

> Где есть правый уклон, там должен быть и "левый" уклон. "Левый" уклон есть тень правого уклона. (Любопытно, что «тень» — т.е. левый уклон, предшествующий правому, — появляется у Сталина еще до самого предмета.)

> Первый уклон состоит в упрощенчестве <...> в попытке механически пересадить образцы хозяйственного строительства, вполне понятные и приемлемые в центре Советского Союза, но совершенно не идущие к условиям развития на так называемых окраинах <...> Второй уклон состоит, наоборот, в преувеличении местных особенностей, в забвении того общего и главного, которое связывает республики Востока с промышленными районами Советского Союза.

> Первый уклон состоит в преуменьшении роли кулака <...> Второй уклон состоит в раздувании роли кулака.

Те же уклоны, смотря по обстановке, можно трактовать не только как левый и правый, но и как «великодержавный» и местный «буржуазно-националистический». А вообще жестко стандартизированные отступления от марксизма отыскиваются им в самых экзотических странах:

> Первый уклон состоит в недооценке революционных возможностей освободительного движения <...> Это есть уклон вправо.
> Второй уклон состоит в переоценке революционных возможностей освободительного движения <...> Этим уклоном страдают, кажется, коммунисты на Яве <...> Это есть уклон влево».

Шаблонные извращения партлинии порой получают у него даже элегическое обозначение: «*уклон к неверию* в победу социалистического строительства» и «*уклон к забвению* интернациональных перспектив нашей революции («О социал-демократическом уклоне в нашей партии»).

Естественно допустить, что позиция, занимаемая самим Сталиным, — это оптимальный «центр» как догматический эквивалент расчетливой «средней линии» (слово «центр» и вправду принадлежит к числу самых распространенных в его словаре). В самом деле, в 1923 году он заметил: «Истина лежит "посередине", между правыми и "левыми"«, — а спустя два года, говоря о конфликтах в чехословацкой компартии в связи с позицией одного из ее лидеров, Сталин вернулся к той же мысли: «Желание тов. Шмераля занять позицию центра в этой борьбе двух противоположных уклонов является вполне законным желанием»[130]. Вскоре он уточнил:

> Что касается РКП, то среди коммунистов мы не левые и не правые, — мы просто ленинцы.

Такая политически непогрешимая позиция, по существу, адекватна обособленному и вместе эластичному статусу метафизического субъекта, претендующего на роль арбитра, в рассмотренных нами ранее сталинских писаниях. Однако положительное значение за самим термином «центр» генсек резервирует лишь для внеидеологических ситуаций. Официальный же «центризм» Сталин — подобно, впрочем, другим большевикам — безоговорочно, хотя и не совсем логично, осуждает. По сталинской логике, это тоже уклон, причем правый, только замаскированный под некоторую левизну. Сталинское руководство левее всех, в то время как самозваные «левые» суть фактические пособники правых.

Генеральная линия, согласно генсеку, сама выверяется «ленинизмом» — и таким же резиновым, при всей своей мнимой отчетливости, «чувством меры», подсказанным, возможно, аристотелевской «золотой серединой». Идеал умеренности пребывает вроде бы в шокирующем контрасте с его тягой к безудержной гиперболизации, но на практике с ней замечательно согласуется — так, именно «чувством меры» стимулирована, оказывается, вакханалия Большого террора. Санкционируя массовые аресты на февральско-мартовском пленуме ЦК в 1937 году, Сталин сказал:

> Обстановка успехов <...> порождает настроения беспечности и самодовольства, создает атмосферу парадных торжеств и взаимных приветствий, *убивающих чувство меры* и притупляющих политическое чутье, размагничивает людей и толкает их на то, чтобы почить на лаврах.

«Мера» — как бы эстетизированный аналог метафизического субъекта или молчаливо облюбованной им «средней линии». Область ее применения всеохватна. Понятно, что не рекомендуется чрезмерно критиковать советские порядки, как делал Демьян Бед-

---

[130] «Вообще центр, позиция между спорящими все более [с времен гражданской войны] становится его любимой позицией», — пишет о Сталине Радзинский (Указ. соч. С. 164). О сталинском тактическом центризме в 1927 г. говорил Троцкий; см. в его книге «Сталинская школа фальсификаций» (С. 112). Ср. замечание Волкогонова: «Сталин в душе всегда был "центристом". В дни Октября, борьбы за Брестский мир, схватки с оппозицией он стремился занимать такую позицию, с которой можно было быстро, удобно и безопасно примкнуть к сильнейшей стороне. В архиве Радека, например, содержится любопытный документ "О центризме в нашей партии", где Сталин называется его приверженцем, а сам центризм "идейной нищетой политики"» (Указ. соч. Кн. II, ч. 1. С. 229).

ный: критика эта, пишет ему генсек в 1930 году, «увлекла Вас сверх меры и, увлекши Вас, стала перерастать в Ваших произведениях в клевету на СССР». После войны в этом пороке он упрекает Черчилля: «Бывает, что иные люди не могут не клеветать, но надо все-таки знать меру». Однако грешно перебарщивать и в дифирамбах партии или советскому строю: «Некоторые товарищи хвалят ее, нашу партию, не в меру» (1927). На этот счет, как и по части самокритики, меру в своей фальши должны были знать даже расстрелянные троцкистские двурушники, на что им строго указано в «Кратком курсе»:

> На XVII съезде выступили также троцкисты — Зиновьев и Каменев, бичуя себя сверх меры за свои ошибки и славословя партию — тоже сверх всякой меры. (Мы помним, что еще ранее Сталин уличал Каменева в совершенно безмерной способности «извиваться».)

А в январе 1941-го, обсуждая проект учебника по политэкономии, Сталин бросил:

> Перехваливать наш строй не стоит, недохваливать тоже нельзя. В рамках нужно держаться[131].

Непозволительно вместе с тем допускать перегибы и при осуждении самих перегибов, коль скоро они выгодны Сталину:

> Теперь самым модным словом в рядах группы Бухарина является слово "перегибы" в хлебозаготовках <...> Дальше идут рассказы об "ужасах" этих перегибов, читаются письма "крестьян", читаются панические письма товарищей... и потом делается вывод: надо отменить политику нажима на кулачество.

> <...> При этом сторонники группы Бухарина тщательно умалчивают о том, что существует еще другой сорт перегибов, более опасный и более вредный, а именно — перегибы в сторону <...> замены революционной политики партии оппортунистической политикой правых уклонистов.

Итак, «перегибы» далеко не равноценны. Но, если это нужно Сталину, «извращения» первого, чекистско-карательного типа, инсценированные им самим, он с легкостью выдает уже не за ошибки, а за происки вражеской агентуры. На очередном тактическом зигзаге он инкриминирует издержки внутрипартийного террора «замаскированному врагу, старающемуся криками о бдительности замаскировать свою враждебность... и... путем проведения мер репрессий — перебить наши большевистские кадры, посеять неуверенность и излишнюю подозрительность в наших рядах» (Постановление январского (1938) пленума ЦК ВКП(б) «Об ошибках парторганизаций при исключении коммунистов из партии»)[132].

---

[131] *Сталин И.* Соч. Т. 15. С. 6.
[132] Там же. Т. 16. С. 322.

ОБА ХУЖЕ

В умозрительной перспективе этой неэвклидовой геометрии левый уклон сливается с уклоном правым, т.е. тяготеющим к реставрации капитализма, посредством универсального сталинского приема кумулятивной инверсии:

Несомненно, что победа правого уклона в нашей партии <...> подняла бы шансы на восстановление капитализма в нашей стране <...>

Несомненно, что победа "левого" уклона в нашей партии привела бы к отрыву рабочего класса от его крестьянской базы, к отрыву авангарда от остальной рабочей массы, — следовательно, к поражению пролетариата и облегчению условий для восстановления капитализма.

Как видите, обе эти опасности, и "левая" и "правая", оба эти уклона от ленинской линии, и "правый" и "левый", ведут к одному и тому же результату, хотя и с разных концов.

А потому, если вдуматься, несущественно, что сейчас он аттестует троцкистский «уклон» в качестве левого, тогда как раньше, вторя Зиновьеву и Каменеву, говорил: «Что такое троцкизм, как не правое крыло в коммунизме, как не опасность справа?» (1925)[133]. В очередной «речи против Катилины» — докладе о деятельности оппозиционного блока — он определяет последний в качестве «социал-демократического уклона», соединяя кумулятивную футурологию со своей столь же обычной антитезой «слова и дела».

Оппозиция крикливо критикует партию и Коминтерн "слева" и предлагает, вместе с тем, пересмотр тактики единого фронта <...> а на деле покушается на <...> ослабление позиций мирового коммунизма, — стало быть, замедление революционного движения. На словах — "революционеры", а на деле — пособники Томасов и Удегестов.

Оппозиция с большим шумом "разносит" партию "слева" и требует, вместе с тем, повышения отпускных цен на товары, думая этим ускорить индустриализацию, а на деле должна получиться из этого дезорганизация внутреннего рынка <...> и, стало быть, подрыв какой бы то ни было индустриализации. На словах — индустриалисты, а на деле — пособники противников индустриализации.

Оппозиция обвиняет партию в нежелании борьбы с бюрократизмом госаппарата и предлагает, вместе с тем, повышение отпускных цен <...>, а на деле выходит, что из этого должна получиться полная бюрократизация <...> На словах — против бюрократизма, а на деле защитники и проводники бюрократизации государственного аппарата.

На словах борьба с частным капиталом, а на деле — помощь частному капиталу <...> На словах — против перерождения, а на деле — пособники и защитники перерождения <...> На словах — за внутрипартийную демократию, а на деле — нарушение основных принципов всякой демократии» (В

---

[133] Ср. *Фирсов Ф. И.* Указ. соч. С. 157.

последнем случае оппозиция повинна в том, что, будучи «ничтожным меньшинством», антидемократично навязала дискуссию «огромному большинству партии.)

На практике («на деле») он, конечно же, превосходно различает природу обоих «уклонов», маневрируя между ними и уничтожая их поочередно, в соответствии с насущными потребностями. Он сам продемонстрировал эту технику, в 1923 году ностальгически приписав ее партийной традиции:

> Теперь мы не можем с н а ч а л а побить правую опасность при помощи "левых", как это имело место в истории нашей партии, а п о т о м "левую" опасность при помощи правых, — теперь мы должны вести борьбу на два фронта о д н о в р е м е н н о.

Зато, утверждает Сталин, «по существу» между правыми и левыми нет ни малейшей разницы, так как «оба имеют один социальный корень, оба являются мелкобуржуазными уклонами». Вывод непреложен:

> Вы спросите: какой уклон хуже? Нельзя так ставить вопрос. Оба они хуже, и первый и второй уклоны (XIV съезд, 1925).

Исходное сталинское обвинение против всех вообще оппозиционеров — их скрытая приверженность социал-демократии — в потенции носит совершенно уголовный характер, и не только в свете давней большевистской борьбы с ненавистными меньшевиками как «оппортунистами» и «лакеями капитала». Следуя той же антиномической технологии, сталинская диалектика уже объединила социал-демократию с фашизмом: «Фашизм есть боевая организация буржуазии, опирающаяся на активную поддержку социал-демократии <...> Эти организации не отрицают, а дополняют друг друга. Это не антиподы, а близнецы» («К международному положению», 1924) — вроде того, как в самом коммунистическом движении правые и левые уклонисты тоже «являются на деле близнецами» (1926)[134]. Теперь в

---

[134] Любопытно, что родственные абсурдистско-диалектические схемы, декларирующие мнимое единство противоположностей, он внимательно фиксировал и у Гитлера, когда, незадолго до заключения советско-нацистского пакта, начал изучать литературу по национал-социализму. Волкогонов, просмотревший сталинские книжные пометки, упоминает о том, что, «остановившись на книге Конрада Гейдена "История германского фашизма", Сталин отчеркнул слова, сказанные Гитлером еще в 1922 году: "В *правом* лагере евреи стараются так резко выразить все имеющиеся недостатки, чтобы как можно больше раздражить человека; они культивируют жажду денег, цинизм, жестокосердие, отвратительный снобизм <...> *Это создало предпосылку для работы в левом лагере.* Здесь евреи развернули свою низкую демагогию. Им удалось путем гениального использования печати в такой мере подчинить массы своему влиянию, что правые стали видеть в ошибках левых ошибки немецкого рабочего, а ошибки правых представлялись немецкому рабочему в свою очередь только как ошибки так называемых буржуа..."» (*Волкогонов Дм.* Указ. соч. Кн. II, ч. 1. С. 24—25).

принципе понадобится только один шаг для того, чтобы объявить Троцкого и прочих оппозиционеров агентами немецкого фашизма. Но шаг этот по «техническим причинам» растянется на десятилетие.

Хронофобия

Время само должно служить доктрине, демонстрируя ее неукоснительную убедительность. Коль скоро обострение классовой борьбы предсказано, ей велено обостряться. Тавтологические и смежно-ассоциативные построения Сталина представляют собой имитацию не только каузальной, но и темпоральной последовательности — все задано в исходном пункте, а его разложение на составные элементы лишь оформляется как их связная преемственность. Хронологический порядок развертывания подчинен телеологии и потому фиктивен.

Зачастую, при видимой установке на историзм и стадиальность, настоящее выступает как извечная статичная данность, обособленная от прошлого. В работе «Анархизм или социализм?» он излагает крайне экстравагантные взгляды на дарвиновскую теорию эволюции:

> Если бы обезьяна всегда ходила на четвереньках, если бы она не разогнула спины, то потомок ее — человек — не мог бы свободно пользоваться своими легкими и голосовыми связками и, таким образом, не мог бы пользоваться речью, что в корне задержало бы развитие его сознания. Или еще: если бы обезьяна не стала на задние ноги, то потомок ее — человек — был бы вынужден всегда ходить на четвереньках, смотреть вниз и оттуда черпать свои впечатления.

Эта печальная альтернатива никак, однако, не вяжется с тем, что появление «человека» воспринимается автором в качестве неизбежности, хотя отвергается та самая эволюция, итогом которой он должен стать. По Сталину получается, что человек и без эволюции непременно бы возник — но, так сказать, в несколько ином виде, т.е. в образе неразумной и бессловесной четвероногой твари.

Такая же скрытая обособленность настоящего, трактуемого как непреложная абсолютная реальность, наличествует в другом, гораздо более позднем, рассуждении Сталина («Речь на Первом съезде колхозников-ударников», 1933):

> Следует помнить, что все партийные были когда-то беспартийными <...> Чем же, собственно, тут кичиться? Среди нас, старых большевиков, найдется немало людей, которые работают в партии лет 20—30. А ведь мы сами были когда-то беспартийными. Что было бы с нами, если бы лет 20—30 тому назад стали помыкать нами тогдашние партийцы и не стали бы подпускать к партии? Возможно, что мы были бы тогда отдалены от партии на ряд лет. *А ведь мы, старые большевики,* — не последние люди, товарищи.

Сегодняшнее положение дел — «мы, старые большевики» — взято безотносительно к той предполагаемой возможности, при которой Сталин и его соратники таковыми бы не являлись. Кроме того, автор проецирует на подпольное прошлое партии, мечтавшей о своем расширении, ее нынешний кастово-авторитарный статус — как будто в дореволюционные годы кому-то могло прийти в голову даже «не подпускать» к партии тех, кто стремился в нее вступить. Приметы сегодняшнего дня непринужденно перебрасываются в прошлое, рождая бесчисленные анахронизмы: «Задача состояла в том, чтобы эту страну перевести с *рельс средневековья* и темноты на рельсы современной индустрии». Способность бесцеремонно опрокидывать нынешнюю ситуацию в минувшее, свойственная всей системе сталинской (и послесталинской) пропаганды, по сути дела аннулировала всякое представление об истории как таковой. Время движется вспять — потому-то новые хозкадры могут быть «опытнее» старых. В конце 1926 года, доказывая, будто белая эмиграция всячески поддерживает партийных оппозиционеров, Сталин зачитывает отрывки из милюковских «Последних новостей». Сперва он приводит цитату из номера 1990, а затем, имитируя некое стадиальное развитие темы, дает еще одну ссылку с ремаркой: «И дальше» — но это «дальше» заимствовано, напротив, из более раннего номера — 1983 (в целях маскировки он снабжает датой только вторую цитату, создавая иллюзию темпоральной преемственности).

Еще до того, как приступить к массированной фальсификации истории, Сталин эпизодически демонстрирует ее чисто хронологическую деформацию в самой стилистике своих писаний. Ср.:

Перед революцией в октябре Ильич часто говорил, что из всех идейных противников наиболее опасными являются меньшевики, так как они стараются привить *неверие в победу Октября*. Поэтому, — говорил он, — не разбив меньшевизма, нельзя добиться победы Октября.

Чудесным образом Ильич у Сталина клеймит меньшевиков за «неверие в победу» того самого Октября, которого пока вовсе не было — ни как революционной реальности, ни как ее простого обозначения, утвердившегося еще позднее. Тот же Ленин, оказывается, «хвалил Клаузевица прежде всего за то, что не-марксист Клаузевиц... подтверждал в своих трудах известное марксистское положение о том, что между войной и политикой существует прямая связь». Это тем любезнее с его стороны, что он умер задолго до появления марксизма. А вот миниатюрная Повесть о двух городах, где Петроград загодя оборачивается Ленинградом:

Товарищи! Маленькой группой являлись мы *в Ленинграде в феврале 1917 года*, девять лет назад. Старики-партийцы помнят, что мы, большевики, составляли тогда незначительное меньшинство *Ленинградского* Совета» («О хозяйственном положении и политике партии»). Ср. в его тифлисской речи (1926)

«Я вспоминаю 1917 год, когда я волей партии, после скитаний по тюрьмам и ссылкам, был переброшен в *Ленинград*», — или в докладе XVII съезду упоминание о походе кайзера «против Ленинграда», состоявшемся в 1918-м. На Всесоюзном совещании стахановцев (1935) он сообщил, что и гораздо более раннее «движение за Советы рабочих депутатов» было «начато в 1905 году *ленинградскими* и московскими рабочими.

З. Бар-Селла, впрочем, обратил мое внимание на аналогичные топонимические анахронизмы в Энциклопедическом словаре Гранат — вероятно, ретроспективное переименование Петербурга в Ленинград вошло в советскую моду с середины 1920-х годов, что само по себе показательно. (Частой компромиссной формой был и «Питер» — как бы официально-пролетарское название города в его «доленинградский» период.) Но вот другой пример. В 1920 году Сталин сказал: «До войны *мы* собирали на территории Федерации до 5 миллиардов пудов зерна. Из них мы вывозили более пятисот миллионов за границу», — т.е. царская Россия ретроспективно именуется Федерацией, каковой она стала только после 1917 года.

Шпыняя Бухарина в своей речи «О правом уклоне в ВКП(б)» (1929), Сталин, верный манере «разделять и властвовать», ставит ему в укор лояльное поведение прежних «оппозиционных групп» — «троцкистов и зиновьевцев» — во время Кронштадтского восстания 1921 года. Если Зиновьева, не говоря уже о Троцком, можно записать в оппозиционеры задним числом, то почему его оппозиционность нельзя усовершенствовать, перебросив еще дальше в прошлое, т.е. возвести ее к давнему сговору с империализмом в дни Октябрьского переворота? Неудивительно, что и прошедшие события он преподносит в грамматических формах будущего, спаянного с настоящим:

Завтра исключают группу "рабочей правды", тоже известную всем своей антипартийностью. Троцкий *приходит и заявляет:* "Я не могу отказаться от поддержки Мясникова" <...>

Послезавтра ЦК исключает Осовского, потому что он враг партии. Троцкий *заявляет* нам, что исключение это неправильно.

Зато и будущее облекается у него в глаголы настоящего времени:

Период [грядущей] победы социализма во всемирном масштабе тем прежде всего и *отличается* от периода победы социализма в одной стране, что он *ликвидирует* империализм в о в с е х с т р а н а х, *уничтожает* <...> страх <...>, *подрывает* в корне национальное недоверие <...>, *объединяет* нации <...> и *создает*, таким образом, реальные условия, необходимые для постепенного слияния всех наций в одно целое.

В другом случае действие и его результат абсурдно синхронизированы: согласно Сталину, оппозиционеры «идут ко дну, не замечая, что они уже опустились на дно».

Будущему, схваченному настоящим, надлежит только раскрыться: «Правый уклон находится у нас *еще* в процессе формирования и кристаллизации». На VII пленуме ИККИ генсек так полемизирует с Троцким, упомянувшим в своей речи «крупную ошибку Сталина» в национальном вопросе, — имеется в виду знаменитое «грузинское дело», по поводу которого Ленин обвинил Сталина в великорусском шовинизме:

> Речь тут идет у Троцкого, должно быть, об одном незначительном инциденте, когда тов. Ленин перед XII съездом нашей партии упрекал меня в том, что я веду слишком строгую организационную политику в отношении грузинских полунационалистов, полукоммунистов типа Мдивани <...>, что я "преследую" их. Однако *последующие* факты показали, что так называемые "уклонисты", люди типа Мдивани, заслуживали на самом деле более строгого отношения к себе, чем я это делал, как один из секретарей ЦК нашей партии.

На сей раз провидческий дар словно перешел от заблуждавшегося Ленина к Сталину, прикрывшемуся вдобавок богодухновенным авторитетом ЦК[135], хотя обычно эта способность остается у него профессиональной принадлежностью основателя большевизма. Так, отрицая, при другом полемическом раскладе, былые разногласия между ЦК и Лениным, Сталин, вопреки своему обыкновению, всячески принижает тогдашнее актуальное, насущное значение ленинских выпадов, придавая им взамен вещий, упреждающий смысл:

> Троцкий не понимает писем Ленина, их значения, их назначения. Ленин в своих письмах иногда нарочно *забегает вперед*, выдвигая на первый план т е в о з м о ж н ы е ошибки, которые *могут быть* допущены, и *критикуя их авансом с целью предупредить партию* и застраховать ее от ошибок.

Если здесь присутствует все же некоторая вариативность прогноза, то, как правило, в сталинских выступлениях доминируют несравненно более отчетливые прозрения, часто вступающие в конфликт с банальной реальностью[136]. Вера в непреложность предуказанных, или, лучше, научно расчисленных, событий была присуща, конечно, и другим большевикам, включая оппозиционеров. Забавна в данном отношении полемика Сталина с Зиновьевым, которая, как обычно,

---

[135] В ссылке на «последующие факты» содержатся многозначительные указания на то, что Сталин действовал не по своей инициативе, а осуществлял волю ЦК, причем этот последний занимал в «грузинском деле» более правоверную позицию, чем председатель совнаркома (критическая нота, показательная для взаимоотношений Сталина с основателем большевизма, которых мы коснемся позже). Тем не менее и для Ленина он великодушно находит алиби: «Ленин не знал и не мог знать *этих* [то бишь «последующих»] фактов, так как он болел, лежал в постели и не имел возможности следить за событиями».

[136] «Дар предвидения был ему отпущен только для коротких дистанций», — со жреческой снисходительностью пишет Троцкий, весьма преувеличивавший собственные профетические способности (Сталин. Т. 1. С. 125). Вторя, по существу, его выводам, Волкогонов прибавляет: «Слабой стороной Сталина как полководца была известная оторванность от временных реалий. Это отмечали и Жуков, и Василевский. Очень часто Сталин, загоревшись какой-либо идеей, требовал немедленной ее реализации» (Указ. соч. Кн. II, ч. 1. С. 349, 360).

строится на глубокомысленной нюансировке магических терминов. В своей речи от 1 августа 1927 года генсек заявил:

> Зиновьев разорялся тут, утверждая, что в тезисах Бухарина [тогдашний соратник генсека] говорится о "вероятности" и "неизбежности" войны, а не о безусловной ее неизбежности. Он уверял, что такая формулировка может запутать партию. Я взял и просмотрел статью Зиновьева "Контуры будущей войны". И что же оказалось? Оказалось, что <...> в статье Зиновьева говорится о в о з м о ж н о с т и новой войны <...> Говорится в одном месте, что война "с т а н о в и т с я" неизбежной, но ни одного, буквально ни одного слова не сказано о том, что война с т а л а уже неизбежной. И этот человек имеет — как бы это сказать помягче — смелость бросать обвинение против тезисов Бухарина, говорящего о том, что война *стала* вероятной и неизбежной.
>
> Что значит говорить теперь о "возможности" войны? Это значит тянуть нас, по крайней мере, лет на семь назад, ибо еще лет семь назад говорил Ленин, что война между СССР и капиталистическим миром возможна <...> Что значит говорить теперь, что война с т а н о в и т с я неизбежной? Это значит тянуть нас, по крайней мере, на четыре года назад, ибо мы еще в период керзоновского ультиматума говорили, что война становится неизбежной <...> Кто "толкнул" Зиновьева написать статью о в о з м о ж н о с т и войны теперь, когда война стала уже неизбежной?

И ни малейшего значения не имело то пошлое обстоятельство, что объявленная неизбежной война так и не началась (или, вернее, разразилась лишь через 14 лет, причем без всякой связи с этими социально-политическими прогнозами). Еще забавнее, что всего через три месяца после своего выступления, 23 октября 1927 года, в докладе «Троцкистская оппозиция прежде и теперь», Сталин, забыв о недавних попреках, напустился на Зиновьева как раз за его пустую и малодушную веру в мнимую «неизбежность» этой самой войны:

> У нас нет войны, несмотря на неоднократные пророчества Зиновьева и других, — вот основной факт, против которого бессильны кликушества нашей оппозиции[137].

Из приведенных примеров можно заключить, что ахронность странно противоречит именно темпоральному напряжению «диалектики», которая в сталинской подаче предстает орудием самого времени — переменчивого и всевластного, рисуемого по семинарскому

---

[137] Отрекаясь от собственных провалившихся агитпророчеств, Сталин в присущей ему манере всегда приписывает их другим прорицателям. Из года в год власти запугивали население неминуемой интервенцией. Но в 1931 г., через несколько лет после своего научного заявления относительно скорой и «неизбежной» войны, ответственность за этот несбывшийся прогноз Сталин невозмутимо перекладывает на самих империалистов: «Что касается интервенционистских упований буржуазной интеллигенции, то надо признать, что они оказались, — пока, по крайней мере, — домиком, построенным на песке. В самом деле, шесть лет сулили [кто сулил?] интервенцию и ни разу не попытались интервенировать. Пора признать, что нашу пронырливую буржуазию просто водили за нос».

«Экклезиасту»: «Всему свое время, и время всякой вещи под небом: время рождаться и время умирать; время насаждать и время вырывать насаженное...» Статику и глухоту к времени он, подобно Ленину, приписывает «метафизикам»-меньшевикам (тогда как марксистская диалектика большевизма тождественна для него самой «жизни»). Объяснение, видимо, состоит в том, что, вопреки этим его декламациям, время практически всегда понимается у Сталина либо как элементарное техническое условие, потребное для реализации тех или иных возможностей, либо как биологическое, аграрно-«животное» протекание бытия, примитивная смена смертей и рождений, юности и дряхления.

Мы уже знаем, что сочетание мнимой динамики и внутренней застылости является общим свойством сталинских писаний. Статику абсолюта, как и его переменчивую диалектику, он долгие годы отождествлял со своим официальным тотемом — покойным, но «вечно живым» Лениным, который опекал все советское общество, незримо пребывая в его составе. Отсюда и удивительный тост, провозглашенный Сталиным в 1938 году на встрече с работниками высшей школы, — тост, слишком уж явственно напоминающий древнюю тризну или фольклорное «кормление покойников»:

За здоровье Ленина и ленинизма!

Но разве ахронные модели не таятся в ментальном основании самого этого «ленинизма», так кичившегося своей открытостью времени, дыханию будущего — в противовес меньшевикам, привязанным к прошлому? И нет ли этой внутренней предначертанности в самом марксизме? Превознося в статье «Карл Маркс» (1914) разомкнутую «диалектику истории», Ленин прибег к надвременным формулам пространственно-телеологического свойства, утверждая, что в марксистском учении «все классы и все страны рассматриваются не в статическом, а в динамическом виде <...> Движение в свою очередь рассматривается *не только с точки зрения прошлого, но и с точки зрения будущего*». Его дословно повторяет Сталин, у которого прошлое, настоящее и грядущее уравниваются в общей ахронной схеме: «Мы считались тогда не *только* с *настоящим,* но и с *будущим*»; «У нас *есть* прошлое, у нас есть настоящее и будущее» — но, повторяя, как всегда, гротескно нагнетает уже наметившуюся тенденцию. Недвижная вечность верховной истины дополнена у него атемпоральными и анахронистическими моделями народного миросозерцания, которое безмятежно приспосабливало к понятиям сегодняшнего дня любые эпохи, — несущественно, идет ли речь об историографических суждениях зощенковских персонажей или о какой-нибудь былине, включающей «калоши» и «царев кабак» в древнекиевский княжеский антураж.

В сентябре 1921 года Ходасевич зафиксировал в записной книжке один из таких хронологических сломов: «Слова прививаются необычайно быстро. В с я к а я оппозиция уже называется контрреволюцией. Дьякон в Бельском Устье говорит, что Николай II удалил из армии Мих<аила> Александровича "как контрреволюционера"»[138].

С этой дьяконской позиции Сталин переписывает всю историю своей партии — и всего государства. Как и в других случаях, его духовной победе и на сей раз способствовал синтез догмы с фольклором.

Выводы

Публицистика Сталина являет собой подготовленное всей историей большевистской словесности, но все же беспримерное для нее сочетание и взаимообратимость полярных качеств («единство и борьба противоположностей»), включая пространственные оппозиции верх—низ и т.п. Стальная решимость взаимодействует в его слоге с осторожной и расчетливой выжидательностью, жесткая определенность — с намеренной зыбкостью, приблизительностью, сухие рациональные конструкции — с абсурдом и шаманским кликушеством, многозначность — с отупляющей монотонностью, высокопарный панегирик развитию, жизни, хроносу — с застылостью, мертвечиной и ахронной статикой. В диалектических антиномиях двоится его «авторская личность», выделяя из себя сакральное alter ego как скользкое и переменчивое воплощение абсолюта.

Триумфальное внедрение сталинизма в массовое сознание традиционно объясняется как раз «примитивизмом» его доходчивой стилистики, размноженной сверхмощной пропагандой. Однако для такого ужасающе плодотворного усвоения имелись и глубокие внутренние причины. На деле сталинский псевдопримитив таил в себе столь же сложные и амбивалентные структуры, что и так называемый примитив фольклорной архаики. Подлинная стилистическая гениальность Сталина сказалась в изощренной и преступной эксплуатации этого сокровенного родства, интуитивно уловленного партийно-низовой массой. В каком-то смысле сталинизм был и предельной самореализацией, и предельным саморазрушением народных начал. Но эта интимная общность вбирала в себя и более авторитетные для массы — конфессиональные — элементы духовной культуры, очень сложно соотносившиеся с генезисом и эволюцией большевистского движения.

Дальнейший переход от лексико-стилистического уровня к развернутым — так сказать, сюжетно-композиционным — публицис-

---

[138] *Ходасевич В.* Соч.: В 4 т. М., 1996. Т. 2. С. 13.

тическим конструкциям Сталина, а равно и сопутствующий разбор его «авторской личности» возможны только с привлечением более обширного и многослойного контекста, охватывающего как мифопоэтические модели большевизма и русской революции в целом, так и кавказский фольклорно-эпический субстрат, соприродный нашему автору. К изучению этого материала мы теперь и приступим.

Глава 2

Три источника
и три составные части

Всегда ограда — кровь, свобода — зверь.
Ты властелин, так запасись уздою.
Железною ведешься ты звездою,
Но до конца звезде своей поверь.
Смотри, как просты и квадратны лица, —
Вскормила их в горах твоя волчица.

М. Кузмин. «Эней»

Разобраться в структуре сталинского идиолекта — значит открыть доступ к его глубинному мировоззренческому пласту, который таится под покровом чисто полемической и пропагандистской стратегии. Но, приступая к реконструкции этого темного субстрата, мы всякий раз сталкиваемся с вопросом о степени его индивидуальности. Как мы уже часто убеждались, многое из того, что на первый взгляд выглядит абсолютно персональным достоянием Сталина, по сути заимствовано им из бесхозного социалистического имущества — будь то революционная мифология либо «церковные ценности». Громадное значение имеют зато установленные им пропорции этой смеси, сама селекция и специфическое использование отобранного материала — при том, что новое его качество, достигнутое Сталиным, высвечивает не только ближайший, но и отдаленный генезис того или иного приема. Взять хотя бы влияние катехизиса, о котором всегда говорят в связи с семинаристским происхождением генсека. Между тем, совершенно безотносительно к семинарии, это был традиционнейший, очень популярный пропагандистский жанр — тут и нечаевский «Катехизис революционера», и всевозможные социалистические, антисемитские и прочие «катехизисы» во Франции, Германии, России; не чурались соответствующей стилистики и большевистские агитаторы, включая Зиновьева, да и самого Ленина (уже «Что делать?» Плеханов называл «практическим катехизисом»[139]). Широкое внедрение «катехизической формы» в послеоктябрьскую речевую стихию отмечал в известном исследовании А. Селищев[140]. Но у Сталина это

---

[139] См.: *Такер Р.* Сталин: Путь к власти. С. 41.
[140] *Селищев А.* Язык революционной эпохи: Из наблюдений над русским языком последних лет (1917—1926). М., 1928. С. 132.

вообще излюбленная, универсальная манера изложения. Сфера его компетенции, раскрывавшаяся в подобных «респонсах», необъятна, как сама советская жизнь. Ср., например, в письме к Шатуновскому:

1) Неверно, что в дореволюционное время землю покупали только кулаки <...>

2) Фраза об отступлении головотяпов <...> есть иноформа мысли об отказе головотяпов от своих ошибок.

3) Также не правы Вы насчет превращения ржи в корм для свиней.

4) Еще более не правы Вы насчет з а г н и в а н и я капитализма.

И т.д., в общей сложности восемь пунктов.

Абсолютная мудрость и всеведение, присущие верховному священнослужителю, позволяют ему разъяснять законы («основные черты») диалектического и исторического материализма, перипетии классовой борьбы, назначение языка или, допустим, причины побед Красной Армии над белым воинством: «В чем же сила нашей армии? Почему она так метко бьет врагов? Сила нашей армии в ее сознательности и дисциплине <...> Вторая причина — это появление нового красного офицерства». Все вместе слегка напоминает «Голубиную книгу» в канцелярском переложении.

Однако сам этот жанр — диалог учителя с вопрошающим учеником — гораздо старше христианской литературы, ибо восходит к космогоническим мифам. Божество или замещающий его жрец отвечает на вопросы адепта об устройстве вселенной[141]:

Дай первый ответ, если светел твой ум
и все знаешь, Вафтруднир:
как создали землю, как небо возникло,
ётун, открой мне?
....
Седьмой дай ответ, коли мудрым слывешь
и все знаешь, Вафтруднир:
как же мог ётун, не знавший жены,
отцом быть потомства?

Для Сталина-»демиурга» (Б. Гройс) катехизис послужил, мне кажется, наиболее естественным, привычным и авторитетным посредником при обращении к подобной космогонической архаике, согласованной со всем духом и стилем его *жреческого* правления. В рамках собственно православного мировосприятия его образ, как не раз отмечалось, и в самом деле пробуждал ближайшие ассоциации с грозным ветхозаветным Вседержителем, Богом-Отцом, карающим или испытующим своих чад, — достаточно напомнить хотя бы о тюремных письмах Бухарина, представлявших собой настоящее Моление о чаше. Задолго до Большого террора, в конце 1930 года, опаль-

---

[141] См.: *Топоров В. Н.* О структуре некоторых архаических текстов, соотносимых с концепцией «мирового дерева» // Труды по знаковым системам. Т. 5. Тарту, 1971.

ный царедворец Демьян Бедный посылает генсеку жалостное письмо, завершая его скорбными евангельскими цитатами, профессионально памятными адресату: «Может быть, в самом деле, нельзя быть крупным русским поэтом, не оборвав свой путь катастрофически <...> Тут поневоле взмолишься: "отче мой, аще возможно есть, да минует меня чаша сия"! Но этим письмом я договариваю и конец вышеприведенного вопроса: "обаче не якоже аз хощу, но якоже ты!"»[142].

Приведенный фрагмент симптоматичен и в другом отношении. Разумеется, нагнетаемая здесь сакрализация земного правителя («отче мой») зиждется на российской монархической традиции[143], мощно актуализируемой сталинизмом. Но была ли полностью христианская традиция, которая насаждала столь языческие формы обожествления государя? Скорее тут перед нами специфический — государственный — вариант пресловутого восточнославянского «двоеверия», соединявшего церковное православие с фольклорно-языческим настроем. Сталинский строй с конца 20-х годов неимоверно усиливал эти атавистические черты, вместе со всем большевизмом черпая вдохновение в духовных ресурсах русского средневековья: ср. мистический культ советской империи, понятие «священных рубежей», связь образа вредителя и шпиона с фольклорными представлениями о нечистой силе и т.д. С середины 30-х годов Сталин всячески поощряет становление официального эпоса (заботливо стилизуемого под древние восточные образцы и русские былины)[144]. Эпическую окраску, как указал польский исследователь М. Гловиньский, носил, впрочем, и «Краткий курс истории ВКП(б)», изданный в 1938 году[145].

---

[142] «Счастье литературы»: Государство и писатели 1925—1938: Документы / Сост. Д. Л. Бабиченко. М., 1997. С. 87. Там же (с. 88—93) см. полный текст сталинского ответа.

[143] См.: *Успенский Б. А., Живов В. М.* Царь и Бог (Семиотические аспекты сакрализации монарха в России); *Успенский Б. А.* Царь и патриарх: Харизма власти в России (Византийская модель и ее русское переосмысление) // Избр. труды. Т. 1.

[144] Ср. хотя бы в «сказе» Д. Кокуновой: «Ой ты гой еси, Сталин-батюшко, / Дорогой наш Виссарионович! / Обо всех ты нас заботишься, / О мужчинах и о женщинах, / И о маленьких о детушках...». Комментируя опус М. Крюковой, А. Астахова говорит: «В крепкой, надежной охране советских границ, в подвигах наших доблестных пограничников воскресает для сказительницы былинный образ богатырской заставы, на которую "съезжалися, скоплялися славные могучие богатыри", чтобы беречь родину "от силушки неверной, поганой" <...> "Не допустят советские могучие богатыри, / Они стоят на охране, на заставе богатырской, / Они глядят-смотрят да все проглядывают, / Чтобы черный ворон не залетел бы к нам, / Чтобы гад ползучий не заполз же к нам, / Чтобы змея шипучая не показалася"» (Советский фольклор. Л., 1939. С. 134, 136).

[145] *Гловиньский М.* «Не пускать прошлого на самотек»: «Краткий курс ВКП(б)» как мифическое сказание // Новое литературное обозрение, 1996. № 22.

Дело тут как в прагматике, так и в естественных увлечениях Сталина, обусловленных его духовным генезисом. Уже по чисто биографическим обстоятельствам сам он вобрал в себя ту же двупланную традицию, те же культурные слои — и православный, и фольклорно-языческий, только усвоенный в его локальной версии. Что касается грузинского и особенно северокавказского фольклора, то, при всей специфике этого явления, он содержит немало общих черт с прочими индоевропейскими фольклорными комплексами, включая сюда и наиболее глубинные элементы восточнославянского наследия. Большевизм, как принято думать, вдохновлялся христианско-сектантскими импульсами, альтернативными официальному клерикализму[146]. Но еще важнее, что, подобно национал-социализму и некоторым версиям фашизма, он через голову поверженного и адаптированного христианства обращался к древней языческой стихии, хотя всем своим «официальным», дневным сознанием — в контрасте с этой потаенной тенденцией — исступленно рвался в грядущее, обеспеченное позитивистской утопией «прогресса». Именно в своем сталинском варианте он воззвал к наиболее темным и властным мифологическим пластам человеческой природы. Как писал один из эталонно-безличных представителей плебейской и вместе кастовой советской среды, поэт Сергей Смирнов, «Каждогодно, в Октябре и Мае, / мы сверяли чувства по нему. / И стоял он, руку подымая, / равный *Громовержцу* самому». В этом смысле сталинизм, истреблявший нации и разрушавший коренные основания любой народной жизни, был одновременно и самой подлинной, нутряной народной культурой, воскресшей в ее монументально-варварской стадии. Отсюда его непреходящее обаяние в глазах многих «простых людей» и психологически близкого к ним коммунистического мещанства. Не только в России, но и во многих других странах, в Азии, Африке и Латинской Америке, он пробудил к новой жизни глухие допотопные культы, разбухавшие кровью и мозгом поверженных.

Без подробного анализа материала такие обобщенно-мифопоэтические суждения, однако, немного стоят, если вспомнить, что любой тоталитаризм апеллирует к архаическим слоям массовой личности. Это слишком много — и слишком мало — для нашей темы. Только сквозное и очень конкретное изучение сталинских текстов могло бы дать достоверное представление о том, как именно сочетались в них христианские и языческие аспекты. Настоящие очерки никоим образом не претендуют на полноту охвата.

---

[146] См. в частности: *Бонч-Бруевич В. Д.* Избр. соч.: В 3 т. Т. I: О религии, религиозном сектантстве и церкви. М., 1959. С. 153 и след.; *Agursky M.* The Third Rome: National Bolshevism in the USSR. Boulder and London, 1987. P. 179—184; *Гюнтер Г.* Жанровые проблемы утопии и «Чевенгур» А. Платонова // Утопия и утопическое мышление. М., 1991.

Есть, наконец, помимо православной и фольклорно-кавказской традиции еще один, самый наглядный источник сталинского творчества, тесно увязанный с предыдущими и достраивающий нашу схему до канонической триады. На сей раз речь пойдет о религиозно-мифологических контурах общереволюционного и, в частности, раннебольшевистского движения, проступавших в его масскультуре и оказывавших на адептов значительно большее эмоциональное воздействие, чем сухие и скучные партийные документы вроде программ и уставов.

I. Православная традиция в раннем большевизме

Вера и неверие

Устойчивой стороной коммунистической мифологии, поддержанной теологическими исканиями Серебряного века, являлись, как известно, евангельские мотивы, отразившиеся и в эпигонском богостроительстве Горького и Луначарского, и в сектантских увлечениях Бонч-Бруевича, и в проходных репликах вроде той, что содержится в переписке Розанова с Горьким (1911):

> Быть может, социал-то-демократия и есть — хаотическое пока еще — выражение творчества всенародного, направленного к возведению новой церкви[147].

Религиозные импульсы столь же легко облекались в революционный канон «воинствующего безбожия» — и тут наиболее показателен пример большевистского вождя, почитавшего себя непримиримым врагом любой «поповщины». Тем забавней, что яростный (и, по оценке А. Богданова, крайне примитивный) атеизм Ленина пронизан флюидами отеческих суеверий, очень заметных хотя бы в его пастырском послании Горькому:

---

[147] Письма А. М. Горького к В. В. Розанову и его пометы на книгах Розанова // Контекст-1978: Литературно-критические исследования. М., 1979. С. 303.

Богоискательство отличается от богостроительства или богосозидательства или боготворчества и т.п. ничуть не больше, чем желтый черт отличается от черта синего. Говорить о богоискательстве не для того, чтобы высказаться против всяких чертей и богов, против всякого идейного трупоположества (всякий боженька есть трупоположество — будь это самый чистенький, идеальный, не искомый, а построяемый боженька, все равно), — а для предпочтения синего черта желтому, это во сто раз хуже, чем не говорить совсем.

Атеистическая проповедь, в которой христианское божество — «воскресение и жизнь» — приравнено к сатане-душегубу («трупоположество»), дышит неизбывным церковным ужасом перед коварством многоцветного беса, вечно меняющего свое обличье (о нем лучше вообще не упоминать, чтобы не накликать беды). Религия в этом изображении принимает ту же инвертированную роль, что и у французских просветителей, которые с простодушной симметрией переносили на священнослужителей приметы «отца лжи», усвоенные по католическому катехизису. Но, понятно, совсем не чужд был Ленину, как и остальным социал-демократам, вполне положительный религиозный настрой, родственный христианско-жертвенному пафосу народовольчества. Конечно, эта религиозная составная марксистского радикализма — общее место современной культурологии. Речь идет прежде всего о фанатичной вере. По резюмирующему замечанию итальянской исследовательницы Даниэлы Стэйла, «с религией марксистская ортодоксия сходилась в почтительном отношении к ее основателям и их священным книгам, в вере в абсолютную истину, в уважении к неоспоримым догмам»[148]. Для дальнейшей российской истории весьма значимы все же специфические разновидности марксистского благочестия. В теоретическом плане — например, в том, что касалось философских доктрин, — жесткая ортодоксальность отличала и меньшевиков и ленинцев; но вторые распространяли эталон *веры* и на всю прочую свою деятельность, включая «догмат централизма», который первые, наподобие Аксельрода, брезгливо называли «теократией». Сам принцип централизма действительно требовал полнейшей покорности, основанной, по ленинскому выражению, на «доверии», т.е. именно на смиренномудрой вере в руководство, пусть даже «демократически выбранное». Под этим углом зрения ленинский подход был куда ближе к православному идеалу единой церкви, послушной своим пастырям, чем меньшевизм или, допустим, богдановщина с ее сугубо «протестантским» духом самостоятельных свободных исследований (и кстати, Богданов, ко всему прочему, резко осуждал

---

[148] Предисловие к сб.: А. А. Богданов. Десятилетие отлучения от марксизма: Юбилейный сборник 1904 — 1914 // Неизвестный Богданов. Кн. 3. С. 11.

Ленина за примат веры над знанием[149]). Ленинизм был фанатичен
и в своем эпатирующем отступничестве от марксистских скрижа-
лей — отступничестве, тоже немыслимом без исступленной веры
в революционное чудо, чуждой косным «социал-реформистам». О
вере как доминанте ленинского большевизма писали многие российские и западные его критики, включая Бертрана Рассела. «В ленинских речах и сочинениях, — отмечает Р. Такер — отчетливо
проступала не только непреклонная воля к революции, но и _вера_ в
нее, уверенность в том, что социалистическая революция в России
произойдет и что он и его последователи будут ею руководить. Потресов верно указал на революционную веру как на качество, которое явилось главным источником харизмы Ленина. <...> Последующие свидетельства видных большевиков говорят о том, что вера и
сила духа, проявленные Лениным в те тяжелые времена, вероятно,
имели решающее значение для большевистского движения». Его
вере был присущ не только всероссийский, но и экуменический
размах. «Существенным элементом революционного учения Ленина, — прибавляет Такер, — была вера в грядущий революционный
переворот в Европе»[150].

И в самом деле, апостольской риторикой веры проникнуто великое множество ленинских выступлений. «Революционная социал-
демократия, — говорит он, например, в начале 1911 года, — очищая
себя от _маловеров_ <...> собирает свои ряды». Через несколько лет, касаясь поражения корниловцев в сентябре 1917-го, он совсем уже по-
евангельски возглашает: «Пусть учатся на этом примере все маловеры <...> _Неверие_ <...> вот чем _грешили_ больше всего эсеровские и

---

[149] «Философская книга Ильина [подразумевается "Материализм и эмпирио-
критицизм" Ленина] прямо поражает всюду проникающим ее духом слепой, наи-
вной веры в авторитеты. Для него любой вопрос окончательно и бесповоротно
решается подходящей цитатой из Маркса или Энгельса <...> Не верит, да и только,
чтобы можно было думать не по откровению свыше...» (Там же. С. 165). (Одновременно сам Богданов, в духе своего полумистического коллективизма, осторожно оправдывает другую, столь же истовую, веру, присущую его тогдашнему со-
юзнику Луначарскому, — веру в массы: «Вера в развивающийся трудовой коллектив все же меньшее и менее вредное заблуждение, чем, например, вера в непре-
менную и неподвижную "абсолютную истину", определенную авторитетными
учителями марксизма. — Указ. соч. С. 113.) Ср. также характерную ленинскую
филиппику в передаче Валентинова: «Ничто в марксизме не подлежит ревизии.
На ревизию один ответ: в морду! Ревизии не подлежит ни марксистская философия, ни материалистическое понимание истории <...>, ни идея диктатуры пролетариата [к слову сказать, почти не упоминаемая Марксом], короче, ни один из
основных пунктов марксизма!» (_Валентинов Н._ Встречи с Лениным. Нью-Йорк,
1953. С. 255).

[150] _Такер Р._ Сталин: Путь к власти. С. 49—50. Эта «глубочайшая вера» («чисто
религиозного характера») поражала и непредвзятых наблюдателей, говоривших
даже о ленинском «социалистическом хилиазме» (_Валентинов Н._ Указ. соч. С. 151—
152).

меньшевистские вожди. Вот где один из наиболее глубоких корней их нерешительности, их... *попыток влить новое вино в старые мехи».* Со своей стороны, эти «маловеры» в полемике с большевиками прибегали к такой же клерикальной лексике, только порой с обратным знаком. «Если то, что я сказал, означает *неверие* в торжество революции, то я действительно *грешен этим грехом.* Mea culpa, mea maxima culpa!»[151] — восклицает Плеханов на поместном соборе, который официально, для марксистской научности, назывался IV съездом РСДРП.

Ненависть к «боженьке» ничуть не мешала Ленину по-библейски изничтожать оппортунистов, «продающих за чечевичную похлебку свое право первородства», а марксизм, на манер Энгельса, сравнивать с «первоначальным христианством» («Государство и революция»). «Пусть мертвые хоронят своих мертвецов», — говорит он по поводу русских и западных социал-демократов в статье «Задачи пролетариата в нашей революции» (1917). Сталин обратит то же евангельское речение против оппозиционной горьковской «Новой жизни» (название газеты вообще донельзя раздражало большевиков, заставляя полемически его обыгрывать). Сразу же после Октября, осуждая от имени ЦК «сомнения, колебания и трусость» «всех маловеров», вышедших из руководства, Ленин монотонно заклинает свою паству: «Пусть же будут спокойны и тверды все трудящиеся!» Так, на пороге социалистического Ханаана, он воспроизводит Книгу Иисуса Навина, повествующую о вторжении в Землю Обетованную; в первой ее главе четырежды звучит этот самый призыв: «Будь тверд и мужествен». Спустя два года Ленин снова повторяет библейские стихи, обращаясь к венгерским коммунистам, когда те осуществили у себя государственный переворот: «Будьте тверды! <...> Подавляйте колебания беспощадно. Расстрел — вот законная участь труса на войне <...> Во всем мире все, что есть честного в рабочем классе, на вашей стороне. Каждый месяц приближает мировую пролетарскую революцию. Будьте тверды! Победа будет за нами!» В Библии это выглядело так: «Будь тверд и мужествен, не страшись и не ужасайся; ибо с тобою Господь Бог твой везде, куда ни пойдешь <...> Всякий, кто воспротивится повелению твоему и не послушается слов твоих во всем, что ты ни повелишь ему, будет предан смерти. Только будь тверд и мужествен!» (Нав. 1:9, 18).

Дело, конечно, не только в церковной фразеологии, воздействие которой на большевизм обычно интерпретируется крайне поверхностно, и не только в сквозящей за ней самоидентификации всего ленинского движения с «первоначальным христианством». У этого весьма банального отождествления имелись серьезные и очень конкретные практические последствия, непосредственно сказавшиеся преж-

---

[151] Меньшевики: Документы и материалы. 1903—1917 гг. С. 169.

де всего на полемике с бундовцами и меньшевиками, а в более отдаленной перспективе — на судьбе коммунистической партии и страны в целом.

СЛОВО О ЗАКОНЕ И БЛАГОДАТИ

Великая война мышей и лягушек, поразившая РСДРП со второго ее
съезда, оказалась травестийным прообразом последующих чисток и
сталинской инквизиции. Знаменательно, что эта первая коллизия
изначально получила конфессиональную окраску, отчасти сопряженную и со спецификой национального представительства в проти-
воборствующих фракциях. И осознанно, и бессознательно большевизм опирался на великие прецеденты, запечатленные в истории
раннего христианства с его борьбой против ветхозаветного законничества и различных ересей. Другими словами, традиционное само-
восприятие всех вообще революционных сил как возрожденного христианства, которое мученически сражается с жестоким ветхозаветным
Саваофом-царем и сатанинскими «идолами», большевизм, существенно видоизменив, сразу же спроецировал на свои взаимоотношения с инакомыслящими социал-демократами, обвинив их в начет-
ничестве, «фетишизме» и иудейском «фарисействе» («Шаг вперед,
два шага назад»). В такой аллюзионной системе меньшевистская вет-
хозаветность могла соотноситься также со старообрядческим буква-
лизмом и книжностью, представленной, предположим, *Старовером*
(псевдоним того самого Потресова, который говорил о вере как глав-
ном психологическом качестве Ленина). Порой меньшевики и сами
вызывающе отождествляли себя с каноном древлего марксистского
благочестия, как это сделал, например, Н. Иорданский на IV
(Объединительном) съезде РСДРП, рассуждая о плачевных резуль-
татах большевистского радикализма:

> Результаты, полученные нами, мы могли бы знать раньше, если бы не го-
> нялись за "новыми словами" и почаще читали бы старые книги наших ста-
> рых учителей [подразумевается Энгельс], которые здесь большевики назы-
> вали "старообрядческие"[152].

Однако на дихотомии старого и нового куда резче сказывался тот
факт, что в меньшевистском лагере насчитывалось значительно больше — либо, если угодно, еще больше — евреев, чем среди большевиков. Большевизм твердил о своей приверженности творческому
марксистскому *«духу»*, от коего отреклись его косные оппоненты —
приверженцы мертвых букв или, по апостольскому выражению Ле-

---

[152] Меньшевики: Документы и материалы. С. 185.

нина, «любители буквенной критики». Эти оппортунистические фарисеи «забывают, оттирают, искажают революционную сторону марксизма, его революционную душу» («Государство и революция»). Спустя десять лет ему вторит Сталин: «Отныне дух марксизма покидает социал-демократию» (что означает: «се оставляется вам дом ваш пуст»). Но то было общее место большевистской риторики. Ср., например, в воззвании группы «Вперед» (январь 1910 г.), протестующей против размывания движения и его тогдашнего смыкания с меньшевиками: «Большевизм — это революционная душа русского рабочего движения. Сумейте отстоять его силу и его интересы!»[153] Позднее Троцкий обратит эту формулу против Сталина: «Сталин чувствовал себя тем увереннее, чем больше рос и креп государственный аппарат "нажимания". И тем больше дух революции отлетал от этого аппарата»[154].

«Дух» же здесь всегда отождествлялся с «делом» и диалектикой. «Марксизм, — говорит в одной статье 1910 года Ленин, утрируя затасканные сентенции Энгельса, — не *мертвая* догма <...>, а *живое* руководство к действию»; лишая марксизм этой доминанты — его «диалектики», — «мы вынимаем из него душу живу». Кажется, только законченный коммунист не сумел бы опознать тут открытую реминисценцию из Евангелия («Я есмь воскресение и жизнь») и из апостола Павла, противопоставлявшего «смертоносные буквы» Закона новозаветному животворному «духу» (2 Кор. 3 : 6—7). В ленинских формулах «мертвая догма» — прозрачный псевдоним окаменевшего Ветхого Завета, которому большевистский лидер постоянно противопоставляет спасительный активизм евангельской *веры*[155] в революцию, по модели того же Павла: «Вы, оправдывающие себя законом, остались без Христа, отпали от благодати. А мы *духом* ожидаем и надеемся праведности от *веры*» (Гал. 4:5).

Естественно, что эта, уже памятная нам антитеза — вера и скепсис — ведет Ленина к агрессивному антиинтеллектуализму, созвучному беспрестанным евангельским нападкам на высокоумных книжников и толкователей Закона. Уже в 1919 году, например, Ленин пишет о западных социалистах, подвергающих его режим марксистской критике: «Они книжки видели, книжки заучили, книжки повтори-

---

[153] Неизвестный Богданов. Кн. 2. С. 83.

[154] *Троцкий Л.* Сталин. Т. 2. С. 175.

[155] Луначарский, созидавший свою атеистическую «религию труда» не без опоры именно на эти новозаветные тексты и подкреплявший их гимназическим катехизисом, добавляет к вере смежную с ней и столь же активистскую «надежду» на победу»: «Мы вместе с апостолом Павлом можем теперь сказать: "Мы спасены в надежде". Новая религия не может вести к пассивности <...> новая религия вся входит в действие»; «это надежда, надежда более основательная, чем присущая какой-угодно религии» (*Луначарский А.* Религия и социализм. СПб., 1908. Ч. 1. С. 49, 227).

ли и в книжках ничегошеньки не поняли. Бывают такие ученые и даже ученейшие люди». «Владимир Ильич, — с умилением вспоминал Бухарин, — не любил всяких словесных выкрутасов и ученостей специфических»[156]. Подобно Иисусу, книжникам Ильич предпочитает душевных пролетарских простецов: «Невежественные, но искренние люди труда и сторонники трудящихся легче понимают теперь, после войны, неизбежность революции, гражданской войны и диктатуры пролетариата, чем напичканные ученейшими реформистскими предрассудками господа Каутские, Макдональды, Вандервельды, Брантинги, Турати и tutti quanti».

В ленинской России tutti quanti предпочитали уже помалкивать; но губительный скепсис быстро нарастает в стане самих победителей. Всего через несколько дней после переворота, в ноябре 1917-го, Ленин, выступая от имени ЦК, заявил по адресу Каменева и других умеренных: «Пусть же устыдятся все *маловеры*, все колеблющиеся, все сомневающиеся». Вскоре он, без всяких околичностей, повадится обвинять различных маловеров — «пессимистов и скептиков» — в «сознательном или бессознательном предательстве», а также в смертном грехе *отчаяния*, единственным противоядием от которого остается, понятно, несокрушимая *«вера* в победу». Этот христианско-фидеистский пафос, как мы вскоре увидим, энергично подхваченный Сталиным, будет из года в год только усиливаться в официальной риторике, сложно взаимодействуя с языческими мифологемами советского режима.

БОРЬБА С ЕВРЕЙСКОЙ ОБОСОБЛЕННОСТЬЮ

Гораздо рельефнее антииудаистический подтекст проступил в большевистской полемике с Бундом. Впрочем, к числу непримиримых противников Бунда на II съезде РСДРП принадлежали и меньшевистские лидеры, искровцы из числа евреев-ассимиляторов — Троцкий и бывший активист еврейского рабочего движения Мартов, этот бундовский Савл, преобразившийся в интернационалистического Павла. Ту же позицию разделяли и еврейские представители польской социал-демократии, вроде Розы Люксембург, которая в своем марксистско-ассимиляторском рвении истово — вплоть до прямых антисемитских выпадов — преследовала любые претензии на еврейскую национальную самобытность в социалистическом стане. Хотя эта обширная тема остается побочной для нашего исследования, следует все же сказать несколько слов о расово-конфессиональ-

---

[156] *Бухарин Н. И.* Путь к социализму в России. С. 226.

ной подоплеке русско-еврейских взаимоотношений в рамках социал-демократической партии.

Вопреки сегодняшним сладостным предрассудкам, мировое социалистическое движение было изначально пропитано расистскими, и в частности юдофобскими, настроениями[157]. Некоторые историки тут вспоминают не только о Ш. Фурье — проповеднике геноцида или о более поздних экстатических антисемитах-социалистах — Прудоне, В. Марре, Е. Дюринге и др., — но и о Марксе с его германской спесью, русофобией и антисемитизмом (от юношеской статьи «К еврейскому вопросу» до поздних «Этнографических заметок»), и о расисте Энгельсе («Der magyarische Kampf», 1849), который предсказывал реакционным народам, наподобие австрийских славян, шотландцев и басков, жалкую участь Voelkerabfall — этнических отбросов, подлежащих устранению. Вплоть до 1890-х годов и дела Дрейфуса, да зачастую и позднее, антисемитизм, несмотря на активнейшее участие евреев в социал-демократической деятельности, был чрезвычайно распространенным бытовым явлением мирового рабочего движения, особенно в Австрии и Германии (как и на польских землях), — условие, чрезвычайно способствовавшее впоследствии популяризации национал-социализма среди немецких рабочих. Порой возникала, правда, неприятная потребность как-то согласовать эти душевные антипатии с официально-интернационалистической доктриной. В таких случаях интернационалисты привычно ориентировались на традиционную христианско-миссионерскую модель, сочетавшую в себе юдофобию с идеалом полнейшего нивелирования, растворения евреев в христианской среде. Показательна в этом смысле, например, позиция, которую занял конгресс II Интернационала, в 1891 году проходивший в Брюсселе: уклонившись от осуждения антисемитизма, конгресс взамен призвал еврейских рабочих (точнее, «рабочих, говорящих на идиш») к слиянию с инонациональными социалистическими партиями. Весьма сходным компромиссом, бесспорно подсказанным католическим прозелитизмом, явилась и знаменитая теория австрийского социалиста — и выкреста — Отто Бауэра, безоговорочно признававшего право на национально-культурную автономию за всеми этносами, кроме еврейского, которому надлежало смиренно ассимилироваться в христианском окружении. Такая же смесь антисемитских и ассимиляторских позывов харак-

---

[157] См.: *Chaloner W.H.* and *Henderson W.O.* Marx / Engels and Racism // Encounter. Vol. XL. № 1 (July 1975); *Поляков Л.* История антисемитизма: Эпоха знаний. М.; Иерусалим, 1998; см. помимо того превосходную статью Роберта Вистрича (с библиографией): *Wistrich R.* Socialism and Judeophobia — Anti-Semitism in Europe Before 1914 // Leo Baeck Institute: Year Book XXXVII. London; Jerusalem; New York, 1992. У российского читателя дополнительный интерес может вызвать работа, посвященная преимущественно русофобии и славянофобии «основоположников»: *Ульянов Н.* Замолчанный Маркс. Frankfurt/M., 1969.

теризовала позицию очень многих австрийских, германских и польских евреев-социалистов, преимущественно из числа выкрестов.

Не представляли тут особого исключения и русские социалисты (кстати сказать, глубоко почитавшие Дюринга[158]). Достаточно вспомнить Бакунина или то, с каким ликованием откликнулись народовольцы на еврейские погромы начала 1880-х годов, в надежде на их катализирующее значение для грядущего народного мятежа (эта жертвенно-вспомогательная роль льстила, впрочем, некоторым евреям, приветствовавшим погромное движение[159], а П. Аксельрод, ставший позднее одним из основателей РСДРП, например, великодушно предлагал только скорректировать погромы, направив их в надлежащее классовое русло[160]). Странно было бы ожидать, будто их преемники-марксисты чудесно избавятся от национально-религиозных предубеждений, но в черте оседлости долгое время с курьезным упорством отказывались считаться с этой почтенной российской традицией, которую в марксистском стане изначально представлял, например, Плеханов[161]. Христианский экуменизм, выступивший под псевдонимом социалистического интернационализма, обеспечивал некое возвышенное алиби для решительного отказа от того, что в еврейских революционных кругах пренебрежительно называлось «на-

---

[158] О том, что именно Дюринг очень рано и на долгие годы снискал популярность среди народников и более того — как проповедник социального насилия — был «любимым идеологом народовольцев», писал Д. Рязанов. Он же подчеркивал, что к числу главных адептов Дюринга в России принадлежали Плеханов и П. Аксельрод, причем последний, несмотря на фанатичный антисемитизм своего кумира, стал «одним из главных пропагандистов дюрингианства в России» (См. предисловие Рязанова к «Анти-Дюрингу» Энгельса — М., 1928. С. XVI—XIX).

[159] «Самоотречение евреев-народовольцев оказалось так велико, что член Исполнительного Комитета — еврей — одобрил антисемитскую прокламацию, а другой народоволец — еврей — надел красную рубаху и появился в толпе погромщиков в Киеве в 1881 г. Конечно, — добавляет комментатор, — ошибочные с демократической точки зрения действия этих лиц были преступны по отношению к еврейскому народу. Но мы должны помнить, что это самозаклание, это принесение в жертву своих же братьев по крови было сделано этими лицами во имя братьев по духу. Во имя свободы русского народа, во имя освобождения всех трудящихся» (*Сватиков С. Г.* Евреи в русском освободительном движении. // Евреи и русская революция: Материалы и исследования / Публ. В. Е. Кельнера. Ред.-сост. О. В. Будницкий. М.; Иерусалим, 1999. С. 140). См. в этом же сборнике материалы, свидетельствующие о высоком проценте выкрестов среди евреев-революционеров.

[160] См. обо всем этом: Соблазн социализма: Революция в России и евреи / Сост. А. Серебренников. Париж; М., 1995. С. 142—179; *Wistrich R.* Socialism and Judeophobia — Anti-Semitism in Europe Before 1914 // Op. cit. P. 122; *Одесский М., Фельдман Д.* Указ. соч. С. 174—175; Быть евреем в России... Материалы по истории русского еврейства: 1880—1890-е гг. / Сост. Н. Портнова. Иерусалим, 1999. С. 98—99.

[161] *Agursky M.* The Third Rome. P. 94—95. Автор подчеркивает, что ни Ленин, ни другие социал-демократические лидеры, включая Аксельрода, не осуждали Плеханова за антисемитизм.

циональной узостью». Под «угнетенным народом» здесь однозначно подразумевали никак не еврейский, а только русский народ. (Сама обособленность рабочего движения в черте оседлости, развивавшегося там в последнем десятилетии XIX века неизмеримо быстрее, чем в русских губерниях, сперва была вынужденной: она объяснялась чисто географическими и лингвистическими факторами, т.е. необходимостью использовать именно идиш как язык масс.) Вместе с тем в международном социалистическом идеале усматривалось и нечто глубоко созвучное социальной этике еврейских пророков.

По замечанию Моше Мишкинского, «еврейские рабочие организации восприняли социалистическое учение как откровение, как мессианскую мечту, в какой-то мере вытекавшую из еврейских эсхатологических прорицаний и универсальных идей спасения и искупления. Эта мечта была всеобщим идеалом, рабочий Интернационал — методом его достижения». Отсюда и ранний пафос самоотречения во имя всемирного пролетарского братства. Как подчеркивает тот же автор, «о таком подходе свидетельствует первый документ первого рабочего движения, организованного в России — "Четыре речи еврейских рабочих" (на русском языке), произнесенные на нелегальном первомайском митинге в Вильне в 1892 г.». Ораторы говорили о безоговорочном разрыве с иудаизмом и национальными праздниками (т.е., в первую очередь, с субботой) во имя новой, социальной религии:

> И мы, евреи, одновременно "русские подданные", отказываемся от своих праздников и вымыслов, бесполезных обществу. Мы вступаем в ряды социализма и станем отмечать новый праздник.., который будет существовать вечно». «И словно эхо вторит этим словам по ту сторону океана, — продолжает Мишкинский. — Передовая статья в честь I мая 1894 г. в еврейском социалистическом ежемесячнике "Цукунфт" ("Будущее") <...> в Нью Йорке гласит: "Прощайте, религиозные праздники, прощайте, национальные праздники... поднимем тост за свободу, равенство и счастье народа, место рождения которого — весь мир, религия которого — братство, а Тора — наука"[162].

Однако уже во время майской забастовки в том самом 1892 году, когда прозвучало первое из процитированных воззваний, в Лодзи разразился еврейский погром, в котором самое усердное участие приняли христианские братья по классу. В рядах польских марксистов антисемитизм вообще оставался повседневной реальностью[163], причем польские труженики, не отличавшиеся избытком пролетарской

---

[162] *Мишкинский М.* Еврейское рабочее движение и европейский социализм // Социальная жизнь и социальные ценности еврейского народа. Иерусалим, 1977. С. 426—428, 430, 431.

[163] В германской и австрийской Польше, где социал-демократы пользовались несравненно большей свободой, чем в России, именно польские марксисты придерживались наиболее антиеврейского — и одновременно ассимиляторского —

солидарности, постоянно нападали на евреев, конкурируя с ними за рабочие места.

Рано или поздно простодушным еврейским идеологам пришлось пересмотреть свою инфантильную утопию безудержного и жертвенного интернационализма. Бунд, возникший в 1897 году, — кстати, одновременно с сионизмом и в непримиримом состязании с ним — уже вынужден был учитывать межнациональную отчужденность, и потому сразу же определил себя в качестве представителя именно еврейского пролетариата.

В то же время это национальное объединение, успевшее в организационном плане заметно превзойти русские революционные группы[164], стало оказывать им самую энергичную поддержку. Собственно, «иждивением Бунда», если использовать тогдашнюю лексику, был вскоре после его создания проведен I съезд РСДРП, и состоялся он в Минске — крупном бундовском центре. Да и вообще РСДРП в тот период выглядела скорее как русская секция Бунда, чем как самостоятельная партия. Тем сильнее было стремление освободиться от этой унизительной ветхозаветной гегемонии, соединившееся с некоторой мстительностью.

Как известно, драматические формы конфликт принял уже на II съезде РСДРП, причем непосредственным поводом к столкновению послужило тяготение Бунда к федерализму и национальной автономии в составе общероссийской партии, т.е. к уже давно завоеванному праву представлять еврейских рабочих. «Искровцы» усматривали в этих претензиях опаснейшее проявление сепаратизма. Встретив яростное противодействие, Бунд на время вышел из РСДРП.

Наивно думать, будто вся эта борьба, как и смежная большевистско-меньшевистская свара, была полностью свободна от религиозно-антисемитских стереотипов. Прежде всего здесь необходимо учитывать и актуальный исторический контекст.

Склонность Бунда к тому, что его враги называли сепаратизмом, естественно, усилилась после кишиневского погрома и во время пер-

---

курса. «Не только сионизм, не только социалисты Поалэ-Цион [крайне левая сионистская группа], — писал Жаботинский, — но и так называемая "еврейская социалистическая партия", соответствующая нашему Бунду и признающая евреев за особую национальность, бойкотируется и преследуется польскими социал-демократами. Когда в 1906 году депутат Штраухер впервые заговорил с трибуны рейхсрата о евреях как нации, резче и грубее всех издевался над ним вождь польских социал-демократов Дашинский» (*Жаботинский Вл.* Homo homini lupus. (1910) // Фельетоны. 3-е изд. Берлин, 1922. С. 221).

[164] Еще в 1904 г., т.е. в самый канун революции, Ленин, нападая на Бунд за скудное и узкое «содержание» его деятельности, должен был признать: «А "форма"? "Форма" нашей работы отстала, по сравнению с бундовской, непозволительно, отстала до того, что это колет глаза, вызывая краску стыда у всякого, кто не смотрит на дела своей партии, "ковыряя в носу". Отсталость организации нашей работы по сравнению с ее содержанием — наше больное место» («Шаг вперед, два шага назад»).

вой русской революции, — усилилась прямо пропорционально росту погромных настроений в соседней, в том числе пролетарской, среде[165]. Однако Ленин и его соратники демонстративно игнорировали все эти резоны. Вместо того чтобы осудить польских и прочих пролетариев за жидоедские увлечения, Ленин в своей искровской статье, вышедшей всего через полгода после кишиневского побоища, предпочел обвинить в разжигании национальной розни именно еврейское рабочее движение, коль скоро оно выказало неуместное чувство национального достоинства:

«Эта ошибка доводит бундовцев до такой невиданной в среде международной социал-демократии вещи, как *возбуждение недоверия* еврейских пролетариев к неeврейским, заподазривание этих последних <...> Бундовцы повторяют сионистские выходки».

В реплике относительно «сионистских выходок» была, однако, доля истины, поскольку Бунду и вправду приходилось соперничать с ненавистными ему сионистско-социалистическими группами, возникшими в начале века. Сверх того, под влиянием всей этой травли со стороны польских, латышских и прочих *товарищей* бундовцы на время заговорили и о более весомых национальных ценностях. Разъясняя свое решение о вынужденном выходе из РСДРП, Бунд в 1903 году даже счел необходимым напомнить о «двухтысячелетней истории еврейских гонений», об «особых национальных условиях» и «исторических традициях» еврейского пролетариата. Здесь уже не питали особых иллюзий по поводу истинной подоплеки конфликта. Прекрасный знаток и общероссийского и еврейского социалистического движения С. Ан-ский в своей повести «В новом русле» (1906) приводит характерный разговор на эту тему в бундовских кругах:

— Проклятые "искровцы"! <...> Не люблю их! Разбойники и антисемиты! <...> Вовеки не прощу им вероломства по отношению к Бунду! Сколько они ему обязаны, а заставили уйти из партии, чуть не прогнали! Только потому, что антисемиты!.. Не спорьте, не поверю! Я искровскую породу хорошо знаю! Хуже всех![166]

МЕНЬШЕВИСТСКИЙ ЗОЛОТОЙ ТЕЛЕЦ

В новых условиях русские марксисты пытаются теоретически откликнуться на вспышки погромного энтузиазма, придав ему пре-

---

[165] Ср. данные о широкой популярности «черной сотни» среди рабочих в Москве, Киеве, Петербурге, Одессе и других городах: *Степанов С. А.* Черная сотня в России (1905—1914 гг.). М., 1992. С. 214 и след.

[166] *Ан-ский С. А.* Собр. соч.: В 5 т. СПб., [1913]. Т. 4. С. 144. (Имеется в виду первая, так называемая старая «Искра».)

стижное научное толкование; в этом отзыве угадывалось и подсозна-
тельное желание, продемонстрировав объективность, реабилитировать свое учение, его основателя — и самих себя — от расхожих обвинений в «жидовстве». Ассимиляторская установка, санкциониро-
ванная деятелями II Интернационала — Каутским, О. Бауэром, а
равно отечественной православно-русификаторской традицией, ав-
торитетно подкрепляется теперь юдофобскими выпадами Маркса.
Его скандально-антисемитская, вошедшая в золотой фонд нацистской пропаганды («Евреи о самих себе») статья 1843 года «К еврейскому вопросу» с 1890-х годов замалчивалась западными марксистами — слишком уж эпатажно расходились с официальным интернационализмом движения основные тезисы этой работы: «Какой мирской культ еврея? Торгашество. Кто его мирской бог? Деньги»; «Об-
щественная эмансипация еврейства есть эмансипация общества от
еврейства». Долго обходили ее вниманием и русские приверженцы
Маркса. Но в 1905 году она печатается эмигрантами в Женеве (журнал «Реалист») и одновременно отдельной брошюрой в Киеве (издательство С. И. Иванова).

Как бы предваряя эти и дальнейшие публикации, бундовский
теоретик В. Медем еще в 1904 году в статье «Национальность и ас-
симиляция» предлагает собственный комментарий к статье Маркса,
где наряду с дежурными комплиментами в адрес основоположника
сдержанно порицает того за антиисторический подход к еврейству,
связанный с его прискорбным представлением о какой-то единой и
непреходящей еврейской национальной сущности: «Маркс находит
в еврействе какую-то антисоциальную "субстанцию", объединяю-
щую современного еврея и еврея времен Талмуда и Пятикнижия», —
шокирующая позиция, отдающая с бундовской точки зрения чуть ли
не злостным сионизмом, не говоря уже об антисемитизме. Такая
«логическая непоследовательность», по Медему (повторяющему
здесь теоретиков II Интернационала), «легко объясняется» тем, что
молодой Маркс в 1843 году «еще не был окончательно свободен от
остатков идеалистического мировосприятия»[167]. Словом, Маркс ули-
чен в недостатке марксизма, а деликатный упрек в юдофобии сразу
же сменяется другим — в ассимиляторских настроениях, также пре-
досудительных для Бунда.

В большевистской и смежной печати статья Маркса, однако, получает совершенно иные, панегирические оценки. В 1906 году ее
снова выпускают дважды, тоже отдельной брошюрой — на сей раз в
издательствах «Знание» и «Молот» (в переводе Зиновьева)[168]. Вторая

---

[167] Цит. по: Соблазн социализма: Революция в России и евреи. С. 203.
[168] См.: Литература о евреях на русском языке, 1890—1947. Книги, брошюры,
оттиски статей, органы периодической печати: Библиографический указатель /
Сост. В. Е. Кельнер и Д. А Эльяшевич. СПб., 1995. С. 220.

из этих публикаций снабжена восторженным предисловием Луначарского, которое нередко цитируется в специальной литературе. Увлеченно пересказывая юдофобские инвективы автора, Луначарский явно оспаривает бундовские сетования насчет идеалистической антиисторичности юного Маркса, не по-марксистски отождествившего современных евреев с их библейскими предками. Луначарский, напротив, всячески подчеркивает непреходящую актуальность статьи, причисляя ее к теоретической сокровищнице марксизма:

> Не говоря уже о том, что *точка зрения Маркса на еврейский вопрос представляется нам и поныне вполне правильной,* — этюд его должен доставить глубокое наслаждение всякому, кто умеет любоваться глубиною мысли, радоваться силе человеческого ума.

Дальнейшие комментарии к этому усладительному памятнику человеческого ума приличествовали бы скорее публицисту из «Земщины», чем социал-демократу:

> Все цепи, надетые на "избранный народ", не помешали наиболее энергичной его части приобрести колоссальные богатства и через их посредство влияние на судьбы всей Европы. Путь к этому финансовому могуществу шел через беззастенчивое и бессердечное накопление, которое не могло не возбудить ненависти к евреям <...> Из всех форм вообще ненавистного народу капитала капитал ростовщический, на 4/5 еврейский, конечно, наиболее ненавистен <...>
> Что такое еврейство как социальная сила? Сила финансистов, сила денег. Евреи <...> весь христианский мир сделали еврейским <...> сделали богом всего общества д е н ь г и. Рабство иудея, то, что *мешает еврею стать человеком,* — это его узкая практичность, его жажда наживы, его сребролюбие <...> Еврей станет свободным человеком только тогда, когда все человечество освободится от "жидовства", от духа эгоизма, наживы, сухой биржевой деловитости[169].

Если не ошибаюсь, никаких протестов в большевистской и вообще социал-демократической печати предисловие Луначарского ни тогда, ни позже не вызвало. Примечательно, что даже в своей последующей атаке на богостроительство Ленин обошел молчанием всю эту пикантную тему.

На деле отношение Луначарского к историческому еврейству являло довольно заурядную смесь юдофобии с пылким филосемитизмом. В своем, вскоре после того вышедшем опусе «Религия и социализм», который нам уже доводилось цитировать, он величает марксизм «последней великой религией, подаренной евреем-титаном пролетариату и человечеству». Исходная фаза этого ступенчатого развития, отзывающегося непроизвольной пародией на Блаватскую, — «пророческий иудаизм», который, как и раннее христиан-

---

[169] *Луначарский А.* От редакции // Карл Маркс. К еврейскому вопросу. СПб., Дешевая библиотека тов-ва «Знание», 1906. С. 3—4.

ство (в согласии с Ницше, автор не отделяет его от «Ветхого Завета»), представлял собой революционное самовыражение *еврейской мелкой буржуазии*, на протяжении множества веков вдохновлявшее всех социальных радикалов того же мелкобуржуазного типа (Томас Мюнцер и пр.). Однако в самом иудаизме, «начиная с Иезекииля, священнический дух, консервативный, стремящийся все обратить *в закон и букву*, берет верх над пророчеством. Творчество замирает. Представителями традиций <...> явились *законники-фарисеи* <...> Но влияние коренного произведения пророков — лучшей части Библии — не прекратилось. Ветхому Завету суждено было неоднократно обновляться и, наконец, влить свои воды в море новой религии, религии Труда». Ее провозвестник Карл Маркс, проникнув в самую сущность капитализма, как бы диалектически победил иудейскую буржуазность — ибо, будучи «евреем-титаном», он вместе с тем уже «далеко не был чистым иудеем, да и не мог им быть»[170] (реабилитация, интригующе сходная с ариософскими штудиями тюбингенского богословия и других христианских течений, стремившихся очистить христианство от обвинений в «семитском расовом духе»). Кстати сказать, эту свою концепцию Луначарский много раз совершенно беспрепятственно воспроизводил и после Октября — например, в одном докладе 1923 года[171] или в гораздо более поздней работе «Об антисемитизме», где он снова подчеркивал, что «Библия стала настольной книгой всей *мелкой буржуазии* и всех крестьянских революций». Само же еврейство у Луначарского постоянно раздваивается — на эту революционную, но все же мелкобуржуазную стихию и на крупный «торговый капитал», ставший — конечно, по Зомбарту — главным фактором международного капиталистического развития[172].

Совершенно ясно, как должны были восприниматься подобные социально-расовые аттестации в условиях внутрипартийного противостояния, когда большевики постоянно обвиняли меньшевиков — всех этих Данов, Аксельродов и Мартовых-Цедербаумов — в злостной мелкобуржуазности (характерно, что как раз группа «Вперед», куда входил Луначарский, была настроена более антименьшевистски, чем Ленин, который в 1909—1910 годах временно поддерживал курс на слияние обеих фракций[173]). Но те же точно обвинения инкриминировались и собственно еврейскому Бунду — а тот, в свою очередь, переадресовывал их своим сионистско-социалистическим соперникам. (Правда, «мелкобуржуазной» признавалась всеми марксистами и партия эсеров — просто в силу своей приверженности крестьянству как «мелкой буржуазии».) Коль скоро речь шла именно о еврейском движении,

[170] *Луначарский А.* Религия и социализм. Ч. 1. С. 145—148, 161, 183—184.
[171] *Луначарский А.* Христианство и марксизм. М., 1923. С. 12.
[172] *Луначарский А.* Об антисемитизме. М.; Л., 1929. С. 15—19.
[173] См.: Неизвестный Богданов. Кн. 3. С. 157—158.

сквозь все эти упреки с шокирующей очевидностью проступали незабвенные стереотипы (торгашество, «гешефтмахерство»), сливавшиеся в архетипический образ Золотого тельца.

Другим смертным грехом «оппортунистов» считалась их чрезмерная интеллигентность (упрек, на мой взгляд, совершенно незаслуженный) или, вернее, «интеллигентщина», бесконечно чуждая пролетарскому духу и ненавистная всем тогдашним социал-демократам, особенно большевикам. Этот презренный порок служил как бы марксистским классовым псевдонимом фарисейской «книжности», того законничества и талмудического буквализма, за которые Ленин неустанно укорял меньшевистских теоретиков, как Луначарский — послепророческое иудейство. Праздный марксистский «талмудизм» был столь же беспочвенен, как его еврейские носители, обретшие в книгах суррогат родины и реальной жизни. И естественно, что интеллигентщиной, как и мелкобуржуазностью, объяснялись тяготения к любой антимарксистской ереси.

Одновременно в большевистской установке срабатывали и другие — традиционно-имперские модели, подбиравшие для себя приемлемое идеологическое обоснование. Бунд, несомненно, верно понял природу нарождавшегося большевизма, когда в 1904 году, презрев его ритуально-интернационалистические декламации, обвинил Ленина в традиционном русском национализме, стремлении уничтожить еврейскую самобытность и, наконец, в «слепом, бюрократическом, утопическом централизме», одержимом мечтой о полнейшей унификации (после октября 1917 г. влившись в РКП, он утратил это понимание). Сегодня, вслед за Агурским и другими исследователями, мы вправе сказать, что тогдашняя ленинская борьба против федеративного принципа предвосхищала и послеоктябрьскую реставрацию империи — фактическое возвращение большевизма к идеалу «единой и неделимой» России, мотивированное единением пролетариата (при бутафорской независимости союзных республик). Примкнув к большевизму, Сталин сразу распознал эту центростремительную тенденцию, означив ее в самой своей лексике. В 1906 году он призывал к созданию *«единой и нераздельной* партии» («Две схватки»). Сталин неизменно поддерживал централистские установки, которые ему суждено было довести до столь впечатляющего триумфа.

ДУХ МАРКСИЗМА И ДУХ СУББОТНИЙ

В сознании этого семинариста, как и многих других людей, привычных к православной или даже к католической традиции, ленинский централизм должен был соотноситься с знаменитым богодухновен-

ным «единодушием» христианских соборов и так же контрастировать
с расхлябанной меньшевистской разноголосицей или бундовским
федерализмом, как и со столь же обязательным разладом, неустрой-
ством и сварами в стане еретиков. В 1915 году, через несколько лет
после окончательного разделения РСДРП, Ленин в брошюре «Социализм и война» (написанной совместно с Зиновьевым) подводит ве-
личавый итог конфликту: «Вся история с.-д. групп, боровшихся с
нашей партией, есть история развала и распада». Оно и понятно:
ведь, согласно Ленину, «большевизм выразил пролетарскую сущность движения, меньшевизм — его оппортунистическое, мещан-
ски-интеллигентское крыло» («Из прошлого рабочего класса в России»). Уже в своем предбольшевистском трактате «Шаг вперед, два
шага назад» (1904) Ленин, нападая на «интеллигентскую хлюпкость»
и расплывчатость меньшевиков, почтительно цитирует Каутского:

> Пролетарий — ничто, пока он остается изолированным индивидуумом. Всю
> свою силу <...> черпает он из о р г а н и з а ц и и, из планомерной совместной
> деятельности с товарищами. Он чувствует себя великим и сильным, когда он
> составляет часть великого и сильного организма. Этот организм для него —
> все, отдельный же индивидуум значит, по сравнению с ним, очень мало.
> Пролетарий ведет свою борьбу с величайшим самопожертвованием, как ча-
> стичка анонимной массы, без видов на личную выгоду, на личную славу,
> исполняя свой долг на всяком посту, куда его поставят, добровольно под-
> чиняясь дисциплине, пронизывающей все его чувство, все его мышление[174].

Блистательному идеалу тупой, нерассуждающей покорности,
присущей разве что неодушевленным объектам, противопоставлен у
Каутского — и у Ленина — его мыслящий, скептический и потому
отталкивающий антипод:

> Совсем иначе обстоит дело с интеллигентом. Он борется не тем или иным
> применением силы, а при помощи аргументов. Его оружие — это его лич-
> ное знание, его личные способности, его личное убеждение <...> Лишь с
> трудом подчиняется он известному целому в качестве служебной части этого
> целого, подчиняется по необходимости, а не по собственному убеждению.
> Необходимость дисциплины признает он лишь для массы, а не для избран-
> ных душ.

Кто не опознает в этой католической проповеди портрет закоре-
нелого еретика, который, дерзновенно претендуя на «личное убеждение», в умственной гордыне своей отпадает от соборного Тела
Христова?

Отголоски древней церковной истории живо различимы и в сталинских «Записках делегата» — заметке о лондонском съезде (1907),
где он пренебрежительно называет меньшевизм «сбродом течений».

---

[174] Эта цитата отозвалась потом в поэме Маяковского о Ленине: «Единица
— вздор, единица — ноль» — и далее — о партийном организме или, вернее, теле
Христовом: «Партия — это миллионов плечи, друг к другу прижатые туго», и т.д.

У ленинцев — православное благолепие, у оппортунистов — сплошная катавасия:

> Большевики выступают сплоченно и определенно <...> Зато среди меньшевиков — полнейший хаос и путаница: они разделились на множество групп, и каждый из них поет по-своему, не слушая других.

Приверженность к централизму Сталин уже тогда совмещал с «великорусской» тенденцией, которая сказывалась на его манере настойчиво противопоставлять внутренние регионы империи, представленные полноценным заводским пролетариатом, убогим полубуржуазным окраинам, населенным инородцами. В его дореволюционных полемических упражнениях обида подпольщика-провинциала на благоустроенных эмигрантов сливалась с обвинением последних в буржуазности, но сюда примешивалось, конечно, и классическое представление о буржуазности собственно еврейской, коренящееся в церковной догме насчет «плотской» сущности иудейства. Ср. в сталинском описании поведение русских рабочих на лондонском съезде:

> Вскочив со своих мест, они энергично отвечали докладчику Аксельроду: "Это ты, сидящий за границей, — буржуй, а не мы; мы — рабочие".

Как ни странно, Сталин, видевший станки только на заводских митингах, кажется, всерьез причислял себя к рабочему классу — подобно персонажу Маяковского, он был «рабочим по убеждениям». Что касается *буржуя Аксельрода*, то он еще станет у него символической фигурой.

Порой ситуация в воссоединенной РСДРП попросту граничила с межнациональным скандалом, как явствует из следующей, довольно известной цитаты. В той же статье о лондонском съезде Сталин пишет:

> Меньшевизм — это тактика полубуржуазных элементов пролетариата <...> Статистика показала, что большинство меньшевистской фракции составляют евреи (не считая, конечно, бундовцев), далее идут грузины [своих земляков, тяготеющих к меньшевизму, Сталин в этот период сильно недолюбливает и, видимо, пользуется полной взаимностью], потом русские. Зато громадное большинство большевистской фракции составляют русские, далее идут евреи (не считая, конечно, поляков и латышей), затем грузины и т.д. По этому поводу кто-то из большевиков заметил шутя (кажется, тов. Алексинский), что меньшевики — еврейская фракция, большевики — истинно русская, стало быть, не мешало бы нам, большевикам, устроить в партии погром[175].

---

[175] К юдофобу и патриоту Алексинскому, ставшему противником большевизма, он сохранял явное расположение, хотя в 1917 г. тот был одним из главных обвинителей против Ленина по «делу о немецких деньгах» (см. сталинское выступление на VI съезде). Сталин, кстати сказать, был непосредственно вовлечен в этот грандиозный скандал: именно он упрашивал Чхеидзе, председателя Петроград-

У Сталина — двойное алиби: во-первых, это сказал не он, а «кажется, тов. Алексинский», а во-вторых, сказал шутя. Применительно к Бунду еще удобней будет сослаться на еврейку Розу Люксембург, которая отпускала откровенно антисемитские остроты:

> Бунд, фактически всегда поддерживавший громадным большинством своих делегатов меньшевиков, формально вел в высшей степени двусмысленную политику, вызывавшую улыбку, с одной стороны, раздражение — с другой. Тов. Роза Люксембург художественно-метко охарактеризовала эту политику Бунда, сказав <...>, что это политика торгашей, вечно высматривающих и вечно ожидающих с надеждой: авось завтра сахар подешевеет.

Библейские и евангельские ассоциации были настолько прочно усвоены в ленинской среде, что на них строилось главное стихотворное произведение большевизма за 1918 год — напечатанная в «Правде» поэма официального партийного поэта Демьяна Бедного «Земля обетованная». В этой «библии наизнанку» меньшевики изображались в виде иудейских маловеров и робких идолопоклонников, противившихся Моисею (так же, как, согласно церковной традиции, они позднее противились евангельскому учению). Поэма повествует «о том, как Моисей с Аароном [т.е. Ленин и Троцкий] боролись с фараоном, как они по-большевистски дело ладили и как меньшевики им гадили»:

> Меньшевистская шпанка,
> Мразь рабочих верхов малодушная,
> Фараонопослушная,
> Вопила в смертельной тревоге,
> Что "движенье на ложной дороге",
> Что бунтует "стихия", "темные массы",
> Что надобно строить — "страховые кассы"...
> ....
> Моисея кляли трехэтажно:
> — Безответственный авантюрист!
> — Проходимец!
> — Прохвост!
> — Анархист!
> — Он погубит нас этим разбойным "Исходом"!
> ....
> "И идоша вси людие пити и ясти,
> И восташа играти", приносить без конца
> Жертвы в честь золотого тельца.

ского Совета, и Церетели, как члена правительства, блокировать все разоблачительные публикации (См.: *Церетели И. Г.* Воспоминания о Февральской революции: В 2 т. Paris, 1963. Т. 2. С. 332—334). Как видим, позже это не помешало Сталину в своих Сочинениях удержать за Алексинским титул «товарищ», которого он лишил почти всех «врагов народа». В отличие от него, Ленин относился к ренегату Алексинскому враждебно — и его неприязнь, естественно, нисколько не убавилась после нападок последнего; см. в ленинской заметке «Где власть и где революция?» (1917) и, еще ранее, в статье «О карикатуре на марксизм» (1916).

Малодушие и неверие помешали этому народу заблаговременно вступить в землю обетованную. Изложение завершается моралью:

> Вымер род малодушный...
>
> ....
>
> Намотайте себе это, братцы, на ус!
> Берегите Советскую власть — вашу Скинию,
> Большевистскую твердо ведите все линию...
>
> ....
>
> Если дрогнете вы, как евреи когда-то,
> Слабость духа в беде обнаруживши ту же,
> Ваш конец будет много похуже!

Естественно, что «библия наизнанку» отнюдь не свободна и от антисемитских юмористических клише. Ср. меньшевистские жалобы:

> С каждым днем моя Сарочка чахнет и чахнет.
> Я про мясо забыл, как оно даже пахнет.
> — Аарон Завулоныч, а как мы, бывало...
> — Выпивали? Ох, помню. Жалко, что мало.
> — Подадут тебе это лучок-чесночок...
> — Рюмка водки — подумайте вы — пятачок!
>
> ....
>
> — Провались он, с землею своей... обетованной[176]

То был период, когда бундовцев и меньшевиков объединяли в мононациональном образе «либерданов». Хотя большевистская юдофобия во всем своем великолепии прорвалась лишь на исходе сталинского правления, она глухо, подспудно, исподволь накапливалась в партии с первых же ее лет. Была какая-то воистину «прообразовательная» символика в том, что ленинская «Правда» набиралась в типографии «Земщины»[177]. В 1912 году, во время окончательного рас-

---

[176] *Бедный Демьян.* Земля обетованная. [Владивосток, 1920]. С. 5—6, 22, 26, 31—32. У еврейских социалистов тема марксистского Моисея временами принимала встречные национальные формы. Где то в 1919 г. Д. Айзман обратился к Луначарскому с письмом, навеянным, среди прочего, памятью о недавних богостроительских штудиях наркома. Айзман просил оказать ему помощь в создании и постановке трилогии «Моисей»: «Египет нашего времени — капитализм. Фараон наших дней — капитал. Из этого рабства человечество будет уведено. Кем? <...> Ветхий завет принес еврей. Новый завет дал еврей. И то, что теперь нужно человечеству, самый новейший завет, социализм, его тоже дал еврей, Карл Маркс <...> Творцы, вожди, герои, мученики, борцы социализма — вот "Моисей" нашего времени. Он спасет человечество. Он уведет его из пленения и приведет в землю ханаанскую. Ханаан не для небольшого народца только, Ханаан для всего человечества <...> В законодательстве Моисея рассыпаны первые зерна социализма и коммунизма <...> Между прочим, "Моисей" освещает огромную роль, которую играли евреи во всех революциях, и в нашей особенно». (Никакой поддержки автор, разумеется, не получил.) — Цит. по: *Левитина В.* ...И евреи — моя кровь (Еврейская драма — русская сцена). М., 1991. С. 303—304.

[177] Сто сорок бесед с Молотовым. Из дневника Ф. Чуева. С. 139.

пада РСДРП, дело чуть было не дошло до публичных обвинений в антисемитизме, как об этом вспоминал Молотов:

> Когда я работал в "Правде" в 1912 г., получили мы, помню, письмо Крестинского. Он писал в этом письме, что Ленин — антисемит. Что Ленин на антисемитских позициях стоял, так как он очень грубо ругал меньшевиков-ликвидаторов <...> Письмо не было опубликовано. Так что Ленину не пришлось отвечать. А меньшевики, — уточняет Молотов, — почти сплошь были одни евреи. И среди большевиков было много, среди руководителей. Вообще, евреи — самая оппозиционная нация. Но больше шли к меньшевикам[178].

В принципиальный антисемитизм Ленина верить, конечно, не приходится, но, с учетом его предельной неразборчивости в полемике, употребление им соответствующих приемов чрезмерного удивления не вызывает. Использовал же он весьма одиозное словечко «гешефт», «гешефтмахерство», прикрепляя его то к «либеральным буржуа» — этим «прирожденным торгашам» («Две тактики социал-демократии»), то к Гоцу и Мартову («Очередные задачи Советской власти»). Охотно признавал Ленин и агитационную эффективность расовых или шовинистических эмоций для нужд марксизма. В статье «Крах II Интернационала» (1915) он писал, что к тем или иным полезным войнам «марксисты могут з а р а н е е з в а т ь народы, как звал Маркс в 1848 г. и позже к войне с Россией, как *разжигал Энгельс в 1859 году национальную ненависть* немцев к их угнетателям»; «Мы, марксисты, всегда стояли и стоим за р е в о л ю ц и о н н у ю войну против к о н т р р е в о л ю ц и о н н ы х народов». Ср. также известную фразу в его выступлении на VIII съезде РКП в 1919-м: «Если мы воюем с Вильсоном, а Вильсон превращает маленькую нацию в свое орудие, мы говорим: мы боремся с этим орудием». Почему, собственно, таким «орудием» в определенных условиях не могли оказаться евреи? В этом контексте, и прежде всего в свете молотовского свидетельства, довольно правдоподобно выглядит предположение Радзинского о том, почему именно Сталину — никому еще не известному теоретику — Ленин поручил тогда же написать в Вене работу по национальному вопросу:

> Ленин пригласил "национала" Кобу выступить против "бундовской сволочи" — еврейских социалистов, требовавших национально-культурной автономии, так и не сумевших забыть свою еврейскую принадлежность. Хотел ли Ленин использовать для дела даже столь ненавидимый им антисемитизм Кобы?[179]

Что ж, положительный ответ вполне возможен. В том самом 1912 году, которым датируется эпизод с Крестинским, Ленин, выступая на Пражской конференции, заново атаковал Бунд, обвинив его

---

[178] Сто сорок бесед с Молотовым. Из дневника Ф. Чуева. С. 198—199.

[179] *Радзинский Э.* Сталин. С. 83.

в содействии ликвидаторам-меньшевикам. Через год, уже после трактата Сталина «Марксизм и национальный вопрос», Ленин в «Критических заметках по национальному вопросу» опять свирепо бранит Бунд («националистическое мещанство») за пресловутый сепаратизм, а того, кто «ставит лозунг еврейской национальной культуры», называет «врагом пролетариата, сторонником с т а р о г о и к а с т о в о г о в еврействе, пособником раввинов и буржуа». Следует ортодоксальный призыв к «слиянию наций», т.е. к самоуничтожению еврейства.

В своей работе «Марксизм и национальный вопрос» (начало 1913 г.), написанной под непосредственным ленинским руководством и посвященной преимущественно борьбе с еврейским сепаратизмом, Сталин, в духе давней искровской статьи Ленина, вину за антисемитизм польских рабочих возложил на самих евреев; с возмущением цитирует он высказывание одного из них:

> Мы рассматриваем польских рабочих, *вытесняющих нас*, как погромщиков, как желтых, не поддерживаем их стачек, срываем их. Во-вторых, *отвечаем* на вытеснение вытеснением: *в ответ на недопущение еврейских рабочих на фабрики* мы не допускаем польских рабочих к ручным станкам.

Невозмутимо игнорируя именно *ответный* характер этих действий, Сталин патетически восклицает:

> Так говорят о солидарности на бундовской конференции. Бунд достиг цели: он межует рабочих разных национальностей до драки, до штрейкбрехерства.

Что говорят насчет солидарности с евреями польские социал-демократы, Сталин, понятно, предпочитает не сообщать. Как и Ленина, его раздражает сама претензия еврейства на статус нации, причем в его отповеди проглядывает двусмысленность и идеологическая сбивчивость, вообще очень характерная для коммунистов, как только речь заходит об этой теме. С одной стороны, автор, с оглядкой на О. Бауэра, говорит, что «еврейская нация перестает существовать» (заодно Сталин как-то глухо и противоречиво ссылается на статью Маркса «К еврейскому вопросу», словно заново пытаясь ввести ее в большевистский обиход); с другой — он ставит под сильнейшее сомнение и нынешнее существование еврейского народа на том основании, что у евреев нет общего языка — разве что «жаргон», т.е. идиш (в нелюбви к которому большевики до поры до времени курьезно сходились с сионизмом, хотя опирались на совершенно иные предпосылки), а кроме того, нет общей территории. Оба эти аргумента («признаки нации»), особенно второй, несмотря на свою марксистскую аранжировку, явственно восходят к святоотеческой и вообще религиозной юдофобии: самым наглядным доказательством крушения иудаизма издревле считалась утрата евреями святого языка и их рассеяние по всему миру. Как не без удовольствия отмечает Иоанн Златоуст, после распятия Христа «евреи так унижены, что и лишились всего государства, и странствуют скитальцами, изгнанниками и беглецами» («Против иудеев»)[180]. Мотив рассеяния Сталин исподволь соединяет с их беспочвенностью, обусловленной тем, что «у евреев нет связанного с землей широкого устойчивого слоя, естественно скрепляющего нацию».

Религиозная подоплека того противодействия, которое встречали у теоретиков РСДРП претензии Бунда на национальную обособленность, — это память жанра, а именно, христианско-миссионерского жанра в его русификаторском обличье. Медем резонно подчеркивал, что искровская установка на ассимиляцию идеально совпадала с политикой российского Министерства внутренних дел в том же вопросе[181]. Но в большевистском подходе, как и в этой имперской позиции, просвечивают адаптированные церковью юдофобские тирады апостола Павла, который обличал евреев в ветхозаветной замкнутости, тогда как для христиан уже «нет различия между иудеем и эллином» (Рим. 10:12).

Если в 1890-е годы еврейские рабочие торжественно отрекались от субботы и национально-религиозных праздников, то теперь и тут все изменилось. Нападки Сталина на эту реставрацию дышат уроками Закона Божия и горечью семинариста:

> Дело дошло до того, что "празднование субботы" и "признание жаргона" объявил он [Бунд] боевым пунктом своей избирательной кампании.

С нескрываемой обидой он затем возвращается к этой болезненной теме, делая ее чуть ли не рефреном всего трактата:

> Социал-демократия добивается установления одного обязательного дня отдыха в неделю, но Бунд не удовлетворяется этим, он требует, чтобы "в *законодательном* порядке" было "обеспечено еврейскому пролетариату право *праздновать субботу* при устранении принуждения праздновать другой день". Надо думать, что Бунд сделает "шаг вперед" и потребует права празднования всех *старо-еврейских* праздников, а если, к несчастью Бунда, еврейские рабочие отрешились от *предрассудков* и не желают праздновать, то Бунд своей агитацией за "право субботы" будет им *напоминать о субботе,* культивировать в них, так сказать, "*дух субботний*"...

Вывод:

> Сохранить все еврейское, консервировать все национальные особенности евреев, вплоть до заведомо вредных для пролетариата, <...> вот до чего опустился Бунд!

Тот обязательный день отдыха, которого, по Сталину, добивается мировая социал-демократия, — это христианское воскресенье (впоследствии он действительно сделает его выходным в СССР). Зато в обращении к субботе и «старо-еврейским праздникам» он усматри-

---

[180] Творения святого отца нашего Иоанна Златоуста, Архиепископа Константинопольского, в русском переводе. 2-е изд. СПб., 1898. Т. 1, кн. 2. С. 644.
[181] Соблазн социализма. С. 205.

вает мрачный регресс, подчеркнутый иронией насчет «шага вперед», — отступление к ветхозаветным «предрассудкам» и обособленности, противостоящей русско-большевистскому экуменизму. «Законодательный» здесь пробуждает ассоциации с иудейским «законом» — антитезой евангельской благодати, тогда как «старо-еврейский» — такой же точно эвфемизм «ветхозаветного», как и ленинское определение: «старое и кастовое в еврействе», потребное лишь «раввинам и буржуа».

Сталин, несомненно, должен был помнить речение пророка Амоса об иудейских праздниках: «Возненавидел и отверг праздники ваши» (5:21), — по поводу которого Иоанн Златоуст говорит в своей книге «Против иудеев»: «Бог ненавидит, а ты принимаешь в них участие? Не сказано <что ненавидит> такой-то и такой-то праздник, но вообще все»[182]. Другой церковный авторитет, преподобный Иоанн Дамаскин, так разъясняет, со ссылкой на Павла (Гал. 4:3), отмену субботы во имя воскресенья: «Было придумано соблюдение Субботы для тех, которые были "млади", и для "порабощенных под стихиями мира", для плотяных и не могущих ничего понять выше тела и буквы <...> Мы более не рабы, но сыновья, более не "под законом, но под благодатию" <...> Буква была отвергнута, телесное прекратилось, и закон рабства окончился, и закон свободы нам дарован»[183].

Вероятно, юдофобские и созвучные им политические импульсы Сталин воспринял еще в школьные годы. Как подчеркивают Р. Такер и М. Агурский, русское духовенство в Грузии, включая самого экзарха, а также руководителей и преподавателей Тифлисской семинарии, было проникнуто агрессивно-русификаторскими настроениями (некоторые из этих иереев стали позднее видными черносотенцами)[184]. Но разве сходные тенденции не были присущи многим большевикам типа Алексинского или Молотова? Тем не менее конвергенция соответствующих взглядов с большевистским централизмом долго носила латентный, пульсирующий характер, поскольку она резко контрастировала с официально-космополитической доктриной русского коммунизма, вобравшей в себя вдобавок те элементы русофобии и германофильства, которые так ошеломляюще проступили в 1917 году. Сталин был одним из тех, кто в силу и своих биографических факторов, и ментальных предпочтений еще на инициальной стадии большевизма способствовал выявлению консервативно-патриотического потенциала, накапливавшегося в этом движении наряду с интернационализмом.

---

[182] Творения... Иоанна Златоуста... С. 657.

[183] *Св. Иоанн Дамаскин.* Точное изложение православной веры. СПб., 1894. С. 330—331.

[184] *Такер Р.* Сталин: Путь к власти. С. 82; *Agursky M.* Stalin's ecclesiastical background // Survey, 1984. № 28. P. 2 ff.

СОБЕСÓВСКИЙ ДУХ: ЕВАНГЕЛИЕ ОТ ИОСИФА

На тогдашнем публицистическом фоне православный вклад Сталина выглядит значительно менее впечатляющим, если учесть, с какой плавностью его пресловутый семинаристский жаргон (то, что Троцкий язвительно называл «тифлисской гомилетикой») с самого начала вписывался в партийный и общереволюционный дискурс. Как и у прочих большевиков, сближение марксизма с новозаветной риторикой несомненно поддерживалось у него ощущением интимного родства обеих мировоззренческих систем. Уже после революции, следуя общему поветрию, Сталин заявил:

> Если раньше христианство считалось среди угнетенных и затравленных рабов Римской империи якорем спасения, то теперь дело идет к тому, что социализм начинает служить (и уже служит!) для многомиллионных масс знаменем освобождения.

В то же время именно Сталин, с его конфессиональной выучкой, должен был наиболее живо ощутить преемственность диалектического и исторического материализма от теологических структур. «Безначальная и бесконечная» материя как абсолют или основа мира слишком уж явственно напоминала канонические определения Божества[185], а сознание, порождаемое ею, напрашивалось на самоочевидную аналогию с воплощением Сына — Слова. В обличении «товарного фетишизма» или, скажем, «фетишизма» меньшевистского он еще легче, чем его единомышленники, мог опознать христианскую борьбу с идолопоклонством и ветхозаветным ритуализмом, в триаде — приметы Троицы, в гегелевской диалектике — наследие апостола Павла, а в законе «отрицания отрицания» — церковное «смертью смерть поправ»[186]. И в самом деле, эта литургическая фор-

---

[185] Ср. споры Богданова с марксистскими ортодоксами: «Когда я предлагал им определить, что такое "материя" в их гносеологии, они считали самый вопрос прямым доказательством моего идеализма <...> "Материя есть материя, она первоначальный факт, исходный пункт внешнего и внутреннего опыта... Естественно, что ее нельзя определить другой причиной, лежащей вне ее самой, — а отсюда следует, что материя познается посредством ее действия на нас" (Ортодокс, "Философские очерки"). А тов. Деборин сравнивал в одной рецензии мой вопрос с тем, как если бы я "требовал от теолога объяснения причины его бога"» (Указ. соч. Кн. 1. С. 113). Ср., с другой стороны, в горьковской «Исповеди» (1908) размышления богоискателя о беседах с марксистом: «Бога не понимал я у него; но это меня не беспокоило: главной силой мира он называл некое вещество, а я мысленно ставил на место вещества бога — и все шло хорошо» (*Горький М.* Собр. соч.: В 30 т. М., 1950. Т. 8. С. 350). Касаясь ленинской космологии, отталкивающейся от Энгельса, Безансон говорит о «монотеизме материи» (*Безансон А.* Интеллектуальные истоки ленинизма. С. 206).

[186] То же относится и к гегелевскому «переходу количества в качество». У Игнатия Брянчанинова Сталин мог бы прочесть: «Тогда похвально количество, когда оно приводит к качеству» (*Епископ Игнатий Брянчанинов.* Соч. 3-е изд. СПб., 1905. Т. 2. С. 163).

мула становится одним из трафаретов сталинского оксюморонно-омонимического стиля; ср. хотя бы:

> Раздуть пламя классовой борьбы, чтобы этим навсегда уничтожить всякую классовость.

> Нужно ликвидировать это ликвидаторское настроение.

Соответствующим мировоззренческим принципом в конечном итоге обусловлены вообще все его сногсшибательные антиномии, оксюмороны и диалектические инверсии, наподобие того, что отмирание государства придет через максимальное усиление государственной власти или что железная дисциплина означает наибольшую свободу в партии. Охотно пользуется он этим приемом и прибегая, допустим, к антивоенной демагогии («Чтобы уничтожить войну, нужно уничтожить империализм»), да так, что расхожий лозунг «война войне» принимает у него очертания свирепого побоища:

> Армия хочет мира, и она завоюет мир, сметая по пути к миру все и всякие препятствия.

Без сомнения, вовсе не Энгельс и даже не Ленин, а Павел служит для Сталина верховным авторитетом в деле стилистического оформления подобных дихотомий. Как известно, употребительный прием Павла — экспансивное нагнетание негативных утверждений, которое, в свою очередь, внезапно сменяется их контрастным отрицанием:

> Что же скажем? Неужели от закона грех? *Никак*, но я не иначе узнал грех, как посредством закона.

> Итак, неужели доброе сделалось смертоносным? *Никак*.

> Что же скажем? неужели неправда у Бога? *Никак* (Рим. 7:7, 13; 9:14).

По аналогичному методу действует Сталин:

> Я вовсе не хочу сказать, что партия наша тождественна с государством. *Нисколько*.

> Этим я вовсе не хочу сказать, что студенты не должны заниматься политикой. *Нисколько*.

> Не значит ли это, что мы тем самым беремся разжигать классовую борьбу? *Нет, не значит*.

Вместе с тем сталинские антиномии, взятые в их историософском аспекте, обнаруживают прямое родство с отечественными схемами чудесного и радикального преображения, обновления страны, облюбованными дуалистической (средневековой) традицией. Эта зависимость очевидна и в самой композиции выводов. Иногда Сталин ритмически развертывает свои антитезы на манер митрополита Илариона («И что успе закон? что ли благодать? Прежде закон, потом благодати; прежде стень ти, потом истина») или Кирилла Туровского, радостно живописавшего, как языческую зиму сменила весна Христова:

> У нас не было черной металлургии, основы индустриализации страны. У нас она есть теперь.
>
> У нас не было тракторной промышленности. У нас она есть теперь.
>
> У нас не было автомобильной промышленности. У нас она есть теперь, и т.д.

Все вместе по-евангельски означает, что последние будут первыми:

> В смысле производства электрической энергии мы стояли на самом последнем месте. Теперь мы выдвинулись на одно из первых мест.
>
> В смысле производства нефтяных продуктов и угля мы стояли на последнем месте. Теперь мы выдвинулись на одно из первых мест. <...>
>
> Все это привело к тому, что из страны слабой и не подготовленной к обороне Советский Союз превратился в страну могучую в смысле обороноспособности» («*Итоги первой пятилетки*»).

В дуалистической системе старой русской культуры (по крайней мере, «до конца XVIII века»), пишут Лотман и Успенский, имея в виду, в частности, петровские реформы, «новое мыслилось не как продолжение, а как эсхатологическая смена всего <...> Изменение протекало как радикальное отталкивание от предыдущего этапа»[187]. Но, конечно, такое же апокалиптическое «переворачивание» было свойственно всей леворадикальной, особенно большевистской, историософии:

> Весь мир насилья мы разрушим
> До основанья, а затем
> Мы наш, мы новый мир построим:
> Кто был ничем, тот станет всем!

Нина Тумаркин продемонстрировала, что очень рано, практически сразу после Октябрьского переворота, для укрепления своего престижа власть начала обзаводиться чертами настоящей церковности, зачастую непосредственно заимствованными из православного наследия[188]. Дальнейшие события резко стимулировали эту новоцерковную ориентацию, внося в нее актуальные дополнения и сдвиги. В такой перспективе семинаристское прошлое, бесспорно, могло только пригодиться Сталину. То, что, с точки зрения партийных снобов, казалось биографическим изъяном, в новой обстановке постепенно становилось весомым преимуществом.

Это касается и стилистики. Если писания Сталина — еще в большей мере, чем у других марксистов, — изобиловали богословской фразеологией, то прежде всего это объяснялось роковой огра-

---

[187] *Успенский Б. А.* Указ. соч. Т. 1. С. 340—341.

[188] *Tumarkin N.* Lenin lives! The Lenin Cult in Soviet Russia. Cambridge, Mass. Harvard Univ. Press. P. 65 ff.

ниченностью его заемного русского лексикона, изначально строившегося на терминологическом фундаменте духовной школы. Однако эта школа одновременно дисциплинировала и упорядочивала его религиозно-политическую риторику, обводя ее теми рамками, где она находила созвучный эмоциональный отклик у конфессионально предрасположенного к ней читателя — пусть атеиста, но выросшего на православной традиции. В сталинской публицистике не было тревожного религиозного поиска, беспокойного сектантского духа, свойственного некоторым партийным декадентам. Проигрывая в бутафорском блеске Троцкому и прочим любителям интеллектуальной бижутерии, Сталин выигрывал зато в чисто теологической ясности, связности и мнимой логичности своих доводов, стимулировавших в русской партийной массе подсознательные ассоциации с памятной ей литургикой и уроками Закона Божия. В 1920-е годы это обстоятельство, как и общая положительность, рассудительность и «духовная трезвость» его тогдашнего облика, сыграло немалую роль в победе генсека над экзальтированным евреем Троцким. С другой стороны, партийно-семинаристский жаргон Сталина и сам тяготел к догматическому затвердению в контурах новой религии, которую он назвал «ленинизмом» и которую замесил на консервативных ценностях, чуждых и враждебных его официальному кумиру.

Есть все же нечто символическое в том, что победу над Троцким, Зиновьевым и Каменевым одержало слаженное православное трио. «Мы все трое были певчими в церкви, — вспоминает Молотов. — И Сталин, и Ворошилов, и я. В разных местах, конечно». Зато потом, уже в политбюро, «все мы трое пели: "Да исправится молитва Твоя... " — и так далее. Очень хорошая музыка — пение церковное»[189].

Психологически бывшему семинаристу и впрямь было несравненно легче, чем любому другому партийцу, особенно из «ленинской гвардии», реабилитировать церковь в период советско-германской войны. Разумеется, у Сталина, как и у прочих большевиков, встречалось до того немало агрессивных атеистических выпадов, и организационным следствием этого настроя явилась так называемая антирелигиозная пятилетка 1932—1936 годов. Однако в его сочинениях нельзя отыскать ни одной собственно антирелигиозной статьи или речи — при том, что они действительно перенасыщены клерикальной лексикой (включая совершенно избыточное для коммуниста упоминание слова «Бог», пусть даже в ироническом контексте). В 1909 году он призывает сознательных рабочих почаще выступать с рефератами: «Раза два споткнешься, а там и привыкнешь самостоятельно шагать, как "Христос по воде"». Ср. также в одной из его заметок 1917 года: «А сами вы разве не кричали: распни, распни большевика?» Вообще у него ощутимо многолетнее тяготение к библей-

---

[189] Сто сорок бесед с Молотовым. С. 133.

ским и евангельским цитатам: «окружили мя тельцы мнози тучны»; вопиют даже «камни бессловесные»; «делайте, что хотите делать» (ср. слова Христа, обращенные к Иуде: «Что делаешь, делай скорее»); «дурные пастыри»; «отделить овец от козлищ»; «мерзость запустения»; «не ведающие, что творят»; «глас вопиющего в пустыне»; «всякое даяние благо»; «нужно, чтобы дух интернационализма витал всегда над комсомолом» (как дух Божий — над водами); «собака вернулась к своей блевотине»; «плоть от плоти и кровь от крови нашего народа»; «неизвестен ни день, ни час, когда грядет жених»; «нужно изменить государственный и социальный строй Японии по образу и подобию коренных интересов японского народа»; «великая партия рабочего класса, родившая и воспитавшая меня по образу своему и подобию» (тут Сталин сделал все возможное, чтобы стать сиротой); «ищите да обрящете» (новые парткадры).

Христианское богословие спроецировано у него непосредственно на партийную религию: «Большевизм и ленинизм — едино суть», — так сжимается Троица: «Отец, Слово и Святый Дух; и сии три суть едино» (I Ин. 5:7). Но теологические речения у Сталина тоже амбивалентны, и догмат о единосущии он саркастически направляет против Каменева, обвиняя того помимо общего «грехопадения» в «фарисействе» и двуличии: *Два лица в одном естестве*.

Среди его бесчисленных нападок на политических противников содержится немало бранных или уничижительных эпитетов, генетически связанных с миссионерской и полемической христианской традицией, обостренной кавказскими межрелигиозными распрями. В 1907 году он высмеивает тех меньшевиков, «которые меньшевизм считают "кораном", себя — правоверными, а большевиков — гяурами». Спустя много лет, выступая с завуалированной критикой Ленина-юбиляра, он иронически обмолвился: «Но *Ильич велик*», намекнув на знаменитый зачин мусульманской молитвы «Аллах велик». Еще более настойчиво Сталин апеллирует к языческим коннотациям: забюрократившихся «товарищей» он обзывает «жрецами», по-ленински упрекает в «фетишизме» оппозицию и Троцкого, приписывая последнему вдобавок «оракульские изречения». Но мы далее убедимся, что, как и показ Бунда, образ Троцкого и оппозиционеров у генсека насыщен антииудаистическими коннотациями.

Высокий церковный слог он внедряет даже в дежурную политинформацию — так, в 1918 году Сталин пишет, что большевистский манифест «прозвучит благодатным звоном на радость и утешение сынам Украины» (правда, отмечает Н. Тумаркин по иному поводу, религиозные клише были общей модой времен гражданской войны). В 1921-м он потребовал «изгнания *собесовского духа* из предприятий и учреждений» — в такой оригинальной форме представил он евангельское изгнание нечистого духа, отождествившегося у него с филантропией.

Порой Сталин стилизует себя под библейские фигуры. Напомню его устный юношеский псевдоним — Давид[190], отсылающий к патрониму; в евангельском рассказе о Рождестве говорится: «Иосиф, сын Давидов» (Мф. 1:20). Как обычно, тут срабатывают его излюбленные ассоциации по смежности, сообразно которым позднее, явно памятуя о Библии, Иосиф Джугашвили назвал своего первенца Яковом — так звался отец ветхозаветного Иосифа. По всей видимости, в те частые периоды, когда он занимался вымогательством хлеба у крестьян — сперва в Царицыне, затем во время кампании на так называемом хлебном фронте (непосредственно — в Сибири) и, наконец, в годы коллективизации, — Сталин идентифицировал себя с тем же Иосифом, правителем Египта, своим тезкой и предшественником, хлебозаготовки которого увенчались следующими достижениями:

> И сказали ему: не скроем от господина нашего, что серебро истощилось и стада скота нашего у господина нашего; ничего не осталось у нас пред господином нашим, кроме тел наших и запасов наших. Для чего нам погибать в глазах твоих, нам и землям нашим? Купи нас и земли наши за хлеб; и мы с землями нашими будем рабами фараону, а ты дай нам семян, чтобы нам быть живыми и не умереть, и чтобы не опустела земля. И купил Иосиф всю землю египетскую для фараона, потому что продали египтяне каждый свое поле; ибо голод одолевал их. И досталась земля фараону. И народ сделал он рабами от одного конца Египта до другого (Быт. 47:18—21).

Сталин не мог не заметить полной тождественности результатов[191] — с тем, правда, различием, что египетский Иосиф добился успеха с помощью предсказанного им голода, тогда как Иосиф советский сам же его организовал; в обоих случаях раскулачиванию предшествовали — «семь лет тучных» в Египте, «ряд урожайных годов» (по определению генсека) в СССР. Еще в декабре 1925 года на XIV съезде он, как бы мимоходом, обмолвился пророческой фразой:

---

[190] См., например: *Похлебкин В. В.* Великий псевдоним (Как случилось, что И. В-. Джугашвили избрал себе псевдоним «Сталин»?). М., 1996. С. 46. (В целом это одна из самых несуразных книг в библиотеке сентиментального неосталинизма.)

[191] Израильская оккультистка Дора Ливор, занимающаяся «нумерологией на основе Каббалы», усматривает в самом совпадении имен знаки мистического сходства — и прямой антитезы: «И Иосиф Прекрасный, и Иосиф Сталин в ранней молодости попадают в тюрьму и знакомятся там с людьми, которые впоследствии приведут их к власти, и тот и другой Иосиф <...> становятся правителями супердержав своего времени, причем оба они являются для этих держав "иностранцами". И тот и другой начинают строить огромные зернохранилища в городах и... проводят коллективизацию сельского хозяйства, превращая крестьян в государственных рабов. <...> Имя-архетип сработало, определив многие моменты личной биографии Сталина. Но сама его личность — это, в сущности, повторение личности Иосифа с приставкой "анти"». (Дальнейшее изложение носит менее занимательный характер.) — Цит. по ее интервью П. Леонидову: Иосиф и Анти-Иосиф // Имя твое. Сб. 1. Иерусалим, 1993. С. 68—69.

«Можно было бы, не глядя ни на что, двинуть вперед экспорт вовсю, не обращая внимания на состояние внутреннего рынка, но это обязательно вызвало бы большие осложнения <...> в смысле некоторого *искусственно организованного голода*». Задолго до того, в 1920-м, Сталин призывал режим создать государственный хлебный фонд «для революции на Западе». Мировая революция — лишь предлог для этой хлебозаготовительной мании, соединившей в себе ленинский государственно-помещичий идеал «хлебной монополии» с ветхозаветным сюжетом, — предлог, на котором Сталин даже не очень настаивает. Вскоре он говорит, что «наличие известного минимума хлебных запасов в руках государства является пружиной всех пружин возрождения промышленности и сохранения Советского государства». Из года в год он упорно возвращается к этому требованию, нагнетая его до некоторой даже поэтической образности: «Мы не можем жить, как цыгане, без хлебных запасов». Неожиданные «цыгане» отсылают именно к библейскому тексту: ведь они традиционно отождествлялись с египтянами. И ниже: «Разве не ясно, что великое государство, занимающее шестую часть суши, не может обойтись без хлебных резервов для внутренних и внешних надобностей? <...> Нам безусловно необходим известный резерв для интервенции в дело хлебного рынка, для проведения нашей политики цен» (июльский пленум 1928 г.). Наконец, уже во время коллективизации, генсек разъясняет, что «хлеб нельзя рассматривать как простой товар <...> Хлеб есть валюта валют». (Одновременно проводится и мощнейшая кампания по конфискации обычной валюты, а равно «драгметаллов» у всего населения страны, по масштабам ничуть не уступавшая вымогательствам Иосифа, посредством которых все серебро египтян перешло в казну фараона.)

Пресловутые «десять сталинских ударов» — это, как в устном сообщении отметил Зеев Бар-Селла, реплика на ветхозаветные десять казней египетских (в ивритском оригинале именно «удары» — «макот Мицраим»). Библейские сюжеты он иногда сжимает до размеров метафоры: «Нам приходилось строить под огнем. Представьте себе каменщика, который, строя одной рукой, другой защищает тот дом, который он строит». Так в книге Нехемии описано возведение иерусалимского Храма: «Строившие стену <...> одною рукою производили работу, а другою держали копье» (4:17).

На склоне лет в его поведении сказывались и православные социокультурные привязки, слегка подогретые старческой ностальгией по юным годам, проведенным в духовном училище и семинарии, памятью о набожной матери и о верующей жене (первой, Екатерине Сванидзе[192]), — отсюда такие приметы религиозного умонастро-

---

[192] Троцкий, почерпнувший сведения о ней в известных мемуарах Иремашвили, был шокирован этим клерикальным браком. См.: *Троцкий Л.* Сталин. Т. 1. С. 127—129.

ения, как лампочка над портретом Ильича, народно-грузинские литургические поминки (хлеб и вино) по сыну Якову[193], совет посещать церкви, который он дал Громыко, и т.п. Неизмеримо важнее оказались, как всегда, «соображения политической целесообразности» (Е. Громов), вступившие в союз с биографическими обстоятельствами и предпочтениями. Сначала он усердно истреблял священников, закрывал или разрушал храмы, а потом, во время войны, повинуясь политической прагматике, выпустил уцелевших и раздал им приходы. В 1920 и 1921 годах, в разгар уничтожения церквей, Сталин по столь же практическим резонам защищал от гонений ислам — но никак не православие (см. его заметку «Политика советской власти по национальному вопросу России» и речь на съезде народов Дагестана, а также соответствующий фрагмент в докладе на X партсъезде). В 1924 году он ради «смычки с крестьянством» все же предложил несколько умерить атеистическую пропаганду в русских селах (речь «Об очередных задачах партии в деревне»), и приведенные им тогда аргументы во многом объясняют его будущий одобрительный или снисходительный подход к религии[194]:

> *Мужик смотрит на бога по-хозяйски*, т.е. мужик иногда не прочь бы отвернуться от бога, но его часто раздирают сомнения: "а кто его знает, может, бог и в самом деле существует; не лучше ли будет ублаготворить и коммуниста, и бога, чтобы надежнее было для хозяйства".

При всей своей склонности к библейским текстам и церковной традиции, он зато полностью игнорировал именно этическое содержание христианства, фундаментальное различение между «добром и злом»: «Вопрос о борьбе с правыми и "ультралевыми" надо рассматривать не под углом зрения справедливости, а под углом зрения политической потребности партии в каждый данный момент» («О борьбе с правыми и "ультралевыми" уклонами», 1926). Он бы высказался еще откровеннее, если бы заменил в этой формуле потребности партии собственными. Искаженная библейская реминисценция, включенная в одну из его статей 1917 года, содержит соответствующее уточнение: «Интеллигенция, вкусившая уже от древа познания *власти*». Это и была настоящая религия Сталина, сообразно которой и следует понимать его семинаристские сентенции, наподобие фразы о «братьях и сестрах», с которой мы уже имели дело в 1-й главе. Не следует только забывать, что эту свою власть он стремился так или иначе согласовать с меняющейся, но в целом все же доминантной для него доктринальной метафизикой, выполнявшей функцию его официального божества.

---

[193] См.: *Бернштейн А.* В роли Сталина // Огонек — 1988: Лучшие публикации года. М., 1989. С. 149.

[194] Об антицерковной позиции Сталина см.: *Громов Е.* Указ. соч. С. 43—44; о некотором ее смягчении с середины 1930-х гг. — *Такер Р.* Сталин у власти. С. 295—296.

БЕСОШВИЛИ

Не менее существенно, что наряду с деформированным православием Сталину был присущ дух чародейства, ритуала и суеверий, наложивший отпечаток на всю идеологическую и полицейскую специфику его режима, — ср., в частности, приравнивание к террористическим актам таких действий, как прокалывание глаз на газетных фотоснимках Сталина или даже рассечение его имени посредством переноса на следующую строку и т.п. Однажды, в беседе с Эмилем Людвигом, он высмеял понятие судьбы, «шикзаля», — но сам очень внимательно прислушивался к предсказаниям знаменитого мага Вольфа Мессинга. Сомнительно, чтобы в магической и демонической ауре, созданной его правлением, Сталин оставался полностью безучастным и к той фольклорной демонологии, для которой он сам, во всем наборе своих психологических свойств и собственно физических особенностей, связанных с асимметрией (сросшиеся пальцы на ноге, малоподвижная левая рука, оспины на лице), выглядел сатаной, «рябым чертом». Однажды, в пургу, сибирские рыбаки с ужасом приняли его за водяного[195]. Но по большей части легенды о нем четко связываются с преданиями об Антихристе или о так называемом Великом Грешнике[196] — персонажах, рожденных блудницей и сожительствующих с собственной дочерью. Ср. аналогичные слухи о женитьбе Сталина, пересказанные Л. Васильевой со ссылкой на «одну старую большевичку, бывшую слушательницу Института красной профессуры»: «Однажды, это было примерно за неделю до Седьмого ноября, Аллилуева сказала своей подруге, что скоро с ней случится что-то страшное. Она проклята от рождения, потому что она — дочь Сталина и его жена одновременно. Этого не должно быть в человечестве. Это кровосмешение. Сталин якобы сам ей это сказал в момент ссоры. Бросил в лицо: мол, то ли от меня, то ли от Курнатовского. А когда она остолбенела, пытался поправить положение: пошутил, мол. Она прижала к стенке свою мать, которая в молодости хорошо погуляла, и та призналась, что действительно была близка со Сталиным и со своим мужем в одно время, вроде бы то ли в декабре 1900-го, то ли в январе 1901-го, и, если честно, не знает, от кого из них родилась Надя, хотя, конечно, она на законного отца похожа, значит, от него. Аллилуевой все же стало казаться, что она — дочь Сталина, а значит, сестра своих дочери и сына. В общем, какой-то бред. Дьявольская история. В последние дни своей жизни она считала, что таким, как она, не место на земле»[197].

---

[195] *Семанов И., Кардашов В.* Иосиф Сталин: Жизнь и наследие. С. 79.

[196] См. комментарий В. М. Жирмунского в кн.: Легенда о Докторе Фаусте. М., 1978. С. 260 и след.

[197] *Васильева Л.* Кремлевские жены: Факты, воспоминания, документы, слухи, легенды и взгляд автора. М.; Минск, 1993. С. 209—210.

Несущественно, была ли эта инцестуальная история подлинной или мифической, — само ее существование столь же показательно, как и версия насчет убийства им Надежды Аллилуевой или неистребимый слух о провокаторском прошлом вождя. Да и благонамеренно сталинистские предания о том, будто он был сыном не то грузинского князя, не то Пржевальского (хотя последний в качестве гомосексуалиста совсем уж мало подходит для этого патриотического адюльтера), вопреки воле самих сказителей делают мать Сталина блудницей[198], что опять-таки идеально вписывается в биографию Антихриста или Великого Грешника.

Порой кажется, будто Сталин намеренно сближал себя с Петром Великим (как, конечно, и с Иваном Грозным) не только в политическом, но и в демонологическом плане, и если в числе главных «антихристовых» деяний царя было сыноубийство, то субститутом последнего выглядит сталинское отречение от сына Якова. Светлана Аллилуева подметила типологическое сходство между петровскими попойками и поведенческой стилистикой сталинских застолий, хотя допустима и прямая ориентация на исторические прецеденты[199]. (И для Петра, и для Сталина спаивание сподвижников было прежде всего формой разведки[200].)

С другой стороны, подобное подстраивание собственного образа под сатанинский типаж обретало поощрительные импульсы в ортодоксально-экстремистском «безбожии» марксизма, получая тем самым парадоксальный статус некоего большевистского благочестия. Показательна демонологическая семантика самого первого печатного псевдонима, выбранного этим семинаристом, — *Бесошвили*: сквозь прямое значение грузинского имени — сын Бесо, Бэсариона (Виссариона) — зловеще просвечивает, конечно, совершенно иная самоидентификация. Кстати, черта он поминает весьма часто, охотно ассоциируя его с собственной особой. Как-то он сказал озадаченному Черчиллю: «Не мое дело прощать — пусть вас Бог простит»; в другой раз, когда тот выразил надежду на то, что Бог на его, Черчилля, стороне, Сталин ехидно отозвался: «Ну, тогда наша победа обеспечена: ведь дьявол, разумеется, на моей»[201]. Он может постоянно

---

[198] Подробнее об этом см.: *Радзинский Э.* Указ. соч. С. 97—98.

[199] *Аллилуева С.* Только один год. NY and Evanston, 1969. С. 334. Ср. также ее аналогию между сталинскими просьбами об отставке и мнимыми отречениями Ивана Грозного (с. 340). Джилас, посетив сталинскую дачу, вспомнил, что «русский царь Петр Великий устраивал со своими помощниками похожие пирушки, на которых ели и пили до потери сознания и решали судьбу России и русского народа» (*Джилас М.* Указ. соч. С. 108).

[200] Ср.: Сто сорок бесед с Молотовым. С. 255. О совершенно аналогичном поведении Петра Первого ср. свидетельство датского посла Юста Юля (дневниковая запись от 1 декабря 1709 г.).

[201] См.: *Бережков В.* Как я стал переводчиком Сталина. М., 1993. С. 316, 332.

поминать Бога в связи с ленинизмом, партией и прочими сакральными понятиями («независимость от ленинизма — нет, товарищи,
упаси бог!»), а оппортунистических интеллигентов «гнать ко всем
чертям»; но с тем же успехом готов послать врагов социалистической
революции «ко всем архангелам», а Бога соотнести с капитализмом:
«Псалмопевец говорит, что устами младенцев бог иногда говорит
правду. Если считать западный империализм богом, то естественно,
что он не может обойтись без своего младенца» (в данном случае,
Бенеша). Типичен, кстати, для него этот налет двусмыслицы и сек-
сотской подозрительности, сказавшейся в конструкции фразы: не то
Бог только «*иногда* говорит правду», не то Он иногда передоверяет ее
младенцам. Конечно, было бы весьма благонравно прямиком зачис-
лить Сталина в дьяволы, но дело в том, что вся эта бесовщина взывает к старой революционной хтонике и богоборческому язычеству,
которые изначально были такой же константой большевизма, как и
его подспудно христианская символика.

II. КУМИРЫ И КУЛЬТЫ РУССКОЙ РЕВОЛЮЦИИ

ВАМПИРЫ САМОДЕРЖАВИЯ И КАПИТАЛИЗМА

Вместе со всем большевизмом сталинизм унаследовал леворадикальную мифоэпическую традицию, претворявшую классовую борьбу или революционный процесс в манихейскую войну тьмы и света. Давно замечено, что, несмотря на свое декларативное безбожие, социалистический бунт на деле носит вовсе не атеистический, а агрессивно богоборческий характер[202]. Земные власти в этой мифопоэтической системе соотнесены с церковным богом — «богом богатых», который изобличается в жестокости и вражде к беднякам. Как правило, это официальное божество, а вместе с ним и весь правящий общественный строй тесно ассоциируются с жестоким ветхозаветным Отцом[203], родина — с изнуренной Матерью, а революционер, жертвующий со-

---

[202] См., например, такой типичный текст, как «Язычница» Е. Нечаева. — У истоков пролетарской поэзии. М.; Л., 1965. С. 74—75.

[203] Ср. в програмной статье П. Ткачева (1875) обещание после революции заменить «принцип буржуазной справедливости: око за око, зуб за зуб, услуга за услугу, — принципом братской любви и солидарности» (Цит по: Утопический социализм в России. М., 1985. С. 384). Однако ветхозаветная жестокость иногда трактовалась иначе. Грозный Отец, Саваоф, может олицетворять и революционные силы, предающие уничтожению эксплуататорский строй (См. *Гюнтер Г.* Указ. соч. С. 259). Ср. соответствующую «ветхозаветно»-ницшеанскую ориентацию в стихах Скитальца: «Мой бог — не ваш бог: ваш бог прощает, / Он чужд и гневу, и укоризне <...> / А мой бог — мститель! Мой бог могучий! / Мой бог карает!» (М. Горький и поэты «Знания». Л., 1958. С. 173).

бой ради ее освобождения, — с евангельским Сыном[204]. Другими словами, мать словно замещает собой падшую, плененную Софию, а ее сын — Христа-освободителя из гностических мифов, так что новая религия представляет собой некий социализированный вариант гностицизма[205], который оказался точкой притяжения для большинства радикальных тенденций XX века. Как и в романтических версиях гностицизма, чрезвычайно сильно повлиявших на революционную поэтику в целом, ненавистное божество и его земные воплощения отождествлены со злокозненной Судьбой, роком[206], — и любопытно, к слову сказать, что Судьба еще и в советскую пору довольно долго будет изображаться в более или менее персонифицированном виде, в качестве реальной языческой силы, стоящей на стороне капитализма.

Сближая себя, подобно западным социалистам, с изначальной, гонимой Церковью, революционно-народническое (а вслед за ним и социал-демократическое) движение наделяло своих недругов, наряду с ветхозаветной жестокостью и «фарисейством», также приметами сатанинского язычества, отождествляя их с вавилонскими идолами, «фараоном», Молохом, Золотым тельцом, Иродом, жрецами Маммоны и т.д. Борьба с ними словно воспроизводит жертвенный подвиг первых христиан и праведных иудеев, «прообразующих» Церковь. Все эти капиталистические демоны и соприродные им языческие стихии злобной судьбы — «вихри враждебные» — стоят на пути революционной России к Земле Обетованной (общеупотребительное обозначение грядущего социализма).

Главные элементы сатанинских языческих культов, поэтически приписанных врагу, группируются в некое подобие связного сюжета. Совершенно бесспорна общая «змеиная» подоплека всех правящих классов — и тем самым революционная метафорика с первых своих дней выказывает близость к традиционно-фольклорному змееборчеству:

> Родина-мать! Нет ни счету, ни сметы
> Змеям, что были тобою пригреты...
> ....
> Родина-мать! Разверни свои силы!
> Жизнь пробуди средь молчанья могилы!
>
> (*С. Синегуб*)[207]

---

[204] См.: *Вайскопф М.* Во весь логос: Религия Маяковского. М., 1997. С. 18—19.

[205] См. там же. Подробно, хотя и без учета всей этой «семейной» семантики, о русском революционном (и прежде всего ленинском) гностицизме писал Безансон. Крайне упрощенное изложение его подхода см. у Агурского: The Third Rome. P. 57—61.

[206] Очень часто революционные стихотворения, проклинающие судьбу и «жестокое небо», звучат как вариации жестокого романса. См.: Революционная поэзия. 2-е изд. Л., 1954. С. 58, 64 («Варшавянка»), 149, 186, 191, 245, 280, 325 и др. Иногда дело доходит до казусных тавтологий: «Оковы разрушим *судьбы роковой*» (Ф. Шкулев, «Гимн труду». Там же. С. 274).

[207] Поэты революционного народничества. Л., 1967. С. 128—129.

Царь и его присные — помещики, чиновники, священнослужители, «опричники» и т.п. — это «вампиры», людоеды, пауки, хищные звери, змеи, драконы, которые насыщаются кровью замученного, но все еще пассивного народа и, в сущности, кровью и соками самой русской земли — его матери, изнывающей от страданий. Ср., например, обвинение, брошенное в 1881 году П. Ткачевым по адресу русских «верноподданных», которые, «в угоду своего владыки-царя, откармливают его палачей мозгом и кровью своих собственных сыновей, дочерей и жен»[208]. Можно процитировать и обращенные к Русской земле песни, составлявшие важнейший суггестивный элемент этого пропагандистского набора: «Царь-вампир из тебя тянет жилы. / Царь-вампир пьет народную кровь! («Новая песня», анонимный автор[209].)

Промышленное развитие прибавило к этой картине показ заводов, станков и машин как воплощения бесчеловечности и скопления механических монстров; ср. в анонимной песне: «Невский завод засыпает, / Крови напившись людской[210]», — или в зачине горьковской «Матери»: «Фабрика выкидывала людей из своих недр, словно отработанный шлак <...> День был проглочен фабрикой, машины высосали из мускулов людей столько силы, сколько им было нужно». Во всех этих филиппиках очень заметно влияние западной и, в первую очередь, французской антикапиталистической беллетристики (тексты Парижской коммуны, «Жерминаль» Золя и пр.). Но российская жизнь продуцировала, конечно, и оригинальное мифотворчество, в том числе среди самих рабочих поэтов, сохранивших фольклорный страх перед индустрией. Бестиальными чертами означены у них даже приводные ремни, шкивы, шестеренки и прочие детали металлических Молохов, увиденных испуганными глазами вчерашнего пахаря:

> Грохочет машина, кружатся ремни,
> Как змеи, свиваясь, летят...
> По мертвым поют отпеванье они,
> Пронзительно-злобно свистят:
> "Костей перемолотый прах
> Покоится в крепких зубах..."
>
> (*А. Богданов, «На заводе»*)[211]

---

[208] Цит. по: Революционный радикализм в России: Век девятнадцатый / Под ред. Е. Л. Рудницкой. М., 1997. С. 436

[209] Песни русских рабочих (XVIII — начало XX века). М.; Л., 1962. С. 191.

[210] Там же. С. 93.

[211] Революционная поэзия. С. 57—58. Не следует путать автора — Александра Алексеевича Богданова с видным политическим деятелем — Александром Александровичем Богдановым (Малиновским).

МЯТЕЖНЫЕ КАДАВРЫ

Словом, фабрика приравнивалась к пеклу и могильному царству, а рабочие, соответственно, — к мертвецам или теням либо к порабощенным *гномам*, добывающим металлы, уголь и прочие богатства для злобного тирана наверху:

> Плач и стон — хаоса звуки
> Заглушают вопль и муки...
> Тут и там мелькают руки
> Темнопризрачных теней.
> Это в вечно страшном чуде
> Пробегают гномы-люди
> Между тысячи смертей...
>
> (*А. Белозеров, «Из песен труда»*)[212]

В максимальной мере эта инфернальная символика захватывает рудники и шахты как концентрированное выражение хтоники капиталистической эксплуатации[213]. Так выстраивается универсальный революционный сюжет о мятежных циклопах, рвущихся на волю из Тартара, — или о пролетарских кадаврах, восстающих из гроба. Ср. в стихотворении неизвестного автора «Узники»:

> В черной пещере жарко пылает
> Пламя костров,
> В черной пещере падают звенья
> Ржавых оков.
>
> ....
> Длиться не вечно будет глухая
> Черная ночь.
> Мы из проклятой черной могилы
> Вырвемся прочь.
> Цепи свергаем, ржавые цепи,
> Волю куем.
> Скоро, о, скоро стены темницы
> Мы разобьем![214]

Такое же революционное пробуждение загробных троглодитов дано во множестве других агитационных текстов и марксистского, и народнического направления — хотя бы в стихах А. Гмырева, где приметы Аида перенесены на самый быт рабочих:

> Из жилищ-гробов с проклятьем
> Вековым цепям

---

[212] Там же. С. 116. О «гномах»-рабочих см. также с. 104. Показ заводов и машин как вампиров, змей и т.п. — С. 88, 285, 327 и др.

[213] См.: Там же. С. 68, 84, 96, 130, 321.

[214] Там же. С. 498.

Они встали дружной ратью
На беду царям.

И на место жизни ада,
Где давил их мрак,
Вырастает баррикада,
Рвется красный флаг.

(*«Набат»*)

Выходите же на улицу, друзья,
Из своих прогнивших домиков-гробов.

(*«Призыв»*)

С могильным заточением отождествлено, разумеется, и подполье («Свет подпольный, потаенный и скупой, — / День иль ночь вверху — не все ли нам равно? / Глубоко в земле, в камнях, подвал слепой, — / От ищеек скрыто наглухо окно...» — А. Богданов, «В подполье»)[215].

ДВОЙНИЧЕСТВО АНТАГОНИСТОВ

Иначе говоря, при сколь-нибудь внимательном изучении этого образного ряда вскрывается роковое двойничество между верхними и нижними упырями — и те и другие равно принадлежат царству нежити. Комментируя в 1911 году данные о производственном травматизме в горнозаводской промышленности, Бонч-Бруевич, будущий управделами Совнаркома, приписывает капиталистам особую, людоедскую арифметику «убытков» (явно подсказанную специфической коммерцией Шейлока). Точнее, он инкриминирует им свои собственные подсчеты, требующие все же определенной склонности к такому занятию:

Капиталисту более всего, конечно, интересно знать <...> отношение количества жертв к количеству добываемых пудов продукта. И оказывается [для кого?], что на сто миллионов пудов добычи приходится пострадавших около трех тысяч человек. А убитых в 1908 г. — пятьдесят человек на сто миллионов пудов, т.е. за это число пудов продуктов горной промышленности, наверное, было заплачено около 250 пудов человеческого мяса, или, что то же, 10 000 пудов продукта, оплаченных приблизительно одним фунтом человеческого мяса. Вот цена этого дорогого мяса![216]

Приметы каннибальско-кладбищенского тождества между влас-

---

[215] Там же. С. 249—250.
[216] *Бонч-Бруевич В. Д.* Указ. соч. 1961. Т. II. С. 115.

тителями и рабами различимы даже в сюжетах прометеевского круга, — например, у Скитальца:

Тихо стало кругом: люди грудой костей
В темных ямах тихонько зарыты.
Люди в тюрьмах гниют в кольцах крепких цепей,
Люди в каменных склепах укрыты.

Тихо стало кругом: в этой жуткой ночи
Нет ни звука из жизни бывалой.
Там — внизу — побежденные точат мечи,
Наверху — победитель усталый.

Одряхлел и иссох обожравшийся зверь!
Там, внизу, что-то видит он снова;
Там дрожит и шатается старая дверь,
Богатырь разбивает оковы.

Задохнется дракон под железной рукой,
Из когтей он уронит свободу.
С громким, радостным криком могучий герой
Смрадный труп его бросит народу[217].

Символика революции тяготела, с одной стороны, к монструозным подземным образам, а с другой — к вегетативно-евангельскому сюжету о жертвенной смерти ради всечеловеческого воскресения: «Не оживет еще не умрет». На стадии хтонического заговора («подполье») эта поэтика соответственно вбирала в себя приметы того самого сатанизма, который она инкриминировала своим врагам, и революционное богоборчество неизбежно обретало инфернальную окраску, заимствованную из расхожей религиозной риторики. Эта тенденция наметилась еще на заре русского революционного движения — напомню, к примеру, о секретном боевом сообществе в составе группы Н. Ишутина, которое называлось «Ад»[218]; ср. вместе с тем название антинигилистического романа Достоевского. И наоборот: пещера мятежного дракона оборачивается новой катакомбной церковью, как произошло, например, в 1878 году у С. Кравчинского в передовой статье «Земли и воли» (несущей на себе, правда, отпечаток незадолго до того вышедших романов Э. Бульвер-Литтона — «Грядущая раса» (The Coming Race) и Виктора Гюго — «Девяносто третий год» с его темой подземной Вандеи):

Грозно поднимается отовсюду могучая *подземная сила* <...> *"Чудовище"*, жившее до сих пор где-то под землей, занимаясь подкапыванием разных "основ", вдруг время от времени начинает высовывать наружу одну из сво-

---

[217] М. Горький и поэты «Знания». С. 180.
[218] См.: *Одесский М., Фельдман Д.* Поэтика террора и новая административная ментальность: Очерки истории формирования. М., 1997. С. 149.

их лап, чтобы придушить то ту, то другую гадину, которая слишком надоест ему <...> Ужас охватывает врагов. Он передается и зрителю. Что, если, думает он, "чудовище, разлакомившись человеческим мясом и не находя более жертвы пред собою, кинет свой свирепый взгляд на самих зрителей?" Ему уже чудится, что налитые кровью глаза остановились на нем, с быстротою молнии вытягивается чья-то лапа...

С видимым удовольствием набросав эту радужную перспективу, автор считает своим долгом сразу же успокоить напуганного зрителя, указав ему на более привлекательную сторону дела. Последняя состоит в новой, социалистической религии человечества и освобожденного труда (уже предрекающей будущее богостроительство Горького и Луначарского). Могучая вера и садомазохистское святомученичество борцов за свободу возведут человечество в ангельский чин, где нет уже ни мужского пола, ни женского и вообще никаких различий:

Социализм — высшая форма всеобщего, всечеловеческого счастья, какое только когда-либо вырабатывалось человеческим разумом. Нет для него ни пола, ни возраста, ни религии, ни национальности, ни классов, ни сословий <...> Только *вера* в свое служение всему человечеству способна возбудить тот пламенный, *чисто религиозный фанатизм*, который воодушевляет социалистов и делает их неодолимыми, непобедимыми, потому что самые гонения превращаются для них в источник величайшего блаженства на земле — блаженство мученичества и самопожертвования[219].

В общем, благодаря тому непреходящему воздействию христианской традиции, с которой мы здесь уже так часто сталкивались, чисто «каинистско»-гностическая линия оставалась, за некоторыми яркими исключениями (Луначарский с его апофеозом Сатаны), в тот дооктябрьский период сравнительно слабо выраженной. Иное дело — собственно языческие ассоциации, сохранявшие среди революционеров значительно большую популярность, чем декоративная бесовщина. И развертывались они в двух смежных планах — жертвенно-аграрном (кровавое семя) и металлургическом (кузница). Начнем с первого.

ПОСЕВ МЕДУЗЫ

Обязательным для революционной поэтики был древнейший общекультурный мотив умирающего и прорастающего зерна — в данном случае угнетенного народа, низвергнутого в зону временной смерти: «Ты семя новое в распаханной земле» (А. Маширов, «Зарницы»). В

---

[219] Цит. по: Революционный радикализм в России. С. 406—407.

еще более сгущенном виде та же вегетативная мифологема запечатлена в любом сюжете о революционерах, которые томятся в подземных казематах или «спят в земле сырой», казненные царскими палачами: «Из ваших могил встанет солнце свободы». Ибо из праха этих мучеников восстанет грядущий мессия-каратель, совокупное порождение Иезекииля и Гоголя:

> Но знаем, как знал ты, родимый,
> Что скоро из наших костей
> Подымется мститель суровый,
> И будет он нас посильней.

(И. Мачтет, «Замучен тяжелой неволей...»)

Субститутом этого балладно-вампирического восстания служит клич, доносящийся из гробов (В. Богораз-Тан, «Предсмертная песня»), или вавилонская башня социализма, воздвигаемая, по известному рецепту фольклорного зодчества, на костях, либо, как у А. Поморского («Рабочий дворец») «на темных могилах» страдальцев[220]. Что касается позитивной стороны сюжета, то, в согласии с его солярной семантикой, революция изображается всегда как переход от зимнего мрака и стужи к свету и райскому весеннему цветению, — преображение, с 1889 года ритуализованное в общесоциалистическом празднике 1 Мая. В тот же смысловой ряд входит, само собой, и древнейшая мифологема кровавого посева, которому суждено растопить снежный покров самодержавия:

> Только там, где в зиму мглистую
> Был он смочен кровью чистою,
> Глянут пятна потемней.
> Только там, где в землю талую
> Кровь прошла то каплей малою,
> То струей, когда-то алою,
> Будут озими пышней.

(Е. Тарасов, «Быть урожаю»)

> Но там, где кровь земля впитала,
> Взошли багряные цветы.

(Анонимный автор)[221]

Этот посев Медузы Горгоны позаимствован, впрочем, из французской революционной традиции времен «Марсельезы» и, шире, из западноевропейской левой риторики. Соответственно, и в России кровавые семена тоже прорастают полчищами мстителей — тема, получившая естественное развитие в обстановке правительственного террора и событий наподобие Кровавого воскресенья, легко под-

---

[220] Песни русских рабочих. С. 88; Революционная поэзия. С. 266.
[221] Революционная поэзия. С. 162, 169.

дающихся глобальной символизации. Жертвенной кровью пропитана и — столь памятная нам по большевистской модели — новая несокрушимая «вера», пришедшая на смену казенному православию, — вера в освобождение:

> Вы положили грань своею кровью алой
> Меж верой в деспотов и *верою в себя*.
> И родина все брызги вашей крови
> В свой шлем воинственный, рыдая, собрала,
> Горстями полными по нивам разбросала,
> И капля каждая героя родила!
> Поднялась сильными и гневными рядами
> Бойцов уверенных бесчисленная рать.
>
> *(С. Гусев-Оренбургский, «9 января»)*[222]

> Там, где кровь народная пролилась ручьем, —
> Там из каждой капельки крови и свинца
> Мать земля-кормилица родила бойца!
>
> *(А. Коц, «9 января»)*[223]

Даже утилитарно-приземленный Ленин и тот писал, что «кровь лучших людей... закалит новые и новые массы», а в 1920 году с умилением вспоминал старые тирады Каутского, запавшие в душу российским социал-демократам: «Как бы ни окончилась теперешняя борьба в России, *кровь* и счастье мучеников, которые она породит, *не пройдут даром*. Они оплодотворят всходы социального переворота во всем цивилизованном мире, заставят их расти пышнее и быстрее. В 1848 году славяне были трескучим морозом, который побил цветы народной весны. Быть может, теперь им суждено быть той бурей, которая взломает лед реакции и неудержимо принесет с собой новую, счастливую весну для народов!» «Хорошо писал 18 лет тому назад Карл Каутский», — элегически прибавляет Ленин. (К этой-то цитате, видимо, и обратился позднее Сталин, когда в порыве номенклатурного лиризма выразил надежду на то, что обильно пролитая кровь «*не прошла даром*, что она дала свои результаты».)

Кровавая жертва может прорасти и живительным, насыщающим словом:

> Из крови и мозга и сказку и быль
> Потомству мы книгой оставим.
>
> *(А. Белозеров, «Наборщику»)*

Но чем, собственно, разнится каннибальский состав этого духовного окормления от «мозга и крови» угнетенного народа, которыми тот, по Ткачеву, послушно откармливает своих палачей? Единый кровоток пронизывает и сам этот народ, принимаемый некоторыми иде-

---

[222] Революционные мотивы в русской поэзии. Л., 1926. С. 184.
[223] Революционная поэзия. С. 168.

ологами революции за новое, вселенское божество, запечатленное в его коллективной Чаше Грааля. Ср. у Горького в «Исповеди»:

> Видел я ее, мать мою [землю] <...> как полную чашу ярко-красной, неустанно кипящей, живой крови человеческой, и видел владыку ее — всесильный, бессмертный народ! <...> — Ты еси мой Бог и творец всех богов[224].

Кто же предстанет новым кровавым Христом, призванным вызволить порабощенный «народушко» или всю землю?

КУЗНЕЦ

Хтоническая символика (отчасти подсказанная знаменитым «кротом истории») проникает даже в программные документы большевизма — такие, как апокалиптический Манифест, принятый на предреволюционном VI съезде РСДРП(б) в августе 1917 года: «Работают подземные силы истории»[225]. Но последние вовсе не исчерпываются одним только биологическим или вегетативным своим проявлением. Аграрный ряд постоянно дополняется «прибоем», ледоходом, весенним половодьем, живительной «бурей» и т.п.[226]. И неуклонно нарастает тектоническая метафорика революционного движения. Его напор, который изнутри сокрушает могильные своды, отождествлен с вулканическими ударами, с разливом огня, металла и лавы, прожигающей кору капитализма:

> Вдруг, как по мановению волшебного жезла, проявились по всей России скрытые силы пролетариата; как потоки лавы, хлынули они[227].

Ср.:

> В чреве каменного свода
> Мщенья плавится металл.
>
> Где шахты черные зияют, как могила,
> Еще не стаяли глубокие снега...
> ....
> Из черных шахт восстанет Труд,
> Вскипят огнями недра вековые.
>
> (*А. Богданов*)[228]

---

[224] *Горький М.* Собр. соч.: В 30 т. М., 1950. Т. 8. С. 378.

[225] Цит по: *Спиридович А. И.* История большевизма в России от возникновения до захвата власти 1883—1903—1917. Париж, 1922. Приложения. С. 459.

[226] См., например, лирическое эссе Г. Гершуни «Разрушенный мол» (Революционные мотивы в русской поэзии), горьковскую «Песню о Буревестнике» и множество сходных текстов.

[227] *Бонч-Бруевич В. Д.* Указ. соч. С. 75.

[228] Революционная поэзия. С. 100, 321.

Вулканическая же инфернальная стихия, рвущаяся из-под земной толщи, естественно увязывается как с мятежными титанами, так и, что еще более важно, с образом Вулкана или Гефеста. Пролетарские обитатели земных недр, кадавры и «гномы», — либо, как сказано в «Шахтерской Марсельезе», «бойцы подземельного мира», — словно сливаются в исполинский образ кузнеца[229] или сами порождают его из своей массы.

Этот древний культурный герой, так и не прирученный христианством, к концу XIX столетия выступил в триумфальный поход по всей Европе — в обличье то вагнеровского ариософского титана, то верхарновского мятежника. Во второй строфе французского «Интернационала», в 1902 году старательно переведенной А. Коцем, говорилось:

> Soufflons nous-mêmes notre forge,
> Battons le fer quand il est chaud!

Кузнец — вот тот, кто победит капиталистический фатум и, как в фольклоре, выкует новую долю: «Куй, кузнец, борец с невзгодой, / Куй назло судьбе! / Куй, выковывай свободу / Да права себе!» (И. Привалов, «Кузнец»).

Надо оговориться, что, несмотря на бесконечно сложные взаимоотношения внутри леворадикального лагеря, в целом его незатейливому литературному творчеству в дореволюционный период присуще известное единообразие. Далеко не всегда в потоке крамольной лирики или эпоса можно вычленить какое-то специфически «марксистское» течение — так, у эсдеков и революционеров-народников, включая эсеров, был в основном общий песенный фонд («Варшавянка», «Вы жертвою пали в борьбе роковой...» и пр.). Однако как раз в сфере металлургической мифологии марксистские предпочтения заметно отличались от народнических. Для народовольцев и их преемников кузнец был лишь одним из аллегорических образов бунтарской и творческой мощи трудового народа, т.е. самой природы, чающей освобождения. Этот измученный гном никак не противопоставлялся земледельцу, которому он самоотверженно помогал в работе:

> Вот кузнец. Он весь — забота,
> Черен, страшен, будто гном;
> Щеки, мокрые от пота,
> Красным светятся огнем.
> Ломит спинушку больную,
> Очи жжет, мутится ум;
> Но кормилицу мирскую,
> Соху он кует: дзынь! бум!
> Крепче, ноженьки, держите,
> Не катись, слеза, из глаз!
> Духи мрака, кровь сосите,
> Но блесни и светлый час.

---

[229] Там же. С. 195, 275, 292, 354.

В то же время народовольческий кузнец — это и обобщенный образ самих революционеров-подвижников, по-фольклорному кующих счастье народу:

> Так и вы, друзья свободы,
> Кузнецы земли родной,
> Стойте бодро в дни невзгоды
> У горна борьбы святой!
>
> (*П. Якубович, «Кузнецы», 1893*)[230]

Марксистский и, в первую очередь, большевистский извод русского революционного движения перенес акцент с индивидуального подвига на борьбу безличных классов и самих «масс», а страдающего мужика заменил рабочим. В социал-демократической знаковой системе, особенно в писаниях рабочих поэтов, кузнец является персонификацией пролетариата — и только пролетариата, а отнюдь не всего «трудового народа». Социал-демократический молотобоец закаляет самого себя — и эту метафору большевизм уже в 20-е годы чванливо распространил на собственную — «стальную» партию. Отсюда и официальная внутрипролетарская иерархия коммунизма, решительно отдающая предпочтение металлистам и литейщикам (как, впрочем, и тем, кто занят изготовлением железных орудий) перед остальными рабочими[231].

В металлургической сюжетике таилось, правда, существенное противоречие, генетически сопряженное с изначальной амбивалентностью кузнеца в фольклоре. Ведь именно он дожен был выковывать и те роковые узы, которыми «темные силы» оковали трудовой народ. И действительно, леворадикальная продукция изобилует отсылками к этому сатанинскому двойнику героя — но отсылками, чаще всего расплывчатыми, безличными: ср. трафаретные выражения: «царизм (или реакция и т.п.) кует цепи народам России». Изредка левые авторы даже считали необходимым отчетливо разграничить два эти типажа, противопоставив анонимному кузнецу-тюремщику металлургического пролетарского Прометея-самоосвободителя из «Интернационала»:

> Пускай враги любви великой
> Куют нам цепи в злобе дикой.
> Но мы под их зловещий гром
> Свободу, равенство куем!
> ....

---

[230] Поэты революционного народничества. С. 195—196.

[231] Ср. хотя бы у Ленина в «Докладе о революции 1905 года», написанном в начале 1917 г.: «Металлисты представляют в России — вероятно так же, как и в других капиталистических странах, — передовой отряд пролетариата». Тех же взглядов придерживались, кстати, и национал-социалистические приверженцы кузнечно-металлургического мифа в Германии.

> Не для цепей, а для мечей
> Мы в пекле доменных печей
> Железо добываем[232].

Как правило, это нежелательное раздвоение преодолевалось посредством марксистской социальной диалектики. Напомним, что, согласно Марксу, капитализм взращивает в своих недрах собственного могильщика — рабочий класс. То есть кузнец, который себе и всему человечеству кует капиталистические оковы, сам же их и разобьет — или, вернее, переделает в узы пролетарского братства и в орудия освобождения:

> Пролетарии! Меж нас
> Все родились кузнецами...
> ....
> Как чудовищный паук,
> Гнет окутал нас сетями,
> Давит тысячами рук,
> Рвет железными когтями...
> Но из самых недр его
> Мы железо вырывали,
> Мы свой молот из него
> В жарком пламени сковали...
>
>   (*А. Коц, «Клятва»*)[233]

Но индустриальная сотериология имеет уже очень мало общего с освобождением природы. Напротив, у «пролетарских писателей» кузнец всегда предстает врагом косного биологизма, врагом этой самой природы[234], которую он призван уничтожить, создав вместо нее усовершенствованный, механизированный мир и новое, стальное человечество. Как писал один из лидеров «Кузницы» В. Александровский,

> Мы временно смерть призвали
> Гниющее прошлое сжечь...
> Наш меч и руки — из стали,
> Земля — пепелящая печь...[235]

В советской образной системе и эмблематике кузнец обычно изображался фигурой доминантной, грозной, готовой расплющить

---

[232] Ср. в «Октябре» П. Арского: «Мы вырвем из цепей страданья / Дух человеческий больной <...> / Мы страсть, мы — сила, мы — движенье, / Мы — буйство хмеля, мы — порыв... / В грозе и буре наши звенья / Сковал могучий коллектив» (Цит по: *Оболенский А. В.* Драма российской истории: Система против личности. М., 1994. С. 289).

[233] Революционная поэзия. С. 170.

[234] Ср.: «Социализм есть организованная борьба с природой до полного ее подчинения разуму» (*Луначарский А.* Религия и социализм. СПб., 1908. Ч. 1. С. 48).

[235] Цит. по: *Оболенский А. В.* Указ. соч. С. 288.

своего неказистого ржаного друга. Если у народников он помогал
мужику, выковывая соху для грядущего урожая, то в пролеткультовс-
кой поэзии кузнец мрачно нависает над крестьянской жизнью. Ср.
у Александровского в стихотворении, которое в 20-е годы было хрестоматийным:

> Живет старик, живет. Седеет редкий волос.
> Кряхтит и охает. Работает молчком.
> Но всю мужицкую соломенную волость
> Он держит под железным молотком[236].

В более величественных большевистских изображениях кузнец
становился тем демиургом, который замещал отвергнутое отцовское
начало старого мира. Он перековывал все что угодно — людей,
партию, реки, вековечный житейский уклад. По существу, металлур-
гический миф в разных модификациях («Железный поток», «Васса
Железнова», «Как закалялась сталь» и пр.) оставался основополага-
ющим для советской культуры и в революционный период, и тогда,
когда ее возглавляли люди с именами Сталин и Молотов, и гораздо
позже, до самого ее конца. Все же тот вклад, который в 1920—1930-е
годы предстояло внести сюда Сталину, предопределялся не только
большевистской, но и кавказско-фольклорной семантикой железа,
требующей отдельного экскурса.

---

[236] Кузница: Антология. М., 1930. С. 30—31.

III. КАВКЗСКИЙ СУБСТРАТ

ЭТНОГРАФИЧЕСКИЙ ФОН

Фольклорная основа сталинской личности была еще более архаичной, чем живучее восточнославянское язычество, широко влившееся в состав большевизма. Принято считать, что он был по отцу осетином[237]. Этимология *Джугашвили* не ясна; по мнению Марка Кипниса, очевиден ее осетинский источник: Джугаев, из Дзугаев — от *дзуг*, отара, ста-

---

[237] «По взглядам он был марксистом, — пишет Троцкий, — по чувствам и духовным потребностям — сыном осетина Бесо из Диди-Лило» (Сталин. Т. 1. С. 128). «Кровавым осетином» называл Сталина Зиновьев (*Волкогонов Дм.* Кн. 1, ч. 2. С. 75). Ср.: «Есть предположение, что он [отец Сталина] не был грузином по национальности, а происходил из осетин, живших в горах» (*Белади Л., Краус Т.* Сталин. С. 15). В 1933 г. советский невозвращенец Григол Робакидзе опубликовал в Германии роман «Убиенная душа», где говорилось: «Ленин назвал Сталина: "чудесный грузин". "Чудесного" в Сталине было хоть отбавляй, а вот грузинского — весьма и весьма немного. В Грузии необычность характера Сталина объяснялась происхождением — отец его был родом из Осетии» (Перевод с нем. С. Окропидзе.) — Дружба народов. 1990. № 4. (Благодарю проф. И. Сермана, указавшего мне на эту книгу.) Дж. Кеннан несколько таинственно говорит о «кавказской горной расе (Caucasian mountain race), к которой, как утверждали, принадлежал его отец» и «хорошо известными чертами» которой обусловлен коварный, злобный и мстительный характер диктатора (*Kennan G.* Russia and the West Under Lenin and Stalin. Boston, 1960. P. 248). Агурский, столь же не политкорректно придающий осетино-иранскому генезису Сталина-«азиата» огромное психологическое значение, называет его «законченным (full-fledged) восточным деспотом» и напоминает о том, что Бертран Рассел, на том же этническом основании, сравнил этого правителя с древнеперсидскими царями. — *Agursky M.* The Third Rome. P. 107.

до, стая. Примечательно, что все официальные издания сталинской биографии упорно — и, конечно, неспроста — замалчивают этническое происхождение его предков[238]. Как бы то ни было, его родина Картли, да и соседняя Кахетия, где родился Виссарион Джугашвили, были перенасыщены алано-осетинским этническим элементом (Дан Шапира указал мне, что до трети тамошней топонимики имеет осетинские источники). Отец Сталина происходил из крепостных крестьян князей Асатиани (само это имя можно перевести как Осетинов), обладавших обширными землями в Южной Осетии, откуда они переселили в соседнюю Кахетию множество своих подданных.

Этнографические (помимо православных и марксистских) корни сталинской диалектики следует, мне кажется, искать как раз здесь — прежде всего в так называемом нартском (северокавказском) эпосе, восходящем именно к осетинской модели. Напомню, что современные осетины — прямые потомки аланов и тем самым — скифско-сарматских племен, генетически связанных с северным Ираном. Во многих элементах этой народной культуры законсервировались центральные мотивы скифской мифологии. Во времена сталинской молодости, как и гораздо позднее, нартский эпос сохранял необычайную популярность по всему Северному Кавказу (его собирание, насколько мне известно, продолжалось до 1960—1970-х гг.); уже в последних десятилетиях XIX — начале XX века он постоянно пересказывался в различных этнографических изданиях и в тифлисской газете «Кавказ». Даже в школьных библиотеках были представлены классические трехтомные «Осетинские этюды» Вс. Миллера (1881—1887) с подробным изложением нартского эпоса[239]. Имел он также грузинские отголоски и аналоги[240]. Вме-

---

[238] В первых строках «Краткая биография Сталина» старательно маркирует именно грузинское происхождение Виссариона: «Отец его — Виссарион Иванович, *по национальности грузин*, происходил из крестьян села Диди-Лило, Тифлисской губернии». Национальность же матери, урожденной Геладзе, опущена — конечно, просто потому, что ее грузинское происхождение ни у кого сомнений не вызывало. — См.: Иосиф Виссарионович Сталин: Краткая биография. 2-е изд., исправленное и дополненное / Сост. Александров Г. Ф., Галактионов М. Р., Кружков В. С., Митин М. Б., Мочалов В. Д., Поспелов П. Н. М., 1948. С. 5. Кроме сообщения о том, что некие Джугашвили появились в Кахетии еще в XVIII веке, ничего не прибавляет к этому и специально проведенное в 1939 г. исследование, запрещенное тогда к публикации и вышедшее лишь недавно: Академик *Иванэ Джавахишвили.* О происхождении фамилии Вождя народов. Б. м., б. г. Инициатор публикации: президент международного общества «Сталин» Г. Ониани. Издатель — руководитель научно-исслед. центра по изучению феномена Иосифа Сталина Д. Гегешидзе. (Текст выпущен на трех языках: грузинском, английском и русском. Между двумя последними переводами имеются некоторые расхождения; о грузинском оригинале я судить не могу.)

[239] См., например, воспоминания Г. Дзагурти в его предисловии к составленному им сборнику осетинских народных сказок. — М., 1973 / Под ред. Исидора Левина. С. 6—9.

[240] *Чиковани М. Я.* Нартские сюжеты в Грузии (Параллели и отражения); *Вирсаладзе Е. Б.* Нартский эпос и охотничьи сказания Грузии // Сказания о нартах: Эпос народов Кавказа. М., 1969.

сте с тем Гори, родной город Сталина, был, несмотря на преобладание армянского населения, заметным центром собственно грузинского фольклора — именно здесь в 1881 году началось в Картли собирание национального эпоса об Амирани[241].

При Сталине осетинские исследователи (К. Кулов и С. Батиев) охотно ссылались на стихийную «диалектику», повсеместно присущую нартским циклам. То же самое можно, однако, сказать и о грузинской, шире — о кавказско-иберийской, мифологии и эпосе. Их тексты завораживают любого современного читателя своим мрачным и поистине исполинским величием, сопоставимым с героикой древнегерманских и кельтских сказаний (соответствующие параллели воодушевляли многих западных исследователей). Изумительные нартский и кавказско-иберийский эпосы доносят до наших дней важнейшие реликты индоевропейской архаики. Наряду с превозносимыми добродетелями — честностью, отвагой и стойкостью — кавказские легенды актуализируют и память о брутальных аспектах древнейших цивилизаций. Как всякий народный эпос, нартские предания дышат свирепой жестокостью и теми психологическими свойствами, которые сегодняшнее нравственное сознание может истолковать лишь в качестве абсолютного имморализма. Этой группе текстов, включая сюда многие хвалебные песни и сказки, действительно присуща та глобальная динамика и взаимообратимость, амбивалентность любых ценностей, которая представляется мне сущностной чертой сталинской версии марксистской диалектики, — тогда как светлые стороны кавказского фольклора — культ храбрости, прямоты и самопожертвования — всецело перенесены Сталиным в его чисто риторические заклинания, маскировавшие подлинные намерения автора.

Итак, несколько слов об этом фольклорном субстрате сталинизма[242]. И в нартском, и в кавказско-иберийском эпосе пантеон толком не упорядочен. Почти полностью, за вычетом рассказов о происхождении и борьбе солнца и луны, отсутствует интерес к космогонии. Христианство и ислам постоянно взаимодействуют здесь с язычеством, обмениваясь с ним свойствами. Христианские персонажи выступают как злокозненные или мстительные силы, но таковы же и противостоящие им герои, зачастую побеждающие Христа и святых. Конфликтующим силам в равной степени присущи коварство и хит-

---

[241] *Чиковани М. Я.* Народный грузинский эпос о прикованном Амирани. М., 1966. С. 11.

[242] Подробно о нартском эпосе здесь и далее: *Дюмезиль Ж.* Осетинский эпос и мифология. М., 1976. *Он же.* Скифы и нарты. М., 1990. См. также: Нартский эпос. Орджоникидзе, 1957; Сказания о нартах: Эпос народов Кавказа; *Мальсагов А. О.* Нарт-остхойский эпос вайнахов. Грозный, 1970; Нарты: Адыгский героический эпос. М., 1974; *Кумахов М. А., Кумахова З. Ю.* Нартский эпос: Язык и культура. М., 1998.

рость; постоянные средства борьбы — яд и колдовство, обман, предательство, клятвопреступление. Весь кавказский фольклор в немыслимых количествах изобилует темой людоедства, не сопоставимой по своему объему с какими-либо другими европейскими фольклорными комплексами. Главные враги героев — великаны, обычно занимающиеся каннибализмом. Но последний, вместе с иными формами изуверства, в той или иной мере свойствен и множеству других персонажей, в том числе и самым популярным. Они пытают свою мать, прижигая ей ладони или грудь, либо, выпросив у нее грудного молока, стискивают ей соски зубами. Другой употребительный мотив: герой, подкрадываясь к людоедке, внезапно припадает к ее груди, после чего она обязана признать себя его матерью. Таков же был, между прочим, и общекавказский ритуал усыновления или вхождения в чужой клан, подсказавший Сталину матриархально-лирические домыслы в его ранней заметке «Памяти тов. Г. Телия» (1907): «"Когда же я дождусь того дня, когда ... снова увижу народную массу, прильну к ее груди и стану служить ей" — вот о чем мечтал запертый в тюрьме товарищ».

Распространеннейшие северокавказские сюжеты и мотивы, вошедшие также в осетинские и прочие сказки, — братоубийственные войны, пожирание детей или братьев и сестер, отцеубийство либо детоубийство, инцест, некрофилия, рассечение тел, игра в черепа — и, конечно, изощренная кровная месть. Борьба не прекращается и после истребления противников. Их рассеченные трупы пробуждаются к новой войне, черепа охотятся за живыми (либо, напротив, помогают им), мертвецы держат в руках записку с повелением отомстить за свою гибель. Место действия — очень часто подземный мир, пещеры, загроможденные волшебными камнями и костями мстительных мертвецов. Героев обрекают на подземное заточение, но сами они совмещают в себе черты солнечных божеств и громовников с приметами их хтонических антагонистов, наделяются чертами змея и прочих монстров. Нередко сами герои притворяются мертвецами, чтобы напасть на врага, — и это коварство трактуется как добродетель.

В более ослабленные и христианизованные, но тоже достаточно суровые формы отливаются великолепный грузинский фольклор, охотничий миф и эпос, которые также включают в себя богоборчество и обмен свойствами между небожителями и их змееподобным противником. В эпосе об Амирани женщина, спасенная героями, с восторгом узнает в них своих племянников: «Женщина от чрезмерной радости то проглотит братьев, то выплюнет их обратно»[243]. Такое экстатически-игровое людоедство чрезвычайно популярно и в других видах кавказского фольклора, например в осетинских сказ-

---

[243] Цит. по: *Чиковани М. Я.* Народный грузинский эпос о прикованном Амирани. С. 197.

ках, — а мне оно, признаться, напоминает сталинское обращение с Бухариным накануне его ареста.

В меньшей мере, чем на Северном Кавказе, но тоже представлен в грузинском эпосе и фольклоре мотив восстания из праха: «Вдруг из костей возникло нечто ужасное, такое огромное, что голова касалась неба». Черепа выскакивают из могил, чтоб отмстить обидчикам, дать им ложный совет. Из костей строится дом. В пещере рождается демонический богоборец, грузинский Прометей, враг Христа и его крестник, Амирани (предания о котором были очень популярны и среди осетин[244]). Он клятвопреступник и гордец, вступающий в состязание с самим Богом или Христом. Последний одолевает его при помощи хитрости, приковывая цепями к колу или железному столбу и закрывая затем узника сверху скалой либо заточив его в пещере. Похищает Амирани, кстати, вовсе не огонь, а красавицу Камар — дочь духа туч и гроз, функционального двойника св. Элии (Ильи), который принимает на себя роль громовержца в кавказском фольклоре. Когда Амирани вырвется на свободу, он истребит всех кузнецов и людей с серыми глазами; впрочем, герой сам связан с кузнецами — как и со змеями, о чем свидетельствует его кольчуга: ее «железные кольца шумели как змеи»; дракон, проглотивший Амирани, обвивается вокруг столба — так же точно привязывает Христос к столбу обманутого им Амирани. Кавказцы легко могли бы распознать все это фольклорно-психологическое наследие в стилистике и политическом мышлении Сталина. «Оказывается, ты не брат мне, а кровный враг, — сказал Амирани брату Усипи. — <...> Ты всегда предаешь меня, вечно таишь в сердце измену и предательство»[245].

Таков и был, мне кажется, глубинный этнографический подтекст сталинской диалектики, слившейся с марксизмом. То, что для большинства его земляков оставалось именно фольклором, красочной и увлекательной повестью о героическом прошлом, стало сердцевиной его мироощущения — за исключением самой героики и близких ей добродетелей. Светлана Аллилуева подчеркивает, что психический склад Сталина не имел ничего общего с грузинским национальным характером[246], в котором доминировали такие качества, как радушие и открытость. В своей субстанциальной приверженности к свирепой и хитроумной кавказской архаике Сталин был там поистине уникален, пока в 1920—1930-х годах не подыскал людей, близких себе по духу, и с их помощью расправился с родным Кавказом куда круче, чем это делали когда-то русские цари. Кажется, с особым наслажде-

---

[244] «В Осетии сказание об Амирани распространено особенно широко» (Там же. С. 180).

[245] Там же. С. 84, 109—111, 209.

[246] *Аллилуева С.* Только один год. С. 312—313. Ср. также приводимые Такером замечания соучеников Джугашвили по семинарии о его совершенно негрузинской обидчивости. — *Такер Р.* Сталин: Путь к власти. С. 87.

нием и плебейской мстительностью он истреблял как раз грузинскую дворянско-интеллигентскую элиту. Но дело тут и не в его простонародном социальном происхождении, которым он так гордился, — разве мало водилось в Грузии и Осетии вполне добропорядочных крестьян и сапожников?

На заре своей публицистической деятельности он в одной и той же статье дважды употребляет фразу: «Голову черту нужно рубить его же мечом», приписывая ее Бебелю. Не знаю, действительно ли встречается у Бебеля такое высказывание, но здесь мгновенно угадывается типичный мотив нартских и вообще кавказских сказаний. В 1905 году он говорит: «Пролетариат бросает вызов проклятому двуглавому чудовищу», а затем призывает «размозжить голову этому гнусному чудовищу» (непонятно, какую из двух). Конечно, речь идет о двуглавом русском орле, но за этим образом проступает и всегдашний антагонист кавказских богатырей — многоглавый великан, с которым извечно сражаются кавказские богатыри. Ср.: «Бакбак-дэв был трехголовым. Амирани <...>, отрубив две головы, начал рубить третью»[247]. Но оттуда выползут черви, а из них родятся драконы, — наглядный прообраз теории об обострении классовой борьбы. По Сталину, «недобитые остатки» разгромленных классов «поднимают голову» — вроде того, как поднимают голову хищные мертвецы в пещерах Кахетии. Впрочем, точно так же восстает из костей «мститель суровый» и в русской народнической поэзии.

Должно быть, читатель давно уже обратил внимание на неизбывное сходство между всей этой локальной архаикой и той солярно-хтонической мифологией революции, о которой говорилось ранее. Поэтому зачастую трудно бывает различить, к какому конкретно наследию восходит та или иная брутальная метафора Сталина, — зародилась ли она на склонах родных гор или была зачата в утробе подпольной типографии. Скорее всего, перед нами спонтанный синтез обеих культур, хотя и с сильным преобладанием туземного элемента. Решающее различие между двумя мифоэпическими системами состоит в неизмеримо большей кровожадности, хитрости и допотопном имморализме кавказско-нартского набора по сравнению с революционной — и особенно народнической — культурой, вдохновлявшейся, при всей своей террористической направленности, высоконравственной идеей беззаветного служения народу или пролетариату. Большевистское движение на своем раннем, досталинском этапе вобрало в себя немало из этого альтруистического заряда (хотя и тогда по части элементарной порядочности заметно отставало от меньшевиков и народников). Дело, конечно, еще и в том общеизвестном обстоятельстве, что в самом марксизме, наряду с тотальной агрессией и варварским презрением к духовной жизни, к личности, — в этом самом марксизме всегда присутствовала прикровенная, но очень сильная морализаторская

---

[247] *Чиковани М. Я.* Указ. соч. С. 207.

тенденция, которая до сих пор прельщает многих интеллигентов. Изобретенные Марксом экономические законы подозрительно удачно совпали с так называемой социальной справедливостью, выдающей нравственно-телеологическую подоплеку его системы, в ауре которой, благодаря этому размытому и, в сущности, беспринципному морализму, уживались самые разнородные явления: пролетарский пафос фабриканта Энгельса, подлинная защита прав и человеческого достоинства рабочих, немецкое социал-демократическое слияние их в цветущую профсоюзную «семью» («единое тело»), революционно-прометеевское горение, левые формы нацизма, салонный большевизм, первобытно-аграрный радикализм третьего мира, демографические подвиги Пол Пота и т.д.

Окончательно освободив коммунистическое движение от реликтовых альтруистических амбиций и остатков буржуазной честности, сталинизм выбрал самый действенный вариант доктрины: он вывел наружу наиболее атавистический, пещерный потенциал марксизма, сообщив ему утрированно-азиатскую — и, одновременно, новую религиозную окраску. Так возникла смесь, обладавшая невероятной взрывной силой. В этой версии марксизма заметна, разумеется, перекличка с «прометеевским комплексом» основоположника, но у Сталина эта героическая хтоника уже полностью очищена от квазигуманистических притязаний. Упор у него поставлен не на добывании огня, несущего освобождение человечеству, а на первобытной мощи, и ему, несомненно, психологически был ближе грузинский двойник Прометея — злобный и мстительный титан Амирани, с идеализированным образом которого повадились соотносить Сталина его восторженные и льстивые земляки. В прологе эпопеи Георгия Леонидзе «Сталин» — сочинения, где вождь вообще подан в ореоле солярно-хтонической и металлургической символики, — автор возглашает:

И гор появился питомец,
Кто мощь Амирана явил,
Кто в узниках жажду свободы,
Оковы разбив, утолил.
Вся свежесть картлийского мая
Его овевала волной,
Чтоб родину он осчастливил
Невиданной вечной весной[248].

АНТЕЙ

Выступая на истребительном февральско-мартовском пленуме 1937 года, сам Сталин предпочел, однако, сослаться на иной миф, ко-

---

[248] *Леонидзе Г.* Сталин. Эпопея. Кн. 1: Детство и отрочество / Пер. с грузинского Г. Цагарели. Тбилиси, 1944. С. 9—10.

торым позже завершил новое Священное Писание — «Краткий курс истории ВКП(б)». Вот этот сюжет в его тезисном и все же тошнотворно-вязком изложении:

> У древних греков в системе их мифологии был один знаменитый герой — Антей, который был, как повествует мифология, сыном Посейдона — бога морей и Геи — богини земли. Он питал особую привязанность к матери своей, которая его родила, вскормила и воспитала. Не было такого героя, которого бы он не победил — этот Антей. Он считался непобедимым героем. В чем состояла его сила? Она состояла в том, что каждый раз, когда ему в борьбе с противником приходилось туго, он прикасался к земле, к своей матери, которая родила и вскормила его, и получал новую силу. Но у него было все-таки свое слабое место — это опасность быть каким-либо образом оторванным от земли. Враги учитывали эту его слабость и подкарауливали его. И вот нашелся враг, который использовал эту его слабость и победил его. Это был Геркулес. Но как он его победил? Он оторвал его от земли, поднял на воздух, отнял у него возможность прикоснуться к земле и задушил его, таким образом, в воздухе.
>
> Я думаю, что большевики напоминают нам героя греческой мифологии, Антея. Они, так же, как и Антей, сильны тем, что держат связь со своей матерью, с массами, которые породили, вскормили и воспитали их. И когда они держат связь со своей матерью, с народом, они имеют все шансы на то, чтобы остаться непобедимыми.

Так преображается теперь общереволюционный сюжет о народе-матери и титаническом сыне. Но даже в этой модификации Сталин не выказал особой оригинальности. Хотя Антей объявлен здесь неким патроном большевизма, примечательно, что тот же миф и в том же аллегорическом прочтении — живительная связь партии с пролетарскими массами — задолго до Сталина уже использовали люди из противоположного, меньшевистского лагеря. В «Открытом письме 16 российских меньшевиков-"ликвидаторов"», опубликованном в 1910 году в «Голосе социал-демократа», говорилось:

> Мы не можем сказать наперед <...>, удастся ли в конечном счете старой партийной организации, как Антею, который прикоснулся к земле, в этих новых формах набраться новых сил для новой жизни и этим сохранить организационную преемственность социал-демократии <...> Но несомненно одно: меньшевики, на которых рекут "всяк зол глагол" и которых облыжно именуют "ликвидаторами", уходя из партийных ячеек в широкие рабочие организации, не уходят от рабочего движения, а пытаются к нему приобщиться[249].

Как бы то ни было, сам этот сюжет хорошо знаком кавказскому фольклору: и в нартских, и в грузинских повествованиях герой, чтоб одолеть противника, иногда отрывает его от земли (или «дна»). Таков же главенствующий боевой принцип Сталина, проступающий уже в самых первых его статьях, — лишить противника экономичес-

---

[249] Меньшевики: Документы и материалы 1903—1917 гг. С. 322.

кой и моральной «опоры», изолировать его, оторвать от масс, от класса, от партии. Это некий физический адекват сталинских логических схем с их законом достаточного основания и вечным поиском «корня» тех или иных явлений. В своей очень ранней заметке с душисто-ориенталистским названием «Рабочие Кавказа, пора отомстить!» (начало 1905 г.) он воодушевленно перечисляет: «Царское самодержавие теряет главную опору — свое "надежное воинство"! <...> Царское самодержавие теряет и вторую главную свою опору — богатую казну». Точно так же Дума «никакого народа не сумела собрать вокруг себя и, не имея под собой почвы, болтается в воздухе» (1906); учение анархистов «построено на ложной основе, оно долго не продержится и повиснет в воздухе» (1907); «господство буржуазии лишилось своей надежной опоры» (1917) и т.п.

Нет абсолютно ничего общего между мечтательным анархо-пролеткультовским «космизмом» 20-х годов и Сталиным. Небо и планеты, воздух, как, впрочем, и «безвоздушные» сферы, неизменно примыкают у него к резко отрицательному смысловому ряду. Это область праздных и жалких фантазий, естественная среда обитания «беспочвенных интеллигентов», оппортунистов, оппозиции (и евреев, лишенных своей земли):

Куда же нам переселиться в таком случае, на Марс, Юпитер или, может быть, в воздушные замки дашнак-эсеров? (1908).

Пусть порхают гг. дашнак-эсеры, пусть они бойкотируют организованные действия рабочих со своих воздушных высот, — сознательный пролетариат низведет их на нашу грешную землю (1908).

Если г. К-за не понимает этого, мы ему советуем переселиться куда-нибудь на другую планету (1908).

Тактика <...> не должна отрываться от земли и строить воздушные замки (1923).

Где же они [оппозиционеры] найдут лучшую партию на земле? Боюсь, как бы в поисках за лучшей партией им не пришлось перекочевать на Марс (1924).

Коминтерн не может стать надзвездной организацией, он связан с рабочим движением всеми корнями своего существования (1925).

Они [буржуа] думают <...> что мы окружены и висим в воздухе (1925). Руководство <...> рисковало повиснуть в воздухе (1925). И т.д.

На нашей планете топографическим аналогом праздного космоса у Сталина, несколько неожиданно, предстает «болото» — любимая уничижительная метафора в жаргоне всех революций. В той заметке, где он предлагал «дашнак-эсерам» переселиться на Марс, Сталин, буквально через страницу, торжественно обещает:

Пусть господа старые совещатели <...> ползут по дну зубатовского болота, — пролетариат вытащит их из болота и научит их ходить по широкому полю классовой борьбы!

В течение долгих лет в различных речах Сталина появляется этот мотив языческой привязанности к земле, ее почвенным слоям и недрам. Ничего хорошего от неба ждать не приходится — все ценное приходит снизу:

Идеи не падают с неба <...> Они порождаются самой жизнью (1905).

Свободы не падают с неба (1909).

Бебели не падают с неба, они вырабатываются лишь в ходе работы, в практике (1909).

Рабочие-литераторы не падают готовыми с неба. Они вырабатываются лишь исподволь, в ходе литературной работы (1912).

Национальный характер не падает с неба (1913).

Никогда готовые лидеры не падают с неба. Они вырастают лишь в ходе борьбы (1924).

Неужели аграрная революция могла упасть с неба? (1927)

Элементы нации — язык, территория, культурная общность и т.д. — не с неба упали, а создавались исподволь (1929).

Политика ликвидации кулачества, как класса, не могла упасть с неба (1930).

Деньги не падают с неба (1932).

Партийные не падают с неба (1933).

Откуда взялись Чкаловы? Откуда же они взялись, ведь они с неба не падают?[250] (1940).

Перед нами очередной пример все того же слияния первобытно-кавказской хтоники, проникнутой глухой неприязнью к любой космологии и вообще «небесным делам», с истматовской хтоникой ленинизма. Ведь совершенно аналогичная, хотя и не столь назойливая, нелюбовь к заоблачным высям звучит у многих других большевиков, например у Бухарина в 1927 году: «Техника сваливается не с неба»[251] — да и у самого Ленина в нескольких работах 1919—1920 годов:

Эта новая дисциплина не с неба сваливается и не из добреньких пожеланий рождается.

Разве мы действовали в безвоздушном пространстве, или мы можем рожать коммунистов по несколько человек в неделю?

Нет, товарищи, умение управлять с неба не валится и святым духом не приходит.

Сразу общего труда не создашь... Это с неба не сваливается.

Показательно, что избитую идиому, служащую для обозначения броских контрастов между возвышенным и низменным явлением — «как небо от земли», — Сталин обычно переиначивает, сообщая

---

[250] Цитата дана по: *Латышев А.* Сталин и кино // Суровая драма народа: Ученые и публицисты о природе сталинизма. С. 504.

[251] *Бухарин Н. И.* Проблемы теории и практики социализма. М., 1989. С. 183.

именно левому элементу этой оппозиции (небо) чисто отрицательный смысл:

Оппозиция <...> так же далека от ленинизма, как небо от земли (1927).

Такие хозяйственники, как небо от земли, далеки от тех новых задач, которые ставит нам новая обстановка (1931).

Странная теория, которая так же далека от науки, как небо от земли (1934).

Люди, которые так же далеки от марксизма, как небо от земли (1934)[252].

Даже если Сталин обращается к орнитологическим метафорам, то они тоже связаны у него не столько с небом, сколько с земной толщей. Пусть Ленин — «орел», но орел все-таки «горный», т.е. воплощающий экспансию хтоники. Сходную семантику, позабавившую Троцкого, получают ласточки как (общекавказский) символ наступающей весны:

Подземные силы освободительного движения заработали... Привет вам, первые ласточки! (1912).

Помимо гор, обозначением агрессивно вырастающей подземной мощи может стать у него что угодно — например, Хеопсова пирамида, которую он как-то раз — ни к селу ни к городу — противопоставил «конференции ликвидаторов». Бессмысленная в этом полемическом контексте, пирамида выступает как символическая обмолвка, как нечаянная весть о духовной родине — древнем рабовладельческом социализме.

Безусловно, его аграрные красоты родственны и общереволюционной сезонной аллегорике, знакомство с которой он продемонстрировал в своем тропаре, посвященном социалистической Пасхе (1912):

Постановили рабочие именно сегодня, в день Первого мая, когда природа просыпается от зимней спячки, леса и горы покрываются зеленью, поля и луга украшаются цветами, солнце начинает теплее согревать, в воздухе чувствуется радость обновления, а природа предается пляске и ликованию, — они решили именно сегодня заявить всему миру, громко и открыто, что рабочие несут человечеству весну и освобождение от оков капитализма.

Получился неприхотливый гибрид его давних отроческих пасторалей с партийно-газетной лирикой и, скажем, Словом Кирилла Туровского в новую неделю после Пасхи:

Ныня солнце красуяся к высоте въсходить и радуяся землю огреваеть; взиде бо нам от гроба праведное солнце Христос и вся верующая ему съпасаеть <...> Днесь весна красуеться, оживляющи земное естьство: бурнии ветри, тихо повевающе, плоды гобзують и земля, семена питающи, зеленую траву ражаеть. Весна убо красная вера есть Христова <...> Ныня древа леторасли испущають, и цветы благоухания процвитають, и се уже отради сладьку подавають воню; и делатели с надежею плододавца Христа призывають.

---

[252] Ср., впрочем, у Ленина: «Оптовый купец — это... экономический тип, как небо от земли, далекий от коммунизма».

Но в общем такие ботанические узоры ему достаточно чужды, и сама идея прорастания примет у Сталина более сумрачные формы. Да и никогда не было у него крестьянско-народнического культа именно кормящей почвы, «землицы» как таковой. Весь вопрос в том, что он, собственно, понимал под «матерью-землей». А под ней понималось многое, включая житейский опыт, тавтологическое «вырабатывание из работы», будничный практицизм. В борьбе за власть Сталин обошел всех своих русских и еврейских соперников, в частности, по тем же причинам, по которым и сегодня на любом московском рынке кавказский торговец побеждает своих местных конкурентов. Была в нем эдакая гурджиевско-микояновская деловая хватка, некий восточно-купеческий аналог мануфактурному реализму Энгельса и адвокатской приземленности Маркса.

В сталинском мышлении всегда доминирует эта приверженность к низшим, непосредственно ощутимым слоям бытия, к его наиболее реальной — телесной основе, трактуемой как самое существо мира, и здесь прямым аналогом «земли» выступает у него *сила*, собранная в низовых массах, в большинстве, *большевизме*. Сила же требует *сплоченности и единства*, которое станет одним из его главных принципов, соприродных и церковной традиции, и ленинской централизаторской установке. *Ядром*, или *основой*, этой сплоченной силы будет партийно-государственный аппарат и, в конечном итоге, сам Сталин. В этническом отношении базисное начало запечатлено в его неуклонно нарастающем русском патриотизме и национализме, а в плане государственном — отождествится с создаваемой им сверхмощной державой.

В психологическом аспекте поведенческий адекват «земли» — это обращение к элементарно-аффективному ядру психики, в понимании и эксплуатации которого Сталин не имел соперников[253]. Главным орудием его политической магии всегда будут иррационально-базисные *воля* и *вера*. В концептуально-методологическом плане этой тенденции отвечает неизменный сталинский редукционизм, вышеуказанное стремление в серии вопрошаний и ответов дойти до глубинной и вместе примитивной *основы, источника, корня* любой проблемы (часто Сталин предпочитает, в целях дальнейшего лавирования, приводить не одну, а несколько «основ»). С точки зрения тактических решений это блистательное, восхищавшее Черчилля, умение мгновенно схватывать *суть* политической ситуации. Марксистский материализм счастливо совпал с этой его тягой к грубо-вещественному, физиологическому восприятию корней жизни, большевизм дал ему средства для овладения ею.

Земля должна стать полностью подвластной и подконтрольной ему — т.е. колхозной — вместе с ее главным вегетативным, наибо-

---

[253] Важнейшим подспорьем была здесь семинария. «Главное, чему попы научить могут, — сказал он маршалу А. Василевскому (кстати, сыну священника), — это понимать людей...» (Цит. по: *Волкогонов Дм.* Кн. II, ч. 1. С. 339—340).

лее убедительным богатством — *хлебом*. В земных недрах, да и в самой материи, притягательно лишь то, что подвластно целенаправленной переработке и переустройству, — *сталь* как воплощение крепости и силы, давшая имя ему самому. Тем самым в экономике важнее всего будет черная металлургия и тяжелая индустрия. В народных массах столь же значимо лишь их продуктивно-энергетическое ядро, необходимое для промышленности, само поддающееся переплавке и одновременно служащее ее инструментом, — *рабочий класс*, от лица которого он возглавит государство и который обречет на каторжный труд и нищету.

Естественным развитием этого подхода будет соответствующая антропологическая установка — создание нового, сталинского человека. Иными словами, общереволюционный и общебольшевистский миф о кузнеце, выковывающем нового, стального Адама, он приспособит к решению собственной задачи, которую облечет в работу по «выдвижению новых парткадров». Но, приближаясь к этой стороне сталинского образа, запечатленной в его имени, мы снова должны будем обратиться к кавказской фольклорно-эпической традиции.

Имя Сталин

Вероятно, нигде в мире не существует такого глобального культа железа и стали, как на Кавказе, и прежде всего в нартском эпосе, сложившемся, по мнению исследователей, «на заре железного века». Его герои в младенчестве пьют расплавленную сталь, покоятся в стальной колыбели. Иные, как осетинские Хамыц или Батраз, носят стальные усы, которыми прокалывают змей или жаб, подносимых им в чаше коварным врагом. Их кони тоже пьют жидкую сталь или едят железные опилки; один из них, питавшийся только железом, на худой конец заменяет его железной рудой, добытой им в горах. «Все исследователи, знакомые с содержанием нартовских сказаний, знают, что упоминание золота, меди и медных изделий в них ничтожно мало по сравнению с количеством упоминаний железа, — пишет Крупнов, один из создателей северокавказской археологии. — <...> Упоминаниями железных орудий труда, оружия и предметов быта, закалки железных предметов и даже эпических героев буквально пестрят все циклы нартовского эпоса»[254]. В осетинских сказках мелькают железные великаны, железные кони, волки и псы с железными мордами, железные башни и т.п.

В грузинской традиции тоже, хотя значительно реже, встречаются стальные герои, но их появление обусловленно именно аланско-

---

[254] *Крупнов Е. Н.* О времени формирования основного ядра нартского эпоса у народов Кавказа // Сказания о нартах: Эпос народов Кавказа. С. 23.

осетинским, т.е., в ретроспективе, скифским влиянием. Как мне подсказал Дан Шапира, в знаменитой средневековой хронике — истории обращения Картли в христианство («Картлисай Мокцевай», XI в.), основанной на более древнем источнике, — описано неумолимое божество Армази, которое представляло собой металлическую статую с глазами из бериллов и вращающимся мечом, истреблявшим иноверцев и отступников. По резонному предположению Д. Шапира, происхождение этого идола восходит к главному скифскому божеству, изображавшемуся в виде меча, которое Геродот идентифицировал с Аресом и которое контаминировалось здесь с херувимом из Книги Бытия, библейскими изваяниями и ангелами Апокалипсиса. (Думаю, многим припомнится тут сталинское определение партии — «орден меченосцев».)

Присутствует тема железа и в грузинских ритуалах (мальчиков «закаляли» в кузницах, опуская их в воду), охотничьих сказаниях (где появляется, например, Железный дэв) и национальном эпосе: Амирани, как уже говорилось, враждует с кузнецами, приковавшими его к железному столбу. До этого, по просьбе самого героя, кузнец, согласно сванскому варианту сказания, заковывает его в «цеги» — железные игрушки; Амирани говорит ему, что выкован из меди[255].

Уже начиная с XIX века, и особенно в сталинские времена, грузинские националисты настойчиво связывали своих легендарных праотцев с изобретением металлообработки и кузнечного ремесла. Ср. эти патриотические мотивы, кодирующие имя *Сталин*, в солярной эпопее Леонидзе:

> Здесь люди поняли у горна,
> Что тяжкий молот сталь мягчит,
> И солнце захватив клещами,
> Его ковали, словно щит.
>
> ....
>
> Веря в солнце, как пристало
> Детям солнечной страны,
> Шли в бои, как сталь упорны,
> Нашей родины сыны!

А далее он живописует металлургические ритуалы, сопутствующие рождению и воспитанию его героя:

> В люльку сталь кладут, литую:
> — Сын неколебимым будет!
>
> ....
>
> Вместе с шашкой искупали,
> Обнесли вокруг огня.
>
> ....
>
> Словно сталь в багряном горне,

---

[255] *Чиковани М. Я.* Народно-грузинский эпос о прикованном Амирани. С. 110.

> Закалялся детский пыл.
> Край, взлелеявший ребенка,
> Для боев его растил[256].

Между тем сталелитейная муза Леонидзе может только дезориентировать читателя, интересующегося фольклорными истоками сталинской мифологии. Соответствующие элементы грузинского фольклора в целом несопоставимы с тем, что происходит в нартских циклах, где действует, например, небожитель, дух грозы Батраз, выкованный кузнецом Курдалагоном из стали. Однако на землю он спускается достаточно редко. Если принять во внимание подчеркнуто «земные» пристрастия Сталина и его исконную нелюбовь к небу, то нам потребуется искать истоки «авторского образа» в другом персонаже.

Это популярнейший герой осетинского и вообще нартовского эпоса *Сослан* Стальной, или Сосырыко; у кабардинцев он зовется Сосруко, у балканцев — Сосрыко, Сосрык, у абхазов — Сасрыква, у чеченцев — Соска-Солса. Происхождение его таково.

Его мать, по имени Сатáна (у соседей осетин — Сатаней или Сатанай), родилась из трупа женщины, оскверненной небожителем (по некоторым данным, Уастырджи — св. Георгием). Сатáна — мудрая вещунья, чародейка и отравительница. Выйдя замуж за своего брата Урызмаги, она становится матерью или покровительницей всех нартов. Ее постоянный титул — Хозяйка.

Героиня наделена сиянием (светлой, светящейся во тьме кожей). Однажды прекрасная Сатáна обнажилась у реки, и с другого берега ее увидел безвестный пастух. Возжелав ее, пастух испустил семя, которое упало на камень и оплодотворило его. Из камня родился железный мальчик Сослан; в одном из вариантов сказано, что он был «холоден, как лед», в остальных — что был раскален добела. Кузнец Курдалагон закаляет его (в море или в волчьем молоке). Все тело героя становится стальным, кроме ног — кузнец держал его щипцами за колени (либо за бедра), и потому они не закалились.

Последняя черта, как любая травма ног в фольклоре, думается, указывает на хтоническую или змеиную подоплеку Сослана. Обычно он наделяется необычайной хитростью и коварством. Нарты считают его незаконнорожденным, сыном жалкого пастуха, презирают его или враждуют с ним — словом, не принимают за своего, и даже почитаемую ими Сатáну по такому случаю нередко называют «потаскухой». В то же время хтонический отщепенец Сослан, или Сосруко, являет в своем образе приметы солнечного божества, но вместе с тем выступает в роли повелителя льда и стужи. Он спасает нартов от холода (который сам же на них напустил), по-прометеевски добывая огонь у злого великана, причем *отрубает ему голову его же собственным мечом*. Если, с одной стороны, герой защищает нартов, расправ-

---

[256] *Леонидзе Г.* Указ. соч. С. 9, 15, 32, 84.

ляясь с их врагами — великанами, то, с другой, он безжалостно истребляет сородичей. Нарты для своего спасения считают необходимым его погубить. Ср. в бжедугском тексте:

> Ни одного нарта Саусрыко не оставит в живых, все от него погибнем. Лучше мы сами погубим его, — решили нарты[257].

Героя, как водится, побеждают обманом: спущенное с горы «Колесо Балсага» перерезает ему ноги по самые колени, после чего Сослана погребают живым. Каждую весну он пытается вырваться из-под земли, чтоб расправиться со своими врагами.

Мне остается теперь лишь вернуться к предыдущему изложению, внеся в него соответствующие коррективы. И самые первые, еще чисто поэтические псевдонимы Сталина, образованные от имени *Сосо* — *Сосело* и *Созели*, и самые последние — *Салин, Солин,* наконец, *Сталин* включают в себя тот же акустический комплекс, что содержится в имени *Сослан.* Имя *Сталин* было идеальным совмещением *Сослана* со *сталью* как его психологической и «большевистско-индустриальной»[258] сущностью (и в придачу обладало тем известным преимуществом, что перекликалось с именем основателя большевизма).

Что касается прочих имен, задействованных в сталинской биографии, то в первую очередь стоит заново взглянуть на его первый публицистический псевдоним — Бесошвили, составленный на каламбурно-двуязычной основе. Если *Бесошвили* в таком макароническом контексте означает сын *беса,* то обращение к имени *Сослан* дает его адекват — сын *сатаны* (вполне естественная для семинариста, особенно в языческо-демонической ауре образа, псевдоэтимологизация слова).

Мы уже видели, что в процессе замещения имен по смежности Иосиф Сталин дал своему первому (законному) сыну имя Яков — то самое, которым назывался отец библейского Иосифа. Точно так же он дает своей первой — и единственной — дочери имя, напоминающее о матери эпического Сослана — светозарной Сатáне: *Светлана.* Еще важнее следующее обстоятельство. В течение многих лет он, с совершенно избыточным постоянством, обыгрывает ее зловещее детское прозвище: в письмах к жене (которая сама была уроженкой Кавказа и, конечно, имела представление о его фольклоре) Сталин, упоминая о дочери, почти всегда называет ее *Сатанка*[259]. Но когда она подросла и когда, после гибели Надежды Аллилуевой, семейный код был утрачен, он предпочитает изменить это имя на *Сетанка* — очевидно, чтобы избежать обидных и непонятных для девочки коннотаций. Сама Светлана пишет только об этом втором, более позднем варианте:

---

[257] Нарты: Адыгский героический эпос. С. 224.

[258] См.: Сто сорок бесед с Молотовым. С. 151, 240

[259] См.: Иосиф Сталин в объятиях семьи: Из личного архива. М., 1993. С. 31, 35, 37.

Называл он меня (лет до шестнадцати, наверное) "Сетанка" — это я так себя называла, когда я была маленькая. И еще он называл меня "Хозяйка"[260].

Так он величал ее в своих письмах, и так же она сама подписывала послания к отцу: *Сетанка-хозяйка*[261]. Это совокупное наименование максимально соответствует стабильному титулу «матери нартов»: *Сатáна — Хозяйка*.

Одновременно «Сетанка» как бы замещала для Сталина и его собственную «реальную» мать: «Ты до смешного похожа на мою мать <...>, — говорил он, и, кажется, это было главным источником его нежности ко мне»[262]. Помимо прочего, здесь действовал все тот же метонимический принцип, который дал о себе знать и в его первой женитьбе. «Вероятно, — пишет Такер, — на характерную для него привязанность к матери <...> указывает и тот факт, что невеста не только *имела такое же имя, но во многом походила на его мать*»[263].

Как и положено солнечной Хозяйке нартов, Светлана должна была освещать им путь во тьме:

В случаях хорошего расположения духа он встречал меня словами: "Что же ты, товарищ хозяйка, ушла и бросила нас, темных, без ориентировки"[264].

Уместно уточнить, что покойную жену, в отличие от дочери, Сталин никогда не называл «хозяйкой». Ни о каком реальном ведении хозяйства в случае Светланы говорить, конечно, не приходится (к тому же девочка жила в Кремле, отдельно от отца, со своим братом и няней). Правда, Сталин, как говорилось в предыдущей главе, придавал этому дополнительному прозвищу и пародийно-классовой оттенок.

Дополнительным стимулом при окончательном выборе псевдонима могло послужить для Сталина и его бесспорное внешнее сходство со стальным героем нартовского эпоса. Портрет Сослана неизменен: он *невысок ростом, смуглый, с железными глазами, хромой или «широкоступый»*, вообще с ослабленными ногами — напомню о сросшихся пальцах на ноге Сталина. К тому времени, когда он наконец взял себе это имя, он успел не раз побывать в России и других странах, где его смуглость воспринималась, естественно, в качестве отличительного признака (о ней упоминают, в связи с первым впечатлением от знакомства со Сталиным, Троцкий и Вера Швейцер).

Могли пробудиться у него и ассоциации с Колесом Балсага, которое, скатившись с горы, переехало ноги Сослана. Э. Радзинский цитирует воспоминания С. Гоглицидзе о дорожной аварии в Гори:

[260] *Аллилуева С.* Двадцать писем к другу. С. 93.
[261] Там же. С. 94, 142—145.
[262] *Аллилуева С.* Только один год. С. 319.
[263] *Такер Р.* Указ. соч. С. 103.
[264] *Аллилуева С.* Только один год. С. 332—333.

Никто не заметил, как с горы мчался фаэтон, потерявший управление. Фаэтон врезался в толпу, налетел на Сосо, но, по счастью, *колеса проехали лишь по ногам* мальчика; «И другой свидетель, — прибавляет Радзинский, — тоже рассказывает о ноге, покалеченной фаэтоном[265].

Жизнь Сталина сама подстраивается к кавказскому фольклору, включая такие ее подробности, как жестокие репрессии против родственников жены. В грузинском сказании встречная женщина говорит Амирани:

— Хотела бы я знать, татарин, куда идешь с мечом обнаженным,
Всех родичей жены ты истребил, кто тебя похвалит за это?[266]

Его упорный отказ от каких-либо упоминаний о нелюбимом отце словно перекликается с сюжетом о безотцовщине Сослана. Но и фольклорные сплетни о Сталине безотчетно обращаются к тем же древним моделям. Приведенные мною слухи о супружеской неверности жены Виссариона Джугашвили аукаются, помимо легенды о Великом Грешнике, и с частым в эпосе обвинением против Сата́ны, которую жены нартов бранили «блудницей», и с грузинским сюжетом о рождении Амирани, отцом которого был охотник[267]. Последнего в сталинском апокрифе как бы замещает путешественник, натуралист и охотник Пржевальский. С середины 20-х годов Сталин действительно обретает эпического приемного отца — правда, уже покойного. Речь, само собой, идет о Ленине, точнее, о его официально-культовом и мифологизированном образе.

Вот те материалы, из которых Сталин начал возводить здание собственной религии. Взятые вместе, они явили собой оптимальное сочетание солнечного пафоса революции и ее кровожадной хтоники с еще более свирепой кавказской хтоникой, металлических кумиров большевизма — со стальными чудищами нартского эпоса, подпольно-интриганской диалектики Ленина — с предательской изворотливостью кинто, лабазного материализма основоположников — со скотским бездушием ката. Пангерманизм Маркса и Энгельса Сталину суждено было со временем заменить русско-имперским шовинизмом, ибо национально-реставраторский потенциал советской власти соединился у него с ее черносотенными влечениями. Литургические рефлексы режима вступили в союз с семинарской выучкой, а партийная страсть к поклонению — с психопатическим тщеславием и властолюбием Сталина. Его исполинский эпический образ прорастает из трупа Ленина, как нартские великаны — из поверженных черепов, и первой строительной площадкой для необъятного капища станет ленинский Мавзолей.

---

[265] *Радзинский Э.* Сталин. С. 36; *Каминский В., Верещагин И.* Детство и юность вождя. С. 37.
[266] *Чиковани М. Я.* Народный грузинский эпос о прикованном Амирани. С. 214.
[267] *Вирсаладзе Е. Б.* Грузинский охотничий миф и поэзия. М., 1976. С. 93 и след.

Глава 3

Капля крови Ильича, или Теология победы

Та религиозная традиция дореволюционного большевизма, о которой говорилось в предыдущей главе, после Октября послужила пи-
тательной средой для ленинского культа, складывавшегося еще при
жизни коммунистического лидера. Нина Тумаркин указывает здесь
на такие прецеденты, как обрядовое почитание Маркса, жертв революции и т.п. Ленин и сам очень рано стал объектом сходного поклонения. Росту новой религиозности в годы гражданской войны чрезвычайно содействовала большевистская пропаганда, изображавшая
военные действия в традиционном для России духе православного и
фольклорно-языческого дуализма, т.е. как противоборство добра и
зла; исследовательница подчеркивает воздействие православной иконографии на советские листовки и прочие формы агитации («пролетарские десять заповедей» ВЦИКа, образ красноармейского св. Георгия, сражающего белогвардейского дракона, и т.п.)[268] Все это, конечно, подводило к сакрализации «Ильича», олицетворявшего силы
света. Столь же естественно, что его возвеличивание вливалось в при-
вычное монархическое русло. Как пишет Тумаркин, уже в 1917 году
подпись Ленина на первом же большевистском декрете — «О земле», — несмотря на всю невнятицу этого закона, принесла особую
персональную популярность предсовнаркома, возведя его в ранг того
самого царя-освободителя, который, как мечтали крестьяне, «даст
землю»; сходную роль сыграло потом вынужденное введение
НЭПа[269]. Нас здесь интересуют, однако, некоторые недостаточно
изученные религиозные аспекты ранней ленинианы, в дальнейшем

---

[268] *Tumarkin N.* Lenin Lives! The Lenin Cult in Soviet Russia. P. 69—73.
[269] Op. cit. P. 65.

отринутые или, напротив, усвоенные сталинизмом. Речь идет о первой половине 1920-х годов.

ОБЩЕЕ СЕРДЦЕ

Несмотря на бесспорную популярность Ленина, его культ долгое время был поразительно безличным — в согласии с партийным идеалом унифицированной массовости и тезисом о пролетариате как слитном коллективном организме, нивелирующем в себе любого индивида (вечное пролеткультовское «Мы»). В первые годы революции воцарилась старая коллективистская мистика Луначарского — примат человеческого Вида над личностью — и теогония горьковской «Исповеди»: «Богостроитель этот суть народушко! <...> Народушко бессмертный, его же духу верую, его силу исповедую, он есть начало жизни единое и несомненное; он отец всех богов бывших и будущих!»[270]. Комментируя эти пассажи, специалист по большевизму генерал Спиридович писал, что, хотя поначалу богостроительство считалось в партии ересью, «после революции 1917 года, в условиях создавшегося тогда хаоса, эта идеология оказалась как раз подходящей для потворства вышедшим из повиновения массам, стала как бы официальной у большевиков и окрасила их пропаганду»[271]. Любопытно, что и у самого Ленина, вопреки его атеистической ненависти к богостроительству и политической вражде к пролеткульту, в это время смутно проглядывает некое полуофициальное обожествление заводского пролетарского коллектива — например, в речи «Задачи союзов молодежи» (1920), где он, запальчиво изничтожая религиозную нравственность, выводимую «из велений бога», противополагает ей нравственный императив классовой борьбы. Для разрушения старого эксплуататорского общества, говорит он, «надо создать объединение. Боженька такого объединения не создаст. Такое объедине-

---

[270] *Горький М.* Указ. соч. С. 331. См. там же историю всемирного грехопадения: «Началась эта дрянная и недостойная разума человеческого жизнь с того дня, как первая человеческая личность оторвалась от чудотворной силы народа, от массы, матери своей, и сжалась со страха перед одиночеством и бессилием своим в ничтожный и злой комок мелких желаний, комок, который наречен был — "я". Вот это самое "я" и есть злейший враг человека» (С. 344). Помимо русской соборной традиции, а также люциферианских мотивов и обычного теософского осуждения «самости» здесь угадываются иудаистское представление об Адаме как изначальной совокупности всех человеческих душ и каббалистическое учение о самоумалении, сжатии («цимцум») бесконечности и о разрозненных во тьме искрах — душах, томящихся по воссоединению. Стоит напомнить, что с богостроителями был тесно связан ультралевый сионист Бэр Борохов, который стремился синтезировать марксизм с каббалой.

[271] *Спиридович А. И.* История большевизма в России. С. 202.

ние могли дать только фабрики, заводы, только пролетариат». Выходит, пролетариат функционально замещает собой немощное божество старого мира.

Изображения Ленина в поэтических и беллетристических текстах подчинялись литературному канону, который, по определению А. Лурье, сводился к показу «революционной народной массы в целом как могучей монолитной силы»[272]. Один из глашатаев более поздней, сентиментальной ленинианы, Орест Цехновицер, в 1925 году констатировал с оттенком благочестивой грусти:

> В большинстве пролетарские поэты и писатели восприняли Ленина, не отделяя его от коллектива-массы. Последнее выявляет марксистское понимание личности, восприятие ее в неразрывной связи с массой, в растворенности в ней <...> Личное, человеческое, бытовое отметалось в вырисовке Ленина, и оставался лишь образ сурового вождя — кормчего, рулевого <...> Лишь потом, в ярких набросках близких (не писателей) мы смогли наметить подлинный облик Ильичов[273].

Вспышки интереса к персоне вождя, вызванные в 1918 году покушением Фанни Каплан и ленинским юбилеем в 1920-м, мало что меняли в общей картине. Исключение составляли разве что немногочисленные еще мемуары. Эпоха все еще одержима марксистской идеей автоэмансипации, родственной многим другим тогдашним движениям, вроде сионизма: «Никто не даст нам избавленья, / Ни бог, ни царь и не герой. / Добьемся мы освобожденья / Своею собственной рукой». Поэтому культовые потребности режима долго блокируются его же установкой на принципиальное отсутствие героя. Ленин есть самоолицетворение масс, но столь же безличное, всеобщее, как они сами[274]. Странная размытость отличает табельные панегирики:

> *Он нам дорог не как личность.* В нем слилась для нас свобода.
> В нем слилось для нас стремленье, в нем — веков борьбы гряда.

---

[272] *Лурье А. Н.* Поэтический эпос революции. Л., 1975. С. 41.

[273] Цехновицер О. Образ Ленина в современной художественной литературе // В. И. Ленин в поэзии рабочих: Сборник литературно-художественных материалов для рабочих клубов / Сост. М. Скрипиль и О. Цехновицер. Л., 1925. С. 10.

[274] Касаясь богдановского — и всего советского — тотального коллективизма, Глебкин справедливо указывает на его зависимость от славянофильской соборно-общинной традиции (И. Киреевский, Хомяков, К. Аксаков) — См.: *Глебкин В. В.* Ритуал в советской культуре. М., 1998. С. 66—69). Но сюда целесообразно прибавить и актуальное воздействие родственных западных течений последних десятилетий XIX начала XX века — таких, как насыщенные семейно-соматической аллегорикой различные христианско-социалистические или, что еще важнее, немецкие и австрийские социал-демократические коллективистские доктрины; последние, в свою очередь, представляли собой марксистскую адаптацию немецкого почвенничества с его утопией национального единения (Volksgemeinschaft). См. также: *Guenther H.* Тоталитарная народность и ее источники // Русский текст. Российско-американский журнал по русской филологии. 1996. № 4.

Он немыслим без рабочих, он немыслим без народа.
Он немыслим без движенья, он немыслим без труда.
Царство гнета и насилья мы поставим на колени.
Мы — строители Вселенной. Мы — любви живой струя...
Он нам важен не как личность, он нам важен не как гений,
А как символ: «Я — не Ленин, но вот в Ленине — и я».

А. Безыменский[275]

И общее сердце миллионов людей
В его груди зажглось.

Г. Шенгели[276]

О, буревестник мировой,
Бушующий миллионами рук.

А. Казин[277]

Такова в точности официальная разнарядка Агитпропа и Главполитпросвета, высказанная, например, К. Радеком:

Ленин — квинтэссенция рабочей русской революции. Он, можно сказать, олицетворение ее коллективного ума и ее смысла[278].

«Квинтэссенцию» охотно соотносят с повсеместно пропагандируемой «рабоче-крестьянской смычкой». Крупская по этому поводу говорит об органической связи Ленина как с рабочими, так и с крестьянством, Каменев и другие — о «мужицкой» сути пролетарского вождя (Луначарскому, например, он напоминал «ярославского кулачка, хитрого мужичонку») — словом, суммарный образ Ильича символизирует союз обоих классов.

Логос и порождение пролетариата

Ленин представал не просто олицетворением, но также и осознанным самовыражением рабочего класса, угнетенных масс. «Устами Ленина», как пишет Каменев, вещает «коллективный разум, коллективная воля и коллективный инстинкт трудящихся масс России»[279];

---

[275] Цит. по сб.: Ленин / Сост. В. Крайний и М. Беспалов. Под ред. Д. Лебедя. 2-е изд. Харьков, 1924. С. 66. См. также комментарий Цехновицера. — Указ. соч. С. 10.

[276] Сб. Чтец. Сост. / В. Сережников, М.; Л., 1924. С. 264.

[277] Сб. Ленин. С. 101.

[278] Там же. С. 16.

[279] *Каменев Л.* Ленин и пролетарская революция // В. И. Ленин: Статьи Каменева, Преображенского, Осинского, Горького, Луначарского и Подвойского. Чита; Владивосток, 1924. С. 12.

«он был рупором подлинных масс <...>, был рупором нашей партии; он формулировал то, что росло бессознательно в сердцах и умах угнетенного пролетариата»[280]. Согласно Осинскому, «классовые задачи, которые массы уже искали инстинктивно», Ленин умел «выражать в самом ядре, отбросив в сторону всякую шелуху»[281]. Получается, что для «масс» он выполняет миссию производного от них Логоса, т.е. Бога-Слова[282]. Если же принять во внимание богостроительскую догму насчет того, что эти массы суть верховное и бессмертное божество («начало жизни единое», по слову Горького), рождающее прочих «богов бывших и будущих», то станет совершенно очевидно, что Ленин подвизается в роли того самого сына-Мессии, который у народовольцев призван был спасти Мать — землю или народ. Возникала, правда, некоторая путаница с самим полом этого родителя, представавшего теперь то в мужской, то в женской ипостаси: рабочий класс мог быть отцом, а партия или народная масса — матерью Ильича. Ср. в экстатическом очерке М. Кольцова «Человек из будущего»:

> Русь рабочих и крестьян взрастила в муках своего освобождения [ср. родовые муки] из векового рабства лучшего работника всемирного освобождения[283].

С партаппаратной точки зрения, однако, важнее было представить Ленина порождением самой РКП. В 1923 году, незадолго до неотвратимо приближавшейся кончины вождя, когда обострилась борьба за власть между старобольшевистской элитой и Троцким, Зиновьев в брошюре «В. И. Ленин» писал:

> Всякий, кто хочет с успехом идти по указанному тов. Лениным пути, должен помогать строить нашу великую Коммунистическую Партию, потому что только она могла родить такого человека, как Ленин[284].

---

[280] *Каменев Л.* Великий мятежник // Сб. Ленин. С. 218. Ср. закрепление таких формул в массовой пропаганде — например, во вступительной заметке Д. Лебедй к этому же изданию: голос Ленина «звучал как голос десятков миллионов сознательных пролетариев всех стран» (С. 11).

[281] *Осинский Н.* Рисунок пером // Сб. Ленин. С. 45. Этот вербальный стриптиз клишируется в любом описании ленинской риторики, как в ее обличительном, так и позитивно-содержательном аспекте. Ср. в поэме Маяковского о Ленине, скомпонованной из штампов Агитпропа: «Понаобещает либерал или эсерик прыткий, сам охочий до рабочих щей, — Ленин фразочки с него пооборвет до нитки, чтоб из книг сиял в дворянском нагише».

[282] Ср. у Маяковского: «Я знал рабочего. Он был безграмотный. Не разжевал даже азбуки соль. Но он слышал, как говорил Ленин, и он знал — все».

[283] Сб. Ленин. С. 253. Естественно, что эту мифологему вдохновенно развивает корифей богостроительства Луначарский, у которого вождь вышел «из недр... мирового крестьянства и рабочего класса»; введен здесь и более сложный теогонический вариант (подхваченный тем же Маяковским): Ленин — это «любимый сын истории».

[284] Цит. по: От первого лица. С. 488.

Иначе говоря, «никто не знает Сына, кроме Отца» (Мф. 11:27) — или, на сей раз, Матери; грамматический род слова «партия» сообщает большевизму приметы даже некоей андрогинности. Как бы то ни было, после смерти правителя в траурных песнопениях наряду с «сиротской» темой (см. ниже), нередко различима богородичная интонация — к примеру, у С. Третьякова: «Боль такая бывает, когда умирает сын»[285].

Однако культовый репертуар включал в себя и другие модификации. В этом клерикально-материалистическом контексте единосущность вождя и класса неизбежно должна была пониматься по библейской модели: «плоть от плоти» (ср. Быт. 2:23) или «образ и подобие» (Быт. 5:1—4). Мотив «единой плоти» очень заметен и в упоминавшемся кольцовском очерке, где он увязан и с богостроительской риторикой насчет единой кровеносной системы масс (ср. кипящая Чаша Грааля у Горького в «Исповеди»), и с пролетарско-технологическими красотами:

> Разве не кровь самого пролетариата — кровь Ильича? Не рабочие мускулы — его мускулы? Не центральная узловая распределительная станция и главный стратегический штаб — мозг Ленина?

К идеалу христианско-пролеткультовской безличности Кольцов удачно приспосабливает здесь пресловутую «простоту и скромность», а равно озадачивавшую многих невзрачность, неказистость, внешнюю тусклость — Набоков сказал бы, пошлость — Ильича. Кольцовская версия богостроительства — итоговый портрет «человека из будущего» — дышит благородной аскезой классового утилитаризма (соединенной с представлением о нераздельности Троицы):

> Ни за что не разберешь, где кончается личный Ленин и начинается его семья — партия, так же как невозможно определить резкие грани там, где кончается партия и начинается пролетариат.
>
> Ленин — это сложнейший тончайший аппарат, служащий пролетариату для его исторической мысли. Потому-то так скромен, защитно одноцветен его облик, потому-то так прирос он к рабочему классу, потому и физически больно пролетариату, когда Ленин болен.
>
> И потому в Ленине, первом из будущих, мы не можем и не должны искать мелких личных признаков, жестов и фраз, — обязаны видеть его черты в чертах нашей... революционной эпохи[286].

С другой стороны, оставаясь двойником рабочего класса, Ленин все чаще выступает и в облике внеположной ему авторитарной силы, управляющей пролетариатом. В юбилейном («Правда», 20 апреля 1920 г.) стихотворении И. Филипченко «Великому брату» тема безличного тождества характерно осложняется некоторой уже обособ-

---

[285] В. И. Ленин в поэзии рабочих. С. 15.

[286] Сб. Ленин. С. 47—48. Характерно, что в своих более поздних очерках Кольцов, как все мемуаристы после смерти Ленина, предпочитает подчеркивать в его портрете как раз индивидуальные особенности.

ленностью вождя, возвышающегося над равновеликим ему скопищем тружеников, вызвавших его к жизни:

> Миллионам ратей поля и металла
> Понятен ты и равен, как двойник.
> И в мире — от велика и до мала —
> Тебя воззвал родимых масс язык.
> И весь прямой и пламенный мудрец,
> Пролетариата верный образец,
> Пребудешь поколеньям неизменен.
> Среди пожара грозного кузнец,
> В руке взнесенный молот, твой близнец,
> Стоишь, весь озарен, о вождь наш Ленин![287]

Ср. в стихах другого пролетарского поэта (подпись — Рабочий Ан), живописующего инфернально-вулканический напор революции (1922):

> Кто он — гений, человек ли?
> Создал «ад», похерил «рай»:
> Хорошо нам в красном пекле —
> Брызжет лава через край...
>
> Мы — хозяева... Мы — боги...
> Крушим, рушим, создаем...
> Гей вы, нытики, с дороги!
> Беспощаден бурелом.
> ....
> Он помог нам, мы окрепли,
> Кровь, как лава, горяча:
> Потому-то в красном пекле
> Крепко любят Ильича...[288]

Главная заслуга Ильича состоит в том, что «он помог нам» — коллективным богам новой жизни; но его облик носит вместе с тем и налет особой, метафизической неотмирности, сообщающей ему иной — отцовский статус.

ДВОЙНОЕ ЕСТЕСТВО

Все явственней, преимущественно после помпезного ленинского пятидесятилетия, ощущается в панегирической макулатуре это напряжение между двумя контрастными сторонами ленинского образа — сыновней и авторитарно-демиургической, т.е. отцовской. Зна-

---

[287] Первые песни вождю: Сборник стихов / Сост. Е. Тубинская. Под ред. А. Безыменского и А. Жарова. М., 1924. С. 36.
[288] Там же. С. 39.

чительно позднее биполярность ленинской фигуры — уже с явным сдвигом в сторону отцовского начала — запечатлел Маяковский: «Ветер всей земле / бессонницею выл, / и никак / восставшей / не додумать до конца, / что вот гроб / в морозной / комнатеночке Москвы / революции / *и сына и отца*». Проступает это сбивчивое двуединство и в очерке Кольцова:

> Отлично известно отношение партии к Ленину. Единственное в истории, неповторимое сочетание *доверия, благоговения, страха, восхищения* с дружеской фамильярной спайкой, с грубоватой рабочей лаской, с покровительственной заботой *матери о любимом сыне.*

Партийно-богородичная икона с ее «грубоватой лаской» в общем соответствовала тогдашнему положению дел (хотя и заметно корректировалась за счет таких проявлений встречной ленинской «грубоватости», как разгром рабочей оппозиции, гонения на Пролеткульт, репрессии против забастовщиков и т.п.); но с этой покровительственной заботой уже сочетается здесь молитвенно-величальный ассортимент любого богослужения: *вера* («доверие»), *благоговение, страх* Божий. Сходная двупланность отражена и в названии стихотворения Филипченко — «Великому брату»: то был неуверенный компромисс, в котором евангельское обозначение Христа как «старшего брата» (ср. Мф. 25:40) перенесено на Ленина, но с существенным повышением в чине — до «великого». У Кольцова сходная путаница в семейных отношениях просвечивает еще заметнее; сразу после процитированной фразы о «любимом сыне» он внезапно рисует совершенно другой родственный расклад: «В. И. Ульянов (Ленин) — грозный глава республики-победительницы и Ильич — простой близкий *старший брат*»[289]. С тем же Янусом встречается умиленный герой А. Аросева: «Будто это *старший брат* его...»[290] Дело тут в том, что коллективистские формы культа неудержимо смыкались с накатанной традицией монархических славословий, которые всегда проецировали на государя (как на «живую икону» и «образ Божий») двойственное — богочеловеческое — естество Христово. В качестве божественного начала выступала государственно-юридическая суровость, строгость царя, которую обязательно уравновешивало его же собственно-человеческое тепло: кротость, доброта, милосердие. Первая сторона личности представительствовала от миродержателя Саваофа, вторая — от вочеловечившегося Иисуса[291]. По аналогичной модели постоянно раздваивался и председатель Совнаркома — на Саваофа-Ленина и Христа-Ильича (или Ульянова):

---

[289] Сб.: Ленин. С. 48.

[290] В. И. Ленин в поэзии рабочих. С. 11.

[291] См. в моей статье: Рождение культа (Ленин как мифологический тип) // Синтаксис. 1986. № 15. (Под другим названием — «Большевистский Христос» — Столица. 1991. № 31, 32.)

У этого изумительного существа — два лица <...>: Ленин и Ильич. Великий вождь. Историческая, исполинская фигура. И вместе с тем такая изумительная, обаятельная, чудесная личность (*А. Сосновский*)[292].

Он — с одной стороны, Ульянов, а с другой стороны, он — Ленин (*Н. Осинский*)[293].

А в глазах есть противоречие, они добрые и строгие (*А. Аросев*)[294].

Уже в 1920 году и особенно после смерти властителя это «противоречие» пытаются синтезировать в духе мистического человеколюбия вчерашние богостроители Горький и Луначарский: оба называют его Человеком с большой буквы (отсюда и «самый человечный человек» Маяковского), умеющим ненавидеть от великой любви. Замечательный комизм таким диалектическим акафистам придает как напыщенность Горького, так и обычная стилистическая сумятица, свойственная наркому просвещения, который в своем показе Ленина сочетает стародевичьи ужимки («Гнев его также необыкновенно мил») с канцелярскими оборотами; в итоге Ильич являет собой некую помесь большевистского Амура с анатомическим пособием: «Если перейти к сердцу Владимира Ильича, оно сказывалось, во-первых, в коренной его любви...»[295].

К числу «земных» свойств относились все та же внешняя неказистость, бытовая непритязательность и скромность (по части которой среди европейских деспотов он уступал, кажется, только португальскому диктатору Салазару, скромнейшему из скромных). Панегиристы стараются оживить блеклую гамму хоть какими-то индивидуальными тонами, трогательными и забавными «человеческими слабостями» (ориентируя их одновременно на образ Мессии в Ис. 53:2) — тенденция, которая расцветет после его смерти в мемуаристике и будет пародироваться в анекдотах.

Владимир Ильич Бебель

Важнейшее место в комплекте христианских реминисценций, однако, занимала клишированная множеством авторов евангельская *простота* и доступность Ильича, которая на деле представляла собой довольно сложное понятие. В этой «простоте» разоблачительный редукционизм, прямолинейность и ясновидение Ленина соединялись с каноническим определением души («субстанция простая, не-

---

[292] В. И. Ленин в поэзии рабочих. С. 29—30.
[293] Сб. Ленин. С. 43.
[294] В. И. Ленин в поэзии рабочих. С. 11.
[295] *Луначарский А.* Ленин (Очерки). М., 1924. С. 19.

делимая»), открытостью и сердечностью Иисуса, его любовью к «простецам». Но тут у Ильича был непосредственный, тоже сакрализованный предшественник, на образ которого он сам ориентировался, так же как ориентировалась на него и вся казенная ленблиниана (постаравшаяся затем стереть память об этом предтече). Я имею ввиду Августа Бебеля — харизматического «рабочего вождя» немецкой социал-демократии, весьма уважительно упомянутого Лениным еще в «Что делать?» (а потом, в 1910-м, и Сталиным в статье к 70-летию Бебеля[296]). Вот как в некрологе (1913) вспоминал о нем большевик-религиовед Бонч-Бруевич, знавший толк в подобных славословиях и позднее ставший одним из главных создателей ленинского культа; здесь описывается приезд Бебеля в 1898 году к «рабочим-цюрихчанам»:

> Помню, быстро, как молния, разнеслась весть по русской колонии:
> — Бебель в Цюрихе!
> — Где? Где?.. <...>
> Взвился занавес сцены и из боковых дверей быстро вышел Август Бебель. На мгновение все стихло, казалось, замерло, притаилось... Он впился в залу, как будто каждому смотря в душу, и вдруг зашумели, поднялся не гром, а какой-то вихрь рукоплесканий, радостных криков закружился и пошел по залу <...> Бебель быстро поднял руку... и сразу, точно это был удар дирижерской палочки перед громадным оркестром, — все смолкло так же моментально, как разразилось бурей <...> Что за чародейство в этом человеке? Какая непостижимая власть над сердцами людей!! Какое могучее владычество над думами и чувствами рабочих! <...>
> *Просто,* сухо, деловито обратился он к слушателям <...> Его *простые* выкладки, цифры, начиненные жизненными примерами, — все такое *простое,* общепонятное, все так было хорошо и *просто* сказано... с такой большой, бьющей через край любовью к рабочему классу, что невольно волновало и заражало всех, как-то собирало в одну дружную семью <...>
> Его окружили, жали ему руки. Он *так просто, так мило* со всеми шутил, разговаривал, встречая старых знакомых рабочих, расспрашивал их о цюрихских делах... К нему приблизилась группа русских социал-демократов, и надо было видеть, с какой внимательностью стал он расспрашивать их о русских делах <...>
> Окруженный громадной толпой, Август Бебель шел по зале, пробираясь к выходу... Вдруг все как один запели "Интернационал", каждый на своем языке. Могучий хор тысячи воодушевленных голосов сопровождал своего вождя боевым напевом всемирной песни[297].

Думаю, каждый с легкостью найдет здесь заготовки для ленинской агиографии и Горького, и Маяковского, и вообще для всей последующей ленинианы, прилежно лепившей отечественную разно-

---

[296] На основании этой публикации Такер писал о парадигматическом, с точки зрения Сталина, значении Бебеля как рабочего вождя, вышедшего из низов. — См.: *Такер Р.* Сталин: Путь к власти. С. 132.

[297] Памяти Августа Бебеля // *Бонч-Бруевич В. Д.* Избр. соч. М., 1961. Т. 2. С. 141—142. В довольно сходных тонах, кажется, изображался Жорес.

видность Августа Бебеля (Горький, впрочем, камуфлирует эту зависимость, подчеркнуто противопоставляя Ленина как подлинно рабочего вождя именно Бебелю, которого уличает в немецко-мещанском самодовольстве). Сходство с Бебелем как бы вскользь отмечали в Ильиче и старые большевики (например, Зиновьев), тогда как нелюбимый ими выскочка и чужак Троцкий в этом наборе соответствий ассоциировался у них — да и у самого Ленина, если верить горьковскому рассказу, — скорее с красноречивым эгоцентриком Лассалем. В результате выстраивалось нечто вроде классической христианской оппозиции: простой и смиренный праведник — горделивый себялюбец.

Кормчий, Моисей и кузнец

Параллельная тенденция заключается в упомянутой Цехновицером манере изображать Ленина в виде "кормчего, рулевого". На деле эти условные фигуры тоже были непременной принадлежностью старых монархических дифирамбов, восходивших к патристике (Кормчий-Христос у Иоанна Златоуста и пр.) и к навигационным образам античности, воспринятым христианством. Задолго до 1917 года леворадикальная поэтика приспособила к своим нуждам, вместе с другими гомилетическими украшениями, и метафору плавания по бурному морю к заветной гавани (социализму), она же — Земля Обетованная. Другим совокупным достоянием церкви, монархических од и левонароднической поэтики, унаследованным ленинианой, был присоединяемый к портретам Ленина-Капитана (Возничего и т.п.) и уже знакомый нам из поэмы Демьяна Бедного образ революционного Моисея[298] (к слову сказать, глубоко оскорблявший атеистическое целомудрие Цехновицера): см. у Зиновьева, Радека и др. Традиционным, в частности, было прикрепление ленинского образа к библейскому трагическому сюжету о вожде, обреченном умереть на пороге Земли Обетованной (Втор. 4:21—22; 34:4—5). Примечательно, что к этим клерикальным аналогиям безотчетно прибегает не кто иной, как сам Ленин. Выступая 1 мая 1919 года на Красной площади, он приоткрыл завесу грядущего: «Большинство присутствующих, не переступивших 30—35-летнего возраста, увидят расцвет коммунизма, от которого пока мы еще далеки». В 1920 году, вскоре после своего пятидесятилетия, в речи на III съезде комсомола, он изменил сроки:

Тому поколению, представителям которого теперь около 50 лет, нельзя рассчитывать, что оно увидит коммунистическое общество. До тех пор это по-

---

[298] Подробнее обо всем этом см.: *Вайскопф М.* Во весь логос: Религия Маяковского. С. 100 и след.

коление перемрет. А то поколение, которому сейчас 15 лет, оно и увидит коммунистическое общество, и само будет строить это общество.

Как видим, в обоих случаях большевистский вождь примеряет к себе плачевную участь Моисея и библейский рассказ о поколении отцов, которое вымерло, не достигнув Земли Обетованной, куда вошло только их молодое потомство; ленинские пророчества ориентированы вместе с тем на повеление, которое получил в пустыне Моисей касательно своих сородичей-левитов: «От двадцати пяти лет и выше должны вступать они в службу для работ при скинии собрания, а *в пятьдесят лет* должны прекращать отправление работ и более не работать» (Исх. 8:25; в другом месте приведен несколько иной нижний возрастной барьер: от 30 до 50 лет — Исх. 4:46—47).

К сюжету о Моисее снова патетически взывает, по случаю болезни Ленина, официальный безбожник Демьян Бедный: «Долгий, долгий, мучительный путь, / И — предел роковой пред страною Обета...» (стихотворение «Моисей», снабженное эпиграфом из Втор. 34)[299]. Но ветхозаветный пророк считался и одним из главных «прообразователей» Иисуса. В русской одической поэзии весь этот аллегорический спектр закреплялся, как известно, в первую очередь за Петром Великим — «шкипером», воителем и тружеником, преобразовавшим Россию (и, соответственно, за его августейшими преемниками), так что Ленин зачастую выглядел чем-то вроде марксистской реинкарнации первого императора.

К монархически-навигационным христианским клише большевизм в качестве собственной лепты прибавил и языческий образ Ленина — пролетарского молотобойца (иногда с некоторыми индустриальными вариациями: сталевар, кочегар и т.п.); ср. в цитировавшемся стихотворении Филипченко, где тема коллективизма, внутреннего тождества между Лениным и пролетариатом соседствует с экстатическим гимном державному Кузнецу, который несколько эклектически совмещен с революционным пожаром: «Среди пожара грозного кузнец, / В руке взнесенный молот, твой близнец». Надо признать, что подобные комбинации мифологем часто отдавали чрезмерной экзотикой — ср., например, воспоминания одного из секретарей Троцкого, М. Ахманова («Красные штрихи»), который синтезировал кузнеца с нищим пролетарским Христом: «Я помню, как товарищ Ленин щеголял тогда в продырявленных брюках как настоящий кузнец пролетарского государства в рабочем костюме»[300].

---

[299] Первые песни вождю. С. 43. Бог-Отец, от которого зависит участь героя, заменен здесь языческим и по-марксистски безликим роком: «Суеверно молю я судьбу: — Пощади!»

[300] Цит. по: *Спиридович А. И.* Указ. соч. С. 383. Далее — не менее колоритно: «А товарищ Троцкий появился однажды утром без галстука, являя собою образец военного пролетарского вождя на поле сражения» (Там же).

Но с января 1924 года эта металлургическая ипостась приобретает не вспомогательное, а самодовлеющее значение: Ленин-кузнец предстает не столько порождением, сколько демиургом пролетариата, а главное — коммунистической партии.

Ковчег Завета

Смерть Ленина сообщает его культу эпохальное значение, неимоверно нагнетающее солярно-хтоническую символику революции. Это космическое событие, нуминозное затмение солнца — и вместе с тем его новое рождение из тьмы. В погребальной лениниане сплетены два канона: традиция траурных рыданий: «Плачь, планета! <...> / Завой, / Заплачь, земля, как человек» (А. Дорогойченко, «Бессмертному»)[301] — и пасхального оптимизма: «Не плакать, не плакать, не плакать / Не плакать об Ильиче!» (С. Третьяков)[302]; «Нам ли растекаться слезной лужею?» (Маяковский). Запрет на плач идет и от обрядовых погребальных уговоров, и от монархических од, и от девятого ирмоса на Великую Субботу: «Не рыдай Мене, Мати, зрящи во гробе <...> восстану бо и прославлюся».

Богостроитель Луначарский высказывает по такому случаю даже избыточную жизнерадостность, окрыленный тем, что кончина любимого вождя обеспечила, наконец, долгожданную возможность для его беспрепятственной сакрализации:

> Это не смерть — то, что мы пережили сейчас, это — апофеоз, это — превращение живого человека, которому мы недавно еще могли пожать руки, в существо порядка высшего, в бессмертное существо[303]. (Любопытная аллюзия на робеспьеровское поклонение «Верховному Существу».)

В строгом соответствии с фольклорно-аграрными стереотипами, Мавзолей предстает материнской утробой; тогдашний лозунг: «Могила Ленина — колыбель человечества». Все это, конечно, перепевы литургического «смертию смерть поправ», куда как отголосок новых, материалистических суеверий входит и неясная, молчаливо подразумеваемая надежда на временный, преходящий, чуть ли не сезонный характер ленинской смерти. Это скорее магический зимний сон (и Ленина сперва замораживают), насланный мстительной буржуазной Судьбой или тождественной ей Природой, пока еще не покоренной

---

[301] Первые песни вождю. С. 56.

[302] Сб. Ленин. С. 214. Ср. у С. Минина («Над могилой»): «Он шепчет из гроба наказы: / Молчите! Ни стона, ни слез, ни тоски! / По миру несите приказы!» (Первые песни вождю. С. 117).

[303] *Луначарский А.* Указ. соч. С. 15.

большевиками, — отсюда и сама идея *«усыпальницы»*, научного хрустального гроба[304] (которая породила в народе жутковатые рассказы о замогильных блужданиях Ленина, по аналогии с бодрствующими «заложными покойниками»[305]). Быть может, в нем теплится какая-то тайная жизнь?

> Но и сквозь веки и мертвый взор
> Все тем же полон огнем.
>
> *Г. Шенгели. «Капитан (На смерть Ленина)».*

Недаром ленинский труп с годами все хорошеет.

> 1924: Общий вид значительно улучшился по сравнению с тем, что наблюдалось перед бальзамировкой, и приближается в значительной мере к виду недавно умерших.

> 1942: Совершенно необыкновенно точно посвежевшее лицо». Еще немного, и он приподнимется из гроба: «Какая замечательная подвижность в плечевом и локтевом суставах![306]

Н. Тумаркин объясняет затею с ленинской мумификацией и созданием Мавзолея, среди прочего, четырьмя факторами: это открытие гробницы Тутанхамона, состоявшееся за 15 месяцев до того; русская православная традиция, считавшая сохранность останков свидетельством святости; влияние, оказанное на большевистскую интеллигенцию философией Федорова с ее идеей телесного воскресения, и, наконец, богостроительство, один из ведущих приверженцев которого, Леонид Красин, руководил бальзамированием[307]. Возможно, наибольший символический заряд несет в этом перечне аналогия с Тутанхамоном. Последующий переход от временного, деревянного к каменному Мавзолею в конце 1920-х годов заново пробудил древние магические токи в душах самых разнообразных адептов.

---

[304] Как указывает Хагемайстер в своей капитальной диссертации о Федорове, К. С. Мельников открыто сравнивал свой проект ленинского саркофага со стеклянным гробом спящей царевны. — См.: *Hagemeister M.* Nikolaj Fedorov: Studien zu Leben, Werk and Wirkung. Muenchen, 1989. S. 266.

[305] См.: Ленин в русской народной сказке и восточной легенде / Сост. А. В. Пясковский. Л., 1930.

[306] Цит. по: *Лопухин Ю. М.* Болезнь, смерть и бальзамирование В. И. Ленина: Правда и мифы. С. 106, 122.

[307] *Tumarkin N.* Op. cit. P. 179. Ср. вместе с тем трезвое уточнение автора: «The Lenin cult was less an actual substitute for religion than a party effort to fuse religious and political ritual to mobilize the population. It is likely that people were — and still are — drawn to the Lenin Mausoleum not for spiritual reasons but out of a combined sense of political duty and fascination, or even morbid curiosity. If nothing else, the body cult is a show» (P. 197). Федоровский подтекст «увековечивания» подробно рассмотрел Хагемайстер. Исследователь констатирует, что за три года до того, в связи с кончиной химика Л. Я. Карпова, Красин выразил надежду на то, что в недалеком будущем наука сумеет физически воскрешать мертвых, и в первую очередь, борцов за освобождение человечества. — См.: *Hagemeister M.* Op. cit. S. 265.

В 1927 году группа крайне левых сионистов-«халуцим» (перво-
проходцы, пионеры), членов сельскохозяйственной коммуны
«Юный труженик», перебирается с Украины в Москву, чтоб добиться там разрешения на репатриацию в Палестину. Довольно долго им
приходится скрываться в столице от ГПУ. Один из них спустя много лет вспоминал:

> Мы объявили себя просто рабочими, выходцами с Украины. Перепробовав
> много работ, мы наконец обосновались в "Москвострое", где приобрели из-
> вестность как отличные каменщики. Нашей главной работой было строитель-
> ство мавзолея Ленина. Стройку посещали всякие шишки — Сталин, Молотов,
> Енукидзе. В то время в России было только тринадцать советских республик,
> и каждая прислала камень, чтобы заложить его в фундамент мавзолея. На каж-
> дом из этих камней наши парни-халуцим высекли свои имена[308].

С числом республик тут, видимо, произошла какая-то путаница
(не знаю, включены ли сюда и «автономные») — но суть дела, безусловно, предопределена библейскими ассоциациями, владевшими
глубинной памятью строителей. Если верить этому рассказу[309], они
произвели как раз то, что согласно книге Исхода на пути в Землю
Обетованную их предкам предписывалось соделать с камнями на
одеянии первосвященника Аарона, брата Моисеева:

> Камней было по числу имен сынов Израилевых: двенадцать было их, по чис-
> лу имен их, и на каждом из них вырезано было, как на печати, по одному
> имени, для двенадцати колен (Исх. 39:14)[310].

---

[308] *Бейгельман М.* «Юный труженик» // Мы начинали еще в России (Воспоминания). Иерусалим, 1990. С. 316. Вся книга представляет собой сокращенное пе-
реложение сборника, вышедшего в Тель-Авиве на иврите в 1976 г., — Халуцим
hаину бе-Русиа. Я сверил перевод с оригиналом (с. 431) и внес некоторые уточнения.

[309] Советские мемуаристы говорят не об «украинской», а о белорусской бри-
гаде каменщиков; из евреев упоминают только двоих руководителей — прора-
ба И. Певзнера и И. Ротенберга, отвечавшего за железобетонные конструкции. — См.: *Котырев А. Н.* Мавзолей В. И. Ленина: Проектирование и строительство. М., 1970; *Хан-Магомедов С. О.* Мавзолей В. И. Ленина (История создания
и архитектура). М., 1972. Непонятно также, что произошло с камнями «из республик». И. Збарский сообщает просто о «ценных породах камней, привезенных
со всех концов Советского Союза» (От России до России // *Збарский И. Б., Со-
лоухин В. А.* Под «крышей» мавзолея. Тверь, 1998. С. 238.) Ср. также у Хан-Ма-
гомедова: «Отлично помню тот солнечный день августа 1929 года, когда я в первый раз ступил за ограду строительства на Красной площади. Производитель работ И. В. Певзнер подвел меня к вырытому большому котловану и указал на основную фундаментальную железобетонную плиту, перекрывавшую ров XVI века.
На этой огромной плите был "насухо" выложен кирпичом план будущего Мавзолея» (Указ. соч. С. 100—101). Не на этих ли кирпичах вырезали свои имена строители?

[310] Менахем Яглом, впрочем, указал мне на возможную связь цифры 13 с традиционным числом «добродетелей Всевышнего» («роза о тринадцати лепестках»
из введения к «Тиккуней Зоhар»).

Стоит напомнить о двенадцати камнях — по числу колен Израилевых, — собранных в «памятник» после вторжения евреев в Ханаан (Нав. 4:2—9). Готовясь к новому Исходу, сионистские леваки-атеисты жаждали заодно приобщиться к международному пролетарскому шествию во всемирную Землю Обетованную грядущего социализма, частицей которой виделась им и будущая еврейская Палестина. Кроме того, их отношение к ленинскому склепу, видимо, психологически было как-то сопряжено и с хасидским почитанием цадиков: ведь коммуна находилась возле Меджибожа, родины хасидизма; скорее всего, они и сами были выходцами из хасидских семей.

Но разве не библейские модели управляли и воображением главного партийного виршеплета, Демьяна Бедного? Фаворский свет струится из Мавзолея:

> Печаль моя, тебя ли утаю?
> Молчанием тебя я выдам...
>
> ....
> Пронесся стон: «Ильич, наш вождь, угас!..
> Кто ж поведет дорогой верной нас?
> Откуда ждать нам новых *откровений?*»
> И потекли лавиной в тот же час
> В наш строй ряды железных поколений.
> Н е т Л е н и н а, н о ж и в р а б о ч и й к л а с с,
> И в н е м ж и в е т в о ж д я б е с с м е р т н ы й г е н и й.
> Вот мавзолей. И траурный убор.
> Здесь будем мы трубить военный сбор,
> *Здесь наш алтарь и наш ковчег завета.*
>
> *«Новым коммунистам (Ленинскому набору)»*[311]

И конечно же, в потусторонней ленининане мощно развертывается обычная аграрная символика революции — мотив гибнущего и прорастающего зерна:

> Вождь угнетенных спит в земле,
> В глубоком трауре народы.
> Но, опочив в могильной мгле,
> Он шлет живым живые всходы.
> Пусть отняла его у нас
> Непрошеная злая гостья,
> Нам ведомо, что каждый час
> Рождает новые колосья.
> Придет пора всемирных жатв,
> Начало Третьего Завета —
> И под серпами задрожат
> Колосья Золотого Лета.
>
> *Дм. Семеновский. «Памяти вождя»*[312]

---

[311] Первые песни вождю. С. 207.
[312] Чтец. С. 268.

Есть какая-то потаенная символика в том, что когда в 1941 году, по сталинскому распоряжению, труп Ленина был переправлен в Тюмень, его поместили на хранение в здание *сельскохозяйственного* техникума[313].

КАПЛЯ КРОВИ ИЛЬИЧА

С фатальной неизбежностью разбухает и универсально-революционная мифологема живительного кровавого посева, которая в других случаях мотивировалась ранением и болезнью Ленина. Как и следовало ожидать, его образ порой стилизуется под Страсти Христовы, но пасхальная символика добровольной искупительной жертвы, евхаристии и метафорической «крови», питающей христиан, бесконечно архаизована — над ленинской мумией клубятся испарения египетских, аккадских и западносемитских сюжетов о расчлененном божестве, мифы о Медузе, об Аттисе и оскопленном Уране, из крови которого вырастают эринии и гиганты. Далеко не самый хищный из коммунистов, скорее даже сравнительно добродушный Каменев с наслаждением плещется в этой безбрежной «крови», которую он успевает пятикратно упомянуть на протяжении одной фразы:

> Здесь у нас, в Москве, по улицам ее, от Серпуховки и до дверей его кабинета, идет кровавый след, след его живой крови, и эта кровь, живая кровь, связывающая его кабинет с рабочей Москвой, с рабочими окраинами, она вошла в то море крови, которым оплачивает рабочий класс свое освобождение.

Заодно он находчиво использует подвернувшуюся возможность символически-благолепно истолковать тот конфузный медицинский факт, что, как показало вскрытие, мозги Ленина высохли и обызвестились:

> Но не только кровь свою влил Владимир Ильич в это море крови, которого, *как искупительной жертвы,* требует капиталистический мир от борющегося пролетариата. Он отдал этой связи свой мозг... И они [врачи, проводившие вскрытие] сказали нам сухими словами протокола, что этот мозг слишком много работал, что наш вождь погиб потому, что не только кровь свою отдал по каплям, но и мозг свой разбросал с неслыханной щедростью, без всякой экономии, разбросал семена его, как крупицы, по всем концам мира, чтобы эти капли крови и мозга Владимира Ильича взошли потом батальонами, полками, дивизиями, армиями борющегося за свое освобождение человечества[314].

---

[313] *Лопухин Ю. М.* Указ. соч. С. 120.

[314] *Каменев Л.* Великий мятежник // Сб. Ленин. С. 217 (Речь на траурном заседании II съезда Советов 26 января 1924 г.).

Живописуя этот урожай Медузы или воинство Кадма, выросшее из разбросанных зубов дракона, автор, очевидно, не задумывался над тем, что роковым итогом столь необузданной щедрости должна была бы стать полная безмозглость Владимира Ильича, несколько компрометирующая его дело[315].

Быть может, какой-нибудь юдофоб, нахлебавшийся Розанова, радостно сочтет каменевский пассаж за проявление именно «западносемитского» духа — и напрасно, ибо вампирическую евхаристию он нашел бы не только у крещеного полуеврея Каменева (Розенфельда), но и у большевика с безукоризненно православной фамилией — Преображенский. Сквозь его погребальную риторику проступает допотопный обычай — пожирание состарившегося вождя благодарным племенем:

> Пролетарская революция, вскрывая в нем [Ленине] силы гения, общественно породившая его как гения, она же и убила его, безжалостно высосав все соки его мозга для своих исторических задач[316].

Ср. бодрящий кровавый посев, совмещенный с идеей так называемой строительной жертвы, у пролетарского поэта Вас. Казина в стихотворении, которое так и называется — «Капля крови Ильича»:

> Вот завод. Станков — без счета...
> День и ночь кипит работа
> После лет паралича...
> Что рабочих окрылило?
> Разожгла какая сила?
> Капля крови Ильича.
>
> ....
> Кровь по капле отдавая ,
> Он сковал могучесть края,
> Создал мощь сплоченных масс.
>
> ....
> Но Ильич — бессмертен в нас[317].

Во всей тогдашней печати обожествление идет рука об руку с мощной партаппаратной кампанией, посвященной массовому расширению РКП за счет рабочих. Хотя соответствующее решение было

---

[315] Тумаркина напоминает, что, несмотря на наследственную предрасположенность Ленина к атеросклерозу, нарком здравоохранения Семашко предпочел представить его смерть как самопожертвование — следствие «нечеловеческой умственной деятельности», поразившей ленинский мозг — «самую уязвимую часть тела». Семашко, добавляет она, «даже снабдил своих читателей соответствующим латинским термином, locus minoris resistentiae» (Op. cit. P. 172). Простоватые нынешние коммунисты на этот счет обходятся без всякой латыни: «Удар пришелся, как водится, по слабому месту: нервы, головной мозг» (Сёманов С., Кардашов В. Указ. соч. С. 177).

[316] *Преображенский Е.* О нем // Сб. Ленин. С. 228.

[317] Первые песни вождю. С. 144.

принято еще до смерти Ленина[318], сейчас новая «смена» переосмысляется как «ленинский набор».

Так из праха вождя, по манию ЦК, вздымаются дивизии и армии («ряды железных поколений»), своевременно предсказанные Каменевым. Если Ленин персонифицировал коллективную волю пролетариата, то теперь коллектив может скомпенсировать потерю за счет самой своей массы[319]. Вопреки диамату, качество переходит в количество, а не наоборот. Пафос математического тождества захватывает и массолюбца Луначарского: Ильича, пишет он, «заменишь только коллективом». Коль скоро, согласно богостроительской доктрине, «бессмертный народушко» сам порождает своих богов, то, в общем, не имеет особого значения и сама эта смерть. Увенчав дорогого покойника евангельским нимбом («мы его видели, мы видели Человека, человека с большой буквы»), нарком просвещения все с тем же неукротимым оптимизмом утешает осиротевших соратников — таскать вам не перетаскать:

> Унывать тут нечего. Человечество, создавшее Ленина, создаст и новых Лениных[320].

Марксистско-богостроительский и пролеткультовский принцип количественного эквивалента, замены дополнен христианской моделью причащения усопшему. Теперь не Ленин предстает неотъемлемой частью партийного организма, как это было у Кольцова, а сама партия становится мистическим телом Ильича. Но обычная христианская символика соборного тела Христова вовсе не имеет и не может иметь компенсаторного характера — «тело» это не замещает собой ушедшего Иисуса, а томится по грядущему воссоединению с Ним. У большевиков же сквозь евангельские соматические реминисценции пробивается мощный языческий напор. В сущности, литургической архаикой преисполнены и составленное Бухариным траурное обращение ЦК от 22 января («Ленин живет в душе каждого члена нашей партии. *Каждый член нашей партии есть частичка Ленина*»), и проповедь Троцкого:

---

[318] См.: *Лацис О.* Перелом // Указ. соч. С. 130—131.

[319] Тогдашние лозунговые схемы: «Не место слезам и отчаянию. Пролетариат начинает осознавать коллективную значимость вождя: коллектив же, масса, пролетариат — не умирает. Осозналась мысль — Ленин в нас, Ленин — жив» (В. И. Ленин в поэзии рабочих. С. 116).

[320] *Луначарский А.* Указ. соч. С. 22. Звучит все это примерно так же, как пролеткультовские реплики в платоновском «Котловане»: «Чиклин курил и равнодушно утешал умерших своими словами: — Ты кончился, Сафронов! Ну и что ж? Всё равно я ведь остался, буду теперь, как ты: стану умнеть, начну выступать с точкой зрения, увижу всю твою тенденцию, ты вполне можешь не существовать... А ты, Козлов, тоже не заботься жить. Я сам себя забуду, но тебя начну иметь постоянно. Всю твою погибшую жизнь, все твои задачи спрячу в себя и не брошу их никуда, так что ты считай себя живым» (*Платонов А.* Собр. соч.: В 5 т. М., 1998. Т. 2. С. 356).

Наша партия есть "ленинизм", наша партия есть коллективная воля трудящихся. *В каждом из нас живет частичка Ленина*, то, что составляет лучшую часть каждого из нас.

Как пойдем вперед?

С фонарем "ленинизма" в руках.

Найдем ли дорогу?

Коллективной мыслью, коллективной волей партии — найдем[321].

Не так ли египетская Исида собирала, отыскивая по частям, тело Осириса, чтобы зачать от него державного Гора? Напрасно Троцкий и Бухарин противились идее бальзамирования вождя, исходившей от Сталина[322], который обладал более мощным религиозным инстинктом и чувством преемственности культов. Мумифицирование фараонов соответствовало стадии этого собирания Осириса — как теперь бальзамирование Ленина символически сопутствовало сплочению крепнущего партийно-государственного организма.

По словам современных исследователей, «решение о сохранении тела Ленина, принятое в узком кругу его ближайших соратников, полностью отвечало настроению самых широких масс. Что бы ни говорили номенклатурные марксисты-догматики, нетленное тело Ленина было символом стабильности, в которой в тот момент было заинтересовано как руководство, так и рядовые граждане, уставшие от потрясений революции и гражданской войны»[323].

Наряду с канонизацией покойного лидера полным ходом развертывается сакрализация самой партии — вернее, ее аппарата — как коллективного престолонаследника, расширившего теперь свою социальную базу за счет «ленинского призыва». Весьма чуткий к таким жреческим веяньям Луначарский сразу откликнулся на эту послеленинскую тенденцию, щедро приписав прерогативы Творца, сотворившего мир ex nihilo, большевистской партии, которая уже замещает у него и пролетариат, и горьковский «народушко»: «Она *из ничего* создала Красную Армию»[324].

Двойное обожествление — и Ленина, и наследующей ему партии — приводило к любопытным теологическим парадоксам, о которых мы вкратце говорили: будучи детищем РКП, вождь одновременно представал в ореоле ее родителя. На траурных митингах звучал лозунг: «Да здравствует его первенец — Российская коммунистическая партия!»[325]. Ощущение сиротства, пишет Такер, «нашло образное выражение в заголовке одной из статей "Правды" за 24 января,

---

[321] Сб. Ленин. С. 214. Статья, переданная Троцким по телеграфу в «Правду» 22 января 1924 г.

[322] *Такер Р.* Сталин: Путь к власти 1889—1929. С. 256—257.

[323] *Равдин Б., Ханютин А.* У Великой могилы // Ракурсы. М., 1998. Вып. 2. С. 93.

[324] *Луначарский А.* Указ. соч. С. 13.

[325] Цит. по: *Tumarkin N.* Op. cit. P. 143.

названной коротко: "Осиротелые". В том же номере была напечатана статья Троцкого, спешно переданная с Кавказа по телеграфу. "Партия осиротела, — говорилось в ней. — Осиротел рабочий класс. Именно это чувство порождается прежде всего вестью о смерти учителя, вождя". В редакционной статье, написанной Бухариным и озаглавленной "Товарищ", присутствовал аналогичный образ. "Товарищ Ленин, — писал Бухарин, — ушел от нас навсегда. Перенесем же всю любовь к нему на его родное дитя, на его наследника — на нашу партию"»[326].

Если же он преподносился в облике Сына, то всячески педалировалась его несокрушимая вера в родительские «массы». На деле, как мы знаем, Ленину действительно была присуща революционная вера — но не столько в какие-то косные и ненадежные толпы, сколько в неминуемую победу их большевистского руководства вопреки социал-демократическим скептикам. Говоря о «массах», например, на III конгрессе Коминтерна, он подчеркивал релятивистскую зыбкость, аморфность и условность этого термина («Понятие "массы" — изменчиво, соответственно изменению характера борьбы»). Вместо того чтобы веровать в них, он, напротив, стремился привить самим массам веру в социализм. «Мы пробудили веру в свои силы и зажгли огонь энтузиазма в миллионах и миллионах рабочих всех стран», — с гордостью заявил он в заметке «Главная задача наших дней» (1918).

Каменев рисует несравненно более благостную картину, подернутую нежной евангельской дымкой. Изображая нечто вроде одинокого томления Ильича на Елеонской горе, он в качестве утешительного контрапункта вводит тему этой его смиренной веры в «массы», которые, однако, незамедлительно отождествляются у него с самой партией:

> Он никогда не боялся остаться один, и мы знали великие поворотные моменты в истории человечества, когда этот вождь, призванный руководить человеческими массами, когда он был одинок, когда вокруг него не было не только армий, но и группы единомышленников <...> *Он был один, но он верил... он жил великим доверием к массам.* Единственное, что не оставляло его никогда, — это вера в творчество подлинных народных масс. <...> *Он никогда не говорил: "я решаю", "я хочу", "я думаю"*, он говорил: масса хочет, масса решает, *партия хочет, партия решает.*

В переводе на стилистику оригинала это значит: *«Отче Мой! <...> да будет воля Твоя»* (Мф. 26:42); *«не чего Я хочу, а чего Ты»* (Мк. 14:36)[327]. Всю эту гефсиманскую картину панегирист, несомненно,

---

[326] *Такер Р.* Указ. соч. С. 260.

[327] Снимая нежелательные ассоциации между партией и Богом, обрекшим на смерть собственного Сына, Каменев прибегает к обычной большевистской замене Бога враждебной судьбой: «Весь мир <...> вместе с нами шлет проклятья той проклятой судьбе, которая отняла у нас и у мира великого вождя» (Указ. соч. С. 218).

проецирует на свое собственное многократное отступничество от Ленина в 1917-м: против него он выступил сперва весной (вместе со Сталиным и большинством ЦК), затем в сентябре (снова с большинством ЦК), в октябре (вместе с Зиновьевым) и, наконец, в ноябре, после переворота (совместно с Зиновьевым и множеством других лидеров партии). В новозаветном аллюзионном контексте *Каменев* предстает неким перевоплощением своего нестойкого тезки — св. *Петра* (petros — *камень, скала*), который в роковую ночь сперва не захотел (как и другие апостолы) бодрствовать с одиноким Учителем, а потом трижды от него отрекся. Вчерашний «штрейкбрехер» хочет растворить свою индивидуальную вину в общебольшевистской «Гефсимании», поясняя, что не только он с Зиновьевым, но и все прочие коммунисты в критическую минуту не раз покидали Ильича. Но, должно быть, самым драматическим выглядело теперь для Каменева следующее обстоятельство. В октябре 1923 года умирающий Ленин последний раз посетил Кремль — но не встретил никого из своих соратников: Каменев, его заместитель по Совнаркому, распустил их по домам, чтобы предотвратить любое общение с вождем[328].

За показом ленинского смирения перед «партией» у Каменева следует, однако, новый ассоциативный ход, по контрасту напоминающий о триумфе заведомо прощеного апостола-отступника: автор приписывает Ленину аллюзию на евангельское речение, связующую именно с ним, *Каменевым*, идеею наместничества, замещения, преемства:

> Он говорил не раз <...>: мы будем ошибаться, мы будем переделывать, но непреходящим, непреложным, единственным *камнем* будущего является творчество самих масс[329].

В Евангелии это звучит так: «Я говорю тебе: ты — Петр, и *на сем камне* Я создам Церковь Мою, и врата ада не одолеют ее». (Мф. 16:18). Иными словами, кодируя в апокрифической ленинской цитате свое собственное имя, Каменев соединил его с сакральными для большевизма «массами», т.е. партией как прямым аналогом Церкви. Я оставляю открытым вечный вопрос о степени осознанности или непроизвольности таких параллелей, однако в данном случае мы точнее оценим их симптоматику, если вспомним, что Каменев — сообща с Зиновьевым и Сталиным — входил в состав воцарившейся после Ленина группы, которой в борьбе с Троцким приходилось дока-

---

[328] Об этом эпизоде см.: *Равдин Б., Ханютин А.* Указ. соч. С. 88, 96. Там же (С. 87, 95—96) рассказано о том, как Бухарин, Каменев и Зиновьев (очевидно, поддерживая сталинскую установку на изоляцию Ленина) трусливо прятались в Горках, наблюдая за ним из-за кустов, но не решаясь вступить в контакт. Во всех этих сценах Горки выступают, конечно, как большевистский псевдоним, партийная кличка Елеонской горы.

[329] Там же.

зывать легитимность своего правления, отождествляя себя со всей партией, вовлекающей в себя все новые и новые «массы».

Итак, в образе скончавшегося вождя помимо «принципиальности», «логики» и других интеллектуальных ценностей ленинизма, наследуемого партией, интенсивно нагнетаются иррационально-религиозные моменты — *воля* и *вера*. Уже в обращении ЦК от 22 января 1924 года «К партии. Ко всем трудящимся» благоговейно упомянуты, наряду с «железной волей» Ильича, его «священная ненависть к рабству и угнетению» (большевистско-диалектический адекват христианской любви к ближнему), «революционная страсть, которая двигает горами» (эвфемизм евангельской веры; ср. Мк. 11:23) — и, наконец, сама эта «безграничная вера в творческие силы масс», с которой далее согласуется его мужественное отвращение к «паникерству, смятению», т.е. опять же ко всему тому, что в церкви называлось грехом отчаяния. Те же духовно-активистские, а не интеллектуальные достоинства выдвигает на первый план пропаганда, обращаясь к темным, «политически неграмотным» толпам, влившимся в РКП после смерти Ленина. Душа его воплощается в их «делах».

Вождь, веровавший в массы, и партийная масса, верующая в Ленина, как бы скоординированно возвеличиваются в этом взаимном богослужении. Символика Третьего Завета перетекает в «заветы Ильича», которым должны хранить неколебимую верность рабочий класс и его авангард: «Рабкор, пером и молотом стуча, / Храни заветы Ильича». В агитпроповской формуле Маяковского «Партия и Ленин — близнецы братья» упор перенесен уже на партию, сохраняющую и воспроизводящую, дублирующую в своем соборном теле ленинский дух. Тотальная сакрализация коллективной силы, сменившей Ленина, становится просто неизбежной — и Троцкий, несколько опрометчиво, торопится огласить догмат о непогрешимости партии.

ЛЕНИНСКАЯ СТАЛЬ

Настоящий психоз тех дней, отмечаемый всеми историками большевизма, — страх перед послеленинским распадом, расколом РКП, навеянный и реальными склоками, и, добавим, подсознательной памятью о судьбах раннего христианства. Руководство стремится представить кончину Ленина как цементирующий фактор, доказать, что она не только расширила, но и необычайно «сплотила» партию. Пафосом поместных соборов отзывается горделивое заклинание Луначарского, противопоставившего единодушие церкви, сплоченной Христом, бесовским сварам в стане зарубежных нехристей и еретиков: «Ленин явился фигурой, объединяющей мир завтрашнего дня.

Среди фашистов, среди буржуазных либералов, среди меньшевиков идет грызня и нелады, в коммунистическом мире почти полное единство»[330].

Похороны и всеобщий траур, сливающий воедино сердца, сами по себе знаменуют рождение массового homo totus, в котором с эротическим блаженством растекается индивид. Помимо поэмы Маяковского — «Я счастлив, что я этой силы частица, что общие даже слезы из глаз...» — можно привести, к примеру, стихотворение Безыменского «На смерть Ленина»: «И растворяюсь я в потоке этих воль... *Я кончил. Я в толпе*»[331]. Прямой или опосредованный источник этой partipation mystique — многолюдный крестный ход в горьковской «Исповеди»: «Схватили меня, обняли — и поплыл человек, тая во множестве горячих дыханий. Не было земли под ногами моими, и не было меня, и времени не было тогда, но только радость, необъятная, как небеса»[332].

Но большевистская плерома получает пролетарски-индустриальный характер, стальную слитность целостного организма (показательный для всего коммунизма синтез механических и биологических начал, успешно подхваченный Сталиным). Выше уже упоминалось, что с начала 1920-х годов — со времен дискуссии о профсоюзах и X съезда, запретившего фракционную деятельность, — наметилась отчетливая тяга к персонификации РКП. Теперь эта тенденция предельно усиливается. «Вся наша партия, *как один человек*, молчаливо примет клятву сделать свое железное единство стальным», — пишет, например, Преображенский[333] (менее всего, однако, клятва была «молчаливой»).

В аналогичном направлении смещается кузнечная аллегорика и металлургически-пролеткультовская сторона ленинского образа, возносящегося в большевистские эмпиреи. Это — не прежний «двойник» общепролетарского кузнеца (или, по слову Филипченко, «любимый брат всех выплавленных в домнах»): все чаще Ленин подается в надмирном и обособленном облике демиургического Кузнеца (сталевара), персонально выплавившего, выковавшего или закалившего свою партию. Он и сам был отлит из пролетарского металла («железным человеком» называл его Горький, «железным вождем» — Бухарин), наделен «стальной волей» и правил «железной рукой». И это о нем — а вовсе не о малоизвестном тогда Сталине — пишет Александровский, изображая стального громовержца:

---

[330] *Луначарский А.* Указ. соч. С. 16.

[331] Первые песни вождю. С. 80—81. Это оргиастическое слияние трансформируется и в новое рождение самого Ленина, символизируемое у Безыменского ребенком, который несет портрет «смеющегося Ильича», — ср. рекреационную семантику погребального смеха в фольклоре.

[332] *Горький М.* Указ. соч. С. 376.

[333] Сб. Ленин. С. 229.

Стальное имя мир зажгло
И просквозило мрак и тени;
Гроза на красное крыло
То имя вывесило: Ленин.

....

Уже текут со всех сторон
Народы на призывы грома...
Потомки не забудут звон
Стального имени наркома...[334]

Одновременно металлургическая аллегорика все с большей настойчивостью будет закрепляться теперь за самой партией — с ее ленинской «закалкой» «железными рядами» и пресловутым «стальным единством»[335]. В сталь переплавляется и сама *вера*, которая вливает в ленинскую партию свежие рабочие силы. «Какой глубокой уверенностью, каким громадным социальным оптимизмом проникнуты эти новые ряды!» — пишет Бухарин, противопоставляя гнилому скепсису интеллигенции эту созидательную «веру» пролетариев: «У них все дышит активной творческой уверенностью в том, что все трудности мы победим, если сплочены и дружны будут наши стальные ряды»[336].

Но олицетворением всей этой «стали» вскоре станет человек, вобравший ее в свое имя. Зато сразу после смерти Сталина его преемники в свою очередь перенесут «сталь» с образа тирана на самих себя, то бишь на сплоченную «партию». Будто руководствуясь памятью жанра, Берия в надгробной речи заверил: «Товарищи! Неутолима боль в наших сердцах, неимоверно тяжела утрата, но и под этой тяжестью не согнется стальная воля Коммунистической партии, не поколеблется ее единство», — и далее все о том же «стальном единстве» и о закаленной «когорте» руководителей, готовых немедленно заменить драгоценного Отца и Учителя[337].

Сам же ленинский культ поджидали в будущем весьма противоречивые перипетии. Прежде всего после кончины вождя, отмечает Цехновицер, «пришло особенно настойчивое желание <...> запечатлеть его гениальный облик», «оценить в умершем близком все личное, индивидуальное»[338]. Потустороннего Саваофа отныне неотвязно сопровождает его земная тень — травестийный двойник, которо-

---

[334] Чтец. С. 258.

[335] Общее место тогдашней агитлирики — «стальное сердце Ильича», его «стальной череп», «стальное имя РКП»; у коммунистов «груди из ленинской стали»; «видно, крепкими, стальными проводами с простолюдьем был скреплен Ильич» (А. Жаров), и т.п. Даже красноармейская слеза по Ленину и та «просвечивает сталью».

[336] О ликвидаторстве наших дней // *Бухарин Н. И.* Путь к социализму в России. С. 182.

[337] *Берия Л. П.* Речь на траурном митинге в день похорон Иосифа Виссарионовича Сталина на Красной площади 9 марта 1953 года. М., 1953. С. 5—6, 13—14.

[338] В. И. Ленин в поэзии рабочих. С. 12, 15.

го описывает, например, некий А. Семенов в заметке с трогательным названием «Товарищ в больших и малых нуждах»:

> Манишка топорщилась, мятая, грязная, галстух съехал на сторону. Та же усталость сквозила и в голосе, но в глазах, хоть и подернутых невольной дремотой, сверкали постоянная мудрость и ласка[339].

Этот неопрятный антропоморфный идол, бездарно стилизованный под Сына Человеческого, еще много десятилетий будет служить отрадой и утешением для всех недобитых ленинцев. Или, как в 1924 году один из большевистских пророков писал в стихах, качество которых чудесно соответствовало величию темы,

> Так вот и будем мысленно
> Видеть повсюду мы
> Эту мудрую лысину
> Гениальной головы[340].

Детская болезнь ленинизма в коммунизме

Когда после смерти Ленина Троцкий возвестил о «фонаре ленинизма», призванном озарить коллективную дорогу в будущее, он вряд ли ожидал, что другие престолонаследники превосходно обойдутся без его помощи. Очень скоро у этого незадачливого Диогена фонарь отобрали Зиновьев, Каменев (еще при жизни Ленина монополизировавший издание его сочинений) — и Сталин. Сразу после XII съезда генсек начинает гораздо активнее оперировать ленинскими цитатами, например в статье «Печать как коллективный организатор» (май 1923 г.). Но свою роль как главного интерпретатора и хранителя ленинизма он начал неустанно навязывать партийной массе с 1924 года, когда опубликовал свод лекций «Об основах ленинизма». Джилас охарактеризовал эту книгу как «примитивизацию, но и одновременное установление догмы — подобно тому как "Анти-Дюринг" Энгельса по отношению к произведениям Маркса был догматической систематизацией»[341]. Брошюра, продемонстрировавшая дидактические способности Сталина, была его несомненной удачей. Успех этих ясных и четких «лекций» отмечает и Волкогонов, говоря, что «их широко использовали агитпропы для ликвидации политического невежества населения»[342].

---

[339] К годовщине смерти В. И. Ленина: Сб. статей, воспоминаний и документов / Под. ред. А. Ф. Ильина-Женевского. Л., 1925. С. 152.
[340] В. И. Ленин в поэзии рабочих. С. 15.
[341] *Джилас М.* Лицо тоталитаризма. С. 149.
[342] *Волкогонов Дм.* Указ. соч. Кн. I, ч. 1. С. 214.

На XIV съезде, говоря о Ленине как о кузнеце и создателе партии (со своим обычным разнобоем в метафорах: «не из такого материала она склеена и не таким человеком она выкована, чтобы переродиться»), Сталин превозносит новое Священное Писание большевизма, призывая партийную массу разделить свой начетнический экстаз:

> Это такое счастье, что нам удалось выпустить несколько изданий сочинений Ленина. Теперь люди читают, учатся и начинают понимать. Не только руководители, но и середняки в партии начинают понимать, и им уже палец в рот не клади.

«Счастье» ленинские публикации принесут первым делом самому Сталину, который, впрочем, тщательно следит, чтобы в них не проникли те или иные материалы вроде «завещания» («Письмо к съезду»), могущее омрачить эту радость. Завещание же он предпочитает трактовать символически: то очень узко («политическим завещанием» Ленина он называет его статьи «О кооперации» и «О нашей революции»), то чересчур расширительно — как в своей знаменитой клятве: «Уходя от нас, товарищ Ленин *завещал нам* укреплять всеми силами союз рабочих и крестьян», и т.д., включая завет «расширять союз трудящихся всего мира». Заслуживает интереса прямое совпадение сталинской присяги с только что прозвучавшими тогда формулами Преображенского: «Он *завещал нам*, всемерно охраняя союз с нашим крестьянством в период мирной передышки, держать союз с угнетенными народами <...> Мы должны сделать все человеческое и сверхчеловеческое, чтобы выполнить духовное *завещание* Ленина»; в заключение Преображенский говорит о единодушной *клятве* всей партии крепить свое единство[343].

Я рассматриваю это схождение не как доказательство сталинской «вторичности», а прежде всего как знак некоего вероисповедного консенсуса, сложившегося в большевистской среде. Обожествление умершего получает тотальный характер. Еще недавно большинство соратников считало Ленина преимущественно практиком — скорее «реализатором», чем теоретиком марксизма. Правда, по случаю ленинского пятидесятилетия Бухарин еще в 1920 году объявил было его учение о диктатуре пролетариата и советской власти «евангелием современного пролетарского движения»[344]; но тогда это открытие не вызвало широкого признания. В 1924 году картина радикально меняется. Когда, всего через несколько недель после смерти вождя, Бухарин, выступая на торжественном заседании Комакадемии, поставил его в качестве теоретика рядом с Марксом, это было воспринято вполне естественно. Вскоре его постараются представить и корифе-

---

343 Сб. Ленин. С. 228—229.
344 *Бухарин Н. И.* Проблемы теории и практики социализма. С. 180.

ем философии[345] — титул, на который Ильич меньше всего мог бы
рассчитывать.

Все эти гиперболы представляли собой сложную смесь искрен-
ности и лицемерия, выразившегося, среди прочего, в отказе партийного руководства выполнить волю почитаемого вождя — снять Сталина с поста генсека. В конечном счете престолонаследников занимает теперь вовсе не мертвый Ленин, а его живая «партия», т.е. они
сами.

Возвышенно-идеологическая мотивировка внутрипартийной
борьбы сообщала «ленинизму» чисто религиозный настрой, как известно, превращавший съезды в подобие вселенских соборов с их
потрясающей мелочностью и въедливостью. Режим эволюциониро-
вал в направлении некоего незыблемого канона, который ритуально
связывался с именем Ленина, но на деле во многом от него отклонял-
ся. Вместе с остатками внутрипартийных свобод в далекое сентимен-
тальное прошлое — в блаженно-инфантильную стадию большевизма — навсегда отодвигалась вся рудиментарно человеческая сторона
ленинской личности, унаследованная ею от старой служилой России, — скромность, прямота, чиновничье усердие, бытовая непритязательность — и в поле зрения оставался только мифологизируемый
политический образ. Этот тотем был необходим всем противобор-
ствующим силам как ритуальный стержень, как та магическая ось,
вокруг которой с грохотом и визгом вращалась кровавая карусель.

Ленинскому культу неизменно сопутствовала тяга крепнущего
сталинского режима к самосакрализации. Еще при жизни Ленина
славословия ему черпались прямо из Библии: «Кто среди богов подобен Тебе, о Господи?»:

> Есть ли отдаленное подобие такого вождя в стане наших врагов? <...> Нет,
> таких вождей у них нет (*Осинский*).

> Пусть назовут нам другое имя во всей новейшей истории человечества, ко-
> торое заставило бы учащенно биться сердце. Другого имени никто не на-
> зовет (*Зиновьев*)[346].

Став главным жрецом ленинизма, Сталин официально тоже разделяет большевистское убеждение в том, что ничего прекраснее Ильича природа не создала. Однако агитпроповский псалом он все же
использует в иных видах, перенося его сперва на партию, а потом на
Советское государство:

> Укажите мне другую такую партию. Вы ее не укажете, ибо ее нет еще в при-
> роде (1924).

> Назовите нам другое государство <...> В мире нет этого государства (1925).

---

[345] См., например: *Гоникман С.* Ленин как философ. Ростов н/Д, 1925.
[346] Сб. Ленин. С. 46, 252.

Превознося эти казенные святыни, так сказать, равные Ленину, Сталин выкажет изумительное умение лавировать между всеми идолами нового пантеона, приспосабливая их к созданию своего собственного культа.

БОЛЬШЕВИЗМ В ПОИСКАХ ДУШИ

Принято считать, что Сталин произвел околорелигиозную и вообще идеалистическую ревизию марксизма, неимоверно усилив роль идеологического фактора, или же «надстройки», за счет экономического «базиса». Так, Максименков пишет о «сочиненной Сталиным теории фактического приоритета надстройки над базисом»; и далее: «В проекте Постановления ЦК о постановке партийной пропаганды после выхода в свет "Краткого курса истории ВКП(б)" осенью 1938 года Сталин собственноручно написал: "До последнего времени были в ходу "теории" и "теорийки", игнорирующие значение обратного воздействия идеологии на материальное бытие, опошляющие учение марксизма-ленинизма о роли общественных идей, — учение, гениально развитое, в особенности, Лениным". По сути дела, положение Сталина было антимарксистской теорией»[347].

Между тем «антимарксистский» подход зародился в партии еще на заре советской власти, когда развеялись надежды на духовное преображение общества, ожидавшееся после его экономической трансформации. Конечно, согласно теории, «надстройка» должна была отставать, и даже значительно, от «базиса». Однако в ситуации послеоктябрьской разрухи и одичания это отставание приобрело, пожалуй, слишком вызывающий вид. Ленин, как правило, не склонен был доверять официозным разглагольствованиям о сознательном пролетарии, свободном от индивидуалистическо-собственнических инстинктов. Но его крайне раздражает и коллективный классовый эгоизм рабочих, наивно уверовавших было в собственную «диктатуру». Любопытно проследить, как в ленинских писаниях советского времени с первых же дней нарастает глухая неприязнь к пролетариату[348] — к его профсоюзам, рабочей оппозиции, к пролеткульту и к забастовщикам, которых он обзывает «тунеядцами и хулиганами»[349]. Позабыв о своих дореволюционных гимнах российскому рабочему

---

[347] *Максименков Л.* Сумбур вместо музыки. С. 13.

[348] См.: *Безансон А.* Указ. соч. С. 261—264, 268.

[349] Призывая в этой статье («Как организовать соревнование») к «очистке земли российской от всяких вредных насекомых», он в числе последних называет и рабочих, «хулигански отлынивающих от работы» и потому заслуживающих тюремного заключения.

классу, он в декабре 1917-го назвал значительную его часть всего лишь «пришельцами в фабричную среду», а через несколько лет, на XI съезде, вернулся к этой же мысли: «Очень часто, когда говорят "рабочие", думают, что значит это фабрично-заводской пролетариат. Вовсе не значит. У нас со времен войны на фабрики и на заводы пошли люди вовсе не пролетарские».

Но и самый чистопородный, самый пролетарский пролетариат тоже замутнен губительным влиянием, идущим из лагеря интеллигенции, а также крестьян и других «мелких товаропроизводителей»: «Они окружают пролетариат со всех сторон мелкобуржуазной стихией, пропитывают его ею, развращают его ею, вызывают постоянно внутри пролетариата рецидивы мелкобуржуазной бесхарактерности, раздробленности, индивидуализма, переходя от увлечения к унынию», — сокрушается он в «Детской болезни "левизны" в коммунизме».

Как же противостоять этим бесовским соблазнам? Очевидно, только обращаясь к духовным ресурсам пролетарской личности, чтобы повлиять на нее словом, убеждением. Надстройка должна преобразить и самый базис. «Мы вынуждены признать, — говорит Ленин в заметке «О кооперации» (той, что Сталин назвал его «политическим завещанием»), — *коренную перемену всей точки зрения нашей на социализм* <...> Центр тяжести для нас переносится на *культурничество*». Иначе говоря, антропологическая задача, свойственная любой революции, — выявление и сотворение нового человека — решается посредством просвещенчества и пропаганды. Как видим, включенная в постановление ЦК сталинская ссылка на приоритет Ленина, которую цитирует Максименков, отнюдь не была только ритуальной фразой. «Мы пришли к тому, что гвоздь положения — в людях, в подборе людей», — признает Ленин на XI съезде, упреждая знаменитую сентенцию Сталина о «кадрах, которые решают все». Французский советолог Никола Верт совершенно правильно замечает, что «все последние ленинские предложения строились на одном идеалистическом постулате: хорошие личные качества людей способны победить любые трудности»[350]. Надо лишь прибавить, что на этом принципе зиждились не только последние, но и первые предложения предсовнаркома.

Уже в конце 1917 года Ленин возмечтал о таком триумфе «сознательности», как соревнование трудящихся, а в 1919-м с бурным энтузиазмом ухватился за газетное сообщение о коммунистических субботниках, полностью включив его в свою статью «Великий почин». Ознаменованная коллективным подвижническим трудом «коммунистическая суббота» в истории советского общества сыграла роль, сопоставимую разве что с евангельской максимой: «Не че-

---

[350] *Верт Н.* История Советского государства. 1900—1991. М., 1992. С. 169.

ловек для субботы, а суббота для человека». Но это и библейское «в начале», ибо Ленин, при всей своей подозрительности, кажется, по-настоящему поверил в то, что так открывается первая глава в истории обновленного человечества:

> Видимо, это только еще начало, но это начало необыкновенно большой важ-ности, это начало переворота более трудного, более существенного, более коренного, более решающего, чем свержение буржуазии, ибо это — *победа над собственной косностью, распущенностью, мелкобуржуазным эгоизмом, над этими привычками,* которые проклятый капитализм оставил в наследство рабочему и крестьянину. Когда эта победа будет закреплена, тогда и только тогда <...> коммунизм сделается действительно непобедимым.

Здесь торжествует переодетая в большевистскую кожанку христи-анская риторика победы над самим собой, над греховным и себялю-бивым «внешним человеком», порабощенным страстями, — риторика умерщвления ветхого Адама во имя Адама нового. Вдохновившись «субботниками», Ленин в других своих выступлениях того же 1919 года не раз призывает покончить со «*старым проклятым заве-том*» — «всяк за себя, один бог за всех»; так просвечивает мечта о *за-вете новом*, социалистическом. С тех пор вся история советского че-ловека будет протекать под знаком бесконечной — и безнадежной — «борьбы с пережитками прошлого».

Апелляция к духовному ядру личности, вообще к психическим силам вступала, разумеется, в ощутимое противоречие с безличным марксистским экономизмом. Показательно то замешательство, с ка-ким умирающий вождь оговаривает этот персоналистический под-ход, например в «завещании», где разбирает психологический облик своих ближайших наследников. После «ряда соображений чисто лич-ного свойства», увенчанных предложением отстранить Сталина от власти из-за его неудобного характера, он несколько смущенно до-бавляет: «Это не мелочь или, по крайней мере, это такая мелочь, ко-торая может получить решающее значение», — редчайший случай сбывшегося ленинского пророчества.

Давая сбивчиво-недоброжелательные характеристики соратни-кам, Ленин не вдается в рассмотрение вопроса о социальном генезисе их поведения или же отделывается совершенно невразумительными намеками. Что означает фраза: «Напомню лишь, что октябрьский эпизод Зиновьева и Каменева, конечно, не являлся случайностью, но что он так же мало может быть ставим им в вину *лично*, как неболь-шевизм Троцкому»? Подразумевается ли тут, что все трое, так ска-зать, по природе своей являются лишь невольными проводниками чужого классового воздействия, за которое не могут нести индивиду-альной ответственности? Еще несуразнее выглядит реплика о весь-ма сомнительном марксизме Бухарина: чего стоит партия, «ценней-ший и крупнейший теоретик» которой «никогда не учился и никогда не понимал вполне диалектики»?[351] («А диалектика, — укоризненно пояснял потом Сталин, добивая Бухарина, — это душа марксизма».) Мы не знаем, обусловлено ли это непонимание буржуазным влиянием или непролетарским происхождением Бухарина либо фатально присуще ему как индивиду.

Но когда Ленин говорит о партии и рабочем классе, то охотно указывает на источник их душевных пороков: это буржуазное окружение стремится привить большевикам пессимизм (т.е. грех отчаяния), маловерие и «интеллигентский скепсис». Сегодня все знают, что вера и воля — важнейшие компоненты нового общества, унаследованные преемниками вождя.

Трудность, сопряженная с анализом этого жреческого субстрата, существование которого в той или иной мере признается большинством исследователей режима, заключается в том, что религиозный пафос большевизма, во-первых, принимает агрессивно-атеистическое обличье (и, в частности, решительно отвергает индивидуальное бессмертие), а во-вторых, смыкается с бесконечно запоздавшим в России массовым просветительством, образуя с ним диковинный симбиоз. Борьба против церковного «мракобесия» сдвинута в один ряд с ликвидацией неграмотности и наставлениями о вреде микробов, сырой воды и самогоноварения. Но само советское просвещение проникнуто магическим духом.

Фидеистский напор Ленина после его смерти продолжает неуклонно овладевать партией[352], причем ее идеологи не усматривают никакого расхождения между этими иррационалистическими позывами и своим культом «науки». Как и в ленинские времена, скепсис остается смертным грехом — зато противостоящая ему «вера» примечательным образом идентифицируется вовсе не с религией, а со строго научным, рациональным — т.е. марксистским — миросозерцанием[353]. Отсюда, между прочим, такое забавное недоразумение, как прозвучав-

---

[351] О конкретном подтексте бухаринской «недиалектичности» (дискуссия о профсоюзах) см.: *Коэн С.* Бухарин и большевистская революция: Политическая биография 1888—1938. Strathcona Publishing: Royal Oak, 1980. С. 109—110. Однако упрек в необразованности никак не вяжется с чуть более ранним высказыванием Ленина: «Бухарин — превосходно образованный марксист-экономист» («О продналоге», 1921).

[352] О «футуровидящей» вере как духовной основе послеоктябрьского большевизма и о ее истоках см. также: *Капустин М.* К феноменологии власти. Психологические модели авторитаризма: Грозный — Сталин — Гитлер; *Седов Л.* И жрец, и жнец: К вопросу о корнях культа вождя // Осмыслить культ Сталина. С. 382—383, 439 и след.

[353] Уже в сталинскую эпоху итог этому союзу с удовлетворением подведет бывший богостроитель: «Для пролетариата прошло то время, когда вера и знание враждовали, как ложь и правда. Там, где пролетариат властвует, где все создается его могучей рукой, там нет места распре знания с верой, там верование — результат познания человеком своего разума» (*Горький М.* Собр. соч. С. 241).

шие в 1924 году выпады Бухарина, тогдашнего сталинского союзника, против различных пессимистов, само *неверие* которых он парадоксально уравнивает именно с метафизическими устремлениями. «Крупнейший теоретик» начинает с типично ленинского утверждения о том, что мелкобуржуазные и интеллигентские «элементы»

> легко выдыхаются, впадают в отчаяние, истерически "сомневаются", "теряют веру", впадают в скептицизм, "хнычут", "пересматривают" или же *ударяются в какую-либо "высокую" область* [вероятно, намек на пролеткультовский «космизм», донельзя раздражавший всех большевистских вождей], предоставляя тянуть лямку *"верующим"* <...> Хуже всего, однако, то, что у нас есть — зачем это скрывать? — с к р ы т ы е скептики, в особенности из среды квалифицированной ученой молодежи [книжники, обруганные Лениным] <...> Не священная тревога за судьбу революции живет в них, а глубоко спрятанное *неверие* в наше будущее.

Выходит, скепсис, с одной стороны, приобщен здесь к чуждой, как бы метафизической, сфере «высокого», а с другой, — противопоставлен марксистской «вере» и смежным сакральным ценностям — *священной* тревоге ревностного большевизма. А затем Бухарин раскрывает классовый источник этого интеллигентского неверия, несовместимого с благочестивым пролетарским рационализмом:

> Буржуазия, *преисполненная скепсиса, все более поднимает свои очи к небу* <...> аналогичный процесс переживает и вся буржуазная наука в целом. Мистицизм и здесь свивает свое прочное гнездо.

В итоге скепсис отождествлен тут с мистикой, тогда как вера остается достоянием истинно научного мышления. Могучей, ленинской, «уверенностью» и «громадным оптимизмом» проникнуты в то же время немудрящие пролетарские души, которые сотнями тысяч вливаются в «стальные ряды» партии[354]. По мере эволюции режима вера эта будет изливаться на все новые и переменчивые ипостаси «ленинизма», пока тот окончательно не затвердеет в образе генсека. Что же до Бухарина, то его научный фидеизм поджидали еще многочисленные испытания[355], засвидетельствованные в предсмертных письмах, где он повествует, как истово вглядывается в газетные фотоснимки вчерашних соратников, магически надеясь убедить их в своей невиновности[356].

---

[354] *Бухарин Н. И.* Путь к социализму в России. С. 182—183.

[355] В 1929 г. сталинское политбюро обвинило его самого в антидиалектическом скепсисе: «На деле под прикрытием лозунга "Подвергай все сомнению", направлявшегося Марксом на разрушение капитализма и на свержение власти буржуазии, т. Бухарин ведет пропаганду недоверия к генеральной линии партии <...> не говоря уже о полном попрании им Марксова метода диалектики» (Письма И. В. Сталина В. М. Молотову 1925—1936 гг. (Сборник документов). М., 1995. С. 129).

[356] Осталось добавить расстрельный эпилог. В 1938 г., накануне своего процесса, Бухарин, в числе прочего, сообщает жене — конечно, с оглядкой на дорого-

В сущности, основополагающий метод «диалектики» обращался именно к вере[357], поскольку банальный здравый смысл был неспособен постигнуть все извивы и пируэты сталинского режима. Чрезвычайно интересна в этом плане беседа генсека с Роменом Ролланом, состоявшаяся в июне 1935 и запрещенная Сталиным к публикации. Изнемогая от почтительности («Может быть, возбуждаю вопросы, какие я не должен был бы возбуждать»), прогрессивный гость жалуется на то, что «нельзя ожидать от французской публики, даже сочувствующей, той диалектики мышления, которая стала в СССР второй натурой. Французский темперамент привык к абстрактно-логическому мышлению, рассудочному и прямолинейному». В силу этой бескрылой рассудочности французская публика, к сожалению, не понимает некоторых советских действий — например, «недавно опубликованного закона о наказании малолетних преступников старше 12 лет <...> Получается впечатление, что над этими детьми нависла смертная казнь»[358]. Желательно как-то разъяснить прямолинейным французам скрытый благодетельный и, видимо, чисто профилактический смысл постановления.

Умом сталинскую Россию было не понять, но и для того, чтобы в нее верить, требовались совершенно особые душевные свойства.

Битва с грехами

Уже говорилось, что утопия спасительной большевистской целокупности, заданная X съездом, отнюдь не была персональным открытием генсека. «Для всех старых большевиков вопрос о единстве партии был не просто уставным требованием, он стал фетишем, новым выс-

---

го Кобу, — что наконец-то овладел диалектикой. Оказывается, он написал новую философскую работу: «Это — очень з р е л а я вещь, по сравнению с моими прежними писаниями, и, в отличие от них, д и а л е к т и ч е с к а я от начала и до конца» (История России 1917—1940: Хрестоматия / Под. ред. проф. М. Е. Главацкого. Челябинск, 1994. С. 301). Ср. также в его прошении о помиловании, где Бухарин снова напоминает: «В тюрьме я написал ряд работ, свидетельствующих о моем полном перевооружении» (Цит. по: *Ковалев В.* Два сталинских наркома. М., 1995. С. 264).

[357] Значима в этом смысле победа, одержанная к концу 1920-х гг. фанатично идеологизированными философами-«диалектиками» над более рассудительными и приземленными «механицистами». Об этой борьбе, как и о последующем разгроме самих диалектиков-деборинцев, см.: *Огурцов А.* Подавление философии // Суровая драма народа: Ученые и публицисты о природе сталинизма. Ср. также о «партийности и диалектическом материализме в математике»: *Глебкин В. В.* Ритуал в советской культуре. С. 65.

[358] Цит. по: *Семанов С., Кардашов В.* Иосиф Сталин: Жизнь и наследие. С. 441—442.

шим существом, как у М. Робеспьера в период якобинской диктатуры, и именно его в целях борьбы за власть максимально использовал Сталин», — констатирует Сироткин[359]. Сталинское «единство» требовало все же гораздо большей унификации и тотального единомыслия, непривычного для ленинских ветеранов. Громадное достижение аппарата состояло в том, что этим унифицированным образом *слитной партии* он сумел заменить прежний богостроительско-пролеткультовский идеал единого *пролетарского организма*, представив всякую фракционную, групповую или личностную специфику как отпадение от родной коммунистической плеромы — столь же губительное, как первородный грех отторжения индивида от гомогенного коллектива, оплаканный в горьковской «Исповеди». Только отщепенца поджидала теперь не метафорическая, а буквальная гибель. Абстрактную же «партию» при этом все чаще будет замещать ее сужающееся руководство или протеический «ленинизм», от лица которого витийствует генсек.

Партийная дисциплина, трансформируемая в покорность вождю, психологически обуславливалась в свою очередь *большевистской скромностью* как синонимом христианского смирения. Разумеется, скромность непосредственно противостояла греховной гордыне, которая открывала путь к бесовской «прелести» и которая выступала у Сталина под псевдонимом «кичливости» либо, еще чаще, *зазнайства*. Осуждение последнего мы встретим и у Ленина, повлиявшего на соответствующие формулы генсека («Ленин учил нас не зазнаваться»), но Сталин обличал этот порок в таких видах и с такой широтой, о коих ни Ленин, ни даже сама церковь не помышляли. Нарциссическую гордыню генсек порицает и в частных письмах — например, Ксенофонтову: «Мне не нравится грубо-самоуверенный тон статей Шацкина: сам же проповедует скромность, а проявляет на деле максимум самоуверенности», — и в глобальной политике. Напомню о пресловутом «головокружении от успехов» — типичном проявлении сатанинской прелести, — проистекающем, как он пишет, «из духа самомнения и зазнайства». На XVII и XVIII съездах он предостерегает от «головокружения» хозяйственников, на февральском пленуме 1937 года — чекистов и все население страны, а во время войны с Германией — Красную армию. Оказывается, бахвальство и «зазнайство» ведут к беспечности и — тут он вполне открыто подхватывает церковно-аскетическую лексику — к «самообольщению», чреватому крахом; пример тому — «зазнавшиеся» немцы, недооценившие мощь советских войск. («Бахвальство и вредное для дела самодовольство» он обличал еще в дни польской кампании 1920 года.)

Наличествовал здесь, конечно, и рассудительный будничный реализм ленинского пошиба. Вместе с тем в сталинском пафосе при-

---

[359] *Сироткин В. Г.* Указ. соч. С. 198.

нудительного смирения приоткрывалась мнительная вражда к любой яркой индивидуальности, способной хоть чем-то ограничить его абсолютное, всепожирающее величие. По точному замечанию Солженицына, «никто, кроме него, не должен был ничего знать, уметь и делать безупречно <...> Как царь Мидас своим прикосновением обращал все в золото, так Сталин своим прикосновением обращал все в посредственность»[360]. Но угадывается тут, пожалуй, и природное, искреннее влечение к «основному потоку жизни», несущему партийных «середняков» на своих серых волнах.

Нормативной скромности настоящего большевика и его отказу от зазнайства неизбежно должно было сопутствовать вечное ощущение своей греховности, постоянная воля к покаянию, то бишь к *самокритике* и *разоружению перед партией*, которая и сама «укрепляется, очищая себя от скверны». Покаянно-разоблачительным духом, при мощнейшем содействии насаждаемой клерикальной лексики, неуклонно проникается вся партия. В ужасающем «грехопадении» повинна любая оппозиция. Но и без того грешны все, ибо всякий человек, по слову апостола, есть ложь. Грешны и верноподданные члены ВКП. «Кое-кто из коммунистов не прочь прихвастнуть и зазнаться, — грешок, который, к сожалению, все еще присущ нашему брату» — фраза, отдающая чуть ли не цитатой из «Развязки Ревизора» и вообще из позднего Гоголя. Иные хотят «превратить партию в непогрешимую силу», от чего она так же далека, как и Коминтерн: «Я никогда не считал и не считаю Коминтерн безгрешным». И себя он временами судит той же мерой: «Я никогда не считал себя и не считаю безгрешным» (хотя не слишком злоупотребляет этой склонностью к покаянию). Что ж, говорит он, «у нас нет людей абсолютно безошибочных». Все дело в том, каковы эти ошибки, насколько они глубоки или преходящи. Лично его, Сталина, в согласии с христианско-исповеднической традицией, реабилитирует то обстоятельство, что он не упорствовал в своих заблуждениях и легко очистился от своих «мимолетных» грехов: «Я не настаивал на своей ошибке и после переговоров с Лениным незамедлительно исправил ее».

Надо по-евангельски прощать обиды: «Плох тот руководитель, который не умеет забывать обиды» («Речь на I съезде колхозников-ударников»). Генсек и сам готов выказать православное милосердие к раскаявшимся грешникам — например, к Султан-Галиеву: «Человек признался во всех своих грехах и раскаялся <...> Для чего же держать его в тюрьме?»[361]. (Придет время — он его расстреляет.) Ему бесконечно жаль заблудших товарищей, хочется сберечь их для партии. Так домовитый Осип у Гоголя припасал «даже веревочку». В этой

---

[360] В круге первом // *Солженицын А.* Собр. соч.: В 6 т. Frankfurt/ Main, 1971. Т. 3. С. 150.

[361] Тайны национальной политики ЦК РКП. С. 85.

чрезмерной «жалости» или «великодушии» главным образом и состоит его собственное грехопадение: подобно гоголевскому же Собакевичу, Сталин горько винит себя за добродушие. Более того — за это вполне позволительно бранить и самого генсека. Памятником его невообразимого смирения остаются реплики, прозвучавшие на октябрьском пленуме 1927 года и бестрепетно включенные им в собрание сочинений:

> На прошлом пленуме ЦК и ЦКК в августе этого года меня ругали некоторые члены пленума за мягкость в отношении Троцкого и Зиновьева, за то, что я отговаривал пленум от немедленного исключения Троцкого и Зиновьева из ЦК. (Голоса: "Правильно!". Тов. Петровский: "Правильно, всегда будем ругать за гнилую "веревочку"!).

С годами, однако, ругать его в этом отношении станет решительно не за что. Уже в 1926 году он жалуется: «Меня несколько тревожит... благодушие». В 30-х имитация христианского милосердия окончательно уступит место призывам к «беспощадности» — а «благодушие», как и «доброта», перейдет в разряд самых непростительных *грехов* против партии, столь же омерзительных, как интеллигентское многодумие, скепсис и зазнайство. Зато «скромность» навсегда останется одним из центральных понятий сталинского глоссария. Она примыкает к важнейшим психологическим факторам, способствовавшим сталинской победе над всеми конкурентами.

«Скромность» будет также некой оптимальной равнодействующей между марксистской массовостью и новой индивидуально-психологической установкой. К ней присоединяются послушание, самоотверженность и множество других достоинств, присущих образцовому партийцу. Иначе говоря, психологическая ориентация, заданная Лениным и в его «завещании» и в призывах к выращиванию праведного большевистского Адама, оказывается общей ментальной основой для партийного строительства и всей «кадровой» политики Сталина.

После партчистки, предварявшей наступление Большого террора, он распорядился, «чтобы партию пополняли не огулом, а на основе строго индивидуального приема». Психологические критерии доминируют и в истребительной кампании против «оживившихся остатков разбитых враждебных классов», мнимая активизация которых стимулируется вовсе не логическими резонами, а совершенно иррациональным «чувством озлобления». Да и борьба «правых» против коллективизации, согласно «Краткому курсу», объясняется тем, что «кулацкая душа бухаринско-рыковской группы не выдержала, и сторонники этой группы стали выступать уже открыто в защиту кулачества».

Слово «душа» вновь обретает былой статус не только в негативном, но и в позитивном своем аспекте, вступая при этом в гармонический союз с индустриальной перестройкой личности (отсюда, кстати, и синтетическое определение «инженеры человеческих душ»). Во всех идеологических сферах все решительнее будет отвергаться односторонний «механицизм», нивелирующий «душу живую» в безлично-статистической данности социальной энергетики. Культурологическим выражением этих тенденций правомерно считать гонения на конструктивизм или на биомеханику и вообще подавление механизированного авангарда в 1920—1930-е годы, а с другой стороны, рапповский призыв «Назад к живому человеку»[362], утилизованный всем соцреализмом. Понятность и доступность нового искусства, враждебного любому «штукарству и оригинальничанью», станут при этом такой же ограничительной линией для чрезмерного выявления индивидуальности, как в политической сфере — «скромность большевика».

Партия простецов

Насаждаемое смиренномудрие органически поддерживалось культом евангельской простоты или, точнее, интеллектуальной простоватости, отличавшей послереволюционную партийную среду и весь «ленинский призыв» и замечательно сочетавшейся с карьеристской хитростью, расчетливостью и злобной беспринципностью новых кадров. Хорошо известно, что их «стальные ряды», росту которых сопутствовали перманентные чистки среди реальных или потенциальных оппозиционеров, в 1920-е годы на ближайшее время стали социальной опорой Сталина[363] (уступив позднее место новому, усовершенствованному поколению свирепых выдвиженцев). Культурный уровень этой массы был аскетически скромен. Отпуская комплименты возросшей сознательности партийных «середняков» («партия выросла, сознательность ее поднялась» и т.п.), Сталин в то же время вынужден был признать: «Ленинский призыв увеличивает процент неграмотности в партии». Речь шла, правда, о неграмотности «политической»[364], но и с обычной дело обстояло не лучше. Масштабы ее носили поистине ошеломляющий характер.

> По данным доклада мандатной комиссии XIV съезду ВКП(б), — констатирует В. Фролов, — среди делегатов съезда было:
> с высшим образованием 5, 1%,
> со средним образованием 22, 3%,
> с низшим образованием 66, 1%.

---

[362] Подробнее см.: *Паперный В.* Культура Два. Ann Arbor, 1985. С. 119 и след.

[363] *Авторханов А.* Технология власти. С. 348—353; *Такер Р.* Сталин: Путь к власти. С. 294—295.

[364] В докладе «Об итогах XIII съезда» он сказал: «У нас в партии политнеграмотность доходит до 60 процентов. 60 процентов политнеграмотности — это до ленинского призыва, а после призыва, я боюсь, что этот процент дойдет до 80».

О 5, 5% состава съезда в докладе мандатной комиссии не говорится; остается предположить, что это были люди без образования вообще.

Вопреки пропаганде, эти «стальные ряды» рекрутировались вовсе не из пролетариата. Авансцену заполонила новая канцелярская каста.

В составе делегатов съезда, — продолжает комментатор, — "рабочие от станка" составляли 5, 1% (34 человека), а "крестьяне от сохи" — 0, 3% (2 человека) [к слову сказать, сильно меньше, чем в последней монархической Думе]. Около 70% делегатов съезда составляли партийные работники всех уровней. В остальную часть, исключая "рабочих от станка" и "крестьян от сохи", входили советские, профсоюзные работники, представители Красной армии и в небольшом количестве (0, 6%, т.е. 4 человека) работники коопераций <...>
Невысокий образовательный ценз отмечается и у делегатов XVI съезда ВКП(б): с низшим, неполным средним (и, по-видимому, без образования) было 74,7% делегатов съезда[365].

Подобный недостаток никогда особо не смущал Сталина, который искренне разделял ленинское расположение к людям, не обремененным эрудицией, но зато в избытке наделенным «стальной волей». Выступая в 1926 году с речью о германской компартии, он возвестил:

Говорят, что теоретическим знанием не блещет нынешний ЦК. Так что ж, — была бы правильная политика, за теоретическим знанием дело не станет. Знание дело наживное, если его нет сегодня, то оно будет завтра, а вот правильную политику, которую практикует ныне ЦК германской компартии, не так-то легко усвоить иным кичливым интеллигентам. <...> По мнению некоторых товарищей, достаточно иному интеллигенту прочесть лишних две-три книги или написать лишнюю пару брошюр, чтобы претендовать на право руководства партией. Это неправильно, товарищи. Это до смешного неправильно.

Впрочем, поскольку «знание дело наживное», Сталин внедряет собственные формы политпросвета, чтобы затем добиться его надлежащей унификации. Со временем он усадит всю страну по понедельникам за политучебу. Но и тогда обретенное «знание» будет сплавлено с все той же «непоколебимой верой»[366]. О ней говорил в своем покаянном выступлении на XVII съезде Преображенский:

Я должен был бы поступить, как поступали рабочие, когда еще жив был Ленин. Не все они разбирались в сложных теоретических вопросах... где мы,

---

[365] *Фролов В.* Чтобы это не повторилось // Иного не дано / Ред.-сост. А. А. Протащик. М.; Минск, 1988. С. 395—396.

[366] Ср. в его заключительном слове на февральско-мартовском пленуме 1937 г.: «Я не знаю, много ли найдется у нас членов партии, которые уже усвоили нашу программу, стали настоящими марксистами, теоретически подготовленными и проверенными. Если идти дальше по этому пути, но пришлось бы оставить в партии только интеллигентов и вообще людей ученых. Кому нужна такая партия? У нас имеется проверенная и выдержавшая все испытания ленинская формула... Членом партии считается тот, кто п р и з н а е т программу партии, платит членские взносы и работает в одной из ее организаций. Обратите внимание: в ленинской формуле говорится не об у с в о е н и и программы, а о п р и з н а н и и

"большие умники", выступали против Ленина. Бывало, видишь, что приятель голосует за Ленина в таком теоретическом вопросе, спрашиваешь: "Почему же ты голосуешь за Ленина?" Он отвечает: "Голосуй всегда вместе с Ильичом, не ошибешься" (*Смех*)... Я... должен был поступить именно так, как рядовой пролетарий мне тогда советовал. Если у тебя не поворачивается язык говорить все в деталях так, как говорит партия, ты все же должен идти с партией, должен говорить как и все, не надо умничать, должен больше верить партии, поступать так, как советовал тот рабочий[367].

О. Хлевнюк в своей ценной книжке о предыстории 1937 года усматривает здесь пародию: «Совершенно очевидно, что Преображенский просто высмеивал насаждаемое в партии единство по принципу личной преданности вождю. И это поняли делегаты, смеявшиеся там, где, казалось, нужно аплодировать. В самом деле, Преображенский откровенно формулирует "кредо" сталинской партии: главное — не умничать, а верить вождю, а в зале — "смех"! Помимо прочего свидетельствовал этот смех о том, в руководстве ЦК еще оставались [до Большого террора] люди, способные понять иронию Преображенского»[368]. Это тонкое наблюдение надо, вероятно, несколько скорректировать, приняв во внимание, что, во-первых, пародия имела своим предметом уже доминирующую, упрочившуюся тенденцию и, во-вторых, что речь Преображенского все-таки была произнесена и опубликована как абсолютно несомненное для огромной партийной массы подтверждение его раскаяния. Сам же девиз «не умничать» сталинизм, в конце концов, унаследовал от Ленина, который запальчиво бранил «вумных» и, например, на XI съезде изрек на манер Николая I: «Перестаньте умничать, рассуждать о нэпе». Поддержавшая Сталина посконно-чиновничья масса, призванная вытеснить «старую гвардию», вместе со своим генсеком всячески педалировала эту тенденцию к опрощению.

При всем том не стоит излишне драматизировать умственный разрыв между старым и новым большевизмом. Первый был достоянием интеллигентного мещанства, второй — обмещанившегося плебса. Волкогонов поражался тому, что «более тонкие, иногда даже изящные аргументы Троцкого, Зиновьева, Каменева, Бухарина не встречали поддержки в аудитории! А грубоватые, плоские, часто просто примитивные филиппики Сталина, тесно увязанные с "защитой Ленина", генерального курса партии, единства ЦК и т.д., быстрее доходили до сознания людей»[369].

программы. Это две совершенно различные вещи <...> Если бы партия исходила из того, что членами партии могут быть только такие товарищи, которые уже усвоили программу и стали теоретически подготовленными марксистами, то она не создавала бы в партии тысячи партийных кружков, сотни партийных школ». Понятно, что «признание» равнозначно *вере* в программу.

367 XVII съезд ВКП(б). С. 239.

368 *Хлевнюк О. В.* Сталин, НКВД и советское общество. М., 1992. С. 35.

369 *Волкогонов Дм.* Указ. соч. Кн. I, ч. 2. С. 125.

Можно вообразить, будто, в отличие от Сталина, ветераны «ленинской гвардии» и впрямь одаривали неблагодарную публику блистательными россыпями культурных сокровищ (острый дефицит которых ощущался уже у их отца-основателя). Практически, мне кажется, дело обстояло совершенно иначе. Праздные изящности левых оппозиционеров страдали безнадежным анахронизмом, часто усугублявшимся невнятицей, запутанностью[370], элементарной непоследовательностью, которые генсек разоблачал с проницательностью бдительного богослова[371]. Он вступил в борьбу во всеоружии тех полемических приемов, о которых говорилось в 1-й главе и возвращаться к которым теперь было бы излишним. Во всяком случае, Сталин гораздо умнее, точнее, собраннее, чем его конкуренты, адаптировался к эволюционирующей и формируемой им самим партийной среде, чутко улавливая и приспосабливая к своим нуждам исходящие от нее «православно-абсолютистские» флюиды и тягу к духовной однородности.

ЕДИНАЯ И НЕДЕЛИМАЯ

Многократно отмечалось, что в своем большинстве партия 1920-х годов была настроена вовсе не на мировую революцию, а на патриотическое государственное строительство, на стабилизацию, автори-

---

[370] Вот один из ее претенциозных образчиков. Решительно отрицая свою былую принадлежность к меньшевикам, о которой при каждой оказии напоминал Сталин, Троцкий, верный методу исторических аналогий, сопоставляет себя, в речи на пленуме исполкома Коминтерна (декабрь 1926 г.), с Мерингом, «который лишь после долгой и энергичной борьбы против социал-демократии <...> вошел в социал-демократическую партию <...> С другой стороны, Каутский и Бернштейн никогда не боролись открыто против Маркса, и оба они долго состояли под хлыстом (sic) Фридриха Энгельса. Бернштейн сверх того известен как литературный душеприказчик Энгельса. Тем не менее, — победоносно заключает Троцкий, — Франц Меринг умер и похоронен как марксист, как коммунист, тогда как два других — Каутский и Бернштейн — живут и сейчас, как реформистские собаки» (*Троцкий Л.* Сталинская школа фальсификаций. С. 97). *Лев* Троцкий, безусловно, опирается здесь на смутную память об Экклезиасте, противопоставившем живому псу мертвого *льва,* — слово, которое докладчик деликатно опустил, заменив его умершим «коммунистом» как своим аналогом и предтечей. Однако, по сути, эта неряшливо выбранная аллюзия эмоционально работает как раз против Льва Троцкого, поскольку сам библейский текст отдает предпочтение именно «живым собакам»: «Кто находится между живыми, тому есть еще надежда, так как и псу живому лучше, нежели мертвому льву» (9:4).

[371] Такер (Указ. соч. С. 296) отмечает, как Сталин удачно высмеял (в 1926 г.) процитированное им лирическое определение Троцкого: «Ленинизм как "мышечное ощущение в физическом труде". Не правда ли — и ново, и оригинально, и глубокомысленно. Вы поняли что-нибудь? (*Смех.*) Все это очень красочно, музыкально и, если хотите, даже великолепно. Не хватает только "мелочи": простого и человеческого определения ленинизма».

тарную основательность и порядок, обеспечивавшие приемлемый жизненный уровень. Это была партия столоначальников, охваченных зудом карьеризма и будничным пафосом положительности. Менялся и ее национальный состав. «Великороссов в партии к XIII съезду — 72%, очевидно, после ленинского призыва процент должен увеличиться», — с надеждой сообщил генсек уже в мае 1924-го. Над народом, оправившимся после приступа деструктивной революционной анархии, витал теперь дух национально-имперской реставрации — и новое партийное чиновничество, далекое от умозрительных схем, но зато сохранившее ментальную близость к подопечному населению, непосредственно выражало эту охранительную ориентацию, которую, с теми или иными тактическими колебаниями, олицетворял Сталин. Он облек эти неясные побуждения в догматические и ритуально близкие формы, пестовавшие память и о недавнем национальном величии, и о психологически родном самодержавии, и о православной церкви, которую все обстоятельнее будет замещать партия.

Обозревая данные о плачевном образовательном цензе сталинских кадров, Фролов объясняет «культ личности» тем, что «низкая общая культура, несомненно, способствовала формированию потребности в идоле»[372]. В ответ проще всего будет указать на мощнейшую «царистскую» традицию, пробудившуюся во всех, в том числе самых образованных, кругах.

Однако в еще более отдаленной ретроспективе сталинизм был не просто реваншем русского абсолютизма — он оказался невероятно перенасыщенным, гротескно компенсаторным возвращением к эпохе, предшествовавшей Великим реформам, которые принесли с собой прогрессирующую секуляризацию и дискредитацию самодержавия, завершившуюся Февралем 1917 года. Я не хочу выпрямлять сложнейшую ситуацию, сопряженную с тем упорным, хотя в основном пассивным, сопротивлением, которое еще в 1930-е годы оказывали сталинской тирании различные слои советского общества, включая крестьянство, многих технократов и чиновников, пытавшихся саботировать террор (это прекрасно показано у Хлевнюка). И все же возобладала другая тенденция, коренящаяся в недрах национальной истории. В лице Сталина Россия отступила к дореформенной социально-культовой парадигме — тотальной сакрализации государя и государства. В таком контексте даже коллективизация как новое закрепощение крестьян предстает только одной из естественных сторон этого великого рецидива[373].

---

[372] *Фролов В.* Указ. соч. С. 396.

[373] ВКП(б) расшифровалась в народе как «второе крепостное право (большевиков)». По данным, собранным Шейлой Фицпатрик, распространялся слух о том, что коллективизация была первым шагом к возвращению экспроприированных земель помещикам либо даже прямо к крепостничеству. — См.: *Fitzpatric Sh.* Stalin's Peasants: Resistance &Survival in the Russian Village After Collectivization.

То «единство партийных рядов», к которому новые кадры стремились еще сильнее, чем старые, по существу, представляло собой партийный адекват «единой и неделимой» России. Соответствующая фразеология проскальзывает у Сталина в 1920-е годы. Подобно тому как в молодости он говорил о «единой и нераздельной» партии, теперь, на XII съезде, генсек призывает «скрепить ЦК как *единый и нераздельный* коллектив» (примечательно, что в той же речи это определение перекликается с самим термином «единая и неделимая Россия», который Сталин здесь подвергает лицемерному осуждению как проявление великодержавного шовинизма).

Абсурдно в то же время сводить вопрос только к «народно-черносотенной» реакции на космополитический порыв ленинизма. Народные умонастроения безусловно совпадали с имперской и национальной ностальгией русской интеллигенции, мечтавшей о том, что сталинская борьба так или иначе расчистит путь к возрождению отечества.

Я разделяю, хотя и с существенными оговорками, распространенное представление о том, что, противостоя женевским и прочим эмигрантам, среди которых было множество евреев, Сталин в национальном плане опирался сперва на старые партийные кадры «практических работников»-подпольщиков, действовавших в самой России[374], а затем на новую смену, не знавшую эмиграции и чуждую ей[375]. Оговорки же обусловлены следующими, тоже довольно известными обстоятельствами.

Верно, что Ленин, как и прочие пассажиры пломбированного вагона, уповал главным образом не на российскую, а на всемирную революцию и в отношении России придерживался интернационалистских, а не патриотических взглядов. Нельзя, однако, забывать и о давних национальных рефлексах большевизма, проступавших еще в эпоху борьбы с Бундом и большевиками. Так или иначе, перейдя на оседлость, марксистский десант Людендорфа неизбежно должен

P. 46. Р. Пайпс и другие исследователи считают, правда, что колхозы были несравненно хуже обычного крепостного права.

[374] Ср. его выпады против «эмигрантов» в беседе с Э. Людвигом (1931) или замечание, которое он как бы мимоходом обронил о себе в докладе на октябрьском пленуме 1927 г.: «Сталин не был еще тогда [в дореволюционный период] секретарем ЦК, он обретался тогда вдали от заграницы, ведя борьбу в подполье против царизма, а борьба между Троцким и Лениным разыгрывалась за границей». О неприязненном отношении Сталина к бывшим эмигрантам, которых он называл «литераторами», см. также: *Волкогонов Дм.* Кн. I, ч. 1. С. 124.

[375] Подробнее см. в книгах Агурского «The Third Rome» и «Идеология национал-большевизма» (Paris, 1980); фактически автор отталкивается от давней сталиноведческой традиции, идущей от Дмитриевского и уже в 1960 г. подытоженной Дж. Кеннаном: *Kennan G. K.* Russia and the West Under Lenin and Stalin. P. 249 ff. Ср., впрочем, возражения Коэна, указывающего на излишне упрощенный характер этой антитезы: *Коэн С.* Бухарин и большевистская революция. С. 8, 15.

был подвергнуться теперь традиционнейшей эволюции, о которой упоминал Ленин в связи с НЭПом: «Бывает так, что побежденный свою культуру навязывает завоевателю». Захватчики начинают отстаивать интересы подвластной территории, ставшей их собственным отечеством. Ленин, с упоением разрушавший «империалистскую Россию» на немецкие деньги, сильно отличается от Ленина-премьера, в марте 1918 года объявившего себя патриотом: «Мы оборонцы с 25 октября 1917 г. Мы за "защиту отечества"» — пусть даже «отечества социалистического», т.е. базы для мировой революции. Одно дело — Ленин, который в апреле 1917-го заверяет: «Если Польша, Украина отделятся от России, в этом ничего худого нет. Что тут худого? Кто это скажет, тот шовинист», — и совсем другое, когда он оккупирует Украину и пытается захватить Польшу, когда, приветствуя взятие Владивостока, восклицает под общие аплодисменты: «Ведь это город-то нашенский». Конечно, отсюда пока очень далеко до кичливого сталинского национализма 30-х и особенно последующих годов. Однако, хотя гораздо слабее и осторожнее, в выступлениях председателя Совнаркома просвечивала сходная реставраторская тенденция. В конце концов, его разногласия со Сталиным по национальному вопросу, о которых мы будем еще говорить, объяснялись тактическими, а не принципиальными расхождениями. Сталин хорошо знал это и оттого в своем письме к Ленину от 22 сентября 1922 года высказался с откровенностью, не встретившей осуждения:

> За четыре года гражданской войны, когда мы ввиду интервенции вынуждены были демонстрировать либерализм Москвы в национальном вопросе, мы успели воспитать среди коммунистов, помимо своей воли, настоящих и последовательных социал-независимцев, требующих настоящей независимости во всех смыслах и рассматривающих вмешательство Цека РКП как обман и лицемерие со стороны Москвы <...> Молодое поколение коммунистов на окраинах *игру в независимость* отказывается понимать как игру, упорно принимая слова о независимости за чистую монету <...> Если мы теперь же не заменим формальную (фиктивную) независимость формальной же (и вместе с тем реальной) автономией, то через год будет несравненно труднее отстоять фиктивное единство советских республик[376].

В этом, собственно, и состоял пресловутый сталинский план «автономизации». Еще при жизни Ленина, после Брестского мира, гражданской войны и польской кампании, стремление к восстановлению целостной империи[377] захватило, как сказано, подавляющую часть

[376] Цит. по: История России 1917—1940. С. 163.

[377] Литература по ленинско-сталинской национальной политике очень велика. Помимо обеих книг Агурского, упомянутых выше, см., в частности: *Kennan G.* Op. cit.; *Pipes R.* The Formation of the Soviet Union: Communism and Nationalism. Harvard Univ. Press, 1964; *Д'Анкосс Э. К. [d'Encausse]* Расколотая империя. Лондон, 1982; *Hammer D.* Russian Nationalism and Soviet Politics. Westview Press, Boulder, 1987; *Карр Э.* История Советской России: Большевистская революция 1917—1923. М.,

партии, судя по XII съезду, которого мы коснемся ниже, и еще больше, по той грандиозно-показательной травле, которой в 1923 году был подвергнут М. Султан-Галиев[378] и в которой приняли участие такие официальные интернационалисты, как Зиновьев и Каменев.

У Ленина встречается немало русофобских выражений: «Русский человек — плохой работник по сравнению с передовыми нациями» — и т.п. (ср. также его известные реплики о русских и евреях в первой редакции горьковских воспоминаний). Но эти укоры и призывы — «Учитесь у немца его дисциплине, иначе мы — погибший народ и вечно будем лежать в рабстве» — в послеоктябрьское время подсказаны по-своему патриотическим стремлением укрепить красную Россию, вернее даже поэтическую гоголевско-некрасовскую Русь, чтобы она «перестала быть убогой и бессильной, чтобы она стала в полном смысле слова могучей и обильной <...> Русь станет таковой, если отбросит прочь всякое уныние и всякую фразу, если, стиснув зубы, соберет все свои силы, если напряжет каждый нерв, натянет каждый мускул, если поймет, что спасение возможно только на... пути... международной социалистической революции» («Главная задача наших дней»). За исключением неудавшейся мировой революции, можно считать, что Сталин со временем постарался реализовать именно эту программу, синтезировав ее с имперской экспансией. По резюмирующему, хотя не совсем точному, определению Дойчера,

> в критические моменты два типа политики, националистическая и революционная, вступали в противоборство. Сталин, однако, не проводил четкого разделения между ними: он следовал обоими курсами одновременно; но, хотя националистический подход преобладал во время войны, именно революционный возымел силу в послевоенные годы[379]. (Автор тут умудрился не заметить решающего подъема сталинского национализма именно в послевоенную эпоху.)

Агурский указал на тот «предельно важный вклад в национализм и тоталитаризм большевизма», который, как он полагает, внесла иде-

---

1990. Т. 1—2. С. 213 и след.; *Авторханов А.* Империя Кремля: Советский тип колониализма. Вильнюс, 1990. О сталинском истреблении народов см., кроме того: *Conquest R.* The Nation Killers: Soviet Deportation of Nationalities. L., 1970; *Некрич А.* Наказанные народы. Нью-Йорк, 1978, а из документальных публикаций постсоветского времени: Иосиф Сталин — Лаврентию Берии: «Их надо депортировать». Документы, факты, комментарии. М., 1992. Там же (С. 284) приведена краткая библиография вопроса.

[378] См. введение Б. Султанбекова к сб. Тайны национальной политики РКП: Четвертое Совещание ЦК РКП с ответственными работниками национальных республик и областей в г. Москве 9—12 июня 1923 г.: Стеногр. отчет. М., 1992. Там же (С. 10) он констатирует, что это совещание «было первым крупным политическим сражением, тщательно подготовленным и выигранным Сталиным уже в качестве генсека».

[379] *Deutcher I.* Stalin: A Political Biography. Penguin Books, 1966. P. 536—537.

ология большевистских леваков из группы «Вперед» (кстати, тоже ведь эмигрантов) с их «энергетизмом» и яростной ненавистью к косному и эгоистичному крестьянству, воплощавшему азиатскую пассивность. «В сущности, — продолжал Агурский, — эта идеология подготовила почву для массового геноцида русских крестьян, который никак не противоречил национализму левых большевиков, мечтавших, чтобы обновленный русский народ превзошел все современные западные народы. Геноцид представлялся им скорее отбором приспособленных, "человеческой инженерией" <...> Это не Троцкий и не Григорий Зиновьев (Радомысльский) впервые выдвинули идею геноцида русского крестьянства [осуществленную] в период коллективизации 1928—1933 гг., а Богданов, Луначарский, Горький и другие, причем [бывший впередовец] Менжинский как глава тайной полиции позаботился о ее практическом проведении»[380]. Надо добавить, что впередовцы, в свою очередь, здесь выказывали зависимость от великодержавных исторических прецедентов, означенных еще Петром Великим с его брутальными методами антикрестьянской крепостнической индустриализации.

НЕОФИЦИАЛЬНАЯ НАРОДНОСТЬ

Ненависть Сталина к русскому и украинскому крестьянству никаких сомнений не вызывает, но все же для него это был вопрос социальный, а вовсе не геополитический. К «азиатчине» он не питал особой вражды, свойственной впередовцам. Скорее напротив. В литературе не раз отмечались его ориенталистские влечения, выказанные еще в период гражданской войны (статьи 1918—1919 гг. «Не забывайте Востока», «С Востока свет», «Наши задачи на Востоке»). О «пробуждении Востока» мечтали многие большевики, включая Ленина, которого тогдашняя пропаганда охотно связывала с Азией, а вернее, с союзом двух континентов, двух составных великой революции. Именно так звучит патриотический извод ленинианы в статье ультралевого коммуниста Е. Преображенского. Во времена Брестского мира и польской кампании он вместе со своими единомышленниками яростно поносил любые проявления резко активизировавшихся тогда великорусских амбиций. Но его тоже коснулись новые веянья. Уже после смерти Ленина Преображенский выступил с национально-мессианской декларацией, представлявшей собой амальгаму марксистской теории с бакунинским анархославянизмом, скифством, евразийством и реанимированной «официальной народностью»

---

[380] *Agursky M.* The Third Rome. P. 86.

Уварова. (Несмотря на ее иноземный генезис, уваровская доктрина была воспринята многими русскими патриотами как вполне адекватное выражение национальных основ.) В некрологе («О нем») Ленин представлен Преображенским как олицетворение совершенно особого, русского, пролетариата — молодого полнокровного бунтаря, не развращенного, в отличие от своих собратьев по классу, ни западной буржуазной законопослушностью, ни восточной отсталостью; азиатско-европейское происхождение вождя (Симбирск), как и географическое положение самой России, — символ и залог грядущей всемирной революции[381].

Толчком для публикации послужила гораздо более ранняя статья Троцкого, отразившая патриотическую эволюцию режима, в которой, как отмечал М. Агурский, в 20-е годы принимало участие и множество евреев — от Стеклова до И. Лежнева и Радека, уже в 1921-м заговорившего о «социализме в одной стране»[382]. Вопреки популярным домыслам, Троцкий принадлежал к числу наиболее патриотически настроенных большевиков[383]. Вероятно, давало себя знать его давнее, еще юношеское народничество[384], отозвавшееся после Октября в симпатиях к Есенину, которому Троцкий, как известно, оказывал серьезную поддержку. С другой стороны, и само это народничество предопределялось базисной ассимиляторской установкой. Глупее всего было бы инкриминировать Троцкому, как это нередко делалось, хоть какие-то еврейско-националистические побуждения: он был первым, кто выступил против присутствия евреев в большевистском правительстве и, соответственно, отказывался от важнейших государственных постов[385]. Троцкий преследовал антисемитов, но его национальные сантименты, по изначальной еврейско-социалистической традиции, были отданы только русскому, а не собственному народу.

---

[381] Там же. С. 226—228. Ср. очень похожую декларацию впередовца М. Покровского, приводимую Агурским. См.: *Agursky M.* The Third Rome: National Bolshevism in the USSR. P. 90.

[382] Op. cit. P. 221—222, 259—260, 282 ff.

[383] Показателен в этом отношении язвительный упрек Мануильского, брошенный им Троцкому в 1923 г.: «Мы особенно благотворного влияния тов. Троцкого в борьбе с великорусским шовинизмом не чувствовали» (Тайны национальной политики РКП: Четвертое совещание ЦК РКП с ответственным работниками национальных республик и областей в г. Москве 9—13 июня 1923 г. С. 94). Агурский даже называет Троцкого «истинным предтечей национал-большевизма внутри партии» (*Агурский М.* Идеология национал-большевизма. С. 202).

[384] См.: *Троцкий Л.* Моя жизнь: Опыт автобиографии. Т. 1. С. 124. Народнические вкусы юного Троцкого, включая сюда любовь к Г. Успенскому, в своей номенклатурно-юдофобской книге отмечает и Н. А. Васецкий: Троцкий: Опыт политической биографии. М., 1992. С. 19—21.

[385] *Троцкий Л.* Указ. соч. Т. 2. С. 62—63; Вопросы истории КПСС. 1990. № 5. С. 36.

В этой, эпатажно прозвучавшей, статье «Ленин как национальный тип» Троцкий, сообразно общему поветрию, представил Ильича синкретическим воплощением русского пролетариата и крестьянства («мужицкая внешность», «крепкая мужицкая подоплека»), деликатно умолчав, однако, о более адекватных классовых привязках. Но главное, что, исходя из такой туманной социально-генетической метафизики, он отождествил не только самого Ленина, но и горячо восхваляемый им русский рабочий класс (несущий в себе и «крестьянское прошлое» страны) со всей русской нацией, расчистив тем самым путь для грядущего сталинского национализма, который будет опираться на аналогичное триединство: Ленин — русский пролетариат — Россия в целом.

> Ленин, — говорит Троцкий, — олицетворяет собой русский пролетариат: молодой класс, которому политически, пожалуй, не больше лет, чем Ленину от роду, но класс глубоко национальный, ибо в нем реализуется все предшествующее развитие России, в нем ее будущее, с ним живет и развивается русская нация.

У патриотических жанров свои законы. Национально-пролетарская сущность Ильича, в изображении Троцкого, воспроизводит стандартный каталог добродетелей (удаль, широта натуры, соединенная со смекалкой и здравым смыслом), которые приписывала русскому человеку — подданному юной и стремительно развивающейся империи — литература николаевской «официальной народности». В самом деле, согласно Троцкому,

> *Свобода от рутины и шаблона, от фальши и условности, решимость мысли,* отвага в действии — отвага, никогда не переходящая в безрассудство, характеризуют русский пролетариат и с ним вместе Ленина.

Как и в уваровской доктрине, русское отставание от Запада оборачивается выигрышем, ибо с лихвой возмещается грандиозностью и ураганными темпами развития:

> Наше "третье сословие" не имело и не могло иметь ни своей реформации, ни своей Великой Революции <...> Именно поэтому русский пролетариат имеет своего Ленина. Что потеряно в традиции, то выиграно в размахе революции[386].

Судя по книге «Об основах ленинизма», Сталина заворожило это шевыревско-погодинское великолепие. Конспиративно заменив «мужицкую деловитость» покойного на модную, но все же чуть неуместную «американскую деловитость», он в остальном следует за своим речистым соперником. По примеру Троцкого, могучий размах — только уравновешенный этим здравым и энергичным американизмом — Сталин обнаруживает в «ленинском стиле работы»:

---

[386] Сб. Ленин. С. 34—35.

Русский революционный размах является *противоядием от косности, рутины, консерватизма, застоя мысли* <...> Русский революционный размах — это та живительная сила, которая *будит мысль*, двигает вперед, ломает прошлое, дает перспективу.

Хотя свободе предпочтено «противоядие» («очень трудно, товарищи, жить одной лишь свободой», — посетовал он однажды), в целом Сталин, как видим, весьма точно пересказал опус Троцкого — настолько точно, что плодом их патриотических усилий явился, по существу, некий совместный еврейско-грузинский панегирик истинно русской душе Владимира Ильича.

ДОГНАТЬ И ПЕРЕГНАТЬ

Ясно также, что восхваляемый обоими «русский размах» подразумевает не только разрушительный, но и мощный созидательный рывок в будущее. Наряду с прочими заимствованиями, Сталин, как известно, перенял у «троцкистов» и тезис о том, что Советская Россия должна неимоверно форсировать индустриализацию, дабы преодолеть отставание от Запада (сходная мысль, впрочем, иногда проскальзывала и у Ленина). «Отрицая возможность без мировой революции построения социализма в одной стране, — пишет Валентинов, — троцкисты (Пятаков, Преображенский) уже в 1925 году начали изменять свою концепцию исключительно важным дополнением: если допустить, говорили они, что возможно построение социализма в одной стране, то для этого нужны не черепашьи шаги, нужно идти с максимальной скоростью, форсируя темпы строительства, напрягая все силы страны, стремясь в "минимальный срок нагнать, а затем и превзойти уровень индустриального развития передовых капиталистических стран". Так гласит решение XV конференции, происходившей 26 октября — 3 ноября 1926 г. Оно сделано уже под прямым влиянием троцкистской идеологии и могло быть принято потому, что доктрина правого коммунизма [которую поддерживали Бухарин, Рыков, Дзержинский, А. Смирнов и до того, хотя и пассивно, Сталин] уже теряла влияние»[387].

Стимулирующую роль для самой этой «троцкистской идеологии», вместе с ее сталинским изводом, сыграла отмеченная выше «память жанра», возродившегося в новых условиях. Установка «на темпы» необходимо вытекала из адаптированной доктрины «официальной народности», которая, собственно, и провозгласила впервые ло-

---

[387] *Валентинов Н. В.* Указ. соч. С. 85; ср. также: *Ципко А.* Истоки сталинизма // Вождь. Хозяин. Диктатор. С. 431.

зунг «догнать и перегнать», что только еще раз подчеркивает преемственность всего большевистского режима от дореформенных моделей. Пафос «обгона» в николаевской словесности (см., например, каноническую «птицу-тройку» в концовке «Мертвых душ») обуславливался именно бедностью, пустотностью, открытостью «прежней» России, которая изображалась как сфера бесконечного ничто, неодолимо требовавшего бесконечного же — и потому стремительного — заполнения[388]; сама отсталость побуждала к баснословной скорости преображения, окрыленной национальной «широтой и удалью». (В основе своей, однако, эта модель поддерживалась дуалистической традицией, навязывавшей, как мы помним, идею чудесного, мгновенного, а не опосредованного — т.е. «тернарного» — видоизменения: не эволюции, а метаморфозы: «Раньше у нас не было черной металлургии... У нас она есть теперь», и т.д.) С другой стороны, соответствующую активность могли инспирировать как раз трезвые указания на катастрофически затяжной характер этого отставания. Таким дополнительным импульсом для генсека явно послужили некоторые сентенции Троцкого. В том же 1926 году, когда принято было решение «нагнать и превзойти», Сталин, цитируя своего врага, с негодованием воскликнул:

> Выходит, таким образом [по Троцкому], что необходимо лет *пятьдесят или даже сто лет* для того, чтобы социалистическая система хозяйства доказала на деле свое превосходство, с точки зрения развития производительных сил, над капиталистической системой хозяйства. Это неверно, товарищи. Это — смешение всех понятий и перспектив.

А всего через четыре года Сталин заявил в речи «О задачах хозяйственников»:

> Мы отстали от передовых стран на *50—100 лет*. Мы должны пробежать это расстояние в 10 лет. Либо мы сделаем это, либо нас сомнут.

Зато «пробег» этот, как постоянно пишут, осуществлялся все же по военно-индустриальным рецептам Троцкого, только в еще более жестком, сталинском исполнении.

Обрусевший Ленин

Существовал ли вообще троцкизм как целостное движение, чем-то принципиально отграниченное и от сталинизма, и от ленинской

---

[388] См.: *Вайскопф М.* Имперская мифология и отрицательный ландшафт в «Мертвых душах» // Русский текст. Российско-американский журнал по русской филологии. 1995. № 3. С. 96.

традиции? Столь же циничный, сколь информированный Бажанов, очевидно, не слишком сгущал краски, когда писал о внутрипартийных сварах:

> Вообще надо относиться чрезвычайно скептически к контурам оппозиций всех этих годов. Обычно дело шло о борьбе за власть. Противник обвинялся в каком-то уклоне (правом, левом, кулацком, недооценке чего-то, переоценке, забвении чего-то, отступлении от заветов Ильича и т.д.), а на самом деле все это было выдумано и раздуто: победив противника, сейчас же без всякого стеснения принималась его политика (которая только что объявлялась преступной, меньшевистской, кулацкой и т.д.)[389]

Так в 1923 году аппаратной тройкой был выдуман и этот, противопоставленный ленинизму, «троцкизм», в чем признавался сам Зиновьев, хотя и с фатальным запозданием, в 1927 году: «Ведь надо же понять то, что было. А была борьба за власть. Все искусство состояло в том, чтобы связать старые разногласия с новыми вопросами. Для этого и был выдвинут "троцкизм"...». Его свидетельство подтверждали Преображенский, Раковский, а также Радек, сообщавший Троцкому, что «много раз слышал из уст и Зиновьева, и Каменева о том, как они "изобретали" троцкизм как актуальный лозунг»[390]. Но хотя реальный «троцкизм», кроме своей застарелой идеологической непорочности и тактической неуклюжести, мало чем отличался от ленинизма, то зато он, в лице самого Троцкого, четко противостоял если не методам, то всему византийско-иератическому стилю и направлению сталинского царствования. Имелись, разумеется, и немаловажные этнические нюансы, умело педалированные Сталиным и дезавуировавшие русский национализм его противников.

Начнем все же с того, что было бы тенденциозным упрощением однозначно трактовать противостояние Джугашвили и Бронштейна лишь как борьбу русско-национального и еврейско-космополитического движений в рамках послеоктябрьского большевизма. Подлинная картина выглядела гораздо сложнее. Троцкого поддерживало значительное число неевреев — Преображенский, Муралов, И. Смирнов, Пятаков, Серебряков, Сапронов и пр., вплоть до десятков тысяч рядовых партийцев и беспартийных, видевших в нем единственную альтернативу сталинской диктатуре (и по недоразумению связывавших с ним свои мечты о каком-то очеловечивании режима). Многие сохраняли верность «троцкизму» в самых экстремальных условиях. В этой мученической героике «большевиков-ленинцев», как они себя называли, библейская стойкость сплавилась с истовым русским староверием, бросившим вызов новому Никону; пылающий сруб заменили Колыма и расстрельные камеры, над которыми, под пение «Интернационала», взметался призрак неустрашимого Аввакума.

---

[389] *Бажанов Б.* Воспоминания бывшего секретаря Сталина. С. 77.
[390] См.: *Троцкий Л.* Сталинская школа фальсификаций. С. 101—108.

В то же время и победа самого Сталина была бы крайне затруднена без той высокоэффективной поддержки, которую оказывали ему соплеменники Троцкого — Каганович, Мехлис[391], Ягода, Агранов, Фриновский, Ярославский и т.д., а еще раньше Зиновьев и Каменев. Как и множество других евреев, они бескомпромиссно отреклись от какой-либо национальной солидарности с Троцким. Давно уставшие от многовекового бремени иудейской обособленности, российские евреи в 1920-е и, еще больше, в 1930-е годы массами крестились в коммунизм (как позднее — в русскую культуру), безотносительно к внутрипартийным распрям. По возможности игнорируя юдофобскую аранжировку антитроцкистской кампании, они в большинстве сохраняли полнейшую преданность сталинской тирании и после сокрушительного разгрома «троцкизма», как, впрочем, и после окончательного уничтожения жалких советских реликтов своей национально-религиозной самобытности. Ведь и огромная часть западного, в том числе израильского, еврейства на протяжении всего сталинского правления придерживалась явственно просоветских симпатий, поколебленных только «делом врачей», а затем серией хрущевских разоблачений.

И тем не менее, даже с оглядкой на все перечисленные соображения, в целом нам остается лишь подтвердить тот банальнейший факт, что в конфликте с левой оппозицией русско-патриотическое направление представлял именно генсек, узурпировавший бухаринскую теорию о «построении социализма в одной стране». Интернационалистические грезы о мировой революции, хотя бы синтезированные с «красным патриотизмом», никак не соответствовали тому позыву к уверенному и прочному овладению собственной державой, который одушевлял новое, «коренное» партийное поколение, совершенно не расположенное к международно-филантропическим авантюрам и к обидному осознанию своей марксистской второсортности по сравнению с индустриальным Западом как подлинной надеждой революционного пролетариата. По замечанию Агурского, «социализм в одной стране» «был существенно изоляционистским лозунгом», помогавшим Сталину «сочетать официальный интернационализм со скрытым национализмом»[392].

После войны с Германией этот изоляционистский лозунг обернулся, однако, невиданным апофеозом имперского могущества и порабощением всей Восточной Европы. Такой итог ошеломил последних, замшело целомудренных интернационалистов старого пошиба. В СССР их уже почти не осталось, но на Западе такой несгибаемый «большевик-ленинец», как Исаак Дойчер, был весьма удру-

---

[391] См.: *Рубцов Ю.* Alter ego Сталина. М., 1999.
[392] *Агурский М.* Идеология национал-большевизма. С. 204.

чен тем фактом, что вожделенной мировой революции Сталин предпочел грубо антисоциалистический раздел мира на зоны (или сферы) влияния и что «социализм в одной стране» разросся до почти
столь же ублюдочного «социализма в одной зоне» (Дойчер обнаруживает здесь у Сталина искаженное и редуцированное возвращение
к идеям Ленина и Троцкого насчет невозможности автаркического
обособления Советской России от остального мира):

> По мнению старых большевиков, terra firma для социализма был высоко ин-
> дустриализованный Запад. Россия н а ч а л а революцию, Запад должен был
> п р о д о л ж и т ь ее, довести до зрелого состояния и в е р н у т ь "отсталой
> России" <...> Эта схема в глазах Сталина выглядела до смешного устаревшей
> <...> Ленин и Троцкий рассматривали немецкий, английский, французский
> рабочий класс как главных агентов революции в двадцатом веке. Сталин в
> основном обращал внимание на революции [sic] в Варшаве, Бухаресте, Бел-
> граде и Праге. Для него социализм в одной зоне, советской зоне, стал веду-
> щей задачей в политической стратегии целой исторической эпохи[393].

Послевоенный разгром «космополитизма», как зачастую говорят, был подготовлен отчасти уже в 1920-е годы. Известно, что борьба
с «новой оппозицией», и особенно с троцкистско-зиновьевским блоком, принимала весьма юдофобскую окраску («Бей жидов-оппозици-
онеров!»)[394], настолько усилившуюся в решающем 1927 году, что она

---

[393] *Deutcher I.* Stalin: A Political Biography. P. 538. Как все левые советологи, Дойчер, естественно, не верил в то, что Сталин, переварив Восточную Европу, со-
бирался продолжить именно «мировую революцию» посредством новых захватов,
т.е. интенсивно готовил Третью мировую войну. Между тем в такой агрессии не
было бы никакого расхождения с ортодоксальным ленинизмом — напомню о
прозвучавшей над прахом Ленина сталинской клятве «расширять Союз Республик» или о секретном дополнении к резолюции VII съезда (1918) «О войне и мире»,
которое сформулировал сам Ленин: «Центральному Комитету дается полномо-
чие во всякий момент разорвать все мирные договоры с империалистскими и буржуазными государствами, а равно объявить им войну». (Это и к вопросу о советском миролюбии времен пакта с нацистской Германией.)

[394] См.: «Монархия погибла, а антисемитизм остался»: Документы Информа-
ционного отдела ОГПУ 1920-х гг. / Публикация Н. Тепцова // Неизвестная Россия: XX век. Вып. 3. М., 1993; *Роговин В.* Л. Д. Троцкий об антисемитизме // Вестник Еврейского университета в Москве. 1993. № 2; см. там же о последующей
ситуации в период Большого террора: «Среди партаппаратчиков — "новобранцев
1937 года", пришедших на смену большевистской генерации, не оказалось ни одного еврея»; «На процессе "параллельного троцкистского центра" около половины, а на процессе "троцкистско-зиновьевского центра" две трети подсудимых
были евреями» (С. 100, 101). (Недавно опубликованные данные переписи 1939 г.
констатируют, однако, временный рост числа евреев в старшем и среднем управ-
ленческом слое в 1930-е гг.) О сталинском антисемитизме свидетельствуют
С. Аллилуева, Бажанов, Симонов, Джилас и другие авторы; ср. резко антиеврей-
скую позицию, высказанную в немецком плену сыном Сталина Яковом Джугашвили (Иосиф Сталин в объятиях семьи. С. 80—81). См. также: *Рапопорт Я. Л.* На
рубеже двух эпох: Дело врачей 1953 года. М., 1988; *Борщаговский А.* Записки ба-
ловня судьбы. М., 1991; Неправедный суд. Последний сталинский расстрел. (Сте-
нограмма судебного процесса над членами Еврейского антифашистского коми-

встревожила даже самого генсека и его подручных. Обрусевший грузин, простой и доступный человек из народа, сохранивший нутряную привязанность к российской земле, исподволь противопоставлялся высокомерному племени вчерашних и завтрашних эмигрантов. Именно тогда, в 1927-м, главный партийный стихотворец Демьян Бедный, давно успевший переметнуться от Троцкого к Сталину, доверительно сказал Чуковскому: «Заметили вы про оппозицию, что, во-первых, это все евреи, а во-вторых — эмигранты? Каменев, Зиновьев, Троцкий. Троцкий чуть что заявляет: "Я уеду за границу", а нам, русакам, уехать некуда, тут наша родина, тут наше духовное имущество»[395].

Русак Ленин, противостоящий еврею Троцкому (дихотомия, закрепившаяся в массовом советском сознании еще в первой половине 20-х годов[396]), трансформируется под сталинским пером в некую инкарнацию традиционного «русского бога», которому наследует суммарная партия в обличье своего генсека. Приписав именно Ильичу теорию о «социализме в одной стране», Сталин уже в 1926 году объявляет ленинизм «высшим достижением русской культуры» («Письмо к тов. Кагановичу и другим членам ПБ ЦК КП(б)У», где он обрушивается на украинских коммунистов, противившихся русификации). 9 декабря 1930 года, потребовав у партячейки Института красной профессуры «разворошить, перекопать весь навоз, который накопился в философии» (речь шла о «деборинской группе», которую он внезапно обвинил в меньшевизме), Сталин противопоставил ошибав-

тета) / Сост. В. П. Наумов. М., 1994; *Костырченко Г. В.* В плену у красного фараона: Политические преследования евреев в последнее сталинское десятилетие. М., 1994; *Ваксберг А.* Сталин против евреев: Секреты сталинской эпохи. NY, 1995; *Блюм А. В.* Еврейский вопрос под советской цензурой. СПб., 1996; *Судоплатов П.* Спецоперации. Лубянка и Кремль. 1930—1950 гг. М., 1998. С. 480 и след.

[395] *Чуковский К.* Дневник 1901—1929. М., 1991.С. 427. Через десять лет еврей Фейхтвангер, забавно аукаясь с антисемитом Дмитриевским, в своей лубочной книге старательно популяризирует антитезу между Троцким, внутренне чуждым русскому народу, и простым народным патриотом Сталиным: последний «близко знает нужды *своих* крестьян и рабочих, он сам принадлежит к ним, он никогда не был вынужден, как Троцкий, искать дорогу к ним, *находясь на чужом участке*» (*Фейхтвангер Л.* Москва 1937: Отчет о поездке для моих друзей. М., 1937. С. 70). В годы Второй мировой войны, когда бурно возросли симпатии союзников к сталинскому строю, дихотомия обретает заметную популярность на Западе, в частности в США. Такой добросовестный выразитель социально-политических банальностей, как философ Уайтхед, всячески одобряет политику Сталина, этого «человека из народа» (который он представляет более адекватно, чем Ленин); подлинное величие России в XX в. Уайтхед датирует не Октябрьской революцией, а изгнанием Троцкого. (Беседа с Люсьеном Прайсом в августе 1944.) См.: *Price L.* Dialogues of A. N. Whitehead. NY, 1956. P. 233.

[396] См., например, реакцию населения, зафиксированную после смерти Ленина в агентурных сводках ГПУ: *Равдин Б., Ханютин А.* У Великой могилы // Указ. соч. С. 89—90; ср. также: *Троцкий Л.* Сталинская школа фальсификаций. С. 59.

шемуся Энгельсу Ленина как главного марксистского философа[397] (в дальнейшем последуют новые атаки на Энгельса, повинного в анти-русских настроениях[398]). Через три дня, в разносном письме Демья-ну Бедному, генсек весьма амбивалентную, если не русофобскую, ста-тью Ленина «О национальной гордости великороссов» возвел в ранг патриотического манифеста и попрекнул ею адресата, который при всей своей подвижной благонамеренности не успел еще перестроить-ся на новый, великодержавный лад[399].

Ленинский образ теперь максимально «русифицируется», вклю-чая его расовые аспекты. В конце 1932 года Сталин приказал полно-стью засекретить информацию о еврейских корнях Ленина, сооб-щенную ему, через М. Ульянову, А. Ульяновой-Елизаровой; в 1938 году он разгромил роман М. Шагинян, упоминающий о швед-ских, немецких и калмыцких предках основателя большевизма. В постановлении президиума правления СП, отмечает Громов, гово-рилось, что Ленин «является "гением человечества, выдвинутым рус-ским народом", и его национальной гордостью»[400]. В конечном ре-зультате Ленин абсолютно естественно вписывается в национальный пантеон «наших великих предков», перечисленных Сталиным в его речи от 6 ноября 1941 года.

Совсем иначе зато обстояло дело с предками Троцкого и прочих еретиков-инородцев.

НАСЛЕДНИКИ МЕНЬШЕВИЗМА

История этого противостояния и его антисемитская подоплека уже обстоятельно изучены. Отталкиваясь от этого контекста, я буду гово-рить преимущественно о малознакомых — религиозно-психологи-ческих — сторонах темы, сопряженных с обширной церковной тра-дицией.

---

[397] *Маслов Н. Н.* Об утверждении идеологии сталинизма // История и сталинизм. М., 1991. С. 60—62.

[398] См. сталинское послание членам политбюро «О статье Энгельса "Внешняя политика русского царизма"» (1934) и «Ответ товарищу Разину» (1946).

[399] В письме, кстати, уже отработаны риторические ходы грядущей антикосмо-политической кампании. ленинская «кровная связь со своим рабочим классом, со своим народом», говорит он, «непонятна и не естественна для выродков типа Лелевича, которые не связаны и не могут быть связаны со своим рабочим клас-сом и со своим народом».

[400] *Громов Е.* Указ. соч. С. 218—219. Текст соответствующего постановления политбюро см.: «Литературный фронт»: История политической цензуры 1932—1946 гг.: Сб. документов / Сост. Д. Л. Бабиченко. М., 1994. С. 34—35.

С характерологической точки зрения, запечатленной в сталинских инвективах 1920—1930 годов, противники ленинизма являют собой совокупность низменных черт, во всем противоположных душевной конституции настоящего большевика и представляющих собой расширенное воспроизведение (мелкобуржуазно-интеллигентской) меньшевистской «бесхарактерности». Как и раньше, соборному единодушию подлинного большевизма нередко противопоставляется типично еретическая разобщенность любой оппозиции: «Каменев говорит одно, Зиновьев говорит другое, тянет в другую сторону, Лашевич — третье, Сокольников — четвертое». Если Ленину присущи были скромность, простота, сила логики, стойкость в испытаниях («без хныканья»), принципиальность, оптимистическая вера в массы («О Ленине», 1924), а также любовь к социалистическому отечеству, то партийные антихристы наподобие Троцкого абсолютно симметрично демонстрируют индивидуалистическую кичливость, бестолковщину, малодушие в часы испытаний («вечное хныканье»), беспринципность и антипатриотическое неверие в русские революционные массы. Троцкистское «предательство», очевидно, предопределено генетическими прецедентами, о которых в связи с Радеком, в пору Большого террора, Сталин торжественно напомнил Фейхтвангеру. «“Вы, евреи, — обратился он ко мне, — создали бессмертную легенду, легенду о Иуде”. Как странно мне, — растроганно прибавляет Фейхтвангер, — было слышать от этого обычно такого спокойного, логически мыслящего человека эти простые патетические слова»[401].

Особенно курьезно в сталинских устах звучало излюбленное генсеком обвинение в трусости, введенное им в юдофобский контекст и часто используемое против Троцкого: мужество и отвагу последнего признавали, кажется, все его враги (в том числе и сам генсек в 1940 г.), тогда как Сталин на этот счет неизменно отличался тем качеством, которое генерал Ермолов назвал однажды *застенчивостью* в бою. Малодушие современных капитулянтов, как и их социал-демократических предшественников, восходит, конечно, к малодушию их общих библейских праотцев — тех самых, от подражания которым предостерегал Демьян Бедный в своей антименьшевистской «Земле обетованной»: «Вымер род малодушный <...> / Если дрогнете вы, как евреи когда-то, / Слабость духа в беде обнаруживши ту же, / Ваш конец будет много похуже!»

Собственно говоря, теперь разыгрывается как бы вторая, заключительная фаза этой борьбы с «либерданами», проводимая с помощью хорошо отработанных и усовершенствованных антисемитских клише. Подобно меньшевистским книжникам, нынешние оппозиционеры страдают специфической беспочвенностью, межеумочнос-

---

[401] *Фейхтвангер Л.* Указ. соч. С. 69.

тью, они чужды русской материальной и духовной природе, чужды самой партии. «Руководящая группа оппозиции, — говорит Сталин, — оказалась группой мелкобуржуазных интеллигентов, оторванных от партии, от рабочего класса (Г о л о с а: «Правильно!». А п л о д и с м е н т ы)». Это бумажные души, еврейские скитальцы: «Получается впечатление, что мы имеем дело не с марксистами, а с какими-то оторванными от жизни канцеляристами или, еще лучше, "революционными" туристами». Их «социальные корни» — в самой неукорененности. Короче, в противоположность земному реалисту и сердцеведу Сталину, это люди воздуха — и тот же Фейхтвангер пишет, старательно обобщая советские трафареты: «Логика Троцкого парит, мне кажется, в воздухе; она не основывается на знании человеческой сущности и человеческих возможностей»[402].

Но если Троцкого, о «небольшевистском прошлом» которого упомянул даже Ленин в своем «завещании», было сравнительно нетрудно навеки причислить к неисправимым меньшевикам («Собака вернулась к своей блевотине», — подытоживает Сталин цитатой из Писания), то как быть с бывшими союзниками самого генсека, со старыми ленинцами — Зиновьевым и Каменевым? Сталин справляется с проблемой поэтапно. Еще в 1924 году он с негодованием отвергает тогдашние нападки Троцкого на своих временных соратников:

> *Троцкий уверяет, что в лице Каменева и Зиновьева мы имели в Октябре правое крыло нашей партии, почти что социал-демократов [т.е. меньшевиков].* Непонятно только: как могло случиться, что <...> эти товарищи, несмотря на разногласия, ставились партией на важнейшие посты, выбирались в политический центр восстания и пр.? В партии достаточно известна беспощадность Ленина в отношении социал-демократов; партия знает, что Ленин ни на одну минуту не согласился бы иметь в партии, да еще на важнейших постах, социал-демократически настроенных товарищей. Чем объяснить, что партия обошлась без раскола? Объясняется это тем, что, несмотря на разногласия, мы имели в лице этих товарищей старых большевиков, стоящих на общей почве большевизма <...> Мы имели в лице Каменева и Зиновьева *ленинцев, большевиков.*

Поучительна здесь та эволюция, которую у Сталина проделала на протяжении нескольких лет оценка «октябрьских ошибок» Зиновьева и Каменева.

1924: *Неосторожность Петроградского Совета.*

1926: Октябрьская *ошибка Зиновьева и Каменева,* которая создала в партии серьезный кризис; Каменев «*был у нас большевиком среди меньшевиков и меньшевиком среди большевиков».*

1927, август: *Меньшевистские ошибки Зиновьева и Каменева* в Октябре.

---

[402] *Фейхтвангер Л.* Указ. соч. С. 62.

1927, октябрь: Оправдалось предсказание Ленина о том, что октябрьская ошибка Зиновьева и Каменева не является "случайностью"; она "может и должна повториться".

1927, декабрь: Оппозиция отрицает возможность победоносного строительства социализма в нашей стране. Отрицая же такую возможность, она скатывается прямо и открыто на позицию меньшевиков. Такая установка... не нова для ее нынешних руководителей. Из этой установки исходили Каменев и Зиновьев, когда они отказались идти на Октябрьское восстание... Она означает капитулянтство... перед всемирной буржуазией»; «*Оппозиция есть правое, меньшевистское крыло в ВКП(б).*

Так замыкается круг, заданный Троцким. Перефразируя Сталина, остается сказать, что «собака вернулась» — но не к своей, а к чужой блевотине. Только на этот раз «меньшевизм» Зиновьева и Каменева увенчан фигурой самого Троцкого как главного ересиарха.

1938: Капитулянты Зиновьев и Каменев <...> раскрыли перед врагом решение ЦК о восстании... Это была измена <...> Ленин поставил перед ЦК вопрос об исключении из партии Зиновьева и Каменева»; «Судебные процессы [1936—1938] показали, что эти подонки человеческого рода <...> состояли в заговоре против Ленина, против партии, против Советского государства уже с первых дней Октябрьской социалистической революции»; «Главным вдохновителем и организатором всей этой банды убийц и шпионов был иуда Троцкий. Помощниками... были Зиновьев и Каменев с их троцкистским охвостьем. Они <...> стали презренными слугами и агентами немецко-японских фашистов.

К «иуде Троцкому» Сталин вполне интернационалистически приобщает Бухарина, Рыкова и, так сказать, других иудействующих.

Все эти капитулянтские группы являлись по сути дела агентами меньшевизма внутри нашей партии, его охвостьем, его продолжением <...> Поэтому борьба за ликвидацию этих групп в партии была продолжением борьбы за ликвидацию меньшевизма.

Точку в этой последней дискуссии уже успел поставить Ежов.

ТРОЦКИЙ СКАЧЕТ И ИГРАЕТ

Образ Троцкого изначально наделен у Сталина чрезвычайной пестротой, словно ненависть пробуждала в душе генсека какие-то мощные ресурсы партийно-канцелярского сарказма и метафорики; но в целом в этом портрете кроме идейного малодушия и неверия преобладает мотив люциферианской гордыни: «Меня поражает высокомерие Троцкого»; он «смотрит на нашу партию так же, как дворянин на чернь» — и даже дерзает состязаться с самим Ильичом, клевеща на него и на партию, как это свойственно дьяволу — злоязычнику и отцу лжи:

Язычок-то, язычок какой, обратите внимание, товарищи. Это пишет Троцкий. И пишет он о Ленине.

Как и следовало ожидать, обладатель такого языка выказывает прямое зоологическое родство со своим библейским прототипом. Вспомним замечания об «извивающемся» Каменеве или о Троцком, который «приполз на брюхе в нашу партию, войдя в нее как один из ее активных членов».

Иногда Троцкий демонстрирует еще более экзотические свойства — скажем, он «скачет и играет», а вместе с ним «скачет и играет» вся вообще оппозиция. Происхождение этой странной хореографии достаточно очевидно: Лев *Давидович* ведет себя так же, как его ветхозаветный патрон — царь *Давид*, который *«скакал и плясал»* перед Ковчегом. Довольно элементарную расшифровку идиомы мы найдем в другом сталинском выпаде, обращенном уже против западных социалистов: «Лидеры II Интернационала скачут и играют, уверяя рабочих в том, что <...> Лига наций — *ковчег* мира». Ведь для его моторно-ассоциативной манеры очень характерно такое спонтанное смещение омонимов: от ковчега Завета к ковчегу Ноя, отождествленному со спасением и мирной жизнью, наступившей после потопа. Однако что касается скачущего и играющего Троцкого, то у этой жовиальной сцены имеются в патристике также резко негативные, антииудейские параллели, к которым и апеллирует Сталин. Ср. в трактате Иоанна Златоуста «Против иудеев»:

Как животные, когда пользуются обильным кормом, разжирев, делаются буйными и неукротимыми <...>, так и иудейский народ, от опьянения и пресыщения низвергшись в крайнее нечестие, *заскакал*, не взял на себя ига Христова»; «Иудеи скорее *играют,* чем служат Богу[403].

Такому же точно ликованию предавались их предки, еврейские вероотступники, сотворившие Золотого тельца, — мотив, как мы помним, подхваченный Демьяном Бедным:

И идоша вси людие пити и ясти,
И восташа *играти.*

Между прочим, у Иоанна Златоуста евреи ведут себя по сегодняшним меркам несколько непривычно: они актерствуют, любят плясать на городских площадях, а также «драться из-за плясунов, резаться из-за наездников». И вообще, «между театром и синагогою нет никакого различия <...> А лучше сказать, синагога есть только непотребный дом и театр»[404]. В свете этих театрально-цирковых пристрастий станут понятнее насмешки Сталина над позерствующим Троц-

---

[403] Творения святого отца нашего *Иоанна Златоуста,* архиепископа Константинопольского. Т. 1, кн. 2. С. 648, 690.

[404] Там же. С. 649.

ким, которого он, как когда-то меньшевиков, обзывает «фарисеем», а с другой стороны — «комедиантом», «актером», цирковым «чемпионом с фальшивыми мускулами», «опереточным Клемансо».

НЕРАЗУМИЕ И МАЛОВЕРИЕ ОППОЗИЦИИ

Подобно меньшевикам, Троцкому и прочим оппозиционерам со-природны неразумие, узко ветхозаветная приверженность мертвым буквам, а не творческому духу марксизма: в скудоумном буквоедстве и состоит «зиновьевская манера цитирования Маркса»; совсем на талмудический манер Зиновьев «отрывает отдельные положения и формулы Маркса и Энгельса от их живой связи с действительностью, превращает их в обветшалые [ср. *ветхозаветные*] догмы». Напомню: «Мы освободились от него [закона], чтобы нам служить (Богу) в обновлении духа, а не по ветхой букве» (Рим. 7:6).

Все же дидактическая позиция Сталина отнюдь не исчерпывается иррационально-фидеистским аспектом: веру он увязывает с разумом — т.е. с адекватным пониманием сакральных текстов, к которому решительно неспособны партийные иудеи. Согласно Павлу, сама приверженность Ветхому Завету обусловлена умственным младенчеством и школярством: «Закон был для нас детоводителем ко Христу, дабы оправдаться нам верою» (Гал. 3:24). В таком наивном школярстве Сталин, соответственно, уличает оппозиционеров. В его докладе об оппозиции на VII пленуме ИККИ есть даже целый раздел, озаглавленный «Зиновьев в роли школьника, цитирующего Маркса, Энгельса, Ленина». Правда, как мы вскоре увидим, согласно Сталину, эта роковая инфантильность сочетается с противоположным признаком оппозиционеров — их ветхозаветной старческой дряхлостью; столь полярное сочетание также было достоянием христианской, и прежде всего святоотеческой, антииудейской полемики.

Помимо того, законники-оппозиционеры лишены благодатной веры — той самой веры, новозаветный пафос которой пронизывает ленинизм, все большевистское движение и теперь узурпируется Сталиным. В антисемитской ауре столь же традиционное для всей большевистской риторики обвинение в неверии, ранее использовавшееся против меньшевиков, снова получает очень специфический привкус. Именно в «Послании к евреям», которое традиционно приписывалось Павлу, содержится знаменитый Гимн вере (со слов «Праведный верою жив будет, а если кто поколеблется, не благоволит к тому душа Моя»), составляющий обширную и важнейшую часть текста (10:38—12:2). Ибо решающим пороком евреев с точки зрения всей христианской традиции почиталось их *неверие*, выразившееся в неприятии Христа: «Неужели ты дерзаешь не верить после столь разительных доказательств силы Христовой, после пророчеств <...> Почему же, скажут, они [иудеи] не веруют, имея у себя эти книги? Потому же, почему они не веровали, видя чудеса Его. Но это вина не того, кому не веруют, а тех, которые среди мира ничего не видят <...> Не уверовали иудеи, уверовали язычники»[405]. На вере основан, естественно, и второй элемент павловской триады, воспроизведенной в Катехизисе Филарета, по которому обучался Сталин, — *надежда*.

Бундовцы порицались большевиками за национальную обособленность — зато в 20-е годы «новую оппозицию» и «троцкистско-зиновьевский блок» стали, наоборот, винить в совершенно избыточном — антиленинском и антипатриотическом — интернационализме (который в глазах Сталина обусловлен, конечно, беспочвенностью, географическим рассеянием еврейства): «По Ленину, революция черпает свои силы прежде всего среди рабочих и крестьян самой России. У Троцкого же получается, что необходимые силы можно черпать лишь "на арене мировой революции пролетариата"». Словом, левая оппозиция все свои надежды возлагает на заграницу, вместо того чтобы уверовать в строительство социализма в одной — своей собственной — стране. Неверие, в свою очередь, ведет к безнадежности, иначе говоря, к смертному греху уныния, отчаяния и малодушия. Получается катехизис наизнанку:

> Глубочайшая ошибка "новой оппозиции" состоит в том, что она <...> *не верит* в победу социализма в нашей стране <...> Отсюда *безнадежность* и растерянность перед трудностями ("К вопросам ленинизма").

> Троцкизм есть *неверие* в силы нашей революции, неверие в дело рабочих и крестьян, неверие в дело смычки»; отсюда «хныканье и растерянность перед трудностями ("Партия и оппозиция").

Забавно, кстати, что убежденный материалист Троцкий был очень задет этим действительно несправедливым обвинением. На заседании ЦКК в июне 1927 года он вполне аргументированно возразил:

> Нас обвиняют, как известно, в п е с с и м и з м е и м а л о в е р и и. С чего началось обвинение в "пессимизме"? Это глупенькое, пошленькое словечко было выдумано, кажись, Сталиным. [Вся фраза, включая подчеркнуто-пролетарское «кажись», демонстративно апеллирует к ленинской стилистике.] Между тем для того, чтобы так плыть п р о т и в т е ч е н и я, как мы плывем, нужно побольше веры в международную революцию, чем у многих из вас. С чего началось это обвинение в маловерии? С пресловутой теории о построении социализма в одной стране <...> Мы не поверили в это откровение, и поэтому мы — пессимисты и маловеры». И далее: «А какие качества

---

[405] Творения святого отца нашего *Иоанна Златоуста,* архиепископа Константинопольского. Т. 1, кн. 2. С. 634.

нужны для того, чтобы при нынешних условиях войти в оппозицию? Нужна очень крепкая вера в свое дело, т.е. в дело пролетарской революции, настоящая революционная вера. А вы требуете только веры защитного цвета, — голосовать по начальству, отождествлять социалистическое отечество с райкомом и равняться по секретарю[406].

Эта прекрасная богословская отповедь, разумеется, не произвела ни малейшего впечатления на генсека. Вдобавок ко всему, еврейское неверие, на павловско-святоотеческий манер, смыкается у него с ветхозаветной приверженностью вещественным «стихиям мира сего»; на марксистском жаргоне она называется буржуазностью, а на жаргоне антисемитском — еврейским торгашеством, гешефтмахерством, которое когда-то инкриминировала Бунду Роза Люксембург. В том же грехе Сталин как бы вскользь обвиняет в 1920-е годы левую оппозицию в германской компартии — группу *Рут Фишер*, с «ее *двойной бухгалтерией* в политике» («Речь в германской комиссии на VI пленуме ИККИ).

Хуже всего, что неверие и безнадежность могут носить целенаправленный, злонамеренный характер: «Кто пытается свертывать социалистические перспективы нашего строительства, тот *пытается гасить надежды* <...> пролетариата» («О социал-демократическом уклоне в нашей партии»). Так «ослабляется *воля* пролетариата к строительству социализма» — на радость его врагам.

В целом оппозиция ведет себя наподобие дурных монахов из «Добротолюбия», не стяжавших духовной трезвости: она «перешла от очарования к разочарованию, более того, — к отчаянию». Грех отчаяния, ослабляющий душу, всегда чреват ее капитуляцией перед дьяволом — через несколько лет это положение будет продемонстрировано с потрясающим размахом. Снедаемые завистью и властолюбием, «не видя никаких перспектив, они *в отчаянии* хватаются за последнее средство борьбы, — говорится об оппозиционерах в закрытом письме ЦК от 29 июля 1936 года. — <...> Главным мотивом перехода к террору они считают именно успехи, одержанные партией на всех фронтах социалистического строительства, успехи, вызывающие у них *озлобление* и толкающие их на *месть*»[407]. В отчетном докладе на XVIII съезде, посвященном итогам закончившейся чистки, Сталин заговорит об этой совершенно сатанинской методе буржуазных разведок «использовать слабости» — т.е. *грехи* оппозиционеров — «для того, чтобы запутать их в свои шпионские сети».

Там, где нет веры и надежды, нет и любви. Ее место неминуемо должна занять *ненависть* — преступная ненависть к социалистическому государству.

---

[406] *Троцкий Л.* Сталинская школа фальсификаций. С. 141, 143.
[407] *Сталин И.* Соч. Т. 16. С. 305.

ПРОЗРЕВШИЙ ФОМА, ИЛИ ТРИУМФ ВЕРЫ

Но кто же противостоит маловерам? Это настоящие, *верные* большевики или, на худой конец, простые люди труда , готовые уверовать на основе своего личного опыта, обходясь без фарисейской книжности. Таковы иноземные пролетарии, которые совершают *паломничество* в СССР («не уверовали иудеи, уверовали язычники»). Их сомнения рассеиваются в свете непосредственной, материалистически осязаемой истины; такое преходящее неверие, или, точнее, недоверие, можно только одобрить:

> Паломничество западноевропейских рабочих в нашу страну — не случайность <...> То, что приезжают к нам рабочие, *щупают у нас каждый уголок* на фабриках и заводах, — это обстоятельство говорит о том, что они *не верят книгам и хотят убедиться собственным опытом* в способности пролетариата <...> создавать новое общество ("К итогам работы XIV конференции РКП(б)").

Сталин охотно возвращается к этому образу западного Фомы Неверующего, благоговейно влагающего персты в тело советского индустриального Иисуса:

> Бесчисленное количество рабочих делегаций, приезжающих к нам с Запада, и *щупающих каждый уголок* нашего строительства, говорит о том, что наша борьба на фронте строительства имеет громадное международное значение.

Но еще лучше те, кто сразу, твердо и бесхитростно, уверовал в дело российского социализма. Так, в Евангелии от Иоанна воскресший Иисус говорит Фоме: «Ты поверил, потому что увидел Меня; блаженны невидевшие и уверовавшие». В середине 1920-х годов генсек широкими мазками запечатлел этот евангельский идеал в своей брошюре «К вопросам ленинизма»:

> Историческое значение XIV съезда ВКП(б) состоит в том, что он <...> отбросил прочь <...> *неверие и хныканье* <...> и вооружил тем самым пролетариат *несокрушимой верой* в победу социализма.

По аналогичной схеме выстроен один из важнейших сакральных текстов сталинской эпохи — монументальный свод «Вопросы ленинизма», который стадиально развертывается от показа борьбы с троцкистско-зиновьевским неверием к финальному катарсису — лучезарному триумфу веры. Вся эта огромная книга завершается итоговой тирадой Сталина из его отчетного доклада на XVIII съезде. Перед нами — настоящий гимн большевистской вере, подсказанный, без сомнения, новозаветным Посланием к евреям. Выясняется, что вопреки историческому материализму, подлинное классовое противоборство разыгрывается не в экономической, а в духовной плоскости:

Главное, чего особенно добиваются буржуазия всех стран и ее реформистские прихвостни, — это то, чтобы искоренить в рабочем классе веру в свои силы, веру в возможность и неизбежность победы <...> Если капитализм еще не свергнут <...>, то этим он обязан не своим хорошим качеством, а тем, что у пролетариата нет еще достаточной веры в возможность своей победы <...> Нужно признать, что буржуазии и ее агентам в рабочем движении удалось в известной мере *отравить душу рабочего класса ядом сомнений и неверия.* Если успехи рабочего класса нашей страны <...> послужат к тому, чтобы поднять дух рабочего класса капиталистических стран и *укрепить в нем веру в свои силы, веру в свою победу,* то наша партия может сказать, что она работает недаром. Можно не сомневаться, что так оно и будет.

Литургическое заключение речи («буди, буди!») само по себе есть декларация несокрушимой веры. В Евангелии это вера во Христа; у Сталина — верность Ленину и ленинизму. Выступая на выпуске академиков Красной армии в 1935 году, Сталин традиционно совместил в образе Ленина Бога-Отца с небесным кузнецом как племенным большевистским и своим персональным тотемом, обеспечившим победу над противниками:

Они забыли, что нас ковал великий Ленин, наш вождь, наш учитель, наш отец.

Кто же тогда «отец» оппозиционеров?

Порождения Абрамовича

Отлично известно, кто оттуда, из-за границы, вдохновляет их на борьбу с партией — это, среди прочих врагов,

Дан, лидер *"русской"* социал-демократии, лидер *"русских"* меньшевиков, ратующих за реставрацию капитализма в СССР, —

говорит Сталин в 1926 году, а в 1930 он возвращается к тем же многозначительным кавычкам, которыми обрамляет слово «русские» применительно к евреям-меньшевикам. Против линии партии на Западе выступают, в частности, «*"русские"* меньшевики типа *Абрамовича* и *Дана*».

Значим тут, конечно, сам подбор этих вполне нарицательных имен. Меньшевистское имя Абрамович воспринималось тогда примерно так же, как в наши дни Борис Абрамович (ударение на втором слоге) и Роман Абрамович (ударение на третьем). Ведь даже у Бухарина, вроде бы далекого от антисемитских настроений, в 1928 году один из разделов его доклада на VI конгрессе Коминтерна назывался столь же символически: «Глупенькая болтовня Абрамовичей».

Не менее одиозно звучала и фамилия Дан, по поводу которой Горький острил о «колене Дановом». Согласно широко известной христианской традиции, именно из этого колена должен был явиться Антихрист, а приход его подготовлен будет апостасией — утратой веры. Весь этот ассоциативный ряд Сталин стремится прикрепить к «троцкистам», представив их уже порождением Бунда:

> Вот вам корни капитулянтства нашей оппозиции. Недаром ее расхваливает бундовский капитулянт Абрамович.

Ни о каком компромиссе с этой иудейской нечистью речи быть, конечно, не может. На XVI съезде, состоявшемся в 1930 году после высылки Троцкого и полного разгрома любых оппозиций, Сталин с негодованием отвергает такую возможность, заявляет, что партия «никогда не опускалась до <...> дипломатического *гешефтмахерства*». (Кстати, в том же году он по довольно случайному поводу употребляет и столь же специфическое выражение насчет «талмудизированных абстракций».) Еще ранее, в 1927-м, т.е. в период юдофобской травли оппозиционеров, у Сталина вновь всплывает упомянутый им за два десятилетия до того «буржуй» Аксельрод, успевший сильно состариться в эмиграции. В докладе «Троцкистская оппозиция прежде и теперь» генсек язвительно объявил его духовным наставником Троцкого. Последняя, резюмирующая глава доклада так и называлась — «Назад к Аксельроду»:

> Теперь, — бодро фантазировал Сталин при живой поддержке соответствующей аудитории, — наиболее популярной брошюрой среди оппозиционеров является не большевистская брошюра Ленина «Шаг вперед, два шага назад», а старая меньшевистская брошюра Троцкого «Наши политические задачи» (изданная в 1904 г.), направленная против организационных принципов ленинизма, против брошюры Ленина «Шаг вперед, два шага назад» <...> Брошюра эта [Троцкого] интересна, между прочим, тем, что ее посвящает Троцкий меньшевику П. Аксельроду. Так там и сказано: "Дорогому учителю Павлу Борисовичу Аксельроду". (Смех. Голоса: "Явный меньшевик!") <...>
> От брошюры "Шаг вперед, два шага назад" к брошюре Троцкого "Наши политические задачи", *от Ленина к Аксельроду* — таков организационный путь нашей оппозиции[408].

Это педалирование ленинской брошюры «*Шаг вперед...*», будто бы отвергаемой Троцким как выучеником Аксельрода, явно образует тут смысловую рифму к процитированному у нас во второй главе замечанию Сталина (брошюра о национальном вопросе) по поводу бундовского *шага вперед*, который на деле означал возвращение к «духу субботнему»

---

[408] Любопытно, что как раз в этой работе — «Шаг вперед, два шага назад» — Ленин писал: «Несмотря ни на какое раздражение борьбы, имя... т. Аксельрода внушает и всегда будет внушать уважение всякому русскому социал-демократу».

Ну что же, — грозно завершает свою речь Сталин, — скатертью дорога к "дорогому учителю Павлу Борисовичу Аксельроду"! Скатертью дорога! Только поторопитесь, достопочтенный Троцкий, так как "Павел Борисович", ввиду его дряхлости, может в скором времени помереть, а вы можете не поспеть к учителю (П р о д о л ж и т е л ь н ы е   а п л о д и с м е н т ы).

Сама эта «дряхлость» и старость, всегда отвратительная Сталину (о чем подробнее — в следующей главе), — знак ветхозаветной обреченности его врагов. На победоносном XV съезде он представил Ленина в качестве прямого олицетворения истинно русских пролетарских сил, тогда как фарисействующую, изолгавшуюся оппозицию персонифицирует все тот же злосчастный бундовский еврей с ветхозаветной фамилией:

Соединить Ленина с Абрамовичем? Нет уж, товарищи! Пора бросить эту жульническую игру. Вот почему я думаю, что разговоры Каменева об единстве "во что бы то ни стало" есть *фарисейская* игра, рассчитанная на обман партии.

Иными словами, «никто не может служить двум господам <...> Не может служить Богу и маммоне» (Мф. 6:24). Абрамович тут словно замещает своего праотца Авраама, потомство которого было проклято Иисусом, как он говорит об этом еврейским маловерам и фарисеям:

Я говорю то, что видел у Отца Моего; а вы делаете то, что видели у отца вашего. Сказали Ему в ответ: отец наш есть Авраам. Иисус сказал им: <...> ваш отец диавол, и вы хотите исполнять прихоти отца вашего <...> он лжец и отец лжи (Ин. 8:38-39, 44).

То был язык, взывавший к ближайшим религиозным и эмоциональным традициям народных и мещанских масс России, а потому особенно эффективный.

В любом случае неизбежно возникает вопрос — как, собственно говоря, на деле относится Сталин к своему официальному кумиру, противопоставленному «Данам и Абрамовичам».

По ленинским местам

Слишком много написано об узурпации Сталиным ленинского идеологического и политического наследия, чтобы стоило надолго задерживаться на этой теме. Некоторые ее аспекты заслуживают, однако, более подробного освещения с учетом того, что сталинское отношение к Ленину, по существу, всегда представляло собой по-разному дозированную смесь прямого ученичества, почитания и глухой неприязни.

На этих страницах не раз говорилось о чисто стилистическом давлении ленинских писаний на Сталина, откуда, как мы видели, он охотно заимствует лозунговые и дидактические формулы. Приведу несколько дополнительных примеров:

Ленин	*Сталин*
Надо идти вперед <...> Если мы этот урок за два года не усвоим, — мы отстали, а отставшие будут биты (Доклад на IX съезде РКП).	Задержать темпы — это значит отстать. А отсталых бьют. Но мы не хотим оказаться битыми ("О задачах хозяйственников").
Политика больше похожа на алгебру, чем на арифметику, и еще больше на высшую математику, чем на низшую. В действительности все старые формы социалистического движения наполнились новым содержанием, перед цифрами появился поэтому новый знак: "*минус*", а наши мудрецы упрямо продолжали и продолжают уверять себя и других, что "*минус три*" больше "*минус двух*" ("Детская болезнь "*левизны*" в коммунизме").	Сложение сил дает плюс, но оппозиционеры не учли того, что кроме арифметики есть еще алгебра, что по алгебре не всякое сложение сил дает плюс, ибо дело зависит не только от сложения сил, но и от того, какие знаки стоят перед слагаемыми <...> Складывая силы, они не только не увеличили свою армию, а, наоборот, довели ее до минимума, довели ее до развала ("О социал-демократическом уклоне в нашей партии").
Крестьянин скажет: "Ты — прекрасный человек, ты защищал нашу родину; мы тебя за это слушались, но если ты хозяйничать не умеешь, то поди вон" (Речь на XI съезде).	Иной народ мог бы сказать правительству: вы не оправдали наших ожиданий, уходите прочь, мы поставим другое правительство (Выступление в Кремле 24 мая 1945 г.).
Легкость побед не могла не вскружить головы многим из руководителей. Явилось настроение: "шапками закидаем" ("Тяжелый, но необходимый урок").	Два-три больших успеха, — и уже зазнались: "шапками закидаем!"« (Речь на XV съезде); «Но успехи имеют и теневую сторону, особенно когда они достаются сравнительно "легко" <...> Такие успехи иногда прививают дух самомнения и зазнайства: "Мы все можем!", "Нам все нипочем!"... У людей начинает кружиться голова ("Головокружение от успехов").

Не помешает снова напомнить, что такая сквозная зависимость свидетельствует, конечно, о гораздо более глубоком влиянии, которое отнюдь не исчерпывается областью пропагандистской или полемического красноречия. Впрочем, самой этой риторике генсек придавал иное, непререкаемо сакральное значение, совсем не свойственное его предшественнику. Вероятно, Ленин представлял собой парадигматическую фигуру[409] для Сталина преимущественно в том, что

---

[409] См.: *Такер Р.* Указ. соч. С. 258—259.

касается волевой целеустремленности или беспринципной тактической «диалектики»; зато по части интриганства, аморализма и бездонного властолюбия (не говоря уже о тщеславии, почти чуждом Ленину) он намного превзошел своего учителя. По выражению Авторханова, «Сталин — Ленин, доведенный до логического конца»[410]. Правда, он, кажется, отличался от Ильича и чуть меньшей жестокостью (или «беспощадностью», как предпочитал называть ее основатель Советского государства). Молотов, полагавший, что Ленин был «более суровым», вспсминал, как тот упрекал Сталина «в мягкости и либерализме»[411].

Мягкость, конечно, понималась коммунистами по-своему — как и жестокость. В феврале 1918 года Сталин сообщает украинским большевикам о немецком ультиматуме, включающем такие пункты: «Все жители, арестованные по политическим основаниям, должны быть немедленно освобождены <...> Вообще, нужно сказать, условия зверские». Однако сталинские повеления действительно выглядят порой несколько менее кровожадными, чем у Ленина; если последний требовал, без всякого следствия, просто по революционному вдохновению, «расстреливать на месте» всяческих «хулиганов, контрреволюционных агитаторов» и др., то Сталин, в своей первой военной речи от 3 июля 1941 года, все же приказал отдавать подобных преступников под «суд Военного трибунала»; правда, позже он исправил свою либеральную оплошность, совершенно по-ленински распорядившись, в знаменитом приказе № 227 («Ни шагу назад!»), истреблять на месте «паникеров и трусов»[412]. Но иногда его приказы звучали как дословный повтор ленинских указаний о тактике выжженной земли. Таковы свирепые сталинские директивы 1941 года («не оставлять противнику ни одного килограмма хлеба»), обрекающие собственное население на мучения и голодную смерть:

> *Все ценное имущество*, в том числе цветные металлы, хлеб и горючее, которое не может быть вывезено, *должно безусловно уничтожаться*[413].

Ср. в ленинском декрете «Социалистическое отечество в опасности!» (навеянном, вероятно, гимназической памятью о 1812 годе):

> Все хлебные и вообще продовольственные запасы, а равно *всякое ценное имущество*, которому грозит опасность попасть в руки врага, *должно подвергаться безусловному уничтожению*.

---

[410] *Авторханов А.* Империя Кремля: Советский тип колониализма. Вильнюс, 1990. С. 37.

[411] Сто сорок бесед с Молотовым. С. 184.

[412] *Сталин И.* Соч. Т. 15. С. 212.

[413] Там же. С. 53.

Подпольный великан

Что касается столь же постоянной его вражды к Ильичу[414], то она
прорывается задолго до революции (критические интонации в письмах к М. Цхакая, М. Торешелидзе и В. Бобровскому[415]), потом ранней весной 1917 года, в период гражданской войны (сварливый и вызывающий тон сталинских посланий к Ленину[416]) и, наконец, во время «грузинского дела» или в дни роковой ссоры с Крупской. В
1920 году Сталин, как напоминает Волкогонов, «неожиданно решил
в день юбилея Ленина сказать... об умении Ленина признавать свои
ошибки»[417]. Надо только прибавить, что в этом удивительном выступлении, которое он долго отказывался перепечатывать и, слегка смяг-
чив, издал только спустя много лет в Сочинениях, Сталин выказал
свою неприязнь с чрезмерной и неожиданной для него откровенностью. Процитируем соответствующий фрагмент, охватывающий основную часть текста:

> В 1917 году, в сентябре <...> у нас в ЦК в Петрограде было решение не раз-
> гонять Демократическое совещание и идти вперед по пути укрепления Со-
> ветов, созвать съезд Советов, открыть восстание и объявить съезд Советов
> органом государственной власти. *Ильич, который в то время находился вне
> Петрограда в подполье,* не соглашался с ЦК и писал, что эту сволочь (Демок-
> ратическое совещание) надо теперь же разогнать и арестовать.
>
> Нам казалось, что дело обстоит не так просто, ибо мы знали, что Демок-
> ратическое совещание состоит в половине или, по крайней мере, в третьей
> своей части из делегатов фронта, что арестом и разгоном мы можем только
> испортить дело и ухудшить отношения с фронтом. Нам казалось, что все ов-
> ражки, ямы и ухабы на нашем пути нам, практикам, виднее. Но Ильич ве-
> лик, он не боится ни ям, ни ухабов, ни оврагов на своем пути, он не боится
> опасностей и говорит: "Встань и иди прямо к цели". Мы же, практики, счи-
> тали, что невыгодно тогда было так действовать, что надо обойти эти пре-
> грады, чтобы взять потом быка за рога. И, несмотря на все требования Иль-
> ича, *мы не послушались его,* пошли дальше по пути укрепления Советов *и до-*

---

[414] Агурский усматривает ее уже в раннем (1910) сталинском панегирике Бебелю — «дорогому учителю», призванному служить «примером русским рабочим».
По мнению исследователя, он прозрачно противопоставил его Ленину, которого следует заменить на посту главы партии рабочим вождем, русским Бебелем —
т.е., в принципе, самим Сталиным. Антиленинскую направленность Агурский
прослеживает и в анонимной бакинской статье Сталина «Партийный кризис и
наши задачи» (1909). Наконец, весомое значение автор, как всегда, придает также той поддержке, которую позднее оказывали Сталину многие бывшие впередовцы, находившиеся в оппозиции к Ленину; почти никто из них, напоминает
Агурский, не пострадал в ходе сталинских чисток (*Agursky M.* The Third Rome.
P. 84, 111—112).

[415] См.: *Такер Р.* Указ. соч. С. 145.

[416] См.: *Волкогонов Дм.* Указ. соч. Кн. I, ч. 1. С. 97—98.

[417] Там же. Кн. I, ч. 2. С. 9.

вели дело до съезда Советов 25 октября, до успешного восстания. Ильич был уже тогда в Петрограде. Улыбаясь и хитро глядя на нас, он сказал: "Да, вы, пожалуй, были правы".

Это опять нас поразило.

Товарищ Ленин не боялся признать свои ошибки.

Эта скромность и мужество особенно нас пленяли.

В сталинском показе «великий Ильич», одушевленный евангельской фразой («встань и иди»), призывает шествовать к цели на манер напористых, но туповатых и неуклюжих кавказских дэвов, легко попадающихся в любые ловушки. Единственное, хотя неприглядное, для него оправдание состоит в том, что он был мало знаком с реальным положением дел, поскольку благополучно отсиживался «вне Петрограда в подполье», — обстоятельство, комически контрастирующее с той богатырской отвагой, которой Ленин, «не боящийся опасностей», требует от своих соратников, занятых настоящей революционной работой. Вопреки героическому теоретику, «мы, практики» «довели дело до успешного восстания» — а хитрый Ильич, приехав на готовое, был вынужден всего лишь признать «нашу» правоту, в чем, собственно, и обнаружились его «скромность и мужество». Безразмерное «мы» включает в себя, конечно, и Сталина, неведомо где обретавшегося в период Октябрьского переворота[418], и заодно отнимает лавры у Троцкого, которого он совсем недавно называл подлинным руководителем восстания. (Пройдет еще четыре с половиной года — и в речи «Троцкизм или ленинизм?» генсек, забыв и об этих комплиментах, и о своих выпадах относительно «подполья» и фактического неучастия Ленина в революции, объявит, что ее «вдохновителем и *руководителем*» «*был Ленин, а не кто-либо другой*»[419] <...> Глупо и смешно пытаться теперь *болтовней о подполье* замазать тот несомненный факт, что вдохновителем восстания был вождь партии В. И. Ленин».)

Недосоливший Ильич

Чаще всего говорят о его столкновениях с Лениным в вопросе об «автономизации» и вообще в сфере национальной политики (как и по поводу монополии внешней торговли). Мы знаем, что Сталин ори-

---

[418] См.: *Слассер Р.* Сталин в 1917 году: Человек, оставшийся вне революции. М., 1989.

[419] Формула взята у Зиновьева, чуть раньше использовавшего ее против Троцкого по другому поводу, в связи с революцией 1905 г.: Ленин «не выступал слишком открыто, он говорил мало, но, несмотря на это, только *он, а не кто-либо другой, был уже тогда фактическим руководителем* революционного авангарда в Петербурге <...> и всего рабочего класса» (От первого лица. С. 474).

ентировался на куда более откровенную русскую гегемонию и жестко преследовал проявления «социал-национализма». Напомню о кульминации спора в конце 1922 — начале 1923 года[420] в связи с «грузинским делом» и филиппиками Ленина против экзотических русских патриотов — Сталина, Дзержинского и Орджоникидзе:

> Известно, что обрусевшие инородцы всегда *пересаливают* по части истинно русского настроения». И затем о Сталине: «Тот грузин, который пренебрежительно швыряется обвинением в "социал-национализме" (тогда как он сам является настоящим и истинным не только "социал-националистом", но и грубым великорусским держимордой), тот грузин, в сущности, нарушает интересы пролетарской классовой солидарности, потому что ничто так не задерживает развития и упроченности пролетарской классовой солидарности, как национальная несправедливость <...> Вот почему в данном случае лучше *пересолить* в сторону уступчивости и мягкости к национальным меньшинствам, чем *недосолить*.

Написано это «Письмо о национальности или "автономизации"» в последние дни 1922 года (практически одновременно с предложением об увольнении Сталина с поста генсека), а 16 апреля 1923-го, в канун открытия XII съезда, Л. Фотиева передала его в политбюро, после чего текст был зачитан «по делегациям» съезда. Сталин сразу вступает в слабо завуалированную полемику с автором. Пользуясь его болезнью, он на съезде энергично оспаривает ленинскую позицию по национальному вопросу (продиктованную, как сказано, не принципиальными, а тактическими соображениями[421] и «интернационалистским» упованием на мировую революцию). Этой компромиссной позиции, одобренной лишь незначительным меньшинством делегатов, он вообще придает случайный или второстепенный характер: «То, что у тов. Ленина является оборотом речи в его известной статье, Бухарин превратил в целый лозунг». Как всегда со времен Лондонского съезда, Сталин отождествляет заводской пролетариат с географическим и промышленным центром Великороссии, противопоставленной мелкобуржуазным и крестьянским инородческим окраинам: «А между тем ясно, что политической основой пролетарской диктатуры являются прежде всего и главным образом центральные районы, промышленные, а не окраины, которые представляют собой

---

[420] См., в частности: *Старцев В.* Политические руководители Советского государства в 1922 — начале 1923 года // Страницы истории: Дайджест прессы. Июнь—декабрь 1988. Л., 1989. С. 46—47; *Троцкий Л.* Сталинская школа фальсификаций. С. 77 и след.

[421] «По национальному вопросу в Советском государстве стратегических расхождений между Лениным и Сталиным не было. Расхождения касались только тактики, методов имперской политики и темпов для национализации национальностей. Ленин стоял за медленную, более мирную, чем насильственную, ассимиляцию нерусских народов. Сталин преследовал ту же цель, только в форсированном порядке» (*Авторханов А.* Империя Кремля. С. 33).

крестьянские страны. Ежели мы перегнем палку в сторону крестьян-ских окраин, в ущерб пролетарским районам, то может получиться трещина в системе диктатуры пролетариата. Это опасно, товарищи». Следует прямое обыгрывание ленинского упрека:

> Нельзя *пересаливать* в политике, так же как нельзя *недосаливать.*

Почти открыто оспаривая ленинский тезис о том, что «нацио-нальная несправедливость» подрывает дело рабочего класса, Сталин очень эффективно приспосабливает мифическую диктатуру пролета-риата к имперско-реставраторскому курсу, решительно поддержан-ному съездом. Если Ленин подразумевает дальнейшие перспективы всемирной «пролетарской солидарности», то Сталин предпочитает говорить о наличной диктатуре пролетариата — преимущественно русского, как мы знаем, — т.е., по сути, о национально-государствен-ных интересах новой России:

> Следует помнить, что, кроме права народов на самоопределение, есть еще право рабочего класса на укрепление своей власти, и этому последнему пра-ву подчинено право на самоопределение. Бывают случаи, когда право на са-моопределение вступает в противоречие с другим, высшим правом — правом рабочего класса, пришедшего к власти, на укрепление своей власти. В таких случаях, — это нужно сказать прямо, — право на самоопределение не может и не должно служить преградой делу осуществления права рабочего класса на свою диктатуру. Первое должно отступить перед вторым. Так обстояло дело, например, в 1920 году, когда мы вынуждены были, *в интересах оборо-ны власти рабочего класса, пойти на Варшаву.*

«Оборона», как видим, получает весьма диалектическое выраже-ние, предвещающее все дальнейшие *оборонительные* акции Советско-го государства.

В то же время именно здесь, в этом насквозь полемическом вы-ступлении, Сталин впервые — пока еще очень осторожно — выстав-ляет себя единственным или главным учеником Ленина, отсутству-ющего и уже обреченного. Остальные на него только «ссылаются». Сталин же, цитируя его слова, явно претендует на отношения пря-мой индивидуальной преемственности, деликатно приглушенной за счет подкупающей скромности генсека:

> Многие ссылались на записки и статьи Владимира Ильича. Я не хотел бы цитировать *учителя моего,* тов. Ленина, так как его здесь нет, и я боюсь, что, может быть, неправильно и не к месту сошлюсь на него. Тем не менее, я вы-нужден одно место аксиоматическое, не вызывающее никаких недоразуме-ний, процитировать, чтобы у товарищей не было сомнений насчет удельно-го веса национального вопроса.

Между тем прямое назначение этой почтительно подготовлен-ной ссылки — подправить учителя его же собственной цитатой, под-править Ленина — Лениным. Метода эта прослеживается к самым начальным годам сталинского большевизма. Уже в одной из первых своих заметок («Письмо из Кутаиса», 1904) Сталин заявил: «Критикуемые взгляды Ленина — не собственность Ленина». Теперь, в 1922-м, оратор при содействии партаппарата подвергает косвенной атаке то, что он в другом случае назвал ленинским «национальным либерализмом»[422]. Ведь «основоположники», вопреки их наследникам из II Интернационала, придавали так называемому национально-освободительному движению в лучшем случае второстепенную и чисто вспомогательную роль. Так же ранее рассматривал проблему и сам Ленин, о чем докладчик теперь не без удовольствия напоминает своим оппонентам:

> Разбирая письмо Маркса по национальному вопросу, в статье о самоопределении, тов. Ленин делает такой вывод:
> «По сравнению с "рабочим вопросом" подчиненное значение национального вопроса не подлежит сомнению для Маркса».
> Тут всего две строчки, но они решают все. Вот это надо зарубить себе на носу некоторым не по разуму усердным товарищам.

Такой дискуссионный стиль уже предвещает и блестящие манипуляции ленинскими цитатами, и все последующие метаморфозы его образа, который со временем предстанет у генсека в ореоле некоего патрона русского национального величия. Фактически же Сталин только адаптирует к «великорусской» установке довольно слабо замаскированный великогерманский шовинизм Энгельса, Маркса и Каутского, одновременно акцентируя прикровенные имперские тенденции самого Ленина.

СКРОМНЫЙ И ЛОГИЧНЫЙ ОРЕЛ НАШЕЙ ПАРТИИ

Так или иначе, надо иметь в виду эту амбивалентную многослойность сталинского отношения к «Ильичу». Ленин у него словно разделяется на, казалось бы, непререкаемое, абсолютное божество — и земную, крайне неинтересную и неприятную ему эмпирическую лич-

---

[422] Ср. оценку Авторханова: «Уже одно поручение Сталину сделать доклад по национальному вопросу на этом съезде было прямым издевательством ЦК над своим больным вождем»; «Обсуждение национального вопроса группа Сталина ведет с открыто антиленинских позиций <...> Единственный ответ на это я вижу в убеждении Сталина, что Ленин обречен на смерть». И далее: «Сталин готов был на бой с Лениным, ибо был полным хозяином XII съезда именно из-за своего великорусского шовинизма» (Там же. С. 39, 44, 45). Полемизируя с Троцким в конце 1926 г., обвинившим его на этот счет в антибольшевистской ереси, Сталин совершенно обоснованно возразил: «Но разве это не факт, что ЦК в целом, в том числе и Троцкий, единогласно голосовал за тезисы Сталина по национальному вопросу? <...> Разве это не факт, что докладчиком по национальному вопросу на XII съезде был именно Сталин, а не кто-либо другой?»

ность, подверженную болезням, капризам и деформирующему воздействию преходящих факторов. Не в пример Зиновьеву, Каменеву, Троцкому, Бухарину и другим коммунистическим лидерам, Сталин отнюдь не мог — да, видимо, и не желал — претендовать на тесное личное знакомство или дружбу с создателем большевизма. Компенсируя этот изъян, генсек создает максимально абстрактные, житийные формы ленинского культа, отчасти подсказанные ранней партийно-пролеткультовской установкой. Его Ленин идеально безличен и не имеет почти ничего общего с тем жовиальным гуманоидом, облик которого так облюбовала сентиментальная партпропаганда с 1924 года. Только изредка появляются у него совершенно условные «живые» приметы Ильича, запечатлевшие, согласно шаблонам партийной иконографии, мудрую и хитрую старость коммунистического циклопа: «Наш старый Ленин, хитро глядящий на собеседника, прищурив глаз...»[423] (заметка «Тов. Ленин на отдыхе», 1922).

Зато в его посмертном изображении Сталин подчеркнуто группирует более релевантные, хотя тоже клишированные, черты — «скромность», «силу логики» и прочие добродетели «горного орла нашей партии». Не следует преувеличивать индивидуальность этого дифирамба, зачитанного им на вечере кремлевских курсантов 28 января 1924 года. На фоне недавнего траурного выступления Зиновьева, канонически упоминавшего о «крае обетованном, который предносился духовному взору Владимира Ильича»[424], не менее тривиально выглядят, в частности, прозрачные сталинские ассоциации между «ясновидцем» Лениным, «лицо которого озарялось каким-то необычайным светом», — и Моисеем, сошедшим с Синая. Но постепенно он совлечет с Ленина и эту ветхозаветную ауру.

Трудно судить, насколько искренним — если такое понятие вообще приложимо к Сталину — был даже его исповедальный рассказ о разочаровании, испытанном при первом знакомстве с Ильичем, который прежде рисовался ему в обличье «статного и представительного великана»:

> Каково же было мое разочарование, когда я увидел самого обыкновенного человека, ниже среднего роста, ничем, буквально ничем не отличающегося от обыкновенных смертных...

Троцкий, проницательность которого волшебно обострилась благодаря ненависти к Сталину, с торжеством уличает автора в мерзопакостном коварстве: «За мнимой наивностью этих образов <...> скрывалась хитрость на службе личного расчета. Сталин говорит бу-

---

[423] Старому Ленину было тогда 52 года. Сталин прожил до 74 лет, но трудно вообразить, что стало бы с человеком, который назвал бы его стариком или же «дедушкой» (как величали Ленина в детской поэзии). Сталин оставался только «отцом».

[424] Цит. по: *Волкогонов Дм.* Кн. I, ч. 2. С. 172.

дущим офицерам Красной армии: "Пусть вас не обманывает моя серая фигура. Ленин тоже не отличался ни ростом, ни статностью, ни красотой"»[425].

На сей раз Троцкий явно перебарщивает, простодушно игнорируя память жанра. Слишком уж точно совпадают сталинские признания с богостроительско-большевистским тезисом о скромной и общечеловеческой массовидности Ленина, оттеняющей его непомерное величие. Достоянием жанра было и самое это разочарование, пусть даже стимулированное действительной непрезентабельностью вождя. Ср., например, у Луначарского:

Лично на меня с первого взгляда он не произвел слишком хорошего впечатления. Мне он показался по наружности чуть-чуть бесцветным[426].

И у Осинского:

Когда я в первый раз увидел Ленина <...>, то, хотя уже имел точные сведения об его наружном виде, все же, по старой памяти, испытал некоторое разочарование[427].

Но и такие официально неброские «персоналии» у Сталина почти уникальны. Я далек от абсурдного предположения насчет какой-то его человеческой преданности Ленину, как и от других фантастических попыток приписать Сталину любое подобие нормальных человеческих чувств. Полезнее будет прислушаться к свидетельству отлично информированного Бажанова:

Я видел насквозь фальшивого Сталина, клявшегося на всех публичных выступлениях в верности гениальному учителю, а на самом деле искренне Ленина ненавидевшего, потому что Ленин стал для него главным препятствием на пути к власти. В своем секретариате Сталин не стеснялся, и из отдельных его фраз, словечек и интонаций я ясно видел, как он на самом деле относится к Ленину. Впрочем, это понимали и другие, например, Крупская[428].

УЧЕНИК ГОЛИАФА

На Крупскую он и переносит потом свое подлинное отношение к покойному правителю. Она обвиняется им в «отходе от ленинизма» и полном непонимании ленинского наследия: «Тов. Крупская (да простит она мне!) сказала сущую чепуху. Нельзя выступать здесь с

[425] *Троцкий Л.* Сталин. Т. 1. С. 109—110.

[426] *Луначарский А.* Ленин (Очерки). С. 56.

[427] Сб. Ленин. С. 42.

[428] *Бажанов Б.* Воспоминания личного секретаря Сталина. С. 113.

защитой Ленина против Бухарина с такой чепухой». И вообще — «А чем, собственно, отличается тов. Крупская от всякого другого ответственного товарища? Не думаете ли вы, что интересы отдельных товарищей должны быть поставлены выше интересов партии и ее единства?» (Речь на XIV съезде).

Чем, собственно, отличается Крупская от всех прочих товарищей, генсек прекрасно знал, ибо, конечно, навсегда запомнил ультиматум Ленина: «Уважаемый тов. Сталин! Вы имели грубость позвать мою жену к телефону и обругать ее. Хотя она вам выразила согласие забыть сказанное <...> я же не намерен забывать так легко, что против меня сделано, а *нечего и говорить, что сделанное против жены я считаю сделанным и против меня.* Поэтому прошу вас взвесить, согласны ли вы взять сказанное назад или же предпочитаете порвать между нами отношения». (Сталинский ответ, уже не дошедший до адресата, теперь известен — он выполнен в агрессивном тоне, пародирует, закавычивая, протесты Ленина и, по сути, содержит лишь утрированно-формальные извинения: «Впрочем, если Вы считаете, что для сохранения "отношений" я должен "взять назад" сказанные выше слова, я их могу взять назад, отказавшись, однако, понять, в чем тут дело, где моя "вина" и чего собственно от меня хотят»[429].) Сталинская травля Крупской была его подлинным ответом Ленину, исполненным вкусе кавказской вендетты.

Ср. Также замечания Авторханова, который запечатлел ситуацию, сложившуюся в конце 1920-х годов:

Н. К. Крупская, вдова Ленина, уже один раз обжегшаяся на Троцком (Сталин в свое время из-за ее поддержки Троцкого чуть не исключил ее из партии), на заседаниях Политбюро и президиума ЦКК во время обсуждения правых угрюмо молчала, а после заседания, как рассказывали тогда, приходила на квартиру то к Рыкову, то к Бухарину и часами плакала, говоря:

— Я все молчу из-за памяти Володи (Ленина), этот азиатский изверг так-таки потащит меня на Лубянку, а это позор и срам на весь мир...

А потом, постепенно приходя в себя, повторяла свою знаменитую фразу троцкистских времен:

— Да что я! Действительно, живи сегодня Володя, он бы и его засадил. Ужасный негодяй, мстит всем ленинцам из-за политического завещания Ильича о нем![430]

Изредка (например, в борьбе с Троцким на XIII партконференции) Сталин использовал авторитет Крупской. Но в общем, при всей своей семинарской подготовке, он не питал ни малейшей охоты к семейно-евангельскому согреванию ленинского образа, противополагая этой слащавой ностальгии постное величие абстрактного ленинизма. Более того, былая принадлежность к ближайшему ленинско-

---

429 *Сталин И.* Соч. Т. 16. С. 251.
430 *Авторханов А.* Технология власти. С. 161—162.

му окружению, как и ко всей его «гвардии», в 1937 году обернется верной дорогой к гибели. За много лет до своего воцарения в ранге главного жреца ленинизма, еще при жизни наставника, Сталин, по свидетельству Молотова, «слишком грубовато» отзывался о Крупской:

— Я должен перед ней на задних лапках ходить? Спать с Лениным еще не значит разбираться в ленинизме!
    Мне Сталин сказал примерно:
— Что ж, из-за того, что она пользуется тем же нужником, что и Ленин, я должен ее так же ценить и признавать, как Ленина?[431]

В 1934 году «Правда» поставила ей на вид, что она неправильно вспоминает о Ленине[432]. Спустя четыре года политбюро осуждает Крупскую за ее положительный отзыв о «политически вредной» книжке М. Шагинян, посвященной семье Ульяновых. Ленинской вдове строго указано, что любые рассказы о ее муже — дело не семейное, а «общепартийное». Оказывается, Крупская «недопустимо и бестактно» претендует на «роль монопольного истолкователя обстоятельств личной жизни» покойного[433].

Выглядит это постановление чуть ли не как сцена ревности: став земной невестой Ильича, партия раздраженно одергивает его старую и ненужную вдову, которая с неуместной назойливостью продолжает заявлять какие-то права на мужа. Попросту говоря, Сталину был необходим свой, персональный Ленин как пассивный объект идеологических махинаций. Довольно часто в сталинских работах можно распознать непрекращающуюся полемику с ним; но публично негативную оценку его личности он позволил себе только однажды, уже находясь в зените своего могущества. В «Ответе товарищу Разину» (1946) лучший полководец всех времен и народов своеобразно противопоставляет Ленина Энгельсу (которого недолюбливал не только за русофобию, но также из ревности к его военным амбициям): В отличие от Энгельса, Ленин не считал себя знатоком военного дела <...> В гражданскую войну Ленин обязывал нас, тогда молодых товарищей из Цека, "досконально изучить военное дело"[434]. Что касается себя, он прямо заявлял нам, что ему уже поздно изучать военное дело.

---

[431] Сто сорок бесед с Молотовым. С. 212—213.

[432] См.: *Медведев Р. А.* К суду истории: Генезис и последствия сталинизма. С. 388. См. там же (С. 389): «Сразу же после похорон Н. К. Крупской издательство Наркомпроса получило директивное указание: "Ни одного слова больше не печатать о Крупской". И действительно, после смерти Н. К. ее имя по существу было предано забвению». Впрочем, Сталин не одобрял и ее цензурно-педагогической деятельности, которая включала в себя, в частности, бесконечные гонения на детскую сказку и на Чуковского. Судя по рассказанному ранее эпизоду с «Тараканищем» на XVI съезде, в семье Сталина придерживались других вкусов.

[433] *Громов Е.* Указ. соч. С. 219.

[434] См.: *Липицкий С. В.* Сталин в гражданской войне // История и сталинизм. М., 1991. С. 88 и след.

В 1920-е годы, пока кругом еще находились люди, прекрасно помнившие реального Ленина, он предпочитал обращаться как раз к текстам, а не к его апокрифическим устным репликам. Так устанавливался торжественный и холодный пафос дистанции — пафос преданного, смиренного ученичества:

> Разве есть у кого-либо сомнение, что Ильич в сравнении со своими учениками выглядит Голиафом?

По-грузински «голиаф» (гольяти) — это великан. Но с оглядкой на клерикальное прошлое генсека, комплиментарный образ поддается более специфической интерпретации. Для бывшего семинариста Голиаф никак не мог быть почитаемой фигурой. Фраза приобретет другое освещение, едва мы вспомним о раннем, еще устном псевдониме Сталина: *Давид,* — а значит, победитель Голиафа.

ЖРЕЦ И ХРАНИТЕЛЬ

В то же время он принимает на себя роль самоотверженного хранителя или, скорее, даже преданного пса, охраняющего духовные лабазы ленинизма[435], и его полемические инвективы против святотатцев отдают звоном сторожевой цепи. Покойного учителя он цитирует в 1920-е годы по любому поводу и с каким-то шаржированным благоговением: «Нельзя не вспомнить золотых слов Ленина». Если золотые слова сразу не припоминаются, их стоит только поискать: «Нет ли у нас каких-нибудь указаний Ленина на этот счет?» — указания непременно найдутся. Так, принимая серьезные решения, Екатерина II, по ее словам, всегда сверялась со старыми указами Петра Великого — и непременно находила потребные ей прецеденты.

Собственная индивидуальность генсека никакой ценности не имеет[436] — он столь же безличен, как его казенное божество. На ап-

---

[435] О Сталине как кодификаторе и популяризаторе ленинизма см., например: *Волкогонов Дм.* Кн. I, ч. 1. С. 214 и след.; *Такер Р.* Сталин: Путь к власти. С. 292 и след.

[436] На встрече с американской рабочей делегацией (1927) он заметил: «Я должен сказать, прежде всего, что расхождения с Троцким представляют не личные расхождения. Если бы расхождения носили личный характер, партия не занималась бы этим делом ни единого часа, ибо она не любит, чтобы отдельные лица выпячивались». Ср. концовку письма к Шатуновскому (1930): «Вы говорите о Вашей "преданности" мне. Может быть, это случайно сорвавшаяся фраза. Может быть... Но если это не случайная фраза, я бы советовал Вам отбросить прочь "принцип" преданности лицам. Это не по-большевистски. Имейте преданность рабочему классу, его партии, его государству. Это нужно и хорошо. Но не смешивайте ее с преданностью лицам, с этой пустой и ненужной интеллигентской побрякушкой».

рельском пленуме 1929 года Сталин отмахивается от бухаринских обвинений в свой адрес, пренебрежительно сузив их до индивидуальной, т.е. третьестепенной для марксиста, «мелочи»: «Я не буду касаться личного момента, хотя личный момент в речах некоторых товарищей из группы Бухарина играл довольно внушительную роль. Не буду касаться, так как личный момент есть мелочь, а на мелочах не следует останавливаться». Иначе говоря, апологет ленинизма тут полемически обыгрывает ленинскую же фразу (из «завещания») насчет персональных *мелочей*, могущих получить решающее значение.

Пафос акцентированной скромности Сталин сохранял до конца дней — между прочим, не без влияния своих предшественников или оппонентов. Ср., например, его фразу из письма Разину: «Режут слух дифирамбы в честь Сталина — просто неловко читать», — с презрительным выпадом Троцкого по поводу старой статьи Ярославского, который когда-то его превозносил: «Статья представляет собой бурный панегирик, читать ее нестерпимо»[437].

Единственное преимущество генсека — в адекватном понимании и своевременной реализации ленинского учения. В заметке «К вопросу о рабоче-крестьянском правительстве» («Ответ Дмитриеву», 1927) он пишет:

> Вы называете лозунг о рабоче-крестьянском правительстве "формулой т. Сталина". Это совершенно неверно. На самом деле этот лозунг или, если хотите, эта "формула" является лозунгом Ленина, а не кого-либо другого. Я только повторил его в "Вопросах ленинизма".

Тогда же, на VII пленуме ИККИ, он, говоря о себе в третьем лице, отрекся от любых авторских прав на теорию «строительства социализма в одной стране», щедро приписав ее самому Ленину:

> Ни о какой "теории" Сталина не может быть и речи... никогда Сталин не претендовал на что-либо новое в теории, а добивался лишь того, чтобы облегчить полное торжество ленинизма в нашей партии.

В данном случае образчиком для скромного генсека послужила старая полемика Плеханова с К. Шмидтом.

> В своих статьях, так возмутивших г. доктора, — возвестил глава русского марксизма, — я защищаю не "взгляд Г. Плеханова", а взгляд Энгельса и Маркса. Все, на что может претендовать и претендует Г. Плеханов по отношению к этому взгляду, сводится к его правильному пониманию[438].

---

[437] *Троцкий Л.* Сталинская школа фальсификаций. С. 33.

[438] *Плеханов Г.* Избр. философские произведения. Т. 2. С. 441. Любопытно, что и о скромной роли своей личности в истории Сталин рассуждает тоже с оглядкой на Плеханова. Упоминая (в беседе с Людвигом) о «совокупности причин», предотвративших его гибель, он добавил: «Но совершенно независимо от этого на моем месте мог быть другой, ибо кто-то д о л ж е н был здесь сидеть». Ср. известную — и некогда скандальную — реплику Плеханова о Робеспьере («К во-

В такой же манере Сталин пишет Ксенофонтову:

> Я против того, чтобы Вы называли себя "учеником Ленина и Сталина". У меня нет учеников. Называйте себя учеником Ленина, Вы имеете на это право <...> Но у Вас нет основания называть себя учеником ученика Ленина. Это неверно. Это лишнее.

В конечном результате вся эта партийно-этикетная иерархия выверена все же по Евангелию:

> А вы не называйтесь учителями, ибо один у вас Учитель — Христос, все же вы — братья; и отцом себе не называйте никого на земле, ибо один у вас Отец, Который на небесах» (Мф. 23:8—9). И ниже: «Ибо, кто возвышает себя, тот унижен будет, а кто унижает себя, тот возвысится (23:11).

Соответственно этому диалектическому принципу ведет себя генеральный секретарь:

> Да что Сталин, Сталин человек маленький. Кому не известно, что оппозиция во главе с Троцким во время Августовского блока вела еще более хулиганскую травлю против Ленина. [Цитируется древняя, 1913 года, филиппика Троцкого] <...> Можно ли удивляться тому, что Троцкий, так бесцеремонно третирующий великого Ленина, сапога которого он не стоит, ругает теперь почем зря одного из многих учеников Ленина — тов. Сталина.

Своих оппонентов, самых твердокаменных ленинцев, генсек запальчиво изобличает в искажении («*Троцкий фальсифицирует ленинизм*»), незнании или постыдном непонимании ленинских текстов: «*Поучились бы вы, уважаемые оппозиционеры, диалектике у тов. Ленина, почитали бы его произведения, — пригодилось бы*» — и т.д., вплоть до открытых обвинений в отступничестве и угроз: «*Может быть, оппозиция не согласна с Лениным? Путь скажет об этом прямо*».

С позиции этого христианского самоуничижения он яростно обрушивается на оппозиционеров, обуянных сатанинской гордостью и осмеливающихся — в духе прежней традиции свободно-уважительного отношения к Ленину — соотносить себя с основателем большевизма и претендовать на некое сотворчество с ним:

> Троцкий заявил в своей речи, что он "предвосхитил" политику Ленина в марте — апреле 1917 года. Выходит, таким образом, что Троцкий "предвосхитил" Апрельские тезисы тов. Ленина <...> Позвольте, товарищи, заявить, что это глупое и неприличное хвастовство. Троцкий, "предвосхищающий" Ленина, — это такая картина, над которой стоит посмеяться. Крестьяне совершенно правы, когда в таких случаях говорят: "Сравнил муху с каланчой".

просу о роли личности в истории»): «Если бы случайный удар кирпича убил его, скажем, в январе 1793 года, то его место, конечно, было бы занято кем-нибудь другим, и, хотя этот другой был бы гораздо ниже его во всех отношениях, события все-таки пошли бы в том же самом направлении, в каком они шли при Робеспьере» (Там же. С. 325).

В другой раз он сопоставил Ленина с Монбланом, а с «хибар-кой» — дерзкого, самонадеянного Троцкого. Словом, «разбился о землю попиравший народы. А говорил в сердце своем: взойду на небо, выше звезд божьих вознесу престол мой и сяду на горе в сонме богов, на краю севера; взойду на высоты облачные, буду подобен Все-вышнему» (Ис. 14:12—14). Подобное кощунство приводит Сталина в настоящее исступление, особенно если оппонент ссылается в при-дачу на какие-то личные контакты с покойным учителем, как это сделал Бухарин в одной статье 1925 года. Через четыре года, сводя счеты с «ценнейшим теоретиком», Сталин припомнил ему этот грех:

> Казалось бы, дело ясное: Бухарин допустил полуанархистские ошибки, — пора исправить эти ошибки и пойти дальше по стопам Ленина. Но так мо-гут думать лишь ленинцы. Бухарин, оказывается, с этим не согласен. Он утверждает, напротив, что ошибался не он, а Ленин, что не он пошел или должен был пойти по стопам Ленина, а наоборот, Ленин оказался вынуж-денным пойти по стопам Бухарина <...> Это может показаться невероятным, но это — факт, товарищи <...> Вот вам образчик гипертрофированной само-надеянности недоучившегося теоретика <...> Он решил, что отныне созда-телем, или, во всяком случае, вдохновителем марксистской теории государ-ства должен считаться не Ленин, а он, т.е. Бухарин. До сих пор мы считали и продолжаем считать себя ленинцами. А теперь оказывается, что и Ленин, и мы, его ученики, являемся бухаринцами. Смешновато немного, товарищи.

Между тем в данном случае основатель большевизма действи-тельно признал правоту Бухарина. Вообще нужно заметить, что к своим собственным речениям и поступкам Ленин вовсе не относился с такой гранитной серьезностью. В 1920 году, т.е. еще при жизни вож-дя, Луначарский свидетельствует: «Иногда формулу, предложенную им самим с полной уверенностью, он отменяет, со смехом выслушав меткую критику»[439]. А после его смерти нарком просвещения вспо-минал: «Всегда он мог признать: "Ах, какую глупость сделал"»[440]. И в самом деле, уже в брошюре «Шаг вперед, два шага назад» Ленин, взывая к оскорбленным меньшевикам, заявил: «Я сознаю, что часто поступал и действовал в страшном раздражении, "бешено", я охот-но готов признать пред кем угодно эту свою вину, если следует на-звать виной то, что естественно вызвано было атмосферой, реакци-ей, репликой, борьбой etc.». Не только при жизни, но даже после смерти правителя многие большевики, искренне его почитавшие, говорили о различных ошибках Ленина. Церковное благоговение напрочь отсутствует в переписке самого Сталина с Каменевым в ок-тябре 1922 года, по поводу «грузинского дела»: «Нужна, по-моему, твердость против Ильича»[441].

---

[439] Сб. Ленин. С. 60.

[440] *Луначарский А.* Ленин (Очерки). С. 38.

[441] Цит. по: *Зотов В.* Национальный вопрос: Деформация прошлого // Суро-вая драма народа. С. 261.

Мы знаем, что, когда ему нужно, генсек готов представить то или иное его положение как простой «оборот речи» или чисто ситуативную реплику, не имеющую никакого принципиального значения. Но прилюдно Сталин действует в этом отношении гораздо осторожнее, с большей, чем его соратники, настойчивостью добиваясь безоговорочной сакрализации пригодных ему ленинских текстов, которым еще предстоит подвергнуться мощному деформирующему давлению сталинской цензуры. Но такой же прагматической деформации подвергнется у него и сам образ наставника, меняющийся сообразно актуальным политическим установкам.

Мы, партия, Ленин

Эта сталинская формула, прозвучавшая в 1927 году («Заметки на современные темы»), обладает той самой амбивалентностью, зыбкостью и растяжимостью, о которой, по поводу стиля, говорилось в первой главе настоящей книги. Сталин по-евангельски провозглашает вроде бы полнейшее двуединство Ленина и партии: «Большевизм и ленинизм — едино суть. Это два наименования одного и того же предмета». Однако на деле Ленина и большевистскую партию он задним числом нередко как бы стравливает между собой, обеспечивая себе любимую третейскую позицию или солидаризируясь с одной из конфликтующих сторон. Сообразно тактическим потребностям, Ильич у него то противостоит партии, то сливается с ней. В одном случае Сталин говорит:

> Ленин никогда не становился пленником большинства <...> Ленин, не задумываясь, решительно становился на сторону принципиальности против большинства партии.

Ленин и вправду без конца вступал в столкновения, порой очень резкие, с ЦК, пытаясь навязать ему свою волю[442]. Сталин напоминает об этом сразу после смерти правителя. Через несколько месяцев после того, когда Сталин в борьбе с Троцким уже располагает стабильным большинством в партийных верхах, он дает взаимоотношениям Ленина и партии противоположную трактовку — оказывается, Ленин, наоборот, охотно подчинялся коллективу:

> Партия знает Ленина как примерного партийца, не любящего решать вопросы единолично ("Троцкизм или ленинизм?").

---

[442] Ср., например, статью «Кризис назрел» (написанную в начале октября 1917 г., но полностью опубликованную лишь после смерти автора). Протестуя против цензуры ЦК, Ленин угрожает: «Мне приходится подать п р о ш е н и е о в ы х о д е и з Ц. К., что я и делаю, и оставить за собой свободу агитации в н и з а х партии и на съезде партии».

Бывает, что в противоборстве между Лениным и партией правота, согласно генсеку, остается на стороне вождя. Так случилось, к примеру, в апреле 1917 года, когда партия, после кратковременного помрачения, вынуждена была принять на себя бремя ленинской истины: «Были ли тогда у партии разногласия с Лениным? Да, были. Как долго длились эти разногласия? Не более двух недель». Но бывает и так, что права партия — «мы, практики». Когда же ему требуется приглушить расхождение между нею и Лениным, то, возвращаясь к истории с Демократическим совещанием, он плавно смягчает свой прежний антиленинский выпад: «Впрочем, это разногласие не имело актуального значения для партии. Впоследствии Ленин признал, что линия VI съезда была правильной».

Мы знаем, что в 1920 году Сталин, говоря об этом эпизоде, хвалит партию за то, что, «не послушавшись Ильича» и проигнорировав его протестующие письма, она «довела дело до съезда Советов 25 октября, до успешного восстания», — после чего хитрый Ленин признал: «*Да, вы, пожалуй, были правы.*»

А в 1924 году («Троцкизм или ленинизм?») Сталин уже превозносит его за ту «страстность, с которой бичевал Ленин в своих письмах фетишистов даты — 25 октября. События показали, что *Ленин был совершенно прав*. Известно, что восстание было начато до Всероссийского съезда Советов. Известно, что власть была взята фактически до открытия Всероссийского съезда Советов».

Так кто же тут «совершенно прав» — Ленин или партия? Все зависит от насущной тактической задачи. Безотносительно к ней в обоих случаях прав именно он — Сталин, изрекающий истину.

По отношению к самой партии он мастерски варьирует два контрастных приема: первый состоит в ее сакрализации, а второй — в нагнетании покаянной темы, мотивов «греха» и «самокритики». С одной стороны, партия, вместе со своим ЦК, — это «святая святых» рабочего класса, с другой — она так же «грешна» и подвержена «ошибкам», как любая профанная организация. Он и для ее руководства сохраняет гоголевско-морализаторский тон: «Я также далек от того, чтобы считать наш ЦК безгрешным. И у него есть грешки, как у всякого другого учреждения или организации».

Иногда партия выступает у него как коллективный Ленин; иногда она с успехом заменяет его. С одной стороны, утверждается, что «вдохновителем и организатором» всех побед был Ильич; с другой (правда, в споре с Троцким, которого он стремится дезавуировать как полководца и создателя Красной армии), Сталин на XIV съезде заявляет «со всей решительностью, что высокая честь организатора наших побед принадлежит не отдельным лицам, а великому коллективу передовых рабочих нашей страны — Российской Коммунистической партии». Обожествляя эту партию, он в то же время при необходимости ограничивает ее ленинским авторитетом, как авторитет Ленина ограничивал партией. Мы помним, что она «нередко ошибается», так что Ильич «учил учить партию» на этих ее ошибках[443].

В самой ВКП Сталин без конца выкраивает все новые блоки и союзы, выдавая их за партию в целом. Идет сложнейшая, порой сбивчивая, с отступлениями и блефом, карточная игра, пробуждающая достопамятные литературные ассоциации. В партии вычленяются *тройка, семерка*. Останется только туз.

Ленин сегодня

В 1925 году, критикуя Сталина на XIV съезде, Каменев бросил тираноборческую фразу: «Мы против того, чтобы создавать теорию "вождя", мы против того, чтобы делать "вождя"». Сталин откликнулся гимном партийному коллективизму, заверив, что «поклонов в отношении вождей не будет»; «Если кто-нибудь из нас будет зарываться, нас будут призывать к порядку, — это необходимо, это нужно. Руководить партией вне коллегии нельзя. Глупо мечтать об этом после Ленина, глупо об этом говорить». Генсек тут хитроумно растворил проблему своего персонального вождизма в ауре демократических предостережений против вождей «вообще», к которым отнес именно своих оппонентов — самого же Каменева и Зиновьева.

Он всегда стремится к тому, чтобы выдать собственную диктатуру за диктатуру этой «коллегии», партии в целом[444]. На этот счет с генсеком солидаризировалась вся аппаратная масса, которая в ответ на каменевские попреки разразилась ритуальными возгласами: «Да здравствует Российская Коммунистическая партия. Ура! Ура!»; «Да здравствует ЦК нашей партии! Ура! Партия превыше всего!» — и затем, без всякого перехода: «Да здравствует тов. Сталин!» Так, концентрическими кругами, сама партия смыкается вокруг ее генерального секретаря, конденсируясь в его персоне.

Главацкий, из хрестоматии которого я взял вышеприведенные каменевские цитаты, поступил, на мой взгляд, совершенно правильно, поставив сразу же вслед за ними знаменательное письмо, направленное Сталину рядовым коммунистом, неким Губаревым:

> Оппозиция говорит, что она против создания вождя партии, а я хочу Вам сказать, что этот вождь должен быть <...> Нужна одна фамилия, которая

---

[443] Об актуальной подоплеке этого высказывания, прозвучавшего в полемике с Троцким, см.: *Валентинов Н. В.* Наследники Ленина. С. 48.

[444] « — Нет, единолично нельзя решать», — сказал он в конце 1931 г. Людвигу. Все решает сообща Центральный Комитет, так как «в этом ареопаге сосредоточена мудрость нашей партии». (До полного обновления *ареопага* осталось всего несколько лет.)

звучала бы так же звонко и убедительно, как фамилия "Ленин". Такой фамилией является "Сталин" <...> Тов. Сталин же всегда говорит то, что говорит партия в целом, т.е. тов. Сталин должен и руководить, и отображать волю партии. Мы же на местах будем равнять ряды по тов. Сталину <...> Надо... из коллективного ума, творчества, мысли брать все ценное и объединять в слове "Сталин". Ведь если говорили, что так-то и так-то говорил Ленин, то имели в виду, что Ленин олицетворял партию[445].

На запросы народного сердца Сталин реагирует все с большей отзывчивостью. Уже в марте 1926 года он говорит немецким коммунистам, что «не может быть настоящей партии там, где нет веры в вождей». В ноябре, обращаясь к оппозиционерам, вождь подчеркнуто представительствует от всей партии, витийствует от ее лица: «Партия не может и не будет терпеть... Партия от вас требует...»

Особенно выразительна в этом смысле его небольшая речь, произнесенная 8 июня того же 1926 года на встрече с рабочими железнодорожных мастерских в Тифлисе. Здесь, в родной Грузии, среди умиленных земляков, Сталин позволил себе редкую роскошь — предаться нарциссическим воспоминаниям о своем жизненном пути, протекавшем, по его словам, сперва среди кавказских, а потом среди питерских рабочих. Становление рисуется как продвижение «от звания ученика (Тифлис), через звание *подмастерья* (Баку), к званию одного из *мастеров* нашей революции (Ленинград)». Последний этап развертывался уже «под руководством Ленина», «моего великого учителя».

На внутреннее отождествление с «учителем» и направлен, безусловно, весь этот текст. Он оснащен ключевыми реминисценциями из работ Зиновьева — главного архитектора ленинского культа. В своей брошюре «В. И. Ленин», написанной еще в 1923 году, в пору борьбы с Троцким и с прицелом на предстоящее престолонаследие, Зиновьев напоминал, подразумевая прежде всего самого себя, что

> тов. Ленин создал целое поколение опытных работников, старых "ленинцев", которые прошли его школу и работают, конечно, хуже, чем сам *мастер*, но вполне удовлетворительно, как его *подмастерья*.

Сталин довольно бесцеремонно оспаривает эту почтительную пролетарско-цеховую иерархию, повышая себя в чине до самого «мастера» (или «одного из мастеров»). Но еще интереснее другая его аллюзия на тогдашнюю лениниану. Согласно Зиновьеву, охотно повторявшему эту богатую мысль, Ленин

> как бы говорил нам: "*Я только один из передовых рабочих; мне выпало на долю большее образование* и дарование; мое дело — собрать всех остальных рабочих и повести их в бой[446].

---

[445] История России 1917—1940: Хрестоматия / Под. ред. проф. М. Е. Главацкого. С. 171—172.

[446] От первого лица. С. 487, 488; Сб. Ленин. С. 221.

Тот же мотив звучит в тифлисской автобиографии Сталина:

> Я действительно был и остаюсь *одним из учеников передовых рабочих* <...>
> Может быть, *я был тогда немного больше образован,* чем многие из этих товарищей.

Сквозь завесу официозно-пролетарского смирения и панегирики родительскому «классу» проглядывает совершенно однозначная заявка на функциональное тождество с Ильичем, которое еще претворится в полную духовную единосущность. Достаточно открыто эта претензия пробилась в конце 1929 года, когда чрезвычайно помпезно праздновалось так называемое пятидесятилетие генсека. В литературе уже указывалось, что культовым прецедентом для Сталина послужило на сей раз пятидесятилетие Ленина, отмечавшееся в 1920 году. Отвечая в «Правде» на поздравления, новый юбиляр вполне откровенно переносит на самого себя традиционный марксистско-пролеткультовский показ Ленина как вождя, по-библейски рожденного пролетариатом — или партией — «по образу своему и подобию»:

> Ваши поздравления и приветствия отношу за счет великой партии рабочего класса, *родившей и воспитавшей меня по образу своему и подобию.*

За, казалось бы, чисто этикетным смещением праздничного адресата — от самого юбиляра к материнской партии (которую, выходит, и надо поздравить с таким замечательным сыном) приоткрывается вместе с тем прямое самоотождествление с нею — такое же, как и с Лениным. Не упущена здесь и другая мифологема старой ленинианы — мотив кровавой жертвы, которую, разбросав «по каплям», Ильич принес рабочему классу:

> Можете не сомневаться, товарищи, что я готов и впредь отдать делу рабочего класса, делу пролетарской революции и мирового коммунизма все свои силы, все свои способности и, если понадобится, *всю свою кровь, каплю за каплей.*

Если раньше Ленин считался олицетворением «коллективного разума» трудовых масс, то в 30-е годы эта роль всецело переходит к его преемнику. Когда-то Бухарин писал, явно намекая на Сталина: «У нас нет Ленина, нет и единого авторитета. У нас сейчас может быть только к о л л е к т и в н ы й авторитет. У нас нет человека, который бы сказал: я безгрешен и могу абсолютно на все сто процентов истолковать ленинское учение. Каждый пытается, но тот, кто выскажет претензию на все сто процентов, тот слишком большую роль придает своей собственной персоне»[447]. Теперь он покорно признает стопроцентную безгрешность Кобы, объявив его персонификацией ленинской ВКП. В 1934 году, на XIV съезде, словно подхватив инициативу безвестных Губаревых, Бухарин призывает к «сплочению вокруг товарища Сталина как *персонального воплощения ума и воли*

---

[447] Цит. по: *Волкогонов Дм.* Кн. I, ч. 2. С. 39.

партии»[448]. Кающийся Зиновьев спроецировал на него черты воскресшего Иисуса, которые генсек раньше приписывал советской индустрии, пытливо изучаемой европейскими паломниками-пролетариями. Только в амплуа прозревшего Фомы Неверного у Зиновьева выведены не западные рабочие, а отечественные поселяне, познавшие сладость коллективизации: «Лучшие люди передового колхозного крестьянства стремятся в Москву, в Кремль, стремятся повидать товарища Сталина, *пощупать его глазами, а может быть, и руками,* стремятся получить из его уст прямые указания, которые они хотят понести в массы»[449].

Удерживая в самооценке канон смиренной большевистской массовидности, статус «частицы» великого целого, Сталин строит свой авторский образ в согласии с традиционным идеалом марксистской гомогенности, который был присущ всей предшествующей, «горизонтальной» советской культуре, названной В. Паперным «культура 1» — в отличие от «вертикальной» и жестко иерархической «культуры 2». Зато своей богослужебной пропаганде Сталин дает совсем иные ориентиры, соответствующие как раз «культуре 2»: агитпроп возносит его сакральную личность в некий обособленно-надмирный слой, отторгнутый от анонимной массы низовых почитателей. В конечном итоге Сталин постоянно использует напряжение между обеими гранями этого своего образа, создавая вечный эффект непредсказуемости и витальной динамики.

Аналогичное сочетание двух трактовок — «субъективной» и культово-пропагандной — мы находим в двуединой формуле «Ленин и Сталин». Сама эта формула замещает собой сталинский отклик на прежнее двуединство: «Ленин и Троцкий». Возникает новый миф о близнечных правителях[450] — и, как часто бывает в таких мифах (кстати, сохранявшихся на Кавказе), один из близнецов убивает другого, своего предшественника. Субститутом такого убийства служит в данном случае тотальное отвержение сталинской пропагандой всех неугодных ей сторон ленинской личности, сближающих ее с Троцким. Примечательно, что последнего вывозят из СССР на пароходе «*Ильич*», а когда НКВД, по приказу Сталина, готовит убийство Троцко-

[448] Ср. соответствующую реплику, предназначенную для Запада и высказанную одним из чекистских гидов, приставленных к Фейхтвангеру во время его известного визита в СССР: "Что вы, собственно, хотите? Демократия — это господство народа, диктатура — господство одного человека. Но если этот человек является таким идеальным выразителем народа, разве тогда демократия и диктатура не одно и то же?" (*Фейхтвангер Л.* Москва 1937. С. 46—47). (Возможно, этим гидом была Д. Каравкина — см. ее служебный отчет в книге Радзинского "Сталин". С. 376—377.)

[449] XVII съезд ВКП(б). С. 492.

[450] См.: *Иванов Вяч. Вс.* Нечет и чет: Асимметрия мозга и динамика знаковых систем // Избранные труды по семиотике и истории культуры. М., 1998. Т. 1. С. 510—511.

го, тот получает кодовую кличку Старик[451] — ту самую, что была постоянным прозвищем Ленина.

Вскоре после сталинского юбилея словосочетание «Ленин — Сталин» становится повсеместным, привлекая озадаченные взоры зарубежных наблюдателей. Посетив в 1933 году Советский Союз, американец полковник Робинс со смехом говорит Сталину:

> Самым интересным для меня является то, что во всей России я нашел всюду имена, Ленин — Сталин, Ленин — Сталин, Ленин — Сталин.

Скромнейший Сталин отмахивается от такой несуразицы: «Тут тоже есть преувеличение. Куда мне с Лениным равняться».

Это не помешает ему спустя несколько лет, в речи от 3 июля 1941 года, призвать «весь народ сплотиться вокруг партии Ленина — Сталина». В 30-е годы сближение будет доведено до прямой реинкарнации.

Стальной Спас

Подвести соответствующий итог Сталин поручит лицу, так сказать, объективному, знатному иноземцу — Анри Барбюсу, книга которого созревала в тайниках агитпропа и Коминтерна. Самому Барбюсу принадлежат в ней, кажется, только цветы французской муниципальной риторики.

Книга начинается с мистической геометрии большевизма. Концентрические круги устремлены к своему сакральному центру:

> Красная площадь — центр Москвы в огромной европейской Советской России. Центр Красной площади — мавзолей. На левом крыле мавзолея, в котором спит, словно живой, Ленин, стоят рядом пять-шесть человек. Издалека они неотличимы друг от друга.

Так приносится дань официальной марксистской массовидности. Но по существу это лишь мнимая неразличимость. Или, точнее говоря, Сталин одновременно и часть гомогенного коллектива, и самая его субстанция:

> А кругом сходится и расходится симметрическое кипение масс <...>
> У этого водоворота есть центр. Возгласы сливаются в одно имя: "Сталин! Да здравствует товарищ Сталин!" Один из стоящих на Мавзолее Ленина подносит руку к козырьку или приветственно поднимает ее, согнув в локте и выпрямив ладонь. Человек этот одет в длинную военную шинель, что, впрочем, не выделяет его среди других, стоящих рядом.
> Он и есть центр, сердце всего того, что лучами расходится от Москвы по всему миру.

---

[451] *Судоплатов П.* Спецоперации. Лубянка и Кремль 1930—1950 гг. С. 105.

Как некогда Ленин, Сталин предстает воплощением всей трудовой России и ее пролетариата: «Вот оно — лицо народа, населяющего шестую часть мира»; «В чертах его [Сталина] проступало нечто... пролетарское». Подобно Ленину, ему свойственна могучая «вера в массы», у которых он тоже «учится больше, чем они у него». Передается Сталину и былой географический синкретизм Ильича, соединявшего в себе, как мы помним, Европу и Азию, все человечество: «Во весь свой рост он [Сталин] возвышается над Европой и над Азией... Это — самый знаменитый и в то же время почти самый неизведанный человек в мире».

Вкрадчиво, но неуклонно развивается тема реинкарнации, которая дана с примечательным использованием канонического большевистского тезиса о том, что незаменимых людей нет, а что касается Ильича, то его, как писал когда-то Луначарский, «заменишь только коллективом». Именно в силу своей безличной коллективности, а равно в силу еще более могучей харизмы, Ленина способен был заменить только Сталин:

Сказать, что Ленин был незаменим, значит ошибиться, как бы сверхчеловечески велик ни был Ленин — не таково существо партии. Когда Ленина не стало, его работу взял на себя другой.

И в заключение автор возвращается к теме неистовой большевистской веры, слитой уже с именем Сталина:

Видишь ясно, что этого человека толкает вперед... не личное честолюбие, не суд потомков, а нечто другое. Это — вера. В великой стране, где ученые уже начинают действительно воскрешать мертвых, где они кровью трупа спасают живых, <...> — в этой стране вера растет из земли, как растут хлеба и леса.

Понятно, кровью *какого* трупа держится живой большевизм, живой Сталин, он же воскресший «Ленин сегодня»:

И кажется, что тот, кто лежит в мавзолее посреди пустынной ночной площади, остался сейчас единственным в мире, кто не спит; он бодрствует над всем, что простирается вокруг него. <...> И кто бы вы ни были, лучшее в вашей судьбе находится в руках того другого человека, который тоже бодрствует за всех и работает, человека с головой ученого, с лицом рабочего, в одежде простого солдата.

Так, описав магический круг, автор приходит к теме нового Иисуса:

Если Сталин верит в массы, то и массы верят в него. В новой России — подлинный культ Сталина, но этот культ основан на доверии и берет свои истоки в низах <...> *Он спас. Он спасет*[452].

Соединив этот евангельский финал с зачином книги, мы убедимся, что та подразумеваемая ось, у подножья которой покоится Ленин и которую венчает его чудотворный преемник, это коммунистическая разновидность апокрифического крестного древа: в основании его ле-

---

[452] *Барбюс А.* Сталин: Человек, через которого раскрывается новый мир. М., 1936. С. 3—4, 7, 11, 61, 109, 111. Примечательна сама датировка книги: *январь* 1935 — явный намек на годовщину смерти Ленина, соотнесенную с его перевоплощением.

жит мертвый Адам, спасенный кровью Христовой. Но функциональное отличие сталинской версии состоит в том, что нижний и верхний персонажи тут не противопоставлены, а как бы перетекают друг в друга.

Меньше всего при этом Сталин желает походить на страдающее божество, наподобие того, что в 1930-м, накануне сталинского юбилея, — и явно в укор торжествующему узурпатору — запечатлел Бонч-Бруевич, вспоминая о покушении Каплан:

> Худенькое, обнаженное тело Владимира Ильича, беспомощно распластавшееся на кровати... склоненная немного набок голова, смертельно бледное, скорбное лицо, капли крупного пота, выступившие на лбу, — все это было так ужасно, так безмерно больно...

С ленинскими Страстями Бонч-Бруевич увязывает подлинно евангельскую скромность своего кумира: «Он, внимательно читая множество газет, особенно вышедших во время его болезни, был воистину огорчен безмерным восхвалением его личности <...> Действительно, он считал это *ненужным и даже вредным*»[453].

Сталин отлично учитывал такую завуалированную критику — в 1938 году, обратившись с письмом в Детгиз, он, как известно, осудил «культ личностей»: «Это опасно, *вредно*». Его пропагандистский автопортрет, впечатляюще расходясь с официальной иконографией, ориентирован на человеческую ипостась Ленина — доступного, простого, скромного и т.п. «сына» партии. Нет только страдальческой инициации — Сталин сводит ее к необходимому минимуму и в своих биографиях, и в своем собственном показе Ленина (в 1930-м книжка Бонча была уже анахронизмом).

Что же касается «газетной», официозно-панегирической рисовки сталинской фигуры, то небезынтересно выделить другие элементы ленинского культа, воспринятые или, напротив, отвергнутые Сталиным при создании этой персональной религии. Его называют великим кормчим, учителем (вернее даже, корифеем всех наук), но вот, например, образ Моисея ему, видимо, совершенно чужд — просто потому, что он вовсе не собирается умирать на пороге Земли Обетованной. Зато очень охотно он проецирует на себя металлургическую символику Ленина, приметы стального божества, заведомо запечатленные в самом имени генсека и в его персональном кавказском тотеме — Сослане. В этом духе обыгрывает его имя тот же Барбюс. Сталин, говорит он, — «железный человек. Фамилия дает нам его образ: Сталин — сталь. Он несгибаем и гибок, как сталь»[454].

Но подробнее как о металлургической составной, так и о других мифологических аспектах сталинского образа, явленных в его собственных писаниях, мы будем говорить в следующей главе, которая посвящена потаенному, внутреннему сюжету его словесного творчества и самой жизни.

---

[453] *Бонч-Бруевич В.* Три покушения на В. И. Ленина // Избр. соч. М., 1963. Т. 3. С. 279, 294.

[454] Там же. С. 108—109.

Глава 4

ГОЛОД В ОБЛАСТИ ЛЮДЕЙ

Но, изжив период голода в области техники, мы вступили в новый период, в период, я сказал бы, голода в области людей, в области кадров.

И. Сталин. Речь в Кремлевском дворце на выпуске академиков Красной армии

I. Живая жизнь

Старое и новое

В своей неуютной стране Сталин был главным жизнелюбом: «Жить стало лучше, товарищи. Жить стало веселее». Воспевать «жизнь», однако, он начал задолго до того, как приступил к ее уничтожению. Одна из его заметок 1912 года, «Жизнь побеждает!», завершалась словами: «Мы ведь давно твердим: жизнь всесильна, и она всегда побеждает...». В 1918 году он торжественно повторяет: «Она, всесильная, всегда берет свое, несмотря ни на что...». Через несколько лет, в письме Демьяну Бедному: «Это очень хорошо, что у Вас "радостное настроение". Философия "мировой скорби" не наша философия. Пусть скорбят отходящие и отживающие. Нашу философию довольно метко передал американец Уитмен: "Мы живы, кипит наша алая кровь огнем неистраченных сил". Так-то, Демьян».

Сталинской жизнерадостности, противостоящей старческому унынию врагов, всегда присущ какой-то спонтанно биологический, вегетативный напор. Изумительно многокрасочная жизнь изначально пленяла его поэтическое воображение, изливавшееся в таких формах:

Чрезвычайно сложна современная жизнь! Она сплошь пестрит разными классами и группами: крупная, средняя и мелкая буржуазия; крупные, средние и мелкие феодалы; подмастерья, чернорабочие и квалифицированные фабрично-заводские рабочие; высшее, среднее и мелкое духовенство; высшая, средняя и мелкая бюрократия; разнородная интеллигенция и другие подобные группы — вот какую пеструю картину представляет собой наша жизнь!

В этой «пестрой картине» (где отсутствуют забытые Сталиным крестьяне), составленной из сплошных триад, развертывается затем обычный его переход к резким бинарным оппозициям типа «либо-либо»: «Но очевидно также и то, что чем дальше развивается жизнь, тем резче эта сложная жизнь делится на два противоположных лагеря — лагерь капиталистов и лагерь пролетариев», между которыми развертывается, конечно, непримиримая борьба. Так и называется эта жизнелюбивая статья — «Классовая борьба». Свой последующий трактат «Анархизм или социализм?» он открывает соединением тех же понятий — жизни и классовой борьбы. Но даже безотносительно к классам, «жизнь» у Сталина обычно тождественна «борьбе» — термин, который Волкогонов считал центральным для сталинского миросозерцания[455]. Вот типичный пример такого стяжения понятий: «*Борьбу* с экономическим террором требует сама *жизнь*, сильная, развивающаяся жизнь» (1908). Статьи, написанные после освобождения из туруханской ссылки, тоже соединяют в себе эти категории: так, крестьян «сама жизнь толкает на путь революционной борьбы». В этом сближении неугомонный активизм хищного кавказского эпоса санкционируется марксистской диалектикой.

Борьба сама по себе равнозначна диалектике, т.е. вечной войне противоречий, которая, в свою очередь, всецело сводится к органическим процессам. Жизнь, пишет Сталин в работе «Анархизм или социализм?», «находится в вечном движении, в вечном процессе разрушения и созидания. Поэтому в жизни всегда существуют н о в о е и с т а р о е, р а с т у щ е е и у м и р а ю щ е е, революционное и контрреволюционное»; «всякое жизненное явление имеет две тенденции: положительную и отрицательную». (Равновесие, временное тактическое перемирие «тенденций» соответствует семантическому статусу нейтральных, а затем поляризирующихся понятий в сталинской стилистической системе.)

И тот же биологизм пропитывает сталинские представления о партии: «Как всякий сложный организм состоит из бесчисленного количества простейших организмов, так и наша партия, как сложная и общая организация, состоит из множества районных местных организаций» («Класс пролетариев и партия пролетариев», 1905). Партия, повторяет он гораздо позднее, нагнетая почвеннические тавтологии, является «организацией пролетариата, *живущей живой жизнью*, разрушающей старое и творящей новое» («О задачах партии», 1923). Однако и история самой партии, управляемая этим ключевым принципом, «есть история борьбы противоречий внутри

---

[455] «В ставке на бесконечную борьбу, понимаемую однозначно, как антагонистическую, жестокую, бескомпромиссную, кроется одна из главных "тайн" сталинской методологии мышления и действия»; «Он всю жизнь молился борьбе, только ей» (*Волкогонов Дм.* Кн. II, ч. 2. С. 39, 117).

этой партии, история преодоления этих противоречий и постепенного укрепления нашей партии на основе этих противоречий» (1926). Внутрипартийная органика тоже поддерживается самообновлением и уничтожением старых, отработанных клеток.

> Наша партия, — говорит он на XV съезде, рассуждая о победе над оппозицией, — есть живой организм. Как и во всяком организме, в ней происходит обмен веществ: старое, отживающее, — выпадает (а п л о д и с м е н т ы), новое, растущее, — живет и развивается. (А п л о д и с м е н т ы) <...> Так росла наша партия. Так будет она расти и впредь (1927).

В самом деле, именно так она и продолжала «расти», все более приближаясь к энгельсовскому видению жизни как способа существования белковых тел. Почти все, кто аплодировал «обмену веществ», через десять лет сделались его очередной жертвой. Литературным выражением этого финала явилось, как известно, создание «Краткого курса» по истории обновленной ВКП(б), куда Сталин включил изложение исторического и диалектического материализма: жизнь есть состояние «непрерывного обновления и развития». Немного позже, через два года после Большого террора и явно подытоживая его результаты, он распространил этот принцип на все вообще советское общество; оказывается, стихийный процесс органического развития следует всячески стимулировать.

> Партия, литература, армия — все это организмы, у которых некоторые клетки надо обновлять, не дожидаясь того, когда отомрут старые. Если мы будем ждать, пока старые отомрут, и только тогда будем обновлять, мы пропадем, уверяю вас[456].

«Старое» в его глоссарии — почти всегда синоним умирающего или подлежащего истреблению. Для Сталина-революционера царская «старая Россия» обречена уже в силу своей «старческой дряблости» (1905); худшее ругательство для слуг самодержавия — не «разбойники», а «*старые* разбойники», так же как позднее для империалистов — «*старые* волки Антанты». Россия, по его словам, «разделилась на две России: *старую*, официальную, и *новую*, грядущую» (1912); со старой «покончил Октябрьский переворот, открывший тем самым эру новой жизни» (1919); вместо старого аппарата «строятся новые органы, вместо старой армии — новая армия» (1920), и т.д. Конечно, весь советский жаргон преисполнен проклятиями старому и славословиями новому миру, но у Сталина это биологизированное им противопоставление распространяется на все без исключения стороны, на все уровни, на все оттенки бытия, вплоть до науки, промышленности или вопросов кадровой политики, о которых мы будем говорить отдельно.

---

[456] Цит. по: *Латышев А.* Сталин и кино // Указ. соч. С. 502. Автор находит фразу «поистине зловещей».

ЗЛО—ДОБРО

Речь идет, конечно, не об этических, а только об узкопрагматических установках сталинского мышления. Если все в мире движется борьбой противоречий, то эти антагонистические силы взаимосвязаны и взаимообусловлены: одна преображается в другую — или скрыто подготавливает ее победу. В марте 1917 года Сталин пишет: «Война, как *и все в жизни, кроме отрицательных сторон, имеет еще... положительную сторону*», — а через полгода прибавляет по другому поводу: «Корниловщина имеет не только отрицательную сторону. Она, как и *всякое явление в жизни, имеет и свою положительную сторону*. Корниловщина покушалась на самую жизнь революции. Это несомненно. Но, посягая на революцию и приведя в движение все силы общества, она тем самым подстегнула революцию, — толкнула ее к большей активности и организованности». Или другой пример: как раз нищета и «безынвентарность бедняцких слоев крестьянства создает в деревне особую обстановку, благоприятствующую образованию артелей и коллективных хозяйств». В письме Демьяну Бедному (1924) Сталин обобщает подобные наблюдения: «Бич засухи, оказывается, необходим для того, чтобы поднять сельское хозяйство на высшую ступень <...> Колчак научил нас строить пехоту, Деникин — строить конницу, засуха учит строить сельское хозяйство. Таковы пути истории. И в этом нет ничего неестественного». Нет ничего неестественного и в том, что принцип диалектической обратимости реализуется, согласно Сталину, также в сфере внутренней и международной политики, во всем, что связано с революцией.

А разве иначе обстоит дело с самой партией? «Разве наша партия не есть партия б о р ь б ы ?» — восклицает он в одной из первых своих заметок. Подобно тому как «революция растет и крепнет именно в схватках с контрреволюцией» («Своим путем», 1917), партия, неустанно твердит он, «закаляется в борьбе»[457], «закаляется на тех или иных кризисах». Поэтому их необходимо создавать. «РКП(б) развивалась всегда противоречиями, и только в этой борьбе она крепла, выковывала действительные кадры. Перед КПГ, — наставляет он немецких соратников, — лежит тот же путь развития путем противоречий, путем действительной, серьезной и длительной борьбы с некоммунистическими течениями». Если противника нет, его

---

[457] Однако когда, по тактическим соображениям, он предпочитает выказать миролюбие, то говорит о ненужности этой самой борьбы. В докладе «О мерах смягчения внутрипартийной борьбы» (1926) он дает ей противоположную оценку: «Борьбу начали не мы, не ЦК, а оппозиция. ЦК несколько раз отговаривал оппозицию от дискуссий <...>, потому что такая дискуссия означает обострение борьбы, опасность раскола и ослабления положительной работы партии и правительственных органов».

изобретают — в этом одна из важнейших черт сталинской репрессивной стратегии.

Словом, нет худа без добра, как и наоборот: «Бывают случаи, когда тактический успех подрывает или отдаляет успех стратегический», — размышляет он в 1921 году, а спустя семь лет приходит к более широкому тезису: «Всякое завоевание... имеет и свои отрицательные стороны». Да и вообще все успехи, не раз напоминает Сталин, «имеют и свою теневую сторону» — например, пагубное зазнайство. Эту диалектику, по его мнению, часто не учитывают империалисты или их социал-демократические пособники — они не сознают, к примеру, что «процесс "оздоровления" капитализма таит в себе предпосылки его внутренней слабости и разложения». Взять хотя бы экспансию колониализма, вроде бы выгодную империалистам: на самом деле колониализм «лишь закаляет и революционизирует эти колонии, обостряя там революционный кризис». Сходным сбразом на пользу СССР должна пойти любая угроза интервенции, поскольку она «создала бы величайший обруч, стягивающий всю страну вокруг Советской власти как никогда и превращающей ее в несокрушимую крепость» — и одновременно развязала бы «целый ряд революционных узлов в тылу у противников».

СОЮЗНИК ЖИЗНИ

Избитый революционный девиз — «чем хуже, тем лучше» — воистину становится главенствующим регулятивным принципом для сталинского мировосприятия. Голод и расстрелы обеспечивают мощнейший стимул для революции и всего коммунистического движения. Разделяя это традиционное представление, Сталин декларирует его с каким-то атавистическим энтузиазмом:

Сама жизнь подготовляла новый подъем — *кризис* в городе, *голод* в деревне (1906).

Нет, товарищи: там, где *голодают* миллионы крестьян, а рабочих *расстреливают* за забастовку — там революция *будет жить* (1912).

Везде и всюду «живая жизнь» питается могильными всходами. Таким творческим импульсом стала, например, «кровавая драма» на Ленских приисках — расстрел рабочих[458], который вывел «на сцену живую жизнь с ее неумолимыми противоречиями» (1912). Ср.:

---

[458] Надо заметить, что и другие большевики так же рассматривали это обнадеживающее событие. В тогдашней заметке «Революционный подъем» Ленин с ликованием писал, что «ленский расстрел явился поводом перехода революционного настроения масс в революционный подъем масс».

Ленские дни ворвались в эту "мерзость запустения" ураганом и открыли для всех новую картину <...> Достаточно было расстрела рабочих в далекой сибирской глуши (Бодайбо на Лене), чтобы Россия покрылась забастовками <...> Это были первые ласточки зачинающегося мощного движения. "Звезда" [напомню, что Сталин имеет в виду собственную статью] была тогда права, восклицая: "мы живы, кипит наша алая кровь огнем нерастраченных сил..." Подъем нового революционного движения был налицо.

В волнах этого движения и родилась массовая рабочая газета "Правда".

Еще раньше, после Кровавого воскресенья, совершенно так же в разливе Стикса, «в крови рабочих, родилась первая русская революция». А когда разразилась вторая, то Сталин, после провала июльского выступления большевиков, с каннибальским оптимизмом предсказывал: *«Жизнь* будет бурлить, *кризисы* будут чередоваться». Через четыре года он перечисляет «резервы партии»: «1) Противоречия между различными социальными группами внутри России; 2) Противоречия и конфликты, доходящие иногда до военных столкновений, между окружающими капиталистическими государствами» («Партия до и после взятия власти»). Более того, порой кризисные ситуации, счастливо рождаемые «самой жизнью», весьма благотворны для ее развития во всем объеме социалистического строительства: «сама жизнь сигнализировала нам» об опасности благодушия и о пороках кадровой политики: «Шахтинское дело было первым серьезным сигналом <...> Второй сигнал — судебный процесс "Промпартии"». Соответственно выглядит все и на Западе: *«Дороговизна жизни,* наступившая за последнее время в Чехословакии, является одним из благоприятных условий»; «*Борьба, конфликты и война* между нашими врагами — *это... наш величайший союзник»*.

Если перевести образ этого «союзника» — голод, расстрелы, войны и пр. — в сферу фундаментальных семиотических категорий, то его придется обозначить одним словом — смерть. Именно *смерть* всегда выступает у Сталина в связке с *жизнью,* обеспечивая ее всепоглощающее развитие; одно немыслимо без другого. Эта нерасторжимая связь просвечивает в любых, в том числе редуцированных или метонимизированных формах. Так, в 1909 году, говоря о грядущем *оздоровлении* РСДРП, Сталин упоминает в списке целебных средств эффективное использование *похоронных* касс («Партийный кризис и наши задачи»). Ср. более очевидные комбинации: «Кто требует от правительства уступок, — заявляет он в 1905 году, — тот не *верит в смерть* правительства, а пролетариат *дышит этой верой»*. Ликование на одной стороне диалектического двуединства абсолютно симметрично уравновешивается унынием на другой. Борьба сама по себе приносит приятные чувства, включая простое коммерческое удовлетворение от того, что затраченная кровь успешно окупилась:

Приятно бороться с врагами в рядах таких борцов.

Приятно и радостно знать, что кровь, обильно пролитая нашими людьми, не прошла даром, что она дала свои результаты[459].

Ступенью ниже на радостной шкале стоит *сочувствие*, пробуждаемое, например, казнью подлинных или мнимых монархистов (1927):

Расстрел 20-ти "светлейших" вызвал глубочайший сочувственный отклик среди миллионных масс рабочих.

Следует, возможно, уточнить, что *сочувствовали* они не расстрелянным, а самому расстрелу.

Сталин и все его союзники живут не просто так, а на страх врагам:

ГПУ *будет жить* у нас *на страх врагам* пролетариата.

Дело Сунь Ят-сена *будет жить* в сердцах китайских рабочих и крестьян *на страх врагам* китайского народа.

Дорогой Алексей Максимович! <...> Желаю Вам долгих лет *жизни* и работы *на радость всем трудящимся, на страх врагам* рабочего класса[460].

Разумеется, так же в точности ведут себя и сами эти враги. К примеру, в битвах (Первой) мировой войны рабочие всех стран, «переодетые в солдатские шинели... калечат и *убивают* друг друга — *на радость врагам* революции». Стоит ли доставлять им подобные чувства? Так он и пишет еще в 1904 году: «Мы хотим доставить врагу не радость, а горечь и хотим сровнять его с землей», — а спустя три десятилетия, в том же стиле, только сдобренном ехидцей, откликается на сообщение о своей болезни, появившееся на Западе: «Есть, очевидно, люди, заинтересованные в том, чтобы я заболел всерьез и надолго, если не хуже. Может быть, это и не совсем деликатно, но у меня нет, к сожалению, данных, могущих *порадовать* этих господ. Как это ни печально, а против фактов ничего не поделаешь: я вполне здоров» (1932).

Если голод и неурожаи за рубежом служат делу мирового коммунизма, то голод и неурожаи в СССР должны окрылить зловредную оппозицию. Согласно Сталину, она только и мечтает: «авось партия провалится с посевами, — тогда и ударим как следует»; и наоборот,

---

[459] Больше всего эти приятности, признаться, напоминают мне описанный Эренбургом в «Хулио Хуренито» дружеский диалог на кавказском Съезде народов Востока: «Я слышал, как один перс, сидевший в заднем ряду, выслушав доклад о последствиях экономического кризиса, любезно сказал по-русски молодому индусу: "очень приятно англичан резать", на что тот, приложив руку к губам, шепнул: "очень"».

[460] В. Паперный в своей замечательной работе подчеркивает, что всю «Культуру 2» — т.е., в сущности, именно сталинскую культуру — «переполняет здоровая физиологическая радость, бодрость — во всяком случае, она видит себя именно такой»; «то, что не вызывает радости, враждебно, оно уничтожается, а сам этот процесс уничтожения тоже вызывает бурную радость» (Культура Два. С. 137, 138).

Троцкий, говорит он уже в 1926-м, «боится хорошего урожая» — да и вообще, оппозиция «рассчитывает на ухудшение положения в стране и партии», на политический и экономический «кризис». Со временем генсек сумеет доказать, что оппозиционеры вовсе не ограничивались одним только пассивным ожиданием, а предпочли путь прямого вредительства; зато их гибель станет гарантией счастливого социалистического процветания.

«Жить стало веселее» в 1935 году, после убийства Кирова, ленинградских арестов, чисток и накануне всесоюзной бойни. Сталинская жизнерадостность и его террор были взаимообусловлены, и этому синтезу вторило другое сочетание, свойственное всему советскому мироощущению второй половины 30-х годов, — мироощущение, в котором официальный дневной оптимизм корректировался ночным ужасом перед арестами.

КРОТ ИСТОРИИ

С учетом аграрной аллегорики русской революции и особенно хтонических влечений самого Сталина — любителя мифа об Антее — не внушает ни малейших сомнений само местопребывание смертоносных союзников прогресса. Подтачивая «опоры» и «устои», марксистский «крот истории» в недрах земли незримо копит свои мятежные силы, готовые прорваться наружу при невольном содействии неразумного врага:

> *Подземные силы* революции — кризис в городах и голод в деревнях — продолжают свою работу (1907).

> *Подземные силы* освободительного движения заработали <...> Да, хорошо "роет крот" освободительного движения (1912).

Проходит еще пять лет:

> *Подземные силы* революции живут, ведя свою неустанную работу по революционизированию страны.

Силы эти принадлежат, конечно, к разряду инфернально-вулканических стихий революции или к тому глубинному слою народной жизни, плотью и кровью которого, согласно революционной мифологии, питается самодержавие. Ср. в сталинском изображении:

> Кровью и трупами граждан старается оно укрепить свой трон <...> Они требуют вашей крови (1905).

Но и для грядущей республики Сталин изыскивает идеально симметричное архитектурное решение:

Только на костях угнетателей может быть воздвигнута народная свобода, только кровью угнетателей может быть удобрена почва для самодержавия народа!

Мы знаем, что пролетариат — это одновременно и великий мертвец, жертва капитализма, и его палач. Как и должно быть в хтоническом сюжете, его грозное пробуждение маркируется поднятием головы[461]:

Во всех концах России *подымают головы* рабочие в защиту своих загубленных на Лене товарищей: "Мы живы, кипит наша алая кровь..." и т.д.

Повстанцы тут как бы непосредственно представительствуют от убитых «товарищей» — но есть у Сталина и самые настоящие кадавры революции, сработанные по классическим литературным рецептам:

Душно стало народам Европы, и они уже *поднимают голову* против воинствующей буржуазии. (Так стонет поднимающийся мертвец у Гоголя: «Душно мне! душно!».)

Примечательным образом «головы» у Сталина и здесь, и в последующих текстах буквально соединены с землей, почвой, прорастанием. «Тут нужно глубоко вспахивать почву и серьезно просвещать головы», — говорит он по поводу немецких коммунистов.

Но совершенно так же могут подниматься из земли и низвергнутые было в ее глубины вампиры контрреволюции, которых необходимо загнать назад, в могилу:

Темные силы <...> на другой же день восстания вылезут из нор и захотят поставить на ноги правительство. Так воскресают из мертвых побежденные правительства. Народ непременно должен обуздать эти темные силы, он должен сровнять их с землей!

Темные силы, в свою очередь, и сами хотят загнать под землю мятежников:

Дряхлое самодержавие *подымает голову* <...> Реакция <...> хочет вырыть могилу народной революции.

К этой двусторонней модели он с удивительной монотонностью обращается через двенадцать лет, в дни Февраля:

Подымает голову царско-помещичья реакция»; «Выползли... скрывавшиеся дотоле в потемках контрреволюционеры.

Силы старой власти падают, но они еще не добиты. Они только притаились и ждут удобного случая для того, чтобы *поднять голову* и ринуться на свободную Россию. Оглянитесь кругом и увидите, что темная работа черных сил идет непрерывно...

---

[461] Об этом фольклорно-мифологическом мотиве см. в моей статье «Вещий Олег и Медный всадник» // Wiener slawistischer Almanach. 1983. Bd. 12. C. 244.

Короче, если пролетариат — это, по Марксу, *могильщик* капитализма, то столь же симметрично капитализм пытается стать «могильщиком завоеваний русской революции» — причем ее враги, олицетворяющие смерть, выдают себя за «живые силы». Сталин тут, в общем, не отступает от революционных шаблонов — однако, вырвавшись за бумажные пределы публицистических метафор, его вампирический биологизм со временем необратимо преобразит весь облик огромной страны.

Мнимая или временная смерть

Характернейшее и повсеместное у Сталина сближение жизни со смертью, «живых сил» — с «могильщиком» и т.п. говорит, конечно, о скрытом диалектическом тождестве, сущностной неразличимости этих полярных категорий. Солженицын в одном из первых своих романов с впечатляющей точностью уловил эту особенность сталинского мышления, хотя интерпретировал ее только как специфическую форму лицемерия: «На днях вэрну вам смертную казнь, — задумчиво говорил он, глядя глубоко вперед, как бы в годы и годы. — Эт-та будет харёшая *воспитательная* мера»[462]. Писатель, безусловно, не мог тогда знать, что в 1935 году в беседе с Ролланом Сталин в том же именно «воспитательном ключе» разрешил недоумение своего гостя, который терялся в догадках, как растолковать соотечественникам новый советский закон, предусматривающий расстрел детей с двенадцатилетнего возраста. «Этот декрет, — невозмутимо пояснил Сталин, — имеет чисто *педагогическое* значение»[463].

Смертная казнь и вправду была его любимым видом расправы, но обеспечивалось ли ею подлинное, доскональное уничтожение врага? По сути, сталинские «мертвецы» столь же неистребимы и мстительны, как убитые, но поднимающие голову злобные великаны в нартских легендах и сказках его родного Кавказа. «Поистине, — восклицает он в одной заметке 1917 года, — "мертвые схватили живых"!» Скорее всего, они только притворились мертвыми, чтобы, отступив в конспиративную мглу, скопить там новые силы для бешеного штурма: «На севере в Финляндии, пока еще "тихо". Но эта тишина, несомненно, прикрывает глубокую внутреннюю работу, с одной стороны, рабочих и торпарей, рвущихся к освобождению, с другой стороны — правительства Свинхувуда»; «Под оболочкой тишины и спокойствия контрреволюция не дремлет, готовясь к новым битвам»

---

[462] *Солженицын А.* В круге первом // Собр. соч. Frankfurt/Main, 1971. Т. 3. С. 156.
[463] Цит. по: *Семанов С., Кардашов В.* Иосиф Сталин: Жизнь и наследие. С. 445.

(1918). В этом смысле обе стороны ведут себя абсолютно одинаково, судя, например, по его брошюре 1906 года «Две схватки»:

Пролетариат отнюдь не разгромлен, так как разгром пролетариата означает его смерть, наоборот, он по-прежнему живет и усиливается с каждым днем. Он только отступил для того, чтобы, собравшись с силами, вступить в последнюю схватку с царским правительством».

«Нас уверяли в свое время в том, что самодержавие разгромлено... но мы этому не поверили, так как разгром самодержавия означает его смерть, а оно не только не умерло, но и собирало новые силы для нового нападения. Мы говорили, что самодержавие только отступило. Оказалось, что мы были правы.

Слишком уж доверчиво, по Сталину, всегда принимают за окончательную гибель ее временный аналог — такое вынужденное либо запланированное отступление одного из антагонистов. Подобно буржуазии, революционные массы выказывают неукротимую живучесть упыря:

Слишком рано принялись вы хоронить Великую Русскую Революцию. Революция живет, и она еще даст о себе знать, гг. могильщики. Война и разруха идут <...> Подземные силы революции живут <...> Нет, господа контрреволюционеры, революция не умерла, она только притаилась для того, чтобы, собрав новых сторонников, с новой силой ринуться на врагов. "Мы живы, кипит..." — и т.д.

Война, голод и прочие ресурсы революции имеют брутальный психологический адекват. В революцию 1905 года пролетариат, тщетно пытавшийся «отомстить» врагу,

вынужден был «*отступить, затаив в груди злобу*» (1906).

Ср.:

Рабочие пока что молчат, безмолвно переносят удары нефтепромышленников, *накопляя в груди злобу* (1909).

Десятки и сотни раз пытались трудящиеся на протяжении веков сбросить с плеч угнетателей и стать господами своего положения. Но каждый раз, разбитые и опозоренные, вынуждены были они *отступить, тая в душе обиду и унижение, злобу и отчаяние* (1924).

Что это, как не точнейший автопортрет, проясняющий психологические функции различных сталинских «отступлений», включая сюда и одолевавшие его приступы простой необщительности, замкнутости[464], и частые — видимо, не только лицемерные — ходатайства об отставке[465]?

---

[464] Ср. в воспоминаниях Бажанова об этих повадках Сталина в его семейной жизни: «Не раз Надя [Аллилуева] говорила мне, вздыхая: "Третий день молчит, ни с кем не разговаривает и не отвечает, когда к нему обращаются, необычайно тяжелый человек"» (*Бажанов Б.* Указ. соч. С. 154).

[465] См.: *Волкогонов Дм.* Кн. I, ч. 1. С. 177, 210.

Этим же настроем злобной мстительности, как мы помним, обусловлено «обострение классовой борьбы» в 30-е годы, когда «подняли голову» затаившиеся было «остатки разбитых классов». Но гораздо раньше, в 1917-м, аналогичными импульсами одержимы были сами революционные массы. Ведь борьба и удары врагов только разжигают их боевой пыл, заставляя пробудиться от мнимой кончины:

> В огне этих схваток *ожили* и развернулись *умершие было* Советы и Комитеты»; «Революция идет...*Похороненная* на Московском совещании, она вновь *подымает голову*, ломая старые преграды <...> В огне борьбы *оживают умершие было* Советы.

Еще через десять лет он говорит, обращаясь к совсем другой теме:

> *Оживает* и растет, все более усиливаясь, *похороненная было* в Версале капиталистическая Германия.

Мумификация Ленина, проведенная по его инициативе, была наглядным символом такого соединения или смешения состояний, другим выражением которого мог бы служить тост 1938 года: «За здоровье Ленина!» Жизнь и смерть у Сталина настолько сплетены, что в иных случаях ему приходилось прилагать специальные усилия, чтобы отделить первое от второго. Охотнее всего в этой путанице он обвиняет противников:

> Эти господа, подобно гробовщику, берут мерку с давно усопших и этой меркой меряют живых (1905).

Неясно, правда, зачем нужна гробовщику мерка для живых людей, но Сталина такие мелочи не смущают. Беспокоит его другое — какой-то мавзолейный страх перед прижизненным погребением: «Не принимают ли они нас за покойников?» — говорит он в 1907 году, а через десять лет повторяет: «Слишком рано хоронят нас гг. могильщики. Мы еще живы». В 1926-м на торжественной встрече с земляками его одолевают все те же подозрения — и в ответ на тифлисские комплименты он сварливо замечает: «В таком тоне говорят обычно над гробом усопших революционеров. Но я еще не собираюсь умирать». (Ср. также его процитированное письмо 1932 года, где он язвительно опровергает слухи о своей смертельной болезни.)

Бывает, однако, что и сами покойники беззаконно притворяются живыми или ведут выморочное, промежуточное существование. Так ведут себя на северо-западе России, в лимитрофах, «уже сброшенные в преисподнюю» и одновременно «заживо разлагающиеся тени» былых властителей, имитирующих свое воскресение, вместо того чтобы покорно «*склонить головы*» перед революцией. Такие же зомби пробуждаются на Кавказе: «Нам передали официальное заявление, подписанное *воскресшими из мертвых* Чермоевым и Бамматовым, говорящие об образовании независимого (не шутите!) Северо-

Кавказского государства»; «еще не все народы Северного Кавказа знают, что давно *похороненные* ими "правительства" продолжают нелегально "существовать"» (1918).

Вероятно, этой сущностной неистребимостью навеяны и страхи Сталина перед неминуемой активизацией врагов, и его маниакальное стремление к их периодически возобновляемому добиванию. Я склонен считать, что их вампирическая живучесть предопределена как ахронностью сталинского мышления (см. в 1-й главе), так и вегетативно-циклическими моделями, о которых речь пойдет чуть ниже. Предварительно стоит напомнить, что его хтоническое мировосприятие не так уж расходилось с общереволюционной и общебольшевистской риторикой, — разница заключалась в том, что риторическими ужимками у Сталина дело никогда не исчерпывалось. Реализовав свои представления о жизни как всепожирающей и абсолютно беспринципной биологической борьбе, Сталин обратил эту практическую установку на собственную партию и — шире — на давно уже лояльное население, т.е. на «своих».

ДРЕВНИЙ АНАТОМ

Можно было бы ожидать, что большевистский культ целостной партии и вообще любой целостности, в соответствии с фольклорной семантикой, отождествится у него с постоянным пафосом органики, «жизни». Но она, как мы только что видели, в свою очередь неизменно сопрягается у Сталина именно со смертью — а последнюю фольклор соотносит как раз с мотивами неполноты, дробления и расчлененности. Сталинская диалектика, однако, допускала и не такие противоестественные сочетания. Первым и знаменательным опытом по соединению этих контрастных базисных категорий явился иллюстративный сюжет — притча, изложенная молодым Сталиным в его дебютной статье «Как понимает социал-демократия национальный вопрос?» (1904). Начинающий теоретик полемизирует здесь с грузинскими федералистами — невеждами, неправильно толкующими, по его убеждению, программу РСДРП и ее «национальные» пункты:

Вспоминается одно древнее сказание. Жил когда-то "мудрец-анатом". В его распоряжении было "все необходимое" для "настоящего анатома": диплом, помещение, инструменты, непомерные претензии. Не хватало ему лишь малого — знания анатомии. Однажды к нему обратились с просьбой объяснить, какая существует связь между частями скелета, которые были разбросаны им на анатомическом столе. Таким образом, нашему "прославленному мудрецу" представился случай отличиться. "Мудрец" с большой помпой и торжественностью приступил к "делу". Но вот беда! "Мудрец" ни аза не понимал в анатомии, он не знал, какую часть к чему приставить, чтобы в ре-

зультате получился целый скелет! Долго возился бедняга, много потел, но
тщетно! Наконец, когда у него все перепуталось и ничего не вышло, он схва-
тил несколько частей скелета, отшвырнул их далеко от себя и при этом фи-
лософски обругал "злонамеренных" лиц, якобы положивших на его стол
ненастоящие части скелета. Зрители, конечно, подняли на смех "мудреца-
анатома".

Автор забыл только прибавить, что дипломированный древний
анатом, посрамленный весельчаками в морге, теперь должен был
«отступить, затаив в груди злобу и отчаяние». Как бы то ни было,
Сталин оказался единственным в мире идеологом, который для показа своей партии и ее программы предпочел в качестве наглядного
пособия экспонат из мертвецкой. Но еще поучительнее его дальнейшие анатомические манипуляции с «национальным вопросом», за-
вершившие эту ученую статью:

> Наша партия *расчленила его на отдельные части, извлекла из него жизненные
> соки, разлила их по венам* своей программы и всем этим показала, как следу-
> ет решать "национальный вопрос" социал-демократии, чтобы до основания
> разрушить национальные перегородки.

Итак, расчленение трупа и поглощение его «соков» диалектически приводит потом к некой новообретенной целокупности, к меж-
национальному всеединству. Но чем, собственно, отличается вся эта
вивисекция от каннибальской политики самодержавия? Ведь и последнее, по Сталину, старается *«раздробить на части* общее движение пролетариев».

Одну и ту же садистскую фразеологию, смотря по обстоятельствам, он резервирует и для позитивных, и для пафосно-изобличи-
тельных пассажей. Троцкисты преступно хотят «рассечь ленинизм на
две части»; а «отдельные товарищи» намерены «разорвать на части
т р и е д и н у ю задачу партийной работы в деревне и оторвать эти части друг от друга» (1928). Ср. с другой стороны: «Может ли партия об-
манывать свой класс? <...> Нет, не может. Такую партию следовало бы
четвертовать» (что он позже и сделал, хотя по иным соображениям)[466]. В 1924 году он на такой же анатомический манер почтил память Свердлова: «Есть люди <...> которые являются... *жизненными соками* и подлинными руководителями революционного движения. К
числу таких вождей принадлежит Я. М. Свердлов. Организатор до *мозга костей...»* — привычная идиома попадает, как видим, в довольно
зловещий контекст. История с разобранным на части скелетом отзывается и в его увещаниях 1920-х годов относительно «подбора кадров»:
«Необходимо каждого работника *изучать по косточкам»*; «Крестьянин
<...> *разбирает по косточкам* каждого из руководителей». О пристра-

---

[466] Ср. его реплику 1925 года: «Что станется с нашими партиями, если мы <...>
станем во всем поддакивать друг другу? <...> *Это были бы мумии*, а не революционные партии».

стии именно к такой — не столько медицинской, сколько застеночной — анатомии[467] дают также представление метафоры, рисующие внутрипартийную борьбу против фракций и «группировок, которые мы должны иногда хирургическими методами обрезать, а иногда в порядке дискуссии рассасывать идейным путем». До поры до времени он может даже осуждать подобную хирургию: «Метод отсечения, пускания крови... опасен, заразителен: сегодня одного отсекли, завтра другого, послезавтра третьего — что же у нас останется в партии?»[468]. Останется полностью обновленная или, вернее, просто новая партия. Словом, ему приходится кромсать не только мертвое, но и живое тело, вроде того, как поступает империализм, хищнически «бьющий по *живому телу Китая, разрезая его на куски*». Увы, благородный пафос сталинского негодования несколько компрометируется, поскольку на деле очень похоже ведут себя настоящие советские бытописатели-разоблачители — генсек восхваляет их как раз за то, что они сумели «*вытащить кусок живой жизни*». Этот монструозный мотив, отдающий «Творимой легендой» Сологуба, содержит и комплиментарная оценка, которую генсек дал постановке «Виринеи» Сейфуллиной: «По-моему, пьеса — *выхваченный из живой жизни кусок жизни*»[469].

В его военных размышлениях армия, действуя в родной и заведомо дружественной среде, так же точно вырывает из нее сочащиеся клочья плоти:

> Для успехов войск... абсолютно необходимо единство, спаянность той *живой людской среды, элементами которой питаются и соками которой поддерживают себя войска.*

Ср., с другой стороны, сурово осуждаемое им поведение западных империалистов, которые «*высасывают соки из украинского народа*», или немецко-фашистских захватчиков, которые «*высасывают кровь*» из порабощенных стран. (Зато и экономические кризисы «*высасывают жир*» из капиталистического хозяйства, а Германия, беспристрастно констатирует он в 1925 году, попросту вынуждена «*черпать новые силы и новую кровь*» для уплаты репараций.) Европа, по его

---

[467] «Пожалуйста, не смейтесь, анатомию я знаю», — сказал он как-то художнице Рындзюнской, в наброске которой «заметил недочет по анатомии» (*Громов Е.* Указ. соч. С. 62).

[468] Цитируя этот выпад против Зиновьева и Каменева, домогавшихся исключения Троцкого (как и другой упрек, изъятый Сталиным из Сочинений: «Крови Бухарина требуете? Не дадим вам его крови, так и знайте»), Берлин заметил: «Ни Каменев, ни Зиновьев <...> ни одним словом не обмолвились о крови <...> Большой недосмотр сделал Сталин, не вычеркнув и это место. Ведь и тут ему мерещилась так же кровь, о которой никто из оппозиции не говорил, но о которой непрестанно думал сам Сталин. У него, очевидно, уже тогда были "мальчики кровавые в глазах" и он совершенно неожиданно заговаривал о крови, которой никто и не требовал» (*Берлин П.* Сталин под автоцензурой // Указ. соч. С. 212).

[469] Цит. по: *Громов Е.* Указ. соч. С. 59.

определению, «не есть изолированная страна, она *связана со своими колониями, она живет соками этих колоний*».

Но ничуть не иначе обстоит дело и в СССР, например, с партийным строительством. Партия

должна быть... частью класса, *тесно связанной с ним всеми корнями своего существования.*

Беспартийный актив является той *средой, соками которой живет и развивается партия*»; и даже какие-нибудь боротьбисты, замечает он мимоходом, — «это партия, которая *питалась соками* деревни.

Чем, в таком случае, отличается партия от царского правительства, которое тоже ведь, как Сталин любил повторять, «*живет за счет соков*» народа? Вампиризм и вивисекция есть универсальный и амбивалентный элемент сталинской образной системы — как и смежное *людоедство*, упоминаемое им при любой возможности («ленские людоеды не удовлетворены»; «людоеды Антанты не унывают»; «насквозь прогнившие людоеды», и т.п.), в самом неожиданном антураже — вплоть до «музыки каннибалов» или не менее интригующей «мельницы людоедов». Мне с полным основанием могут здесь возразить, что «каннибализм» принадлежал к числу самых расхожих штампов большевистской — да и антибольшевистской, а равно нацистской и пр. — агитационной риторики. Проблема, однако, состоит в том, что, вместе со своими коллегами повторяя этот мотив в обличительных видах, Сталин придает ему в то же время и, так сказать, весьма конструктивный, созидательный смысл. По агитпроповскому трафарету, он может подсмеиваться над буржуазными клеветниками, уверяющими, будто «настало время перейти большевикам к питанию человеческим мясом»; и одновременно пишет, что тыл «питает фронт не только всеми видами довольствия, но и людьми» (т.е. он абсолютно «реалистически» переосмысляет метафору «пушечного мяса»). В эпоху форсированной индустриализации Сталин жалуется: «Мы переживаем ужасный голод в квалифицированной рабочей силе» (1930) — тот самый «голод в области людей» (1935), о котором сообщает эпиграф к данной главе.

Постоянная установка на внутреннее тождество или обмен признаками с демонизируемым врагом[470] выказывает у Сталина черты самого настоящего умственного каннибализма. Его поведенческо-биологическое кредо уныло походит на незатейливую, но весьма убедительную натурфилософию, изложенную в «Тружениках моря» Виктора Гюго — книге, за которую юный Джугашвили получил выговор от начальства в Тифлисской семинарии:

---

[470] «У Сталина была привычка приписывать врагу собственные преступные намерения. Примерами этого полна история его борьбы за ленинский трон. Так же он действует, уже будучи на троне» (*Авторханов А.* Загадка смерти Сталина (Заговор Берия). С. 90).

Все в природе на наших глазах пожирает и само пожирается. Одна жертва поедает другую <...> Прожорливые хищники — это могильщики... Жизнь наша питается смертью. Таков устрашающий закон. Мы сами — гробницы[471].

Убив Бухарина и Троцкого, Сталин как бы идеологически пожирает убитых, переваривает их печень, духовную *кровь* и *соки*, стремясь присвоить себе чужие идеи, из которых и состояло все его учение. По выражению Валентинова, «из круга идей, именуемых сталинизмом, нет ни о д н о й, которая бы принадлежала ему. Все самым беззастенчивым образом заимствовано у других»[472]. Ему вторит Авторханов: «Так называемый сталинизм в теоретическом аспекте есть синтез идей Ленина, Троцкого и Бухарина, сцементированный в сгусток дьявольской энергии технолога власти»[473].

Он не перестает на протяжении долгих лет питаться интеллектуальными останками уничтоженного противника — как не перестает и глумиться над его прахом. Волкогонов озадаченно писал о стереотипном сборнике сталинских статей:

Читая, например, выпущенный одиннадцатым изданием в 1945 году сборник "Вопросы ленинизма", сталкиваешься с местами, от которых берет оторопь. Сталин полемизирует, ругает, критикует, шельмует Зиновьева, Троцкого, Каменева, Слуцкого, Бухарина, Рыкова, Радека, многих, многих других, будто они живы: "давайте послушаем Радека", "Троцкий говорит уже два года", "Каменев имеет в виду", "А как говорит Зиновьев?", "Эти факты известны Зиновьеву", "Бухарин опять говорит"... Конечно, мы знаем, что эти работы Сталин написал тогда, когда все эти люди, как тысячи и миллионы других, были живы. Но с тех пор прошли годы, а Сталин продолжает полемизировать со своими оппонентами, которых он распорядился уничтожить <...> Не покидает ощущение, что сама книга — из кошмарного сна. Уничтожить своих теоретических оппонентов и продолжать измываться над мертвыми мог лишь человек, полностью преступивший общечеловеческие нормы морали[474].

Такая утилизация мертвецов пробуждает ближайшие аналогии со сталинской «древней легендой» об анатоме. Если, вслед за Волкогоновым, позволить себе роскошь эмоционального отклика, то я должен сознаться, что мне здесь видится какой-то вообразивший себя патологоанатомом вурдалак, который разгуливает по необъятному моргу, назидательно демонстрируя куски трупов. И когда Сталин приводит очередную цитату из растерзанного им оппонента, я слышу в ней хруст и урчание челюстей, трудящихся над берцовой костью.

---

[471] *Гюго В.* Собр. соч.: В 15 т. М., 1955. Т. 9. С. 363.
[472] *Валентинов Н.* Наследники Сталина. С. 200.
[473] *Авторханов А.* Указ. соч. С. 315.
[474] *Волкогонов Дм.* Кн. I, ч. 1. С. 215.

Центр, ядро и очаг: геометрия Сталина

Создание и развитие партии непосредственно сопряжено у Сталина с кадрогонией, которую он датирует еще дореволюционным периодом:

> Основной задачей в первый период развития нашей партии, ее русской части, являлось создание кадров, марксистских кадров. Они, эти марксистские кадры, фабриковались, выковывались у нас в борьбе с меньшевизмом. Задача этих кадров тогда, в тот период — я беру период с основания большевистской партии до момента изгнания из партии ликвидаторов как наиболее законченных выразителей меньшевизма, — основная задача состояла в том, чтобы завоевать на сторону большевиков наиболее живые, наиболее честные и наиболее выдающиеся элементы рабочего класса, создать кадры, выковать авангард. Здесь в первую очередь борьба шла с теми течениями буржуазного характера, особенно с меньшевизмом, которые мешали сплотить кадры, сплотить как единое целое, как основное ядро партии <...> Только на следующей ступени развития нашей партии, только на второй ее стадии, когда эти кадры выросли, когда они вылились в основное ядро нашей партии, когда симпатии лучших элементов рабочего класса были уже завоеваны или почти завоеваны, только после этого перед партией встала... задача овладения миллионными массами, задача превращения партийных кадров в действительно массовую рабочую партию.

Чтобы установить главную мысль этого пассажа, требуется разгрузить его от вербального балласта, и тогда мы получим следующие результаты:

> Основной задачей <...> являлось создание кадров <...> Задача этих кадров <...> состояла в том, чтобы <...> создать кадры <...> Когда эти кадры... вылились в основное ядро <...> перед партией встала <...> задача превращения партийных кадров в действительно массовую рабочую партию.

На первый взгляд, перед нами заурядная тавтология типа «темная работа черных сил» или «определение правильно, потому что правильно», только размноженная по кумулятивному методу. Тем не менее эта ступенчатая тавтологическая конструкция обладает свойствами порождающей модели, двигательная сила которой, как обычно бывает у Сталина (см. главу 1), одновременно и пребывает в ее составе, и вынесена за ее пределы. Я подразумеваю исходное слово «партия». Именно она ставит своей задачей создание тех самых кадров, из которых она априорно должна была уже состоять — без них ведь не было бы и самой этой партии. Затем перед собственными кадрами мистическая «партия» выдвигает новую задачу: превратиться в массовую партию же. Бесспорно вместе с тем, что изначальный трансцендентальный авторитет «партии», ее абстрактная парадигма, каждый раз как-то соотносится с кадровым «основным ядром»[475], дублирует себя в последнем.

Аналог «ядра» — стальное «кольцо» или, очень часто, «очаг», соотносимый и с инфернально-вулканической, и с индустриальной стихией революции. Нередки и обычные вегетативные аллегории, которые Сталин переносит в сферы кадровой политики, тоже питаемой подземными могильными «соками». Кадровые злаки, прорастающие из самой толщи пролетариата, должны сгруппироваться вокруг того или иного руководящего центра. «Давайте сеять доброе семя в широких массах пролетариата, — по-христиански призывает он в начале революционного 1905 года. — Протянем друг другу руки и с п л о т и м с я в о к р у г п а р т и й н ы х к о м и т е т о в!» Литургика изливается административным пафосом централизации, мистикой бюрократизированного Исхода: «Т о л ь к о п а р т и й н ы е к о м и т е т ы м о г у т д о с т о й н ы м о б р а з о м р у к о в о д и т ь н а м и, т о л ь к о о н и освещают нам путь в "обетованную землю", называемую социалистическим миром!» Но и сами комитеты — ядра, ячейки или очаги — стягиваются к главному из них: это «*Центральный* Комитет, *живыми корнями связанный с местными организациями*, систематически информирующий последние и связывающий их между собой» («За партию!», 1912).

После Октября из-под почвы, вместе с урожаем, восходят жизненные соки, обеспечивающие регенерацию — и концентрацию — экономического организма:

> В прошлом году мы имели голод... распыление рабочего класса и пр. В этом году, наоборот, мы имели *урожай*, частичный *подъем* промышленности, открывшийся *процесс собирания пролетариата*. Старые рабочие, вынужденные раньше разбрасываться по деревням, вновь притекают к фабрикам и заводам (Речь на XII съезде).

Подобные воронкообразные пространственные схемы, строящиеся по принципу нанизывания все новых колец, выказывают уже давно памятные нам признаки кумулятивных структур, свойственных сталинскому мировосприятию. Раскручивается борьба за поэтапный захват ближайших территориально-силовых зон, за сопредельные узлы и звенья: «От оппозиции шаг за шагом отрывались одни элементы за другими, присоединяясь к основному ядру и пополняя его состав». (В перспективе — новая серия: дальнейшее дробление и чистка самого «ядра».) На каждом шагу и по любому поводу Сталин

---

[475] Сакральность «ядра» подкреплена его особым геометрическим статусом, ибо оно кристаллизуется посредством (попеременной) борьбы с двумя симметрическими опасностями (по принципу «обе хуже»). «Нужно было, — продолжает Сталин, — бить сначала меньшевиков (на предмет выработки марксистских кадров), а потом отзовистов (на предмет превращения этих кадров в массовую партию), наполнив борьбой с этими уклонами целых два периода в истории нашей партии».

проповедует необходимость этого «сплочения» (разумеется, обусловленного предварительным или последующим «очищением рядов» посредством хирургических «отсечений»). Понятно, что враги с равным усердием только и стремятся к тому, чтобы разрушить большевистскую целостность, расколоть пролетариат, подорвать рабоче-крестьянскую смычку, ослабить кадры, расчленить партию или Советское государство и «отхватить кусок» его территории. Зато ведь и Сталин ничуть не скрывает тождественных деструктивных намерений по отношению к своим противникам. В конечном счете приобщить к себе новые человеческие пласты — значит вобрать их в себя, усвоить, абсорбировать — или, как он гастрономически выражается, *«переварить захваченное»* (к слову сказать, советские учреждения он по другим поводам не раз упрекает в чрезмерной *прожорливости*).

Для пролетариата центром притяжения и цементирования должна стать партия в целом — а во всей советской социально-экономической жизни консолидирующую роль будут играть столица и большие города[476], индустриальные гиганты («мы страна самой концентрированной промышленности»), колхозы, механизация сельского хозяйства и пр.[477]

К самому этому слову *центр* Сталин питает какую-то маниакальную привязанность. Иногда он подразумевает под ним географическое средоточие всей России, а вместе с тем — узел гомогенно-национальный, промышленный и административный. Функционально центр представительствовал от *базы* или *основы*, а в социальном плане — от народных глубин:

> Власть в *центре* уже стала действительно народной, *выросшей из недр трудовых масс»*; «Внутренняя Россия с ее промышленными и культурно-политическими центрами — Москва и Петроград, — с однородным в национальном отношении населением, по преимуществу русским, превратилась в базу

---

[476] Тут он в очередной раз полемизирует с Энгельсом, который по-руссоистски верил в предстоящее исчезновение крупных городов. «Большие города, — возражает Сталин в «Экономических проблемах социализма в СССР», — не только не погибнут, но появятся еще новые большие города как центры наибольшего роста культуры, как центры не только большой индустрии, но и переработки сельскохозяйственных продуктов и мощного развития всех отраслей пищевой промышленности». Что касается верховного административного центра, то он никуда не денется и при коммунизме, а просто сменит вывеску. «Государство отомрет, — говорит далее автор, — а общество останется. Следовательно, в качестве преемника общенародной собственности будет выступать уже не государство, которое отомрет, а само общество, в лице его центрального, руководящего экономического органа».

[477] Весной и летом 1928 г., т.е. накануне коллективизации, все беды советского сельского хозяйства Сталин усматривал в его «распыленности», которую должно заменить «крупное и концентрированное производство», типа того, что уже достигнуто в промышленности. (Правда, уже через несколько лет гигантские совхозы придется «разукрупнить».)

революции. Окраины же России... без важных промышленных и культурно-политических центров, с населением в высокой степени разнообразным в национальном отношении <...> превратились в базу контрреволюции (1920).

Оттуда, с периферии, надвигается вражеская волна, стремясь завладеть сердцем страны. Но в то же время и из этого средоточия, из его сакральной точки раскручивается обратное, центростремительное движение: «Революция, начатая в центре, не могла долго оставаться в рамках узкой его территории. Победив в центре, она неминуемо должна была распространиться на окраины». К этому узловому пункту провинции или окраины тяготеют точно так же, как рабочие — к своим партийным организациям, а последние — к Центральному комитету. Он так прямо и пишет — о «непобедимой тяге окраин к центру». За окраинами наступает черед зарубежных стран — русско-пролетарский центр распространяет на них свою освободительную экспансию или, напротив, сплачивает их вокруг себя, «втягивая в общий лагерь борьбы с империализмом» (1918). Сперва империализм хотел «сжать в "железное кольцо" очаг революции»; «теперь оказывается, что он сам окружен», и революционные силы «создают, таким образом, всеохватывающее кольцо вокруг издыхающего империализма» (1919).

При этом окраины представляют собой определенный экономический эквивалент подземным «сокам» революции, поскольку эти просоветски настроенные регионы «изобилуют сырьем, топливом, продовольственными продуктами». Сходным образом они являются и социальным резервом большевизма; однако тождественную роль выполняют, помимо советских, также зарубежные национальные «окраины» и колониальные страны — периферия планеты, угнетаемая капиталом. Так устанавливается некая аналогия между географической и социальной геометрией:

Если борьба за средние слои данной господствующей национальности является борьбой за ближайшие резервы, то борьба за освобождение угнетенных национальностей не могла не превратиться в борьбу за завоевание отдельных, наиболее глубоких резервов капитала <...> Эта борьба за глубокие резервы <...> будет развертываться шаг за шагом, по мере развития империализма, по мере роста мощи нашего Союза Республик ("Октябрьская революция и вопрос о средних слоях", 1923).

Но там же, в «средостении» лимитрофов, а равно и на мировых окраинах или «в тылу» самого большевизма, прячутся и резервы врага:

Резервы Антанты — это прежде всего... армии молодых буржуазных государств, пока еще не зараженные "ядом классовых противоречий" (Польша, Румыния, Армения, Грузия и пр.) <...> Резервы Антанты состоят, во-вторых, в контрреволюционных силах, которые орудуют в тылах наших армий... Наконец, имеются еще и резервы Антанты, орудующие в колониях и полуколониях <...> Мы уже не говорим о резервах Антанты в виде всех и всяких *скорпионов*, вплоть до II Интернационала, преследующих цель удушения социалистической революции на Западе (1920).

В таком противостоянии есть нечто от поединка хтонических гадов, и «скорпионам» капитализма всегда соответствуют «бациллы» или «яд классовых противоречий», которым большевизм «заражает» врага и посредством которого притягивает к себе угнетенные массы[478].

Так, по горизонтали и вертикали, неизменно развертывается у Сталина эта двусторонняя, центробежная и центростремительная динамика, вечная циркуляция токов между центром и периферией, между вершиной и «недрами».

Axis Mundi

У центра, собирающего массы, имеется свой собственный, наисакральнейший центр — ось, факел (т.е. огненная ось, мобильный очаг), стержень, знамя или знаменосец, — вокруг которого объединяется самое ядро (кольцо и т.п.) и который, собственно, возглавляет «движение». Комплексную механику такой концентрации Сталин детально описал уже в своей ранней (1905) заметке о демонстрации в Баку, где межнациональная «масса» «назло правительству решила... любить друг друга»:

> Наш *комитет* организует маленькое *руководящее ядро*. Ядро это с *передовым рабочим во главе* занимает *центральное место* — и взвивается перед самым дворцом импровизированное красное *знамя*. Знаменосец, поднятый на руки демонстрантами, произносит ярко политическую речь <...> "Да здравствует красное знамя!" — отвечает масса. Демонстранты *двигаются вперед*.

Спустя много лет, в 1947 году, редактируя второе издание своей канонической биографии, Сталин собственноручно вписал в нее такие фразы:

> В этой борьбе с маловерами и капитулянтами... окончательно сложилось после выхода Ленина из строя то *руководящее ядро* нашей партии <...>, которое отстояло великое *знамя* Ленина, *сплотило* партию вокруг заветов Лени-

---

[478] Эта метафора всегда подвержена у него реализации, яд идеологический легко превращается в яд самый обычный. Отравителями предстают, например, кремлевские библиотекарши, которые олицетворяют буржуазную контрреволюционную культуру. В 1935 г. Сталин поведал Роллану: «Оказывается, что кой-кого из этих библиотекарш завербовали наши враги для совершения террора. Надо сказать, что эти библиотекарши по большей части представляют из себя остатки когда-то господствующих, ныне разгромленных классов — буржуазии и помещиков. И что же? Мы обнаружили, что эти женщины ходили с ядом, имея намерение отравить некоторых наших ответственных товарищей» (Цит. по: *Семанов С., Кардашов В.* Указ. соч. С. 447).

на и *вывело советский народ на широкую дорогу* индустриализации страны и коллективизации сельского хозяйства. *Руководителем этого ядра* и ведущей силой партии и государства был товарищ Сталин»; «Знамя Ленина, знамя партии высоко поднял и понес дальше Сталин[479].

С годами облик и состав «ядра» может варьироваться — главное, чтобы, при всех пертурбациях, его собственным ядром или знаменосцем оставался Сталин. В начале войны, 3 июля 1941 года, он призывал «весь народ сплотиться вокруг партии Ленина—Сталина, вокруг Советского правительства», но вскоре, убедившись в не слишком высокой популярности партии, на время охладел к ней: в своей первомайской речи 1942 года вождь упоминает уже только о сплочении «вокруг Правительства». Кардинального различия тут не было: ведь это правительство, как и партию, он же и возглавлял.

Схема настолько универсальна, что Сталин применяет ее даже к историко-географическим «центрам», персонифицируя эти последние. В 1947 году, поздравляя столицу с 800-летием, он писал:

> Заслуга Москвы состоит прежде всего в том, что она стала *основой объединения* разрозненной Руси в единое государство с единым правительством, с единым *руководством* <...> После того, как по воле великого Ленина Москва вновь была объявлена столицей нашей Родины, она стала *знаменосцем* нашей советской эпохи.

Этот знаменосец или, точнее, олицетворенное знамя, естественно принимает на себя также ораторские функции «передового рабочего» из бакинской статьи — и в поступательном движении вперед сплачивает вокруг себя все новые, уже международные силы:

> Москва является вместе с тем *глашатаем* освободительного *движения* трудового человечества от капиталистического рабства <...> Москва является вместе с тем знаменем борьбы всех трудовых людей в мире <...> Заслуга Москвы состоит в том, что она <...> собирает вокруг знамени мира все миролюбивые народы.

Идея тотального «единоначалия» просто вырастала с необходимостью из таких концентрических композиций. Вся страна группировалась вокруг более или менее индивидуализированных «центров» или знаменосцев (директора предприятий, секретари обкомов и пр.)[480], но их самостоятельность в конечном счете была абсолютно фиктивной, ибо на деле такие наместники представляли собой лишь раболепное орудие главного Центра, олицетворяемого верховным «знаменосцем»[481]. Вообще же вокруг своего знамени, центра, очага

---

[479] Цит. по: *Сталин И.* Соч. Т. 16. С. 75, 76.

[480] О роли индивидуализированного центра и ступенчатых композиций в сталинской архитектуре ср.: *Паперный В.* Указ. соч. С. 102—111, 129—130.

[481] Такой централизм аукался с допетровской абсолютистской традицией, стремившейся (например, при Алексее Михайловиче) лишить администраторов даже

или штаба вполне равномерно и симметрично у Сталина всегда сплачиваются обе противоборствующие силы:

> Черная реакция собирает темные силы и всеми силами (sic) стремится объединить их, — наша задача собирать социал-демократические силы и теснее сплотить их (1905).

> Капиталисты организуются в отдельный класс с целью обуздать пролетариат <...> Пролетарии также организуются в отдельный класс с целью обуздания эксплуатации (1906).

> Движущие силы революции продолжают жить и действовать, разразившийся промышленный кризис... усиливается, голод... усиливается. С другой стороны, набирается сил и постепенно укрепляется ненавистная народу контрреволюция. Она... *зовет под свое знамя все темные силы*, она становится во главе "движения" черносотенцев... она собирает вокруг себя кровожадных помещиков и фабрикантов (1906).

Столь же педантично после Февраля контрреволюционные генералы «собирают вокруг себя все силы, годные на черную работу» (1917). Между тем Сталин тут только утрирует Ленина, который, согласно Безансону, строго по-манихейски «представляет борьбу "противоположностей" в виде противостояния двух армий, организованных, со своим командованием, с четкой иерархией <...> Оба лагеря знают, что делают. Они пребывают на вершине в высшей степени персонифицированные, отнюдь не невинные и вполне ответственные за свои действия»; «Вокруг партии концентрическими кругами располагаются враги и друзья. Центральная позиция позволяет привести в логический порядок политический мир»[482]. Подобно другим ленинским моделям, эта биполярная схема у Сталина подвергается неудержимой и маниакальной генерализации. Ср., например, все-

---

малейшей независимости. В этой жесткой подконтрольности и скованности состоит важнейшее, но редко учитываемое отличие советского режима от национал-социализма, в котором, при сходной дисциплинарно-коллективистской риторике, действовал тем не менее совершенно иной принцип — чиновничьего вождизма (Fuehrertum), т.е. полицентризма, оставлявший широкое поле для личной бюрократической инициативы. Да и вообще гитлеровский режим был куда менее «тотален». «Здесь все же совсем иначе, чем в Москве! — сказал ген. Власов опекавшему его немецкому офицеру. — Вы берете на себя ответственность и действуете по вашей совести. Такое у нас немыслимо. Малейший намек диктатора — и все падают ниц» (*Штрик-Штрикфельд В.* Против Сталина и Гитлера: Генерал Власов и Русское освободительное движение. С. 122). Вот в изображении старого эмигранта типичная реакция советского человека, встретившегося с нацистским идеологическим и административным разнобоем: «— Пропадет Германия!.. Порядка в ней нет... Понимаете, слишком здесь много свободы <...> — Это "слишком много свободы" я слышу уже не первый раз <...> Я стараюсь представить, до чего и как можно довести людей, чтобы в Германии, с ее Гестапо, сыском и доносами, почувствовать то, что чувствуют они» (*Казанцев А.* Третья сила: История одной попытки. С. 97—98).

[482] *Безансон А.* Указ. соч. С. 221—232.

ленскую битву антагонистических очагов, которую он провидит в конце 1924 года:

> Вероятнее всего, что в ходе мировой революции, наряду с *очагами империализма,* в отдельных капиталистических странах и с системой этих стран во всем мире, создадутся *очаги социализма* в отдельных советских странах и система этих очагов во всем мире.

Не подлежит сомнению последующее слияние каждой из обеих «систем» в некий сверхочаг. В духе своего манихейского дуализма жесткую симметрию двух объединительных полюсов он нагнетает при любом раскладе — идет ли речь о Китае («наряду с революционным центром в Ухане, создался контрреволюционный центр в Нанкине»), об антагонизме между СССР как «знаменосцем» мировой революции и консолидирующимся капиталистическим очагом («очаг тьмы и рабства») или о войне между сталинским руководством и оппозицией, помышляющей о создании собственной партии со своим «центром»[483].

Правда, при разработке биполярных структур Сталин попадает иногда в неудобное положение, поскольку вынужден колебаться между двумя соблазнами — либо третировать еретических меньшевиков, бухаринцев или прочих соперников за мелкобуржуазную «амебовидность», аморфность, несобранность, либо, наоборот, подчеркивать их опасную спаянность в противостоянии подлинному большевизму. С такой дилеммой он сталкивается и в своих социально-геополитических антитезах; ср. в его выступлении на XIV съезде:

> Создаются два основных, но противоположных центра притяжения и сообразно с этим — два направления тяги к этим центрам во всем мире: Англо-Америка — для буржуазных правительств и Советский Союз — для рабочих Запада и революционного Востока <...> Два лагеря, два центра притяжения.

Но кристаллизация полюсов подрывается за счет неполной слитности одного из них:

> Там, в лагере капитализма, — распад и разложение. Здесь, в лагере социализма, — сплоченность и все возрастающее единство.

В силу этой большей, так сказать, центрированности коммунистического центра последнему и обеспечена грядущая всемирная победа над дряхлеющим и разлагающимся капитализмом. На боль-

---

[483] Вот эта динамика. «Наличие фракций, — пишет он в 1924 г., — ведет к существованию нескольких центров»; но последние устремлены к слиянию в рамках всесоюзного оппозиционного центра и новой партии. В 1926-м, обвинив оппозицию в том, что «она становится центром стягивания и очагом всяких правых оппортунистических течений», генсек назвал ее «зародышем новой партии»; а уже в 1927 г. обнаружилось, что «оппозиция вот уже второй год имеет свою антиленинскую партию со своим ЦК, областными бюро, губернскими бюро и т.д.».

шевистское знамя нанизываются все новые кольца. Он пишет, что новая Россия,

> превратила красный стяг из знамени партийного в знамя государственное и собрала вокруг этого знамени народы советских республик для того, чтобы объединить их в одно государство, в Союз Советских Социалистических Республик, прообраз грядущей Мировой Советской Социалистической Республики ("Об образовании Союза ССР", 1922).

Деидеологизированным аналогом централизующего знамени или, реже, факела выступают такие универсальные символы, как *ось* или *стержень*, генетически связанные, несомненно, с мифологической axis mundi. Все же у Сталина, по-нартовски безразличного или враждебного к любой небесной космографии, «ось» лишена устремленности в небо и остается удивительно приземленной. Это лишь символическое сгущение того, что он считает подлинным смысловым средоточием всего земного мира, всей его «жизни» — свирепой борьбы старого и нового:

> Борьба между двумя классами превратилась в ту *ось*, вокруг которой вращается современная жизнь (1904).
>
> *Стержнем* современной общественной жизни является классовая борьба (1906).
>
> Борьба этих двух лагерей составляет *ось* всей современной жизни (1919).
>
> Эти крестьянские комитеты должны послужить тем *стержнем*, вокруг которого будет развязываться революция в деревне (1926).

Но и «ось» сама по себе не статична, а, подобно знамени, продвигается *вперед* вместе со всей «жизнью», вместе с обоими противоборствующими лагерями, пока не будет уничтожен один из них.

Подытожим. Как большевистское, так и любое враждебное ему политическое движение одновременно разыгрывается словно в трех — изофункциональных — системах координат: одной вертикальной и двух горизонтальных. Иначе говоря, оно представляет собой постоянный кровоток между своей вершинной частью и конически расходящимся основанием («живые корни», которые, широко проникая вглубь подземной толщи, тянут оттуда соки и передают туда командные импульсы «ядра»); это же движение на плоскости — т.е. на поверхности земли — устремлено от периферии к центру и наоборот; наконец, группируясь вокруг центра (знамени, оси и пр.); политическая и социальная масса одновременно шествует «вперед», — на сей раз центр, ядро предстает уже *авангардом*, ударным острием атакующей колонны[484].

Для полноты картины осталось только прибавить, что, сообразно сталинской диалектике, полярные составные каждой из этих систем

---

[484] Ср., например, его типичное замечание об «ушедшей вперед центральной — пролетарской — России» (1921).

могут меняться местами, получать свойства противоположного элемента. Поэтому Свердлов, будучи «подлинным руководителем революционного движения», является вместе с тем одним из его «жизненных соков» (т.е. примыкает к корневому, глубинному пласту партии); поэтому и «центр тяжести партийного руководства все более перемещается» в низовые организации («Об итогах XIII съезда»), а Восток может обернуться «центром» мира и мировой революции («С Востока свет»). Сходным образом те, кто забегает вперед, рискуют отстать от движения — и, напротив, троцкизм, который был сперва лишь «хвостом» мировой буржуазии, внезапно оказывается «головным отрядом». Тут допустимы еще более диковинные комбинации систем, когда вертикальным моделям демократически противопоставляются равнинные, заносчивой «верхушке» — плоскостной «центр», парадоксально отождествляемый при этом с расходящейся от него периферией: «Решение важнейших вопросов все более и более переходит из рук *узкой верхушки* в руки... *широкого центра*, связанного теснейшим образом со всеми... районами нашей необъятной страны».

Сам же Сталин будет скользить по всем этим осям, перемещаясь от одного полюса к другому и подчиняя себе оба. Он сохраняет за собой излюбленную — синтезирующую или третейскую — позицию, статус обособленного «метафизического субъекта», пребывающего и внутри, и за рамками подвижной иерархической структуры. На февральско-мартовском пленуме 1937 года он заявил:

> Ленин учил нас не только учить массы, но и учиться у масс. Что это значит? <...> Мы, руководители, видим вещи, события, людей только с одной стороны, я бы сказал — сверху, наше поле зрения, стало быть, более или менее ограниченно. Массы, наоборот, видят вещи, события, людей с другой стороны, я бы сказал — снизу, их поле зрения тоже, стало быть, в известной степени ограниченно. Чтобы получить правильное решение вопроса, надо объединить эти два опыта. Только в таком случае руководство будет правильным.

Сталин, принадлежащий к числу руководителей («мы») одновременно перемещается между ними и низовыми массами, «осуществляя руководство» и теми и другими. Он способен в одно и то же время и возглавлять любое данное «ядро» или центр, и подвизаться в скромном качестве его гомогенной части, и апеллировать к жизненным «низам», «корням» или периферии партии, солидаризуясь именно с ними и потому завоевывая их беспредельную преданность.

ЯДРО ВЫПУСКАЕТ ОРГАН

Сообразно канону демократического централизма, кристаллизующееся «ядро», возглавляя массы, на деле лишь обслуживает последнее, остается их рабочим инструментом, «органом». Зато, на правах административной силы, оно само по себе нуждается во вспомогательном боевом орудии или, вернее, целом наборе орудий, обращенных против врага, а главное, питающих центр и связующих его с подопечным воинством. Конспектируя в 1921 году историю партийного «организма» и его «основного ядра», Сталин завершает ее чаемым превращением партии в «орден м е ч е н о с ц е в внутри государства Советского, направляющий органы последнего и одухотворяющий их деятельность». Чуть раньше, в докладе о политическом положении республики (1920), он не без пафоса возгласил:

> Революционное движение Запада *идет в гору, укрепляя свой боевой орган* — III Интернационал <...> Революционное движение на Востоке против Антанты нарастает, *выделяя свое ядро* в лице революционной Турции *и создавая свой боевой орган* в виде Комитета действий и пропаганды.

Чтобы не отбивать хлеб у тружеников психоанализа, я воздержусь от комментария к этим выразительным образам. Надо все же принять во внимание, что под «органом», помимо ГПУ и тому подобных учреждений (пресловутые «органы», они же «меч» партии), всегда подразумевались и просто газеты как «печатный орган» руководства, служивший одновременно «острым оружием» большевистского центра, и средством обоюдной (но прежде всего директивной) связи между ним и низовым слоем. К примеру, в 1909 году, в период жестокого послереволюционного кризиса, Сталин, дабы превратить ЦК «из фиктивного центра в действительный», призывал, в ленинском духе, к созданию такой «общерусской газеты как органа, объединяющего и сплачивающего партию». Структурообразующая функция, выполнявшаяся «Звездой», «Правдой» и прочими изданиями, делала газету почти таким же жизненным *центром*, как и верховная партийная администрация, — и в 1922 году Сталин вспоминает, как, находясь в «центре борьбы за партийность», «Правда» с самого начала и сама «была вместе с тем организующим центром, сплачивающим... организации вокруг подпольных очагов партии и направляющим любые движения к одной цели» («К десятилетию "Правды"»). Но печать — только часть глобальной передаточной системы, в которой задействованы профсоюзы, больничные кассы и сходные беспартийные учреждения, в самом широком — практическом — смысле, соединяющие ЦК с пролетарской массой. Подобные силовые биологические линии тоже можно называть «корнями» — а можно иначе:

> Без завоевания легальных организаций партия не смогла бы... протянуть *щупальцы* к широким массам и сплотить последних (sic) вокруг своего знамени.

> Наш партийный аппарат вдвигает свои *щупальцы* во все отрасли государственного управления, —

включая такое:

> Есть почва для того, чтобы <...> направить *щупальцы* партии для подрыва влияния попов среди молодежи.

Напомню, что этим привлекательным термином — щупальцы — Сталин воспользовался тогда, когда говорил о неодолимой силе ленинской логики. Встречается он и у других публицистов. Чаще всего в партийной риторике этот мотив связывался, однако, с контрреволюционными кознями буржуазии. В 1918 году Ленин, например, рассуждал об активизации капитализма, путаясь в простеньких аллегориях: «Мы знаем, что миллионы щупальцев этой мелкобуржуазной гидры охватывают то здесь, то там отдельные прослойки рабочих». Сталин, как правило, предпочитает использовать такие метафоры применительно к партийным нуждам. Большевистские щупальца, цепко удерживающие ленинское знамя, он непринужденно отождествляет и с беспартийными «аппаратами», и с рыболовной «сетью» партии:

> Необходимо, чтобы партия облегалась широкой сетью беспартийных массовых аппаратов, являющихся *щупальцами* в руках партии, посредством которых она передает свою волю рабочему классу, а рабочий класс из распыленной массы превращается в армию партии (Речь на XII съезде).

Характерная для него двусмыслица прячется уже в слове «сеть» — кто тут кого облегает? Его рыболовецкий азарт загодя направлен на собственных соратников, с которыми он будет расправляться и при помощи этих массовых «аппаратов» (в 1937-м наступит черед беспартийных выдвиженцев).

Очень часто помимо «щупалец» и «корней» Сталин поминает «нити», связующие ядро с партийно-государственными низами, или, в другом измерении, с периферией: это те бесчисленные каналы («провода»), по которым руководство получает информационное и прочее питание («соки»). Если ядро, выпускающее острый боевой орган, заставляет вспомнить о скорпионе, то здесь мы имеем дело с несколько иным прообразом режима, больше всего смахивающим на паука или какого-то другого кровососа. Как я стремился показать во 2-й главе, монструозно-вампирическая терминология свойственна была всему большевизму и отчасти поддерживалась старыми публицистическими шаблонами. Но Сталин, сгущая подобные метафоры, относился к ним со зловещей серьезностью и сумел со временем добиться их полного воплощения. Он вообще склонен был к материализации брутальных тропов. В 1927 году, например, генсек придал итоговое освещение давней ленинской реплике: «Ленин говорил на X съезде: "Не надо теперь оппозиции... *для оппозиции теперь конец, крышка*, теперь довольно оппозиций!"». Прошло еще десять лет — и он совершенно буквально реализовал эту метафору.

К общебольшевистской элоквенции он на XII съезде прибавил индивидуальное новшество, физиологический характер которого был как бы замаскирован пролетарско-индустриальной оснасткой мотива. «Именно он, — констатирует Волкогонов, — ввел в оборот идею о "приводных *ремнях*", соединяющих партию с народом»[485]. К ним и ко всей сталинской «сети» относятся профсоюзы, кооперативы, союзы молодежи, женское движение, школа, печать, армия.

На мой взгляд, все эти его «очаги», кровососущие щупальца и ремни, выпускаемые «центром», в совокупности воспроизводят образ живой «кровососной банки» — акватического чудовища, со школьных лет памятный Сталину по «Труженикам моря»:

> Ни оторвать, ни обрезать липкие ремни, приставшие во множестве точек к телу, было немыслимо. Каждая из точек стала очагом чудовищной и странной боли. Такое ощущение должен испытывать человек, пожираемый сразу множеством крошечных ртов <...> Заостренные на концах ремни расширялись к основанию, как клинок шпаги к рукоятке. Все пять, очевидно, сходились к единому центру <...> Вдруг из щели показался какой-то большой круглый и плоский ком слизи. *Это и был центр.* Пять ремней соединялись с ним, как спицы колеса со ступицей <...> можно было различить еще три щупальца... Из кома слизи глядели два глаза... Жильят понял, что перед ним спрут.

А дальше мы встретим пассаж, который можно было бы счесть за резюмирующий комментарий к сталинскому партийно-государственному строительству:

> Если правда, что круги тьмы теряются в пространстве, если за одним кольцом следует другое, если это нарастание мрака идет в бесконечной прогрессии, если цепь эта... существует, то спрут у одного ее предела доказывает, что есть сатана у другого[486].

Спрут, разместившийся в самой сердцевине расходящихся партийных кругов, пребывает с ними в некой предустановленной натурфилософской гармонии, только и могущей объяснить ту гипнотическую покорность, с какой партия, после малоуспешного сопротивления, поддалась сталинским «щупальцам».

---

[485] *Волкогонов Дм.* Кн. I, ч. 1. С. 160.
[486] *Гюго В.* Указ. соч. С. 356, 363.

II. Кадромахия

Подготовка к обмену веществ

После Октября и гражданской войны партийно-административное строительство, согласно Сталину, должно развиваться по тем же принципам, что и до революции. «Ядро» просто обязано беспрестанно расширять зону действия, пронизывая своими «органами» все новые области, удаленные от него в географическом, национальном, социальном и возрастном отношении:

> Необходимо развить богатую сеть курсов и школ на окраинах... для создания инструкторских кадров из местных людей («Политика Советской власти по национальному вопросу в России», 1920).

> Кадры должны расширяться шаг за шагом [обычная кумулятивная идиома Сталина] за счет партийного молодняка (речь на XIII съезде, 1924).

> Первая задача состоит в том, чтобы обеспечить Союзу молодежи его основное пролетарское ядро как ядро, руководящее всем Союзом <...> Вторая задача состоит в правильном размещении работников пролетарского ядра по узловым пунктам и основным районам Союза на предмет обеспечения реального руководства крестьянской частью молодежи силами этого ядра («О комсомольском активе в деревне», 1925).

Есть зато и встречный процесс. Необходимо, «чтобы партийные массы выдвигали шаг за шагом новых активных работников, новых руководителей из низов» («О задачах партии», 1923). О постоянной кадровой ориентации Сталина на послушную ему «новую смену» пишут очень часто[487], но, как правило, игнорируют его собственную — сгущенно-биологическую — трактовку этого курса, коренящуюся в самых основах сталинского мировоззрения[488] и прагматически совпадавшую с борьбой за власть.

Согласно сталинскому помощнику И. Товстухе (статья в Энциклопедическом словаре Гранат), с этой войны за обновление поколений начал в Тифлисе всю свою революционную карьеру сам генсек: «Разгорается спор между "стариками", приверженцами старых методов чисто пропагандистской работы, и "молодыми", сторонниками "улицы". С. на стороне "молодых"»[489]. Обратим внимание на подчеркнутое отождествление молодежи с плебейской «улицей» и боевой *практикой*. Внутрипартийный «обмен веществ» он хотел провести уже после провала первой революции, вызвавшего отток интеллигенции и обострившего проблему партийного руководства. Заграничная группа «Вперед» стала тогда готовить лидеров из числа самих рабочих. Сталин, причислявший себя к пролетарским «низам», намечает сходное решение, обусловленное, однако, его собственными административными амбициями. В статье «Партийный кризис и наши задачи» (1908) он предложил выращивать, при помощи «опытных и деятельных интеллигентов», новое поколение вождей — «русских Бебелей» в среде передовых рабочих, — «чтобы дело организации сосредотачивалось в их крепких руках, чтоб они, и именно они, занимали важнейшие посты в организации, от практических и организационных, вплоть до литературных». Надо только бесстрашно браться за дело, ведь «Бебели не падают с неба [очевидно, с интеллигентского неба], они вырабатываются в ходе работы». Недостающие знания и сноровку этим выдвиженцам с избытком возместит евангельская «вера в свои силы <...>, раза два споткнешься, а там и привыкнешь самостоятельно шагать, как "Христос по воде"». Главное, как всегда, захватить «ядро»,

---

[487] См., например: *Лацис О.* Перелом // Указ. соч. С. 138.

[488] Биологическую подоплеку сталинизма лучше всего уловил, видимо, Авторханов, который дал ей, однако, весьма неадекватное толкование: «Сталин был идеален для господства над закрытым обществом — закрытым внутри, закрытым вовне. Жизнеспособность и долголетие такого общества зависели от систематической регенерации ячеек власти сверху донизу — от постоянного вычищения отработанных кадров, от постоянного возобновления армии бюрократов. Порядок Сталина не допускал ни свободной игры на верхах, ни гражданской инициативы в обществе, даже самой верноподданнической» (Загадка смерти Сталина. С. 147). Объяснение бьет мимо цели. Закрытое общество склонно обычно вовсе не к взрывным нововведениям, а, напротив, именно к геронтократической консервации всех своих структур; оно движется не борьбой чиновничьих поколений, а, по возможности, их монотонной преемственностью: таковы, например, режимы Франко, Салазара или Брежнева. Мы вскоре увидим, что сталинская модель обусловлена не герметизмом, а сочетанием мощной аграрной традиции с революционным новаторством.

[489] Цит. по: *Сталин И.* Соч. Т. 16. С. 238.

центр: «Центральный район и Урал давно обходятся без интеллигентов, там сами рабочие орудуют делами организаций». Вскоре свою кадровую утопию он объединяет с национальной, пытаясь создать внутри России, в ее «центрах» объединения, альтернативные литераторам из эмигрантского ЦК: «Очередной задачей, не терпящей отлагательства, является организация *центральной (русской) группы*, объединяющей нелегальную, полулегальную и легальную работу на первых порах в главных центрах (Питер, Москва, Урал, юг). Назовите ее как хотите — "русской частью Цека" или вспомогательной группой при Цека — это безразлично. Но такая группа нужна нам как воздух, как хлеб» (Письмо в ЦК из Сольвычегодской ссылки, 1910).

Поражает это раз и навсегда найденное единство метода, даже если не говорить о его национальных аспектах. Старшее поколение идет на интеллектуальный корм младшему, низовому. В 1925 году он говорит немецким коммунистам о необходимости замены «старого типа руководителей, отживающих свой век», руководителями «нового типа»; но его собственная РКП, увы, тоже чрезмерно изобиловала стариками, которых он пренебрежительно называет «литераторами»:

> У нас в России процесс *отмирания* целого ряда старых руководителей из литераторов и старых "вождей" тоже имел место <...> Это необходимый процесс обновления руководящих кадров живой и развивающейся партии.

Еще состоя в тесном союзе с Зиновьевым и Каменевым, со старой большевистской элитой, Сталин в 1923 году на XII съезде начинает готовить этим «старым клеткам» молодую смену в виде собственных аппаратных ставленников. Предлагаемое «обновление» мотивировано бескорыстно демографическими соображениями, идолоборческим демократизмом и стремлением обуздать греховную гордыню, к которой, увы, порой склонны старшие товарищи:

> Внутри ЦК имеется ядро в 10—15 человек, которые до того наловчились в деле руководства... что рискуют превратиться в своего рода жрецов по руководству. Это, может быть, и хорошо, но это имеет и очень опасную сторону: эти товарищи, набравшись большого опыта по руководству, могут оторваться от работы в массах <...> Если они не имеют вокруг себя нового поколения будущих руководителей, тесно связанных с работой на местах, то эти высококвалифицированные люди имеют все шансы закостенеть и оторваться от масс.

Итак, прежнее «ядро» следует заблаговременно окружить представителями масс. Перестройка прикрыта теплой человеческой заботой генсека о соратниках, которые, как Ильич, переутомились на посту и нуждаются в целительном отдыхе. Кто же возьмет на себя тяжкое бремя новых трудов?

> То *ядро внутри ЦК*, которое сильно выросло в деле руководства, *становится старым, ему нужна смена*. Вам известно состояние здоровья Владимира Ильича. Вы знаете, что и остальные *члены основного ядра ЦК достаточно по-*

износились. А новой смены еще нет — вот в чем беда <...> И пора подумать о том, чтобы выковать новую смену. Для этого есть одно средство — втянуть в работу ЦК новых, свежих работников и в ходе работы поднять их вверх, поднять... имеющих головы на плечах.

Но ведь эти поднимающиеся головы пока лишены аппаратного опыта. И не приведет ли такое расширение «ядра» к разрушению последнего? Отвечая на подразумеваемый вопрос, Сталин побивает рекорды собственной диалектики. Пусть одряхлел и сам Ленин — вместо него есть зато ленинизм, который придаст духовные силы новым руководящим товарищам. К тому же они свободны от тех личностных, психологических недостатков, которые, как предупреждает Ильич, чреваты расколом партии. Сталин великолепно приспосабливает к своим кадровым нуждам ленинский призыв увеличить объем ЦК за счет рабочих. Вместо них генсек проталкивает наверх своих собственных бюрократических ставленников — «людей с мест», выдавая их зависимость от самого себя и от оргбюро за полнейшую суверенность:

Нам нужны независимые люди в ЦК, но независимые не от ленинизма, — нет, товарищи, упаси бог! Нам нужны независимые люди, свободные от личных влияний, от тех навыков и традиций внутри ЦК, которые у нас сложились и которые иногда создают внутри ЦК тревогу. Вы помните статью тов. Ленина. Там говорится о том, что мы имеем перспективу раскола <...> Я наблюдал эту атмосферу на одном из последних пленумов ЦК в феврале, и тут-то я заметил, что вмешательство людей с мест часто решает все.

А затем каким-то сверхъестественным образом выясняется, что именно эти «люди с мест», то бишь сталинские креатуры, вместо того чтобы усилить конфликтные тенденции в «ядре», будут, наоборот, его стягивать:

Нам нужны независимые... люди для того, чтобы они, войдя в ЦК и принеся туда опыт положительной работы и связи с местами, послужили тем цементом, который мог бы скрепить ЦК <...> Такие независимые товарищи, свободные от старых традиций, выкованных внутри ЦК, нам нужны именно как люди, вносящие новый, освежающий элемент, скрепляющий ЦК и предупреждающий все и всякие варианты раскола внутри ЦК.

Незадолго до своей смерти, в 1952 году, Сталин повторил прием: готовя уничтожение своих старых сообщников, он одновременно резко расширил численность «ядра» за счет множества молодых карьеристов, введенных им в Президиум ЦК[490]. Но вернемся к XII съезду. Чтобы

---

[490] Ср. в докладе Хрущева на XX съезде: «Сталин, видимо, имел свои планы расправы со старыми членами Политбюро. Он не раз говорил, что надо менять членов Политбюро. Его предложение после XIX съезда ввести в Президиум ЦК 25 человек преследовало цель устранить старых членов Политбюро, ввести менее опытных, чтобы те всячески восхваляли его. Можно даже предполагать, что это было задумано для того, чтобы потом уничтожить старых членов Политбюро» (Цит. по: *Сталин И.* Соч. Т. 16. С. 435—436).

закамуфлировать свою подлинную цель — стравливание цекистов и раскол этого самого «ядра» — Сталин сразу же, как он часто делал, приписывает собственные намерения другому лицу:

> Я не могу, товарищи, пройти мимо той выходки Осинского, которую он допустил в отношении Зиновьева. Он похвалил тов. Сталина, похвалил Каменева и лягнул Зиновьева, решив, что пока достаточно отстранить одного, а потом дойдет очередь и до других. Он взял курс на разложение того ядра, которое создалось внутри ЦК за годы работы, с тем, чтобы постепенно, шаг за шагом, разложить его. Если Осинский серьезно думает преследовать такую цель, если он серьезно думает предпринять такие атаки против того или иного члена ядра нашего ЦК, я должен его предупредить, что он наткнется на стену, о которую, я боюсь, он расшибет себе голову.

Меняя состав руководства, он тем не менее пока еще нуждается именно в старых большевиках, чтобы с их помощью противостоять Троцкому — чужаку и новичку в партии. Последнего в этот период генсек с жаром обвиняет как раз в преступном и демагогическом — «анархо-меньшевистском» — желании противопоставить молодежь драгоценному старому «ядру» — ленинским «кадрам нашей партии, родившимся, выросшим и окрепшим в борьбе с меньшевизмом и оппортунизмом», «кадрам, подрывающим основы мирового империализма». Об этом Сталин патетически говорит на XIII партконференции, а вскоре, на XIII съезде, изобличает троцкистских оппозиционеров в самой настоящей «войне против основных кадров партии»; потуги эти напрасны, потому что большинство партийцев продолжает сплачиваться вокруг «основного ядра». Но почти сразу после восхваления «основных кадров» он развертывает открытую кампанию за их обновление.

ГОРА СТАРОСТИ

Взятые под углом аграрно-календарной символики, его битвы с оппозицией словно имитируют фольклорное противоборство весны и зимы, представляемых, соответственно, бодрой юностью и мрачной, понурой, немощной старостью:

> Таким образом, перед вами стоят две силы, — резюмирует он в декабре 1926 года. — С одной стороны — наша партия, уверенно ведущая вперед пролетариат СССР <...> С другой стороны — оппозиция, ковыляющая за нашей партией, как дряхлый старик, с ревматизмом в ногах, с болью в пояснице, с мигренью в голове, — оппозиция, сеющая кругом пессимизм <...> Таковы, товарищи, две силы, стоящие перед вами. Вы должны сделать выбор перед ними. (С м е х.).

Несмотря на хищный кавказский биологизм всего сталинского миросозерцания, эта вражда и презрение к старикам («Не всякого

старика надо уважать и не всякий опыт нам нужен») не имели ничего общего с современным ему патриархальным Кавказом, где к ним,
напротив, относились подчеркнуто уважительно. Сталинский азарт
воспроизводит скорее древнюю, нартскую стадию северокавказской
культуры, включавшей в себя истребление стариков, которое исследователи возводят к скифско-сарматскому обычаю. Порой убийство
сопровождалось тостами и ритуальным весельем[491], предвещавшим
жизнерадостный *смех* сталинской аудитории. У нартов имелся даже
специальный «Совет убиения старцев», куда приглашали жертву[492].
Условием уничтожения была та самая дряхлость, которую Сталин
вдохновенно приписывал всем своим противникам:

> Был у нартов старый, но плохой обычай. Когда мужчина становился таким
> дряхлым, что не мог уже вытащить тремя пальцами меч из ножен, не мог
> сесть без чужой помощи на коня, не мог натянуть лук, чтобы подстрелить
> дичь, не было уже у него силы, чтобы надеть на ноги ноговицы, чтобы дер-
> жать грабли в руках... сажали этого дряхлого старца в плетеную корзину и
> выносили из селения.
>
> Выносили и поднимали на вершину Горы старости. К плетеной корзине
> приделывали большие каменные колеса и пускали корзину вниз по обры-
> ву — в пропасть.
>
> Так поступали со стариками. И со старухами поступали точно так же[493].

По тому же маршруту продвигается нартская кадровая политика и у Сталина. В 1923 году, воспевая «беспримерную сплоченность»
ленинских кадров, генсек усматривал в ней спасительную гарантию
того, чтобы на исторических «крутых поворотах», вроде НЭПа, *«с
партийного воза не упала та или иная группа»* — как, вследствие молодости и неопытности партии, это произошло ранее, после первой
революции, когда, к несчастью, «целых две группы упали у нас с "тележки"». Сказано это было на XII съезде. Спустя несколько лет
«сбрасывание» будет изображаться им совершенно иначе — как святая очистительная борьба ленинцев с левыми и правыми оппортунис-

---

[491] См.: *Кумахов М. А., Кумахова З. Ю.* Нартский эпос: Язык и культура. С. 148.
Авторы связывают нартское веселье на предсмертном пиру обреченных с ритуальным «сардоническим смехом», трактуемым по Проппу.

[492] Там же. С. 150. Вместе с тем исследователи настойчиво подчеркивают вы-
рожденный характер этой практики в нартском эпосе и упраздняемый с помощью Сосруко (Сослана). Сталинская политика отображает, таким образом, еще
более архаичную, реликтовую фазу этой традиции.

[493] Цит. по: *Дюмезиль Ж.* Скифы и нарты. С. 201—202. Ср. также: «У нартов был
обычай убивать стариков. По достижении 60 лет нарту-старику устраивали "последний пир". Он мог вдоволь поесть и выпить. После пира его сажали в корзину
из хвороста и скатывали с обрыва. Подобный обычай засвидетельствован у ски-
фов» (Сказания о нартах: Эпос народов Кавказа. С. 208). Поступали и по-другому: «У нартов был обычай убивать самого старого <...> Держа в руках по кам-
ню, нарты сидели в доме наготове и ожидали, пока старик допьет чашу до конца» (Нарты: Адыгский героический эпос. С. 195).

тами. Однако и в самом предостережении генсека о недопустимости «падения с воза», отзвучавшем на XII съезде, обмолвкой просквозила пословица: *«Баба с воза — кобыле легче».*

Собственно, так он и представит этот транспортно-демографический итог в 1927 году, на триумфальном XV съезде, повествуя о плачевной судьбе «старых лидеров» в контексте всей вообще партийной истории:

Всегда, при известных серьезных поворотах нашей партии, известная часть старых лидеров выпадала из тележки большевистской партии, очищая место для новых людей <...> Возьмем 1903 год, период второго съезда <...> Во главе партии стояла тогда шестерка: Плеханов, Засулич, Мартов, Ленин, Аксельрод, Потресов. Поворот оказался роковым для пяти членов этой шестерки: они выпали из тележки. Ленин остался тогда в единственном числе [так «в единственном числе» уцелел в конце концов один только Сталин из всего после-ленинского политбюро, в 1924 году насчитывавшего семь человек[494]] <...> Возьмем следующий период, период 1907—1908 годов <...> Поворот этот оказался роковым для целого ряда старых большевиков. Выпал из тележки Алексинский. Он был одно время совсем недурным большевиком. Выпал Богданов. Он был одним из серьезнейших лидеров нашей партии. Выпал Рожков — бывший член ЦК нашей партии. И так дальше <...> То же самое надо сказать о настоящем периоде <...> Наша партия есть живой организм <...> Если кое-кто из *старых лидеров, превращающихся в хламье,* намерены выпасть из тележки, туда им и дорога! (Б у р н ы е п р о д о л ж и т е л ь н ы е а п л о д и с м е н-т ы. В е с ь с ъ е з д в с т а е т и у с т р а и в а е т т о в. С т а л и н у о в а ц и ю.)

Дорожная метафорика совмещает в себе память о пролетарском обычае вывозить с завода на тачке опостылевших начальников или сослуживцев с нартской корзиной на колесах, предназначенной для сбрасывания стариков (в восточнославянских регионах предпочитали использовать санки или «лубки»[495]). Просматривается в антиоппозиционных филиппиках и другая, мифологическая традиция, означенная на Кавказе свирепым грузинским титаном Амирани, который, сражаясь против старших небесных персонажей, стремится оскопить их[496]. В мифологическом аспекте сталинские кадровые метаморфозы равнозначны этому свержению и глубоко архаическому оскоплению старших богов, ураническая природа которых предопределена не только самой их принадлежностью к партийным верхам, но и оторванностью, с точки зрения Сталина, от земной реальности, их пребыванием «в воздухе». Но оскопление этого троцкистско-зиновьевского Урана, вполне по-сталински, вменяется самому же оппозиционному блоку:

---

[494] См.: *Волкогонов Дм.* Феномен Сталина // Вождь. Хозяин. Диктатор. С. 221.

[495] См.: *Велецкая Н. Н.* Языческая символика славянских архаических ритуалов. М., 1978. С. 44 и след. Там же. (С. 46) см. упоминание о параллельной кавказской традиции.

[496] *Вирсаладзе Е. Б.* Грузинский охотничий миф и поэзия. С. 108.

Чем была сильна зиновьевская группа? Тем, что она вела решительную борьбу против основ троцкизма. Но коль скоро зиновьевская группа отказалась от своей борьбы с троцкизмом, она, так сказать, оскопила себя, лишила себя силы.

Чем была сильна группа Троцкого? Тем, что она вела решительную борьбу против ошибок Зиновьева и Каменева в октябре 1917 года и против их рецидива в настоящем. Но коль скоро эта группа отказалась от борьбы с уклоном Зиновьева и Каменева, она оскопила себя, лишила себя силы.

Получилось сложение сил оскопленных (С м е х, п р о д о л ж и т е л ь н ы е а п л о д и с м е н т ы)[497].

Его геронтофобия дает яркий пример того, как, сражаясь с Троцким, Сталин успешно обращает против своего врага его собственное оружие («голову черту нужно рубить его же мечом»). Ведь Троцкий первым начал бороться за большевистскую молодежь, правда, в основном студенческую (знаменитый «барометр партии») — в то время как генсек еще с жаром защищал от этих нечестивых атак святое старшее поколение. Но вот все изменилось, битва за партаппарат проведена и выиграна Сталиным, а соответствующие тирады Троцкого воспринимались теперь лишь как запоздалый плагиат. В начале 1930 года Троцкий, уже изгнанный из СССР, но продолжающий ратовать против партийно-бюрократических ветеранов, вспоминает, как

Ленин не раз издевался над так называемыми "старыми большевиками" и даже говаривал, что революционеров в 50 лет надо бы отправлять к праотцам.

Опять-таки радикальное отличие сталинизма от ленинского дискурса состоит на сей раз в том, что эту, по определению Троцкого, «невеселую шутку» генсек по-настоящему реализовал, да еще в максимальном объеме.

Ленинская цитата обращена Троцким против его бывших, но позорно капитулировавших союзников из числа «старых большевиков». Вместе с тем, она, конечно же, приурочена к только что пышно отпразднованному 50-летию генсека. Троцкий был его ровесником, но о своем политическом переселении к праотцам ничуть не помышлял — как не помышлял о нем и 50-летний Ленин, оглядываясь на Библию. «Каждое революционное поколение, — размышлял изгнанник (уже, в сущности, повторяя тирады Сталина), — становится на известном рубеже препятствием к дальнейшему развитию той идеи, которую оно вынесло на своих плечах. Политика вообще быстро изнашивает людей, а революция тем более. *Исключения ред-*

---

[497] Ср. проницательное наблюдение В. Паперного, который, рассуждая о «витальной активности» и «темпераментности» «Культуры 2», пишет, что она «воспринимает людей предыдущей культуры как к а с т р а т о в» (*Паперный В.* Указ. соч. С. 134). Ср. там же замечания о пафосе «плодовитости и урожайности», свойственном этой сталинской культуре (и указывающей, конечно, именно на ее аграрную подоснову).

ки, но они есть. Без них не было бы идейной преемственности. Теоретическое воспитание молодого поколения есть сейчас задача задач»[498]. Понятно, что под «исключением» Троцкий разумеет самого себя — подобно тому как Сталин, третируя «стареющих товарищей», всегда, в виде исключения, противопоставляет им «нестареющих» стариков, т.е. самого себя (так он еще в своей ранней заметке называл Бебеля «вечно юным» старцем). Признаки стагнации Сталин попросту проецирует на самого же Троцкого и других моральных ровесников умирающего от дряхлости меньшевика Аксельрода.

После победы над левыми скопцами Сталин на короткое время, в 1928 году, смягчает было демографический критерий, уверяя, что «у нас нет раскола между старым и новым поколением революционеров... Старая и молодая гвардия идут у нас вместе, в едином фронте», — но суть его долгосрочной кадровой политики, конечно, нисколько не меняется: она направлена на тотальную смену и омоложение «людского состава», приостановленные или смягченные только после Большого террора. К концу 1920-х годов упрек в катастрофическом старении он переадресовывает уже не троцкистской, а правой оппозиции:

> Если мы потому только называемся с т а р ы м и большевиками, что мы с т а р ы е, то плохи наши дела, товарищи. Старые большевики пользуются уважением не потому, что они старые, а потому, что они являются вместе с тем вечно новыми, нестареющими революционерами. Если старый большевик свернул с пути революции или опустился и потускнел политически, пускай ему будет хоть сотня лет, он не имеет права называться старым большевиком, он не имеет права требовать от партии уважения к себе.

Выходит, коммунистические ветераны изымаются из политического обращения не вследствие своей старости, а скорей вопреки ей. Более того, на акробатическом жаргоне Сталина они именно за счет своего идеологического старения теряют даже право на самое — почетное в этом контексте — звание «старого большевика». И все же Сталин очень слабо маскирует здесь свою геронтофобию. С другой стороны, нетрудно догадаться, кто и на сей раз сохраняет статус «вечно нового, нестареющего революционера», подлежащего сохранению при любом движении веществ в составе большевистского организма. Иное дело — скоропостижно одряхлевшие и потому впавшие в правый оппортунизм вчерашние соратники, наподобие Бухарина, Томского или Рыкова. Биологический критерий идеально совпадает со стратегической задачей. В конечном итоге, идеологическая оппозиция обреченных — это естественная форма сопротивления пожираемых клеток; но и новым клеткам приходится доказывать свое право на жизнь:

> Всегда у нас что-либо отмирает в жизни. Но то, что отмирает, не хочет отмирать просто, а борется за свое существование, отстаивает свое отжившее дело.

---

[498] *Троцкий Л.* Сталинская школа фальсификаций. С. 111.

Всегда у нас рождается что-либо новое в жизни. Но то, что рождается, рождается не просто, а пищит, кричит, отстаивая свое право на существование. (Голоса: "Правильно!". Аплодисменты.)

Им и впрямь, причем чуть ли не с первых лет Октября, овладевает какой-то ненасытный кадровый голод. «Никакая задача <...> не может быть проведена без живых людей, без новых людей, без кадров новых строителей», — заявил Сталин уже в 1926 году на встрече с ленинградским партактивом. «В колхозах, — говорит он через семь лет, — тоже должна командовать молодежь, потому что она "легче всего усваивает ленинские заветы». (А знания, в сотый раз напоминает он, «дело наживное».) «Кадры решают все» — и во всех областях: в промышленности («надо создать кадры строителей индустрии»), в РККА (установка на «новые командные кадры, вышедшие из низов и поднявшиеся вверх»), в среде интеллигенции («старые профессора нуждаются в новой смене из новых людей»); спесивых стариков, вроде Марра, надо вышибить даже из лингвистики — и Сталин сообщает, что свою работу о языкознании он написал по просьбе «группы товарищей из молодежи».

Ту же роль, что дореволюционные «интеллигенты» или оппозиционеры 20-х годов, в сталинских наставлениях 1930-х и 1940-х должны были играть сменившие их партийные и государственные начальники, которым предписывалось загодя окружить себя очередной «молодой сменой», вышедшей из народа, — т.е. собственными могильщиками[499]. И та же точно симпатия к новым, зубастым кадровым простецам движет им, когда он, например, противопоставляет киевским чинушам бдительную тов. Николаенко — «рядового члена партии», которая тщетно засыпала обюрократившуюся парторганизацию своими простыми и правдивыми доносами: «Как видите, простые люди оказываются иногда куда ближе к истине, чем некоторые высокие учреждения» (1937). Никак не иначе обстоят дела и в науке, где победу над высокоумными эрудитами порой одерживают скромные, немудрящие винтики — «простые люди, практики своего дела», Стаханов и Папанин. Эхо пролетарских шагов «Христа по воде» отдается в папанинском научном триумфе, достигнутом с блаженной легкостью чудотворца: «Кому неизвестно, что Папанин и папанинцы в своей практической работе на дрейфующей льдине мимоходом, без особого труда, опрокинули старое представление об Арктике как устаревшее и установили новое, соответствующее требованиям действительной науки» (1938).

---

[499] «Как-то в 1947 году, — вспоминал Микоян, — Сталин выдвинул предложение о том, чтобы каждый из нас подготовил из среды своих работников 5—6 человек, таких, которые могли бы заменить нас, когда ЦК сочтет нужным это сделать. Он это повторял несколько раз, настаивал» (Цит. по: *Косолапов Р.* «Оттепель дала распутицу». XX съезд КПСС: Взгляд через сорок лет // Сталин И. Соч. Т. 16. С. 463).

ВОЛЯ МАСС И ВОЖДЬ-МЕДИАТОР

Хотя эта подстрекательско-репрессивная кампания в тех или иных частностях выходила из-под досконального сталинского контроля, приближаясь иногда к саморегулирующимся процессам, в целом она носила достаточно скоординированный характер[500]. Неугодные Сталину «верхи» уничтожались и с помощью другой, потребной ему части элиты и, что несравненно важнее, при массовом содействии честолюбивых социальных «низов», которые, по его словам, смещали «центр тяжести на критику снизу».

Вот один из ярких примеров такой социальной динамики, проливающий дополнительный свет и на изощренную амбивалентность сталинского стиля. В конце 1923 года генсек бурно возмущается тем, что оппозиционер Рафаил, рассуждая об иерархической бюрократизации партии, сопоставил ее с армией. Сталин, совсем недавно (в приватных заметках) называвший партию «орденом меченосцев» теперь гневно уличает оппонента в «чудовищной ошибке»: «Как можно превратить партию в армейскую организацию, если она... строится снизу на началах добровольности, если она сама формирует свой штаб?» Вдобавок «штаб партии не может двигать ряды партии произвольно, куда угодно и когда угодно». Между тем еще в 1920-м Сталин писал: «Мы имеем... партию, членов которой можно в любой момент перестроить в рядах и сотнями тысяч сосредоточить на любой партийной работе, партию, которая... одним мановением руки Центрального Комитета может перестроить свои ряды и двинуться на врага». А в 1937-м, на мартовском пленуме, Сталин с пафосом изображает ВКП именно как воинство:

> В составе нашей партии... имеется около 3—4 тысяч высших руководителей. Это, я бы сказал, — генералитет нашей партии. Далее идут 30—40 тысяч средних руководителей. Это — наше партийное офицерство. Дальше идут

---

[500] Американские и некоторые другие представители т. н. социальной истории — очевидно, по примеру «ревизионистов», благожелательно переоценивающих историю Третьего рейха, — занижают как статистику террора, так и степень сталинской инициативы в его проведении, предпочитая доказывать социологическую и экономическую обусловленность репрессий: у злосчастной партии просто не оставалось другой возможности сохранить власть, кроме как преследуя самое себя. В ответ следует напомнить, что при режиме тиранического единовластия воля диктатора может стать сильнейшим катализатором социальной борьбы или даже непосредственно ее инспирировать, придав ей те брутальные формы, без которых она вполне могла бы обойтись — хотя все предпосылки для них существовали. Без Гитлера уничтожение евреев, разумеется, не проводилось бы в таких глобальных масштабах — точно так же, как без Сталина иной оказалась бы судьба крестьянства или его собственной партии. Пусть приверженцы социологического фатализма объяснят тот факт, что после смерти Сталина террор немедленно прекратился.

около 100—150 тысяч низшего партийного состава. Это, так сказать, наше партийное унтер-офицерство.

Казалось бы, столь полярные оценки — строение «снизу» и тотальная субординация — абсолютно несовместимы. Но нет, Сталин на том же пленуме превосходно обеспечивает их взаимодействие, выдвигая снизу «свежие силы» — новые «командные кадры».

Однако в перспективе Большого террора и этой смене была уготована аналогичная участь. Говоря далее о создании ступенчатой системы различных курсов для подготовки «заместителей» всех уровней для нынешней партийной администрации, вождь обмолвился профетической фразой:

> Эти товарищи должны дать не одну, а несколько смен, могущих заменить руководителей Центрального Комитета нашей партии.

Возрастной замене не подлежал только он сам, хотя иногда Сталин, демонстрируя скромность и подражая Ленину, говорил обратное. («Молодежь должна сменить нас, стариков», — сказал он на Первом съезде колхозников-ударников.)[501]

Сам Сталин, как обычно, действовал одновременно и внутри этого циклического процесса, и извне — как бы со стороны регулируя его амплитуду, наращивая или убавляя ритмы вибраций. Но на любом повороте он стремился представить кадровый «голод», всю свою каннибальскую политику как волю народных «масс», волю социальной земной толщи Советского Союза — даже тогда, когда речь шла об истреблении самих этих масс. С одной стороны, утверждает он, «массы сами хотят, чтобы ими руководили»; рабочие, требуя единоначалия, «то и дело жалуются: "нет хозяина на заводе"». С другой, начальство во всем зависит от расположения или враждебности подчиненных. Уже в полемике с Рафаилом Сталин говорит, что такая могучая партия, как большевистская, «не вытерпела бы и одной недели... военного режима и приказного строя»; «она мигом разбила бы его и поставила новый режим». В противном случае в ней процветала бы «аракчеевщина», которую тщетно пытаются насадить зазнавшиеся вельможи вроде Зиновьева (сталинская речь на августовском пленуме 1927 г.) и которую сумели внедрить, например, в советскую науку ставленники властолюбивого Н. Марра («Марксизм и вопросы языкознания», 1950)[502]. Это касается и страны в целом, всего государственного строя:

---

[501] В 1945 г., после победы над Японией, он причислил себя к «людям старшего поколения», которые сорок лет ждали этого дня. Но в данном случае Сталин представительствовал как бы от самой российской истории, олицетворяя имперскую преемственность.

[502] Существенно, что ниспровержение тиранического марризма и впрямь было воспринято с облегчением многими филологами. Это ощущается даже в самых верноподданнических публикациях, см., например, статью В. Виноградова «Научные задачи советского литературоведения» // Вопросы литературоведения в свете трудов И. В. Сталина. М., 1951.

«Хороша была бы Советская власть, если бы она привела сельское хозяйство к деградации... Да такую власть следовало бы прогнать, а не поддерживать. И рабочие давно бы прогнали такую власть» (1928) — как прогнал бы советское правительство и «поставил бы другое» русский народ[503], если б не обладал «ясным умом, стойким характером, терпением» и «верой» в свое руководство (1945).

При всех скидках на эту смехотворную демагогию, необходимо признать, что простой человек при Сталине порой мог найти управу на свое начальство, на тех или иных представителей правящей касты, которыми вождь жертвовал без малейшего сожаления. С готовностью «поднимая ярость масс», как он выразился на VIII съезде ВЛКСМ, Сталин завоевывал их преданность. Многие из уцелевших любят его до сих пор.

МОЛОДОЙ ПОДЗЕМНЫЙ ЛЕГИОН

Возможно, что поощрявшееся им пожирание партийных ветеранов хищной юной порослью соприродно любой революции — начиная с французской, — и возможно, что всякий раз оно подсознательно инспирировалось вегетативно-языческими импульсами, идущими на смену отвергнутым конфессиям. Не вдаваясь в рассмотрение этой безбрежной темы, я ограничусь тем, что сошлюсь на «культурную революцию», проведенную Мао Цзэдуном в аграрнейшем Китае для истребления старшего поколения руками молодежи. Грешников карали именно сельскохозяйственным трудом. Иными словами, их возвращали к земле, к ее врачующей и регенерирующей стихии. Но вдохновляющим прецедентом для Мао служила, видимо, сталинская карательная практика.

В XX столетии агрессивный культ молодежи отличал общества, соединявшие авангардистский порыв с очень прочной и неизбывной аграрной традицией — нацистскую Германию, связавшую индустриальную мощь с почвеннической архаикой, и особенно отсталую сельскохозяйственную Италию, бурно ускорившую свое технологическое развитие при Муссолини. Все же, несмотря на некоторые яркие исключения, в обеих странах весьма почтительно относились, соответственно, к фашистским ветеранам и к нацистским «старым борцам». И уж тем более, за вычетом «чистки Рема», никто не занимался избиением своих «старых кадров» ни в рейхс, ни, само собой, в фаши-

---

[503] Он и сам покорствует воле народа даже во второстепенных делах: «Товарищи колхозники и колхозницы! Я не думал выступать на вашем съезде <...> Но так как вы настаиваете, а сила в ваших руках (п р о д о л ж и т е л ь н ы е   а п л о д и с м е н т ы), — я обязан подчиниться».

стской Италии (которая на фоне ленинско-сталинской России вообще предстает какой-то утопией человеколюбия). Такие акции всегда оставались прерогативой коммунизма.

В дни сталинского Большого террора один из зарубежных наблюдателей, меньшевистский долгожитель Дан, писал:

Сталин громит с т а р ы й   п а р т и й н ы й   а п п а р а т — акт несомненного политического предательства, ибо, опираясь именно на этот аппарат, Сталин изничтожил все разновидности коммунистической оппозиции, истребил всю головку старого большевизма и заложил фундамент своего единовластия. Но для закрепления и оформления этого единовластия ему нужны люди совершенно иного калибра, чем те, которые заполняли старый аппарат. Ему нужны не те, кто е г о выдвигал в единоличные диктаторы, а те, кого о н   с а м выдвигает на верхушку советской пирамиды; люди, е м у лично преданные своим возвышением и, возможно, меньше связанные с социалистическими, революционными и партийными традициями старого большевизма <...> Разгром старого партийного и советского аппарата ставит во весь рост проблему... а п п а р а т а   н о в о г о, проблему выдвижения новых, преимущественно "молодых" кадров, человеческий материал для которых черпается в среде не только физически выросшей, но и политически, и интеллектуально сложившейся уже в "сталинскую" эпоху.

Беспримерная тотальность, «всенародность» этого стремительного обновления внушила тогда несбыточные надежды эмигрантским социал-аутсайдерам — надежды, симптоматически запечатленные в терминах, которые были заимствованы ими из сталинского кумулятивно-биологического глоссария. Упования прорастали из той самой биологической толщи, где зрели молодые кадры.

Советское государство, — продолжает Дан, — "тоталитарно" в самом подлинном смысле этого слова. Оно охватывает своими щупальцами... все стороны жизни советского гражданина, вплоть до бытовых и самых интимных. Его аппарат потому слишком многочисленен и слишком глубоко уходит своими корнями в самую толщу народных масс, слишком интимно сплетается с повседневной жизнью их, чтобы по крайней мере низовые звенья его (а в звеньях этих размещаются миллионы людей!) не отражали до известной степени их настроений и чаяний <...> И не случайно, конечно, самым слабым "звеном" при чистке аппарата "национальных" республик оказывается почти повсюду Наркомзем: теснейшее соприкосновение с крестьянством превращает именно сельскохозяйственный аппарат в средоточие "буржуазного национализма", "троцкизма", "бухаринства" и всякой иной оппозиционной скверны...[504].

Наряду с эмигрантской наивностью здесь впечатляет вегетативно-мифологическая энергия этой веры в грядущее возрождение низовых масс, вызревающее в *Наркомземе* и национально-крестьянской среде. Но сами ассоциации верно отражают как символику, так и са-

---

[504] *Дан Ф.* «Несколько месяцев» // Социалистический вестник. № 17/18 (357/358). 25 сентября 1937. С. 3.

мую стилистику истребительно-обновленческой вакханалии, развязанной Сталиным, ибо не вызывает никаких сомнений прямая связь кадровой революции с его аграрными мифологемами.

В ноябре 1925 года на похоронах (зиновьевца) Фрунзе Сталин произнес непостижимо откровенную речь, отрывки из которой часто цитируются в литературе:

> Товарищи! Этот год был для нас проклятием. Он вырвал из нашей среды целый ряд руководящих товарищей. Но этого оказалось недостаточно, и понадобилась еще одна жертва.

Зададимся вопросом — кому понадобилась? На первый взгляд, той самой «судьбе», существование которой Сталин — в беседе с Людвигом — отрицал, но которая обычно выступала в большевизме в таинственном амплуа некоей полуперсонифицированной буржуазно-демонической силы. Между тем мотив «жертвы» получит другой смысл, если вспомнить известные медицинские обстоятельства скоропостижной кончины красного полководца, наступившей при энергичном содействии генсека:

> Может быть, это так именно и нужно, чтобы старые товарищи так легко и просто *спускались* в могилу. К сожалению, не так легко и просто *поднимаются* наши молодые товарищи на смену старым.

Словом, *довольно счастлив я в товарищах моих.* Но откуда же «поднимаются» эти молодые товарищи? Конечно же, из самой «могилы» — из земной утробы, где, согласно архаическим представлениям, обретаются духи или эмбрионы всех живых существ[505], включая боевых сподвижников Фрунзе. В 1920-м Сталин превозносит большевистских «неутомимых работников», которые «чуть ли не в один день подняли из-под земли Красную Армию».

В его аграрно-аппаратных циклах, в нескончаемом коловращении кадровой протоплазмы, есть что-то и от самой элементарной — вегетативной — формы бессмертия. Быть может, именно в этом ключе понял Сталин историю, которую спустя много лет поведал ему Мао Цзэдун, рассказывая о гражданской войне в Китае: «Оказавшись в окружении, бойцы не сдавались, следуя призыву командира: "Не взирать на трудности, не страшиться испытаний, смотреть на смерть как на возвращение". Сталин долго пытался уяснить смысл "возвращения". Мао терпеливо объяснял, что в данном случае иероглиф "возвращение" означает презрение к смерти как форме возвращения к своему первосостоянию, т.е., пожалуй, неисчезновению как материи. Сталин, проницательный собеседник и внимательный слушатель, отметил не только бесстрашие, но и мудрость командира»[506].

---

[505] О кавказской версии этого представления см.: *Dietrich A.* Mutter Erde, ein Versuch ueber Voelksreligion. Leipzig; Berlin, 1925. S. 14.

[506] Цит. по: *Волкогонов Дм.* Кн. II, ч. 2. С. 106—107.

Прежние, подпорченные кадры уходят на перегной, а новые вырастают вместе со злаками: «Заготовительная кампания явилась проверкой всем нашим организациям <...> облегчив им очищение от переродившихся элементов и *вытянув вверх* новых, революционных работников» («Первые итоги заготовительной кампании», 1928). «Людей надо заботливо и внимательно выращивать, как садовник выращивает облюбованные плодовые деревья», — говорит он через несколько дней после убийства Кирова, уже готовясь к всесоюзному лесоповалу. Но и сама эта террористическая чистка спускается в те же подпочвенно-вегетативные слои: «Бывает, что срубили дерево, а корней не выкорчевали: не хватило сил. Из этого и вытекает возможность восстановления капитализма в нашей стране» (Доклад «О правой опасности в ВКП(б)). Подобно тому как «соки хозяйственной жизни нашей страны прут вверх с неудержимой силой», молодые кадры «прут вверх до того стремительно» (говорит он на XVIII съезде), что теснят стариков. Но те вовсе не желают потесниться. Препятствием для роста служит косность начальства, его окостенелый бюрократизм, который, как любит он говорить, «держит под спудом колоссальные резервы, таящиеся в недрах нашего строя». Это обвинение, среди прочего, содержится в его предисловии к брошюре Е. Микулиной «Соревнование масс» (1929), которую он расценил как хтоническую весть «о тех *глубинных процессах* великого трудового подъема, которые составляют внутреннюю пружину социалистического соревнования». Мы уже говорили в 1-й главе, что лживая книжка Микулиной вызвала резкие нарекания; но Сталин предпочел защитить журналистку, выставив ее чуть ли не олицетворением этих пробуждающихся сил, подавляемых литературными «вельможами». Ср. в его ответе Кону:

> У нас имеются сотни и тысячи молодых способных людей, которые всеми силами стараются пробиться снизу вверх <...> Одна из наших задач состоит в том, чтобы пробить эту глухую стену и *дать выход молодым силам, имя которым легион.*

В устах бывшего семинариста это демонологическое определение удачно гармонировало с языческим характером высвобождаемых им тектонических масс. Последние могли ассоциироваться у него, в частности, с универсальным образом матери-земли; отзвук этих представлений угадывается в заметке о Микулиной[507], и в его речи на

---

[507] Сказалось, правда, и то, что молодые силы воплотились в довольно привлекательный образ. Общая знакомая, Ю. В. Борисова, поведала мне, со слов г-жи Микулиной, живописные подробности ее судьбоносной встречи с генсеком, самая впечатляющая из которых заключалась в том, что (после приема какой-то лейбористской делегации) он был облачен в дорогой костюм и был необычайно приветлив в общении со своей, тогда очень юной и хорошенькой, гостьей. Впрочем, насколько мне известно, эти ценные сведения уже публиковались в немецкой печати.

Первом съезде колхозников-ударников: «Женщины в колхозах — большая сила. Держать эту силу под спудом значит допустить преступление».

Акватическую метафорику мы встретим в сталинском описании стахановского движения: «Именно потому, что оно... идет снизу, оно является наиболее жизненным и непобедимым движением»; оно «развивается не в порядке постепенности, а в порядке взрыва, прорвавшего какую-то плотину. Очевидно, что ему пришлось преодолеть какие-то препоны. Кто-то ему мешал, кто-то его зажимал, и вот, накопив силы, стахановское движение прорвало эти препоны и залило страну» («Речь на Первом всесоюзном совещании стахановцев», 1935). Раньше, до Октябрьского переворота, в леворадикальной публицистике так изображались только революционные порывы угнетенного народа, который сокрушает стену или плотину, созданную косными, жестокими властями. Сталин же буквально перенес и сам этот антагонизм, и приметы прежних властителей на свою собственную, советскую администрацию. Из искры вновь разгорается революционное пламя — индустриальный или отраслевой Октябрь: «Спички, брошенной Стахановым и Бусыгиным, оказалось достаточно для того, чтобы все это дело развернулось в пламя». Псевдостихийному низовому движению отныне предстоит развиваться по отработанной кумулятивно-концентрической модели: «нарастая, как снежный ком», оно будет «собирать, посредством новых технических норм, широкие массы рабочих вокруг передовых элементов рабочего класса». Оно захватит все сферы советской жизни, вплоть до НКВД.

КОРНИ ВРАГА

В тех же сумрачных недрах, откуда выходят на битву с бюрократическим Ураном все эти «передовые элементы», — под почвой и в шахтах — незримо копит свои «резервы» и поверженный враг, там прячутся его невыкорчеванные «корни», там разыгрывается и решающая фаза борьбы с ним. Там, под землей, совершается вообще все самое главное. Сталинский политический «сюжет» вновь, но уже в других видах, проецирует на советскую и внутрипартийную жизнь прежнее революционное дублирование, раздвоение хтоническо-монструозных аллегорий.

Функциональный адекват хтоники — это, естественно, контрреволюционное подполье, стихия вражеской конспирации. Из земли «подымают головы» не только молодые революционные кадавры — теперь, в советское время, согласно Сталину, «подымают голову» кулаки, троцкисты и правые элементы, учуяв кризис. Ведь *почва* для них бывает еще идейной или психологической — и потому «на этой почве могут ожить или зашевелиться разные группки старых контрреволюционных партий <...> могут зашевелиться осколки... троцкистов»; остатки вражеской идеологии, снова и снова повторяет он на XVII съезде, «живут еще в головах отдельных членов партии»; «эти пережитки не могут не являться *почвой для оживления* идеологии разбитых антиленинских групп *в головах*» таких псевдобольшевиков. К 1937 году троцкисты у Сталина внезапно теряют свою давнюю связь с «воздухом» и вполне успешно окапываются в советском грунте, разрушая «основы и опоры» советской власти — в точности так же, как это делают на Западе пролетарии по отношению к своим режимам. Вражеский *крот истории* ничем не отличим от своего марксистского двойника.

В экзистенциальном аспекте «корнями» (как, впрочем, и «ветвями») остается ближайшее окружение человека, его семья и потомство, подлежащее истреблению или хотя бы надежной изоляции[508]. В ноябре 1937 года на праздничном обеде у Ворошилова Сталин заявил, что каждый, кто помышляет отторгнуть от СССР «отдельную часть или национальность», будь он даже старым большевиком (т.е. речь фактически шла о главных жертвах террора), обречен: «Мы будем уничтожать весь его род, его семью»[509]. (Естественно, что тот же биологический подход, соприродный кавказской кровной мести, он, по-своему логично, использовал и против «народов-изменников».)

Как ей и положено, хтоническая нечисть пробуждается весной — со всей природой. В апреле 1928-го Сталин оповещает страну, что вместе с зерном из земли пророс кулак: «Три года урожая не прошли даром, кулак вырос за это время» — и тогда же глубоко под землей занялись своей «подкопной работой» шахтинские вредители, науськанные из-за границы («вот, где скрываются корни шахтинского дела»). Экономическая интервенция удалась только потому, разъясняет Сталин, что сами «мы плохо подбирали наши хозяйственные кадры», плохо их обучали. Увы, молодые советские инженеры отдалились от самой земли, от ее недр, потому что «учились по книжке, они спецы от книжки». Поэтому даже старость идет на пользу врагам, которые легко вытесняют скороспелых книжников: «Молодому спецу, который не видел шахты и не хочет лезть в шахту <...> никогда не одолеть старых, закаленных в практическом опыте, но враждебных нашему делу специалистов». (Ввиду неподготовленности этой смены ему вскоре придется свернуть атаки на старых «спецов».) Как всегда, в неудачах есть и позитивная сторона. Подобно тому как

---

[508] Ср.: «Иногда отец вдруг говорил мне: "Почему ты встречаешься с теми, у кого родители репрессированы?" Очевидно, ему сообщали об этом» (*Аллилуева С.* Только один год. С. 132).

[509] Цит. по: *Роговин В.* Указ. соч. С. 250.

Колчак, напоминает он, заставил большевиков создать пехоту, а Мамонтов — кавалерию, так и теперь «хлебные затруднения» вместе с «уроками шахтинского дела» принесут благотворные результаты («Об итогах июльского пленума 1928 г.). В сельском хозяйстве они обернутся «насаждением» колхозов и совхозов (он постоянно использует именно этот аграрный термин), обусловленным «коренным переломом в недрах самого крестьянства» («Год великого перелома»). Да и организаторам индустрии тоже придется отныне «руководить предприятиями не "вообще", не с "воздуха"», а «спуститься вниз — на заводы и фабрики».

* * *

Итоговая картина такова. Кадровое и экономическое строительство, начатое под землей, увенчается созданием новых административных, промышленных, аграрных, научных «центров», сходящихся к единому сверхцентру. По существу, вся советская жизнь представляет собой как бы непрерывный круговорот кадровых масс, которые поднимаются из земли, огибая свое сакральное средоточие, и снова уходят в ее глубины, чтобы уступить место усовершенствованным преемникам. Все выглядит как первомайское шествие, экстатически запечатленное Барбюсом — или Псевдо-Барбюсом — в начальных строках книги о Сталине:

> А кругом сходится и расходится симметрическое кипение масс. Кажется, будто *оно выходит из-под земли и туда же, под землю, уходит* <...> *У этого водоворота есть центр*. Возгласы сливаются в одно имя: "Сталин!" <...> Он есть центр, сердце всего того, что лучами расходится от Москвы по всему миру[510].

ТЕХНИКА И ОРГАНИКА

Мы сильно исказили бы тем не менее мифологическую компоненту сталинских писаний, если бы свели ее лишь к аграрной или бестиальной органике. В конце концов, для большевизма природа — это то, что нуждается в преодолении или преображении средствами пролетарской индустрии, вобравшей в себя могучий волевой напор. Ощутимо, безусловно, контрастное расхождение между этой пролеткультовско-технократической или раннеавангардистской поэтикой молодого большевизма и его последующей «органической» доминантой — той самой ориентацией на плодоносящую «жизнь», которая,

---

[510] *Барбюс А.* Сталин: Человек, через которого раскрывается новый мир. С. 3.

по определению В. Паперного, отличала «Культуру 2». «Одержимость культуры 1 техникой, — пишет он, — можно увидеть даже в сталинском лозунге "Техника решает все" (4 февраля 1931 г.), но этот лозунг очень быстро сменяется другим: "Кадры решают все" (4 мая 1935 г.). Кадры — это люди, культура 2 противопоставляет их технике <...> Мерой всех вещей снова становится человек... а главной ценностью становится "живое"»[511]. Убедительность этой антитезы, однако, значительно потускнеет, если вспомнить, что кадры или синонимичные им люди[512] нужны были Сталину, как он не раз говорил, именно для техники — для того, чтобы «оседлать» ее, «овладеть ею». С величайшей готовностью демонстрирует он эту постоянную привязку, взывающую к прямому отождествлению. «Новые люди — новые технические нормы» — озаглавлен один из разделов его речи перед стахановцами. Органическое и механическое легко меняются у него местами, одно переходит в другое. Это ведь о техкадрах надо заботиться как о «плодовых деревьях» — и он повествует о превращении советской индустрии «из тепличного и хилого *растения*, каким оно было вчера, в крепкую и могучую *промышленность*». В другой раз Сталин так развертывает перспективы взаимоотношений с капиталистическими странами: «Мы могли бы покупать от них *машины для оплодотворения* нашей промышленности и сельского хозяйства». С равным успехом «машины» (уже метафорические), подобно людям, могут предаваться погребению: «Новые формы организации пролетариата... способны сыграть роль *могильщика* буржуазной государственной *машины*». Паровозы «больны» — настойчиво употребляя этот технический термин, Сталин в период гражданской войны выстраивает иерархию потерь: «65 вагонов кожи; 150 вагонов продовольствия отдела снабжения армии; 297 паровозов (из них больны 86); более трех тысяч вагонов; около 20 тысяч убитых, взятых в плен и без вести пропавших воинов, 10 вагонов с ранеными воинами; 37 орудий» и т.д. — а соответствующий раздел этого отчета озаглавлен: «*Потери материальной части и людей в целом*».

В своем организационном отчете XII съезду генсек говорит одновременно «о партии как "организме" и партии как аппарате» — причем мы не найдем между этими классификациями никакого отчетливого различия. В его, так сказать, образной системе «аппараты» неотличимы от «щупалец», а «соки» и «корни» — от «проводов» и «приводных ремней». Масштабы величия тоже определяются по двуединой шкале, и технические термины удобно использовать, говоря о людях, например о мужиках: «Мы должны оперировать не только миллионами, но и десятками миллионов людей из деревни». Ср. со-

---

[511] *Паперный В.* Указ. соч. С. 132—133. Ср. также: *Гаспаров Б.* Взгляды академика Т. Д. Лысенко в контексте позднего авангарда // Логос. № 11/12 (1999), 21.
[512] *Роговин В.* Указ. соч. С. 244.

вершенно аналогичную, органико-механическую двупланность в сталинских размышлениях о прилежных служилых массах:

> Вокруг наших низовых партийных, советских... и всяких иных организаций *копошатся целые муравейники* самочинных организаций, комиссий и совещаний, охватывающих миллионные массы беспартийных рабочих и крестьян, создающие в своей повседневной, незаметной, кропотливой, нешумливой работе основу и жизнь Советов, источник силы Советского государства (1925).

Ассирийская метафора взята из мира природы — но государственную «основу» создают и бесчисленные детали казенного «механизма»:

> Я подымаю тост за людей простых, обычных, скромных, за *"винтики"*, которые держат в состоянии активности наш великий государственный механизм <...> как основание держит вершину (1945).

Люди могут послужить также цементом для государственного тела: «Эти красные офицеры составляют основной цемент нашей армии, скрепляющий ее в единый государственный организм» («О юге России», 1918).

Варварский синкретизм, разумеется, был не каким-то персональным новшеством Сталина, а общей приметой всей его эпохи. Очень похожая эклектика окрашивала и соседний, национал-социалистический жаргон, в котором Клемперер отслеживал доминирующую «тенденцию к механизации и роботизации»[513]. Надо заметить, что изучения заслуживал бы и тот парадоксальный факт, что тенденция эта превосходно уживалась с нацистским культом крови и почвы. Может сложиться впечатление, будто сталинская «Культура 2» в целом продвигалась как раз в обратном направлении — от механицизма ранних 20-х к «естеству», если бы не ее хорошо известный компромиссный характер. Сталинская цивилизация несла в себе, помимо прочего, странную смесь аграрно-биологического пафоса, имперской эстетики и неистребимого индустриально-технократического утопизма революционных лет. Психологический выигрыш Сталина и здесь в огромной мере объясняется тем, что он активизировал в памяти советского полукрестьянского населения созвучные ему вегетативные формы жизнеощущения — те самые, которые были внутренне чужды левой — еврейско-урбанистической — оппозиции. Тут он сумел утилизовать и свои крестьянско-кавказские импульсы, и аграрно-хтоническую традицию русской революции, в первые годы после Октября решительно вытесненную было грохочущим, массовидным «железом» пролеткультов. Но никуда не делось самое это

---

[513] *Клемперер В.* Указ. соч. С. 196—197, 200. Там же (С. 202—204) ср. его довольно беспомощные попытки защитить симпатичный ему большевизм от аналогичного обвинения в механизации языка.

железо, поставленное на службу мифологии официального плодородия, как никуда не исчезла и старая большевистская вражда к природе, унаследованная Сталиным. Подобно тому как, сообразно марксистской догме, в лоне капитализма зреет его могильщик-пролетариат, так в закромах природы скапливаются средства для ее обуздания, добываемые рабочим классом: уголь, нефть и металл. Изготовленные из него станки должны преобразить и натуру своего собственного создателя — человека.

Machina ex deo

Истоки этой технологической грезы, как и сталинского овеществления, механизации человека тянутся к фундаментальным положениям исторического материализма, который в термине «производительные силы» непринужденно соединял физические средства производства — плуги, машины и пр. — с людьми. По Марксу, ведь именно орудия труда, техника в ее развитии, меняя общую структуру производительных сил, являются тем необходимым фактором, который ведет к разрушению прежних производственных отношений и к смене социально-экономических формаций. Сообразуясь с «Капиталом», Сталин пишет в работе «О диалектическом и историческом материализме»:

> Орудия производства, при помощи которых производятся материальные блага, люди, приводящие в движение орудия производства и осуществляющие производство материальных благ <...> все эти элементы вместе составляют производительные силы общества.

В общем, уже в допотопные времена на первом месте стояла техника, а за ней — кадры, научившиеся ее использовать. Вещь изначально обладает некоей властью над людьми, сперва даже не понимающими, к каким благодетельным социальным метаморфозам приведет ее применение. В том же философском экскурсе Сталин исподволь намечает отдаленную социалистическую перспективу, встраивая в нее древнейшую историю человечества:

> Когда некоторые члены первобытно-общинного общества постепенно и ощупью переходили от каменных орудий к железным орудиям, они, конечно <...> не сознавали того, что переход к металлическим орудиям означает переворот в производстве, что он приведет в конце концов к рабовладельческому строю.

Симптоматично, что бронзовый век автора ничуть не занимает: он обращается прямо к сродному себе веку железному. С технологической точки зрения весь общественный прогресс определяется у него развитием именно черной металлургии — переходом от «железных топоров, сохи с железным лемехом и т.п.» — через ремесла к машине и «машинной промышленности», а затем к современной, крупной машинизированной промышленности», которая, собирая воедино пролетариат, тем самым готовит его к социалистическому перевороту. В 1912 году Сталин, в русле тогдашней марксистской публицистики, витийствовал: «Пусть станки, объединяющие рабочих в одну армию эксплуатируемых, — пусть те же станки спаяют их в единую армию борцов против эксплуатации и насилия!..» Тем естественнее при советской власти машины и вообще металлоизделия становятся у него магическим средством для дальнейшей, уже социалистической концентрации масс, а равно для их качественной перестройки. «Смычка по металлу», говорит он на июльском пленуме 1928 года, укрепит союз рабочего класса и крестьянства; а *основной силой в деле переделки крестьянина в духе социализма является новая техника* в земледелии, машинизация земледелия, коллективный труд крестьянина, электрификация страны». Сама эта коллективизация крестьянского труда тоже обусловлена техникой; колхозы не только «насаждаются», но и выковываются ею, группируясь вокруг МТС.

Да, новые люди, новые хозяйственные кадры у Сталина выходят «из-под земли»; но органическому коду тут сопутствует кузнечный. В его плановой экономике большевистские спецы вместе с тем все чаще «выплавляются» или даже «фабрикуются» в индустриальных очагах, т.е., в сущности, продуцируются самой же машиной. Ср. в сталинской речи «Новая обстановка — новые задачи хозяйственного строительства» (1931):

> Раньше дело обстояло у нас так, что основным источником всей нашей промышленности служила украинская угольно-металлургическая база. Украина снабжала металлом все наши промышленные работы, как Юг, так и Москву и Ленинград <...> Сообразно с этим мы имели три основных *очага выработки командного состава* промышленности: Юг, Московский район, Ленинградский район <...> Но теперь <...> старых очагов формирования инженерно-технических сил уже недостаточно... необходимо создать целую сеть новых очагов — на Урале, в Сибири, в Средней Азии <...> Наша страна вступила в такую фазу развития, когда рабочий класс должен создать себе свою собственную производственно-техническую интеллигенцию» — «ядро командного состава нашей промышленности».

Техкадры так прямо и «выпускаются» индустриальным способом:

> За отчетный период *промышленность выпустила в производство* из школ фабрично-заводского обучения около 800 тысяч более или менее квалифицированных рабочих, а из втузов, вузов и техникумов — более 180 тысяч инженеров и техников.

Это сказано в начале 1934 года, на XVII съезде. А в самом конце того же года, на встрече с металлистами, Сталин набросал итоговую картину:

> Перед нами стояла дилемма: либо начать с обучения людей <...> пока в школах не выработаются технически грамотные кадры, либо приступить немедленно к созданию машин... чтобы в самом процессе производства и эксплуатации машин обучать людей технике, выработать кадры. Мы выбрали второй путь.

При ближайшем рассмотрении «второй путь» во всем совпадает с той универсальной зависимостью, которую очертил Сталин в своем трактате о диалектическом и историческом материализме:

> Вместе с изменением и развитием орудий производства изменялись и развивались люди как важнейший элемент производительных сил, изменялись и развивались их производственный опыт, их навыки к труду, их умение пользоваться орудиями производства.

Сталинские кадры, одновременно, так сказать, и зачаты самой машиной, и развиваются в теснейшем симбиозе с нею. (При этом «вырабатывающая» их техника функционально соответствует рабочему классу, который выводит из своих глубин собственную интеллигенцию, чтобы она затем способствовала его дальнейшему усовершенствованию.) Но за богами из машины, как и за самими машинами, за всей советской кадровой, угледобывающей, металлургической и прочей промышленностью, стоит их общий демиург, отец людей и станков, великий кузнец социализма[514].

Железный век социализма

Чаще и охотнее всего «творец пятилеток» говорит о «выковывании» — новых людей, спецов, армии, ее комсостава, вообще любых реалий и персоналий созидаемой им цивилизации. Хотя кузнечно-металлургическая аллегорика, конечно, роднит его с нацизмом, заимствована она все же из иной — и фольклорно-кавказской, и марксистско-революционной — среды. Только на место коллективного кузнеца-пролетариата и Ленина как его «молота» Сталин поставил самого себя.

Как уже упоминалось на этих страницах, для всего большевизма сталь, металл были и природной стихией пролетариата, и метафорой собственной — стальной, сплоченной — партии; от западной социал-демократии большевики переняли и повышенное уважение к рабочим-металлистам как современному воплощению мятежного кузнеца. В 1917 году на VI съезде Сталин, следуя этому канону, доказывал «громадную организованность» московских рабочих, ссылаясь как раз на металлистов. Со временем он не столько узурпировал,

---

[514] Обстоятельнее обо всей этой кузнечной и сталелитейной символике сталинизма см.: *Золотоносов М. Н.* Слово и тело: Сексуальные аспекты, универсалии, интерпретации русского культурного текста XIX—XX вв. М., 1999. С. 672, 761—763.

сколько на правах олицетворенной тавтологии унаследовал сталелитейный пафос коммунизма.

С 1920-х годов советский Сослан не раз называл металл «основой
основ» нашей промышленности. Как мы только что видели, именно черная металлургия в глазах Сталина была той решающей силой,
которая вела человечество от его первобытного убожества к лучезарному социалистическому финалу. В 1925 году генсек напрямую свя-
зал ее с созданием нового, коллективистски-централизованного общества — и, соответственно, нового человека, — а заодно процитировал максиму «железного рыцаря»:

Тов. Дзержинский прав, говоря, что *наша страна может и должна стать
металлической.*

Если раньше стальной статью, «закалкой» наделялась только
партия или пролетариат, то теперь металлическую природу должна
обрести вся страна. Через четыре года генсек сообщил об успешном
продвижении к цели:

Мы становимся страной металлической, страной автомобилизации, страной
тракторизации ("Год великого перелома").

И наконец, в конце 1934-го — вскоре после дня своего рождения — Сталин в Кремле возвестил металлистам о наступлении социалистического Железного века:

Теперь ведь уже нельзя считать, что мы страна "деревянная". *Теперь мы
страна металлическая.*

Металлическая, но пока еще не стальная, в отличие от ее вождя.
Ибо в дни юбилея (1929) и особенно на XVII съезде, в том же 1934 году,
Сталина уже повадились величать «стальным солдатом партии» (Микоян), «стальным и гениальным большевиком» (Д. Ибаррури) или совсем
просто — «стальным Сталиным» (Ворошилов). Ср. в казенном фольклоре:

Всех крепче металлов
Упругая сталь,
Но, Сталин, ты крепче,
Чем всякая сталь:
Из стали куешь ты
Ряды ВКП
И армии Красной
Стальные ряды[515].

---

[515] Советский фольклор. С. 172. Кстати сказать, смешение нескольких демиур-
гических ипостасей — стальной кузнец, отец, попечитель и пр. — давало порой
непредсказуемо комические эффекты. Так случилось, например, в статье Ворошилова «Сталин и строительство Красной армии», написанной в 1939 г., к шес-
тидесятилетию вождя. «Нельзя говорить и писать о Красной армии, — сообщает
здесь автор, — чтобы не говорить и не писать о Сталине, который в тесном со-
дружестве с Лениным *ковал ее устои еще у колыбели ее зарождения»* (*Ворошилов К. Е.* Сталин и вооруженные силы СССР. М., 1951. С. 33).

Антропологическая утопия генсека в конце концов должна была обернуться его прямым клонированием[516]. На встрече с металлистами он попенял директорам заводов на нехватку этих стальных кадров, как и самой стали: «У вас не все здесь обстоит благополучно. У домен вы более или менее сумели вырастить и организовать технически опытных людей, а в других звеньях металлургии еще не успели этого сделать. Именно поэтому сталь и прокат отстают от чугуна».

Создание стальных двойников оказалось, однако, очень трудной и в конечном счете неблагодарной задачей — ведь они все равно подлежали обновлению в эпоху террора. На триумфальном XV съезде Сталин многозначительно напомнил делегатам о недавних кадровых переменах: вельможные лидеры оппозиции изгнаны с центральных постов, а вместо них утвердились скромные креатуры ЦК, счастливо сочетающие в себе преданность генеральной линии с пролетарским металлом. Самое слово «сталь» в списке тактично опущено — его заменил «металл», тоже кодирующий имя вождя:

> Я хотел бы коснуться трех назначений, имеющих показательное значение. Вы знаете, что председателем ВСНХ РСФСР утвержден Лобов. Это — рабочий-металлист. Вы знаете, что председателем Московского Совета избран, вместо Каменева, Уханов, рабочий-металлист. Вы знаете, что председателем Ленинградского Совета избран, вместо Зиновьева, Комаров, также рабочий-металлист. Стало быть, "лорд-мэрами" обеих столиц состоят у нас рабочие-металлисты. (А п л о д и с м е н т ы .) Правда, они не из дворян, но управляют хозяйством столиц лучше всяких дворян. (А п л о д и с м е н т ы .) Вы скажете, что это есть тенденция к *металлизации*. Я думаю, что в этом нет ничего плохого. (Г о л о с а : "Наоборот, очень хорошо").

Понадобилось лишь одно десятилетие, чтобы эти и многие другие металлические люди успели, по выражению Сталина в его докладе 1937 года, «покрыться ржавчиной». Московский Сослан истреблял свое собственное, нартовское племя. Все «рабочие-металлисты», торжественно перечисленные генсеком на XV съезде, были за нелояльность уничтожены в дни великой чистки[517] — что не помешало ему сохранить этот хвалебный пассаж в своих Сочинениях.

---

[516] Ср. в приподнятом изложении М. Эпштейна, приправленном инфернально-демонологическими аллюзиями: «Сталин строил печи, чтобы выковывать свою стальную рать, чтоб она разливалась и затвердевала по всем ячейкам общества, превращенного в огромный, слаженно гудящий сталелитейный цех. Он сам был богом Стали, богом домен и мартенов, хозяином всех огневых точек страны <...> Как узнается в плане индустриализации, в расцвете металлургии — сталинский дух, дух несгибаемой стали! <...> Там, в этих плавильных печах, с адским грохотом выковывались из лучших сортов легированной стали сталинские кадры, которые страна делегировала из забоев на съезды, а со съездов — в еще более дальние и глубокие забои, и имя этому несчетному множеству было — легион» (*Эпштейн М.* Бог деталей: Эссеистика, 1977—1988. М., 1998. С. 132—133).

[517] *Конквест Р.* Большой террор. Firenze, 1974. С. 781, 877.

ЛОГИКА ВЕЩЕЙ

Многие марксисты довольно болезненно реагируют на сентенции о скрытой телеологичности их доктрины. Не меньшее раздражение вызывают у них указания на ее магико-романтическую составную, которая просвечивает, среди прочего, в теме грядущей победы над демоническими силами и фетишами, подчинившими себе человека. Все эти черты, однако, куда назойливее проступают в большевизме, катастрофически огрубившем марксистское вероучение. По замечанию Глебкина, «в советской трактовке марксизма происходит персонификация понятия класса: классы представляются живыми существами, хитрыми, коварными, со своими интересами и целями, а борьба понимается в буквальном смысле — как состязание боксеров на ринге»[518]. У Сталина тяга к подобному олицетворению заметно усилена. Но в то же время она осложняется ввиду уже известного нам размывания граней между индивидуальным и общим, живым и неживым, механическим и органическим.

Ходом классовой борьбы, уже в ранние свои годы пишет Сталин, управляет некая «внутренняя» логика — «логика вещей», которая «сильнее всякой иной логики». Состоит она в том, что поведение социальных и политических групп либо отдельных индивидов определяется их классовой природой, диктующей им те или иные установки, «задачи», цели — «все равно, хотят они этого или нет». Подобная детерминированность носит всецело фаталистический характер — и действительно, Сталина нередко упрекают в фатализме[519]. Столь же правомерно говорить, конечно, о скрытой телеологичности его мышления. Общество в своем развитии выдвигает перед собой различные цели, соответствующие его возрастной стадии и расстановке классовых сил. Идеи или теории тоже предопределены. Это социальные установки, подверженные тому же универсальному процессу старения и обновления, что и само общество:

> Общественные идеи и теории бывают разные, — важно разъясняет Сталин в четвертой главе "Краткого курса". — Есть старые идеи и теории, отжившие свой век <...> Бывают новые, передовые идеи и теории, служащие интересам передовых сил общества <...> Новые... теории потому, собственно, и возникают, что они необходимы для общества, что без их организующей, мобилизующей и преобразующей работы н е в о з м о ж н о разрешение назревших задач развития материальных сил общества <...> Так общественные идеи, теории, политические учреждения, возникнув на базе назревших задач развития материальных сил общества, развития общественного бытия, — сами воздействуют потом на общественное бытие, на материальную жизнь общества... чтоб довести до конца разрешение назревших задач материальной жизни общества.

---

[518] *Глебкин В.* Ритуал в советской культуре. С. 57.
[519] См., например: *Волкогонов Дм.* Кн. I, ч. 1. С. 216.

Итак, подобно кадрам, вышедшим из рабочего класса, чтоб затем руководить ими, идеи возвращаются к материнской массе в обличье разъяснительно-пропагандистских материалов, четко разъясняющих ее классовые цели. Важнее для нас то обстоятельство, что, как и вся «надстройка», идеи — и сами идеологи — все-таки вызваны к бытию этими еще не проясненными «задачами материальных сил общества», словно устремленного к авторефлексии. В сталинском определении таится неустранимая двусмысленность: ведь в самом деле, непонятно, что тут «первично» — общество или его «материальные силы», включающие в себя технические орудия производства. Телеологический фатум, воля к динамике и развитию таится в самих вещах.

Небезынтересна, однако, другая сторона вопроса. Коль скоро речь идет об образованных классах с прочной политической традицией, то на современном этапе их целевая установка, так сказать, непосредственно, без всяких зазоров переливается в идеологическую позицию (которая, впрочем, может носить заведомо «маскировочный», лицемерный характер). Среди пролетариата восприятие классовых задач, напротив, остается на зачаточной, хотя и чрезвычайно витальной, стадии «классового чутья». Следуя ленинскому «Что делать?», уже молодой Сталин, в полемике с поборниками социал-демократической «стихийности», упорно доказывает, что рабочее движение нуждается в образованных вождях и наставниках, способных осмыслить и выразить социалистическую перспективу, еще только смутно вырисовывающуюся перед пролетариатом (другое дело, что потом люди из народа, «бебели», должны будут сменить своих учителей).

Но как быть с межеумочными, вечно колеблющимися, двоящимися группами — например, с мелкой буржуазией или интеллигентской «прослойкой»? Теоретически эти пласты, по Сталину, должны пройти внутреннюю поляризацию, дабы примкнуть либо к контрреволюционерам, либо к пролетариату. На практике, однако, большевизм, вступая с такими группами в переменчивые тактические союзы, по существу относился к ним крайне враждебно. К этим непролетарским слоям он обычно причислял своих конкурентов в социалистическом стане — меньшевиков и эсеров. Однако «субъективно» сами последние твердо продолжали считать себя приверженцами социализма. Большевистская, в том числе и сталинская, интерпретация постепенно переоценивает это противоречие как мнимое. Меньшевики и эсеры, восклицает Сталин незадолго до Октября, «сами того не замечая, предали революцию». Не замечая — или все же замечая? «Не находят ли читатели, — вскоре вопрошает Сталин, — что наивность в политике есть *преступление, граничащее с предательством*?» Их революционная фразеология, в сочетании с неверием в марксистский характер большевистского переворота, переосмысляется победителями либо как изощренное двурушничество, либо как адекватное идейное выражение чуждого классового подхода. В начале 1918 года Ленин говорит, что «люди, которые относились скептически к Советской власти... часто, *сознательно или бессознательно, предавали* ее»; они вообще, «*сознательно или бессознательно, стоят на стороне буржуазии*». Вскоре эти сомнения разрешаются в пользу коварной «сознательности».

Всего через три года, в дискуссии о профсоюзах, Ленин инкриминирует самой внутрибольшевистской оппозиции непосредственную связь с социалистическими прислужниками капитала: «Около оппозиции ютились (и ютятся, несомненно) меньшевики и эсеры». На судьбоносном X съезде он эффективно развивает свою плодотворную полицейскую концепцию, обращенную против любой «фракционности»: «Эти враги, убедившись в безнадежности контрреволюции под открытым белогвардейским флагом, направляют теперь все усилия, чтобы уцепиться за разногласия внутри РКП». Оказывается, в пролетарские слои партии широко проникают агенты мелкой буржуазии: «Уклон вызван отчасти вступлением в ряды партии бывших меньшевиков, а равно не вполне еще усвоивших коммунистическое миросозерцание рабочих и крестьян. Главным же образом, уклон этот вызван воздействием на пролетариат и РКП мелкобуржуазной стихии, которая исключительно сильна в нашей стране». Рассуждение, как видим, построено по принципу кумуляции, столь любезной Сталину. Упреждая его, Ленин, тем же «цепным» способом, достраивает «взгляды и колебания» фракционеров до прямой помощи торжествующему врагу: «Ничего, кроме реставрации власти и собственности капиталистов и помещиков, от этих колебаний <...> получиться не может. Поэтому взгляды оппозиции и подобных ей элементов не только теоретически неверны, но и практически <...> *помогают классовым врагам* пролетарской революции».

Отсюда уже рукой подать до арестов[520]. Сталину оставалось лишь расширить и усовершенствовать эту ленинскую технику, обращенную против собственной партии, с тем чтобы постепенно довести дело до идеи прямого заговора. Еще при жизни Ленина, на XIII парт-

---

[520] Сразу после X съезда, в апреле 1921 г., ВЧК, уловившая новые веяния, по сведениям Г. Сокольникова, «испрашивала у ЦК партии мандат на арест всех членов» рабочей оппозиции, обвиняя их в «заговоре» (тем не менее, ввиду фальсификации чекистами соответствующих «документов», затея провалилась, и в конце 1921 г. ЧК была заменена ГПУ) — См.: *Сироткин В. Г.* Вехи отечественной истории: Очерки и публицистика. М., 1991. С. 201. Травля, которая была развернута с начала 1920-х гг. против пролеткультовского вождя Богданова и включавшая в себя его арест, по характеру обвинений уже подробно предвосхищает инквизиторскую технику Сталина в борьбе с Троцким и другими противниками. Ср. хотя бы предисловие А. Я<ковлева> к выпущенному Госполитпросветом в 1923 г. сборнику «Н. Ленин и Г. Плеханов против А. Богданова».

конференции, он заявил по его примеру: «Оппозиция, сама того не сознавая, развязывает мелкобуржуазную стихию. *Фракционная работа оппозиции — вода на мельницу врагов* нашей партии, на мельницу тех, которые хотят ослабить, свергнуть диктатуру пролетариата». Вскоре, на XIII съезде, он уточнил, что оппозиция «невольно послужила рупором и каналом для... новой буржуазии»; «члены оппозиции, несомненно любящие партию и т.п. и т.п., сами этого не замечая, превратились в рупор для тех, которые... хотят ослабить, разложить диктатуру. Недаром меньшевики и эсеры сочувствуют оппозиции. Случайно ли это? Нет, не случайно». Понятно, что *неслучайность* объясняется общей «мелкобуржуазной основой», роднящей тех и других. «Логика фракционной борьбы» такова, «что итоги этой борьбы зависят не от лиц и желаний, а от результатов». Тут Сталин повторяет самого себя — в 1917 году, в заметке «Победа кадетов», он говорил о социалистах, «служивших делу империализма»: «Дело тут, конечно, не в лицах. Чернов, Церетели или кто-либо третий в том же роде — не все ли равно <...> Повторяю, дело тут не в лицах». Пройдет еще много лет — и в споре с правой оппозицией (1928) он снова скажет: «Лица, конечно, играют известную роль. Но дело тут не в лицах».

Известная роль неуклонно возрастает, и сцену заполняют именно «лица». С одной стороны, абстрактные социальные стихии у Сталина всегда устремлены к персонификации; с другой — каждая личность является только слепком или сгустком различных политических сил. Как раз благодаря сочетанию большевистского имперсонализма с обратной тенденцией к олицетворению социально-идеологических фантомов, в сталинской полицейской мифологии человек может нести индивидуальную («уголовную») ответственность за все, что угодно, ему можно приписать любые преступления. Он влачит за собой бесконечный шлейф непрожитых жизней. Назначенный на должность изверга, он одновременно и растворяется в тени своих сатанинских деяний, и выводит их к судебно-палаческой рампе. Фокусируя в себе бесплотную схоластику классовой борьбы, он придает ей элементарный минимум психологической и житейской конкретики. Кумулятивный механизм, вытягивая мнимые злоумышления до гротескных актов террора и вредительства, снимает всякую демаркационную линию между мыслью и ее воплощением. «Агрегаты сами не ломаются, — пишет в 1937-м «Правда», — котлы сами не взрываются. За каждым таким актом спрятана чья-то рука»[521] — нужно только найти, чья именно. Сталинский набор выморочных абстракций согрет застеночным анимизмом, утеплен кровью жертв. Весь мир обращается в парад судебных фантомов, весь мир, вся природа подпадает под 58-ю статью.

Капиталистический враг тоже ведет — и весьма успешно — борьбу за промежуточные слои. Он тоже протягивает «щупальцы и нити»

---

[521] Цит. по: *Латышев А.* Сталин и кино // Указ. соч. С. 495.

в глубинные зоны советской жизни — или, в согласии с концентрической версией, постепенно обхватывает своими змеиными кольцами ядро пролетариата и самой партии[522]. Так отрываются от нее неустойчивые звенья, дальнейшая эволюция которых завершается глобальным антисоветским заговором, развертывающимся по расширительной, центробежной модели:

> Троцкий начал с того, что советовал своим единомышленникам в январе месяце 1928 бить по руководству ВКП(б), не противопоставляя себя СССР. Однако ввиду *логики борьбы* Троцкий пришел к тому, что свои удары против руководства ВКП(б), против руководящей силы пролетарской диктатуры, неизбежно направил против самой диктатуры пролетариата, против СССР.

С психологической стороны, как сказано, «объективное» разворачивание обусловлено православной градацией пагубных страстей — сползанием от неверия к отчаянию и т.д. Но во второй половине 30-х годов Сталин, из некоей умственной экономии, пожертвует своей психологической и логической цепочкой, и тогда выяснится, что по той же «объективной логике» Троцкий со своими присными уже изначально был заклятым врагом ленинизма, шпионом и заговорщиком. Еще быстрее скачок из царства объективно-логической необходимости в царство свободно осознанных злодеяний проделал у Сталина Бухарин[523].

До Большого террора обе схемы — развернутая и спрессованная — как-то сосуществуют и вступают во взаимодействие. К примеру, классовая «логика вещей» совершенно непосредственно трансформируется в субъективный заговор шахтинских спецов, — как поясняет Сталин, на то они и буржуазные интеллигенты, открыто враждебные советскому строю. Сходно обстоит дело с деятельностью других «бывших людей», на которых он возлагает вину за собственные экономические провалы.

В докладе об итогах первой пятилетки (январь 1933 г.) генсек сообщает, что они «в своем вредительском порыве доходят до того, что

---

[522] В 1926 г. генсек в этой своей кумулятивной манере так разъяснил «источник противоречий» внутри партии: «Это, во-первых, давление буржуазии ‹...›, которому нередко поддаются наименее устойчивые слои пролетариата, а значит, наименее устойчивые слои пролетарской партии ‹...› Пролетариат является частью общества, связанной с его разнообразными слоями многочисленными нитями. Но партия есть часть пролетариата. Поэтому и партия не может быть свободной от связей и влияния разнообразных слоев буржуазного общества ‹...› Это, во-вторых, разнородность рабочего класса, наличие разных слоев ‹...› Один слой — это основная масса пролетариата, его ядро ‹...› Второй слой — это недавние выходцы из непролетарских слоев [кстати сказать, они-то и обеспечили Сталину большинство в партии] ‹...› Третий слой — это рабочая аристократия ‹...› Несмотря на внешнюю разницу, эти последние две силы рабочего класса представляют более или менее общую среду, питающую оппортунизм вообще». (Кумуляция дополнена принципом «оба хуже».)

[523] См., например: *Коэн С.* Бухарин. С. 321 и след.

прививают скотине в колхозах и совхозах чуму, сибирскую язву, способствуют распространению менингита среди лошадей». Хотя в этой ветеринарной Вандее уже проскальзывают контуры плетневско-левинских злодеяний или грядущего «Дела врачей», сами заговорщики пока выступают все же в более тусклой роли обычного деревенского колдуна, только вооруженного научными знаниями. Без последних и вообще без всякой отвлеченной интеллигентщины обходятся те массовые враги, что сокращают посевы или, как отмечает Сталин в том же докладе, крадут у советской власти что ни попадя. Он бесцеремонно отходит от всякого марксизма, пытаясь объяснить тот загадочный факт, что народ, дабы выжить, вынужден обкрадывать свою собственную — народную — власть.

> Главное в деятельности этих бывших людей состоит в том, что они организуют массовое воровство и хищение государственного имущества, кооперативного имущества, колхозной собственности [напомню, что все происходит в период колхозного голодомора] <...> Они чуют как бы классовым инстинктом, что основой советского хозяйства является общественная собственность, что именно эту основу надо расшатать, чтобы напакостить Советской власти, — и они действительно стараются расшатать общественную собственность путем организации массового воровства и хищения.

Воровать, следовательно, можно из идейных побуждений. Но отчего крадут сами колхозники, уже успевшие вступить в радостное царство социализма? Дело в том, что «бывшие люди» успешно обращаются к их греховным мелкобуржуазным страстям — «частнособственническим пережиткам».

Но здесь есть хоть какая-то заговорщическая связь между врагами и нестойкими советскими людьми, которых те ввели в греховный соблазн (за кражи сажали или расстреливали, впрочем, и тех и других, не вдаваясь в нюансы). А как быть в тех случаях, когда почему-то абсолютно никто, включая самих оппозиционеров, не подозревал о дьявольских антипартийных и антисоветских кознях? После убийства Кирова в закрытом письме от ЦК ко всем парторганизациям (18 января 1935 г.) Сталин несколько даже растерянно говорил о беспрецедентности такого состояния дел. Чекистско-идеологическая феерия раскручивалась на абсолютно пустом месте, поскольку запуганные насмерть зиновьевцы с усердием покаяния давно уже на каждом шагу выказывали беззаветную преданность генеральной линии. В этом коварном нежелании пакостить партии и заключалось их непревзойденное двурушничество: «Зиновьевская группа является единственной группой, которая не только скрывает свои разногласия с партией, но открыто и систематически шельмовала свою собственную платформу и клялась в своей верности партии»[524].

---

[524] *Сталин И.* Соч. Т. 16. С. 283.

Еще более казусная ситуация складывалась в ранней фазе Большого террора — когда Сталин вынужден был заявить, что Троцкому, Пятакову, Радеку и Сокольникову приходилось тщательно скрывать свои подлые планы даже от всех своих единомышленников. Концентрическая схема конспирации принимает совершенно потусторонний вид:

"Политические деятели", прячущие свои взгляды, свою платформу не только от рабочего класса, но и от троцкистской массы, но и от руководящей верхушки троцкистов, — такова физиономия современного троцкизма («О недостатках партийной работы и мерах ликвидации троцкистских и иных двурушников»).

Хуже того, заговорщики скрывали свою платформу и от самих себя. По крайней мере, к такому суровому выводу приходят нынешние сталинисты, восхваляющие своего учителя именно за то, что «как проницательный человек, с обостренным (хотя поневоле затаенным) православным чутьем на понимание всего хорошего и дурного, он читал в людских душах то, что порой им самим неведомо было. Вот главное»[525].

Вот за это «неведомое» Сталин и убивал самых преданных ему коммунистов. В экстренных случаях он вообще не проводил никакого различия между «логикой вещей» и враждебным субъективным умыслом. В сентябре 1941 года, рассказывает Волкогонов, Жданов и Жуков сообщили Сталину о том, что «немецкие войска, атакуя наши позиции, гнали перед собой женщин, детей, стариков <...> Дети и женщины кричали: "Не стреляйте!", "Мы — свои!". Советские солдаты были в замешательстве: что делать?». Сталинский ответ гласил: «Говорят, что среди ленинградских большевиков нашлись люди, которые не считают возможным применять оружие к такого рода делегатам. Я считаю, что если такие люди имеются среди большевиков, то их надо уничтожать в первую очередь. Мой совет: не сентиментальничать, а бить врага и его пособников, вольных или невольных, по зубам... Бейте вовсю по немцам и по их делегатам, *косите врагов, все равно, являются ли они вольными или невольными врагами...*»[526]

Что касается партийно-идеологических аспектов массового террора, то, ввиду стахановских темпов и за недостатком времени, здесь устраняется всякая психологическая дистанция между исходным скептицизмом и финальным предательством. По свидетельству А. Епишева, «Берия любил на совещаниях подчеркивать мысль, авторство которой он приписывал Сталину: "Враг народа не только тот, кто вредит, но и тот, кто сомневается в правильности линии партии. А таких среди нас еще много, и мы должны их ликвидиро-

---

[525] *Семанов С., Кардашов В.* Иосиф Сталин: Жизнь и наследие. С. 205.
[526] *Волкогонов Дм.* Кн. II, ч. 1. С. 194—195.

вать...”»[527]. В принципе, любого подозрения в «неверии» — как и, допустим, «моральной ответственности» — было вполне достаточно для уничтожения грешника, но Сталин, как известно, почти всегда предпочитал выбивать документированные признания. Подстраховываясь, он в то же время расширял охват репрессий. Вместе с тем, в его приверженности теме бесовской конспирации угадываются глубинно-мировоззренческие, и, если угодно, эстетические импульсы.

ПОЭТ И ДРАМАТУРГ

Фольклорно-магическая идея заговора была изначально разлита во всем существе большевизма, выказывавшего сквозную зависимость от средневекового манихейства, укоренившегося в русской культуре, включая ее революционную версию. Заговорами изобиловала и революционная, и полицейско-провокационная практика (Азеф, Малиновский и пр.). Если реальной конспирации недоставало, охранительная традиция, начиная с антинигилистического романа, восполняла нехватку мнимыми злоумышлениями вроде «Сионских протоколов». Но «заговорами» был перенасыщен и кавказский фольклор, изначально окружавший Сталина. Вне этого многослойного контекста успех московских процессов был бы просто немыслим.

Их прообраз вырисовывается уже в дни Февральской революции. В августе 1917 года, рассуждая о причинах поражения русских войск, Сталин задается риторическим вопросом: «Какая гарантия, что “ошибки” являются действительными ошибками, а не “заранее обдуманным планом”?» В следующей заметке сказано еще жестче: «Какие гарантии, что реакция преднамеренно и сознательно не подстраивает на фронте поражение за поражением?» Ближайшая задача Сталина — переключить общественное внимание с июльского мятежа и с большевистской государственной измены на мнимое предательство генералитета. Проходит еще несколько дней — и его подозрения переходят в твердую уверенность: «Общую картину только дополняют последние “неудачи” на фронте, так удачно спровоцированные чей-то умелой рукой». Дополняет ее, помимо того, экономический саботаж, который позднее отозвался в процессах шахтинских, троцкистских и прочих «вредителей»:

---

[527] Там же. Кн. II, ч. 2. С. 202. Удивляет боязливая уклончивость атрибуции: «приписывал Сталину». Можно подумать, будто Берия решился бы фальсифицировать сталинские указания. Сентенции такого рода вообще очень характерны для Сталина. Ср. его тезис о том, что в постоянном улучшении «материального положения» советских людей «могут сомневаться только заклятые враги Советской власти» (1933).

Все эти "голоды" и "кризисы" искусственно обостряются капиталом для того, чтобы <...> довести рабочих до вспышек отчаяния, с тем, чтобы "раз навсегда" покончить с "неумеренными требованиями" рабочих.

Наконец, еще через три дня, в заметке, так и названной «Заговор продолжается», Сталин открыто инкриминирует предательство генералам и деятелям кадетской партии:

Вы хотите знать, на что они рассчитывают? Они рассчитывают на "открытие фронта" и "соглашение с немцами", думая идеей сепаратного мира увлечь за собой измученных войной солдат и потом двинуть их против революции.

Чем отличается это обвинение от тех, которые через двадцать лет Сталин предъявит Троцкому и прочим «агентам гестапо»? Ср. в закрытом письме ЦК от 29 июля 1936 года:

Видя, что партия с успехом преодолевает трудности, они ставят ставку (sic) на поражение Советской власти в предстоящей войне, в результате чего они мечтают пробраться к власти[528].

Дело не только в этой фантасмагорической уголовщине — она коренится в самых архаических подосновах сталинского мироощущения. Именно в силу вышеупомянутого смешения органического и неорганического, общего и персонального, живого и мертвого мысль Сталина в одно и то же время обращена и к нивелировке, механизации, умерщвлению всех индивидуальных форм бытия, и к его всеохватной анимизации. «В нартском эпосе, — говорит исследователь С. Габараев, — неодушевленных предметов нет; вся природа живет единой жизнью: радуется, печалится, смеется, плачет». У Сталина она чаще всего подличает и злорадствует. Повсюду в мире разлиты тайные силы, управляющие его движением. За вычетом кадровых и смежных анкетно-психологических потребностей Сталину меньше всего свойствен был интерес к духовной субстанции человека, вообще к такой ненужной декоративной мнимости, как душа: *«Для "души", для вида* — пятилетний план, *для дела,* для практической работы   двухлетний план — вот какая стратегия получилась у Рыкова»,* — в этой сталинской формуле из его доклада «О правом уклоне» универсальная бинарная иерархия христианства по-большевистски инвертирована, и тело («дело») неизмеримо превосходит душу. Зато неким суррогатом последней Сталин наделяет даже заведомые абстракции вроде «Москвы» или «ленинизма» (напомню о тосте за его «здоровье»), тяготеющие к магическому олицетворению: «Чего добивается беспартийность? <...> Беспартийность чувствует свое бессилие... и потому вздыхает...»

Говоря в докладе, посвященном «правой опасности» о том, что «вопрос о лицах не решает дела, хотя представляет несомненный

---

[528] *Сталин И.* Соч. Т. 16. С. 305.

интерес», Сталин надумал даже высмеять столь немарксистскую переоценку роли личности, поведав слушателям «об одном эпизоде» времен гражданской войны:

> Одна часть красноармейцев с остервенением искала тогда в Одессе Антанту, будучи уверена, что ежели они поймают ее, Антанту, то войне придет конец (1928).

А несколько позже генсек по этой же анимистической методе бичует такое вредное явление, как обезличка: «Как могла укорениться у нас обезличка на ряде предприятий? Она пришла в предприятия как незаконная спутница непрерывки»; вернее, вторая переродилась в первую: «Нивелировка, предоставленная воле стихии, превратилась в обезличку»; «непрерывка извращена». «Не ясно ли, — добавляет Сталин, будто повторяя рассуждения одесских красноармейцев, — что чем скорее похороним бумажную непрерывку, тем скорее добьемся правильной организации труда?»

Тут действовать надо научно, по-марксистски, без колдовства, к которому иные товарищи прибегают совершенно напрасно: «Некоторые товарищи думают, что обезличку можно уничтожить заклинаниями»; такие люди «то и дело выступают на собраниях с проклятиями по адресу обезлички, полагая, видимо, что после таких речей обезличка сама должна исчезнуть, так сказать, в порядке самотека». Надеяться на такое мирное решение — значит проявлять опасное благодушие и политическую близорукость: «Нет, товарищи, обезличка сама не исчезнет. Ее можем и должны уничтожить только мы сами, ибо мы с вами стоим у власти» (1931). А еще раньше, в докладе «О задачах партии» (1923), Сталин обрисовал конфликт между теоретической линией партии и партийной практикой в манере, напоминающей средневековые прения души с телом: «Партийная линия говорит... А партийная практика считала...»

Так возвращаемся мы к сталинским басенным мотивам, затронутым в 1-й главе, а точнее, к их кавказскому генезису. У нартов, повествует Габараев, «оружие тоже является одушевленным, как и все, что окружает нартов <...> В еще большей мере "очеловечены" в нартском эпосе дикие звери, птицы, животные. Можно сказать, что они являются почти такими же действующими лицами эпоса, как и люди. Они наделены человеческим разумом, волей, чувствами и речью»[529]. У Сталина — чувствами и речью казенно-протокольной, как та загадочная «птица, которая прячет голову под крыло и воображает, что ее никто не видит. Но они [грузинские эсдеки] так же заблуждаются, как и та птица». Подобно заблуждающейся анонимной птице, совершенно по-канцелярски ведут себя ошибочно куковавшая ку-

---

[529] *Габараев С. Ш.* К вопросу о народном мировоззрении в нартском эпосе // Сказания о нартах: Эпос народов Кавказа. С. 80—81.

кушка — «Если она куковала, то надо признать, что куковала она неправильно», — и крыловский медведь, будто вылезший из недр
партаппарата: «Из дружеских желаний медведя вытекло далеко не
дружеское действие, в результате которого пустыннику пришлось
распрощаться с жизнью».

Если классовые силы в своем интеллектуальном развитии эволю-
ционируют от аморфного чутья к оформленной авторефлексии, то
тем самым они обретают собственный голос, вступают между собой
в диалог. И здесь, пожалуй, мы встречаемся с подлинными эстети-
ческими пристрастиями Сталина — с его любовью к театральщине.
В дебютной статье «Как понимает социал-демократия национальный
вопрос?» он вдохновенно излагает воображаемый разговор со своими оппонентами: «Но здесь прерывают нас и советуют прекратить
разговоры о 9-й статье. Почему? спрашиваем мы. "Потому", отвеча-
ют они, что эта статья нашей программы "коренным образом противоречит"... статьям той же программы». Поскольку драматический
жанр еще не освоен, автор прибавляет несколько топорное поясне-
ние: «Несомненно, нечто подобное говорит "Сакартвело"...», — и, в
виде поучительной иллюстрации, следует памятная нам веселая жан-
ровая сценка в мертвецкой.

Мельпомена снова наведывается к Сталину в 1908 году, снабжая
его всеми театральными аксессуарами:

Старый клоун из Тифлиса, г. Джунковский, объявляет "представление" закрытым. Истасканный лакей капитала, г. Кара-Мурза, хлопает ему в ладо-
ши. Занавес падает.

В период Февраля он наделяет водевильными голосами различные социальные группы; в самой их перекличке ощутимо профани-
рованное влияние чеховской драматургии, которого мы коснулись в
1-й главе:

Так говорят контрреволюционеры.
— В Москву, в Москву <...>
— Скатертью дорога, — отвечает им революционный Петроград.
— Бойкот вашему совещанию, — бросают им вдогонку петроградские ра-
бочие.

Однако главный смысл тогдашних сталинских пьес — в озвучи-
вании какого-либо злодейского заговора:

Выдать большевиков и их сторонников?
— Пожалуйста, гг. кадеты, берите большевиков.
— Выдать балтийскую делегацию и большевиков из Кронштадта?
— К вашим услугам <...>
— Ограничить свободу слова и собрания, неприкосновенность личности
и жилища, ввести цензуру и охрану? [Как все большевики, Сталин до Октяб-
ря страстно отстаивает гражданские свободы.]
— Все будет сделано, гг. черные, все до конца.

— Восстановить смертную казнь на фронте?
— С нашим удовольствием, гг. ненасытные... —

и т.д. в том же стиле. По этому водевильному шаблону написана заметка «Куют цепи» («— Рады стараться, — отвечает Авксентьев <...> — Рад стараться, — отвечает Церетели») и памфлет «Заговор против революции»: «Первый голос... Второй голос... Опустим, однако, занавес».

Он снова поднимется на московских процессах, все роли и репризы для которых были тщательно выверены Главным драматургом и режиссером СССР[530].

Целевая причина

В утилитарной вселенной Сталина нет места для свободной игры независимых сущностей. Все слагаемые его мира взаимообусловлены иерархией служебных отношений:

> Специфические особенности базиса состоят в том, что он обслуживает общество экономически. Специфические особенности надстройки состоят в том, что она обслуживает общество... идеями и создает для общества соответствующие... учреждения <...> Язык обслуживает общество как средство общения людей <...> дающее людям возможность понять друг друга и наладить совместную работу во всех сферах человеческой деятельности ("Марксизм и вопросы языкознания").

Явления одушевлены своей внутренней директивой; они существуют не сами по себе, а подчинены некой цели и направлены к ее достижению:

> Все же 9/10 склок и трений, несмотря на непозволительность их форм, имеют здоровое стремление — добиться того, чтобы сплотить ядро, могущее руководить работой.
> Вот вам еще одна теория, имеющая объективно своей целью дать новое оружие в руки капиталистических элементов.

Правда, цель может быть и заведомо субъективной:

> Для чего же существует тогда капиталистическое окружение, если не для того, чтобы международный капитал прилагал все силы организовать у нас в приграничных районах выступления недовольных элементов против Советской власти?

---

[530] С драматургическими склонностями Сталина Р. Такер связывает то обстоятельство, что при нем «судебные заседания стали походить на драматический спектакль, как, например, шахтинский процесс» (*Такер Р.* Сталин у власти: История и личность. С. 148, 501).

Свое задание имеет даже то, что стареет и подлежит устранению: его обязанность — препятствовать прогрессу:

> Есть старые идеи и теории, отжившие свой век и служащие интересам оживающих сил общества. Их значение состоит в том, что они тормозят развитие общества, его продвижение вперед. Бывают новые, передовые идеи и теории, служащие интересам передовых сил общества. Их значение состоит в том, что они облегчают развитие общества, его продвижение вперед («О диалектическом и историческом материализме»).

Ведомство «надстройки», по которому служат «идеи и теории», непосредственные руководящие указания получает от «базиса». В трактате о языкознании Сталин пишет:

> Надстройка для того и создается базисом[531], чтобы она служила ему.

Так возводится целая лестница анимизированных марксистских абстракций, соответствующая обычным у Сталина богословско-аристотелевским рядам («первая причина... вторая причина...»), которые при движении вспять должны прослеживаться к абсолюту как своему безусловному основанию и «целевой причине». Дисциплинарно-телеологическая цепь принимает облик бюрократической теогонии, вереницы унылых эонов. Если надстройка порождается базисом, то сам базис — материальным развитием общества. Кроме того, общество для своих нужд порождает еще и язык, который, как мы только что видели, трудится на него с тем же чиновничьим усердием, что и надстройка.

Подобно ей, язык изофункционален кадрам, вырастающим из классового массива (ниже мы увидим, что по той же продуктивной модели у Сталина сам язык строится изнутри); только, в отличие от надстройки, он создан в совокупности всеми классами, всем народом. Систематизируя различия между языком и надстройкой, автор, однако, забывает об одном из них, которое определяется мерой одушевленности:

> Надстройка порождается базисом, но это вовсе не значит, что она <...> безразлично относится к судьбе своего базиса, к судьбе классов, к характеру строя. Наоборот, появившись на свет, она... активно содействует своему базису... принимает все меры к тому, чтобы помочь новому строю <...> Стоит только отказаться надстройке от этой ее служебной роли, стоит только перейти надстройке на позицию безразличного отношения... чтобы она потеряла свое качество и перестала быть надстройкой.

В противовес ей, язык как бы лишен признаков персонифицированной сущности — но только «как бы», поскольку сама эта абст-

---

[531] По поводу этой и похожих фраз Солженицын в «Круге первом» с иронией подчеркивает религиозно-телеологический характер сталинских лингвистических пассажей («ангел средневековой телеологии улыбался через его плечо». — *Солженицын А.* Указ. соч. С. 139).

рактная безличность доказывается, на сталинский манер, таким способом, который говорит скорее об обратной возможности:

> Стоит только сойти языку с этой общенародной позиции, стоит только стать языку на позицию предпочтения и поддержки какой-либо социальной группы... чтобы он потерял свое качество.

Получается, что свою безличную позицию язык занимает осознанно и целенаправленно. За перечисленными категориями проступает единое волевое начало, взывающее к выявлению. Коль скоро все эти феномены скреплены между собой телеологической зависимостью, то, значит, само понимание и овладение последней может дать некую власть над базисом и надстройкой. И действительно, в 1934 году Сталин не совсем по-марксистски известил делегатов XVII съезда: «Мы уже построили фундамент социалистического общества в СССР, и нам остается лишь увенчать его надстройками».

Телеологическим волюнтаризмом проникнута, как известно, и последняя его работа — «Экономические проблемы социализма в СССР» (1952). Если капитализм одержим только прибылью, то «основной экономический закон социализма» (или его «существенные черты и *требования*») состоит в следующем:

> Обеспечивание максимального удовлетворения постоянно растущих материальных и культурных *потребностей* всего общества — это ц е л ь социалистического производства; непрерывный рост и совершенствование социалистического производства на базе высшей техники — это с р е д с т в о для достижения цели.

Обычно отмечают эпигонскую зависимость этого очень позднего сталинского открытия от сентенции Каутского насчет цели социализируемых предприятий — удовлетворять потребности потребителей и рабочих[532]. Но, во-первых, Сталин не сказал ничего нового по сравнению со своим очень давним определением, содержавшимся еще в дебютной работе «Анархизм или социализм?»: «Главная цель будущего [социалистического] производства — непосредственное удовлетворение потребностей общества, а не производство товаров ради увеличения прибыли капиталистов». Во-вторых, что гораздо важнее, в ранг социалистического «закона» Сталин и тогда и теперь возводит именно то, что в своих философских экскурсах с достаточной определенностью постулировал как главную двигательную силу всей вообще мировой истории с первобытных времен — «развитие материальной жизни общества». Это «развитие» (отметим вкрадчивое обособление, автономизацию исторического процесса) абсолютно телеологически выдвигает перед обществом адекватные «задачи»,

---

[532] См.: *Волкогонов Дм.* Кн. II, ч. 2. С. 154; *Ципко А.* О зонах, закрытых для мысли // Суровая драма народа. С. 188. (Там же (С. 189) см. о сильном влиянии Преображенского на сталинские идеи в области экономики.)

разрешаемые при содействии рациональных идей, теорий и политических учреждений; напомним, что последние, «облегчая продвижение общества вперед», имеют для него «величайшее организующее, мобилизующее и преобразующее значение».

Между тем, согласно «Экономическим проблемам», совершенно идентичную, только более упорядоченную, роль при советской власти выполняет «планирование народного хозяйства, являющееся более или менее верным отражением этого закона». Планирование бесплодно, «если неизвестно, во имя какой задачи совершается плановое развитие... или если задача не ясна <...> Эта задача содержится в основном экономическом законе социализма в виде его требований, изложенных выше». Описав телеологическую кривую, определение вернулось к самому себе, отождествив в этом процессе так называемые объективные факторы с волюнтативно-субъективными, закон — с целеполаганием[533]. Коль скоро и «задачи», и их планомерная реализация определяются в конечном результате тем же Сталиным, в нем будет сосредоточена вся воля, вся «жизнь» советского общества. Его коммунизм и был не чем иным, как волей к всепоглощающей власти. Но где тот «перводвигатель», которым она санкционировалась?

РУСЛО ПОТОКА

На старости лет людям свойственно задумываться о Боге или вечных основах бытия. Как показывают сталинские писания, метафизические позывы не обошли и стареющего вождя, вступив в довольно напряженные отношения с его истребительной диалектикой. Есть ли в неудержимо меняющемся мире, в бурлящем чередовании природных и человеческих *кадров* хоть что-то неизменное? Где исток или русло темного неиссякаемого потока?

Примерно таким вопросом Иосиф Джугашвили впервые задался еще в работе «Анархизм или социализм?», но тогда попросту не смог вникнуть в метафизическое существо и методологию проблемы. «Мыслимо ли, — рассуждает он, правда, по другому, не философскому поводу, — чтобы то, ч т о н е и з м е н я л о с ь, определяло собой то, что в с е в р е м я и з м е н я е т с я?» Взять, допустим, еду: «Еда, форма еды не изменяется <...>, а идеология все время изменяется».

---

[533] Его формула озадачивала даже истовых сталинистов. Ср. не совсем вразумительное возражение Молотова: «Как может экономика сама ставить задачу обеспечения? Это могут быть движущие силы, конечно, идеологические, психологические. И считать это объективным законом, а он указывает в начале, что объективный закон — это закон, действующий независимо от воли человека...» (Сто сорок бесед с Молотовым. С. 453).

Значит, еда не может быть основой идеологии. Экзотическая аргументация как-то даже не согласуется с богословско-логическим подходом, столь показательным для его публицистики. Так или иначе, смутное влечение к непоколебимому субстрату не исчезает и в этой ранней работе, где оно принимает, как мы помним, черты, шокирующие благочестивых марксистов. Деформируя в спинозистском ключе плехановскую материалистическую онтологию, начинающий теоретик пишет, что «монизм исходит из о д н о г о принципа — природы или бытия, имеющего материальные и идеальные формы». (В дальнейшем он их постоянно смешивает или отождествляет.)

Спустя много десятилетий отголосок этих поисков можно обнаружить в работе о языкознании. Солженицын («В круге первом») пытается реконструировать ход мысли ее автора: «Экономика — базис, общественные явления — надстройка. И — ничего третьего. Но с опытом жизни разобрался Сталин, что без третьего не проскачешь»[534]. Итоговый характер темы уловлен, мне кажется, правильно, хотя дело тут, конечно, не в житейском «опыте», поскольку нам известно, что влечение к «средней линии», к равнодействующей, присуще ему едва ли не с первых дней. Но был ли язык — который Сталин практически отождествлял с мышлением[535] — этим «третьим», т.е. связующим, посредующим элементом? Сам автор, в письме Е. Крашенинниковой отрицал эту возможность: «Его [язык] нельзя также причислить к разряду "промежуточных" явлений между базисом и надстройкой, так как таких "промежуточных" явлений не существует». Если перевести вопрос в метафизическую плоскость, то его придется сформулировать иначе: служил ли язык, с точки зрения Сталина, общим субстратом для базиса и надстройки?

Заманчиво, конечно, проследить тот универсальный и весьма высокий статус, который Сталин придавал языку, прямо к Евангелию от Иоанна: «В начале было Слово, и Слово было у Бога, и Слово было Бог», — как попытался сделать Юлиан Семенов в последней, уже перестроечной части своего шпионского опуса (Штирлиц в лапах МГБ)[536]. Но выше мы видели, что логос у марксиста Сталина онтологически все же отнюдь не первичен — ведь *в начале* вроде бы сложилось именно «общество», а язык «для того и создан, чтобы служить обществу как целому в качестве орудия общения людей». Из сталинской формулы непонятно, правда, откуда взялось самое это «обще-

[534] *Солженицын А.* Указ. соч. С. 137.

[535] Из статей, посвященных сталинскому лингвистическому трактату, заслуживает внимания только что появившаяся работа, где отмечена забавная перекличка между ним и некоторыми направлениями западной философии (поздний Витгенштейн и др.); там же см. ценное упоминание о «гераклитовском» характере сталинской версии диалектического материализма. — *Smith E. S.* Stalin and the Linguistic Turn in Soviet Philosophy // Wiener Slawistischer Almanach, 1999. Bd. 43.

[536] *Семенов Ю.* Отчаяние // Детектив и политика. М., 1989. Вып. 2. С. 214.

ство», для возникновения которого заведомо необходим был связующий его язык. Неясность же обусловлена постоянным у Сталина раздвоением: «общество» преподносится как некоторая одушевленная субстанция, обособленная от своих «членов» и провиденциально пекущаяся об их потребностях. При желании в дальнейших его раздумьях о целевых функциях языка, служащего обществу для «обмена мыслями», без которого невозможно наладить «общественное производство», легко усмотреть какую-то непредумышленную пародию на «тектологию» Богданова. Но вместе с тем, судя по другим сталинским высказываниям, язык как-то изначально и неразрывно связан, синхронизирован с этим обществом: «Он рождается и развивается с рождением и развитием общества. Он умирает вместе со смертью общества. Вне общества нет языка». Если проигнорировать бренность обоих — пусть долговременных — компонентов этого двуединства, то их синхронизация действительно очень напоминает неразрывную взаимосвязь Бога-Отца и Его Сына-Логоса.

Согласно Сталину, язык выполняет важнейшую социальную миссию — консолидации, сплачивания общества или народа. Под тем же углом рассматривает он и самое строение языка, замечательно сходное в его подаче с централизованным партийным строительством:

> Главное в словарном составе языка — основной словарный фонд, куда входят и все *корневые* слова как его *ядро.*

Грамматические «корни», бесспорно, должны были ассоциироваться у него с аграрным прорастанием кадров, собирающихся в командное ядро. Подобно партийному активу, словарный фонд затем расширяет свои кадры — он «дает языку *базу* для образования новых слов». Но где же в этой картине бакинский «передовой рабочий» — глашатай, вождь и знаменосец самого ядра, который указует ему дорогу вперед и упорядочивает шествие? Или, если воспользоваться другой советской метафорой, где великий зодчий этой социалистической стройки?

> Однако словарный состав, взятый сам по себе, — продолжает Сталин, — не составляет еще языка, — он скорее всего является строительным материалом для языка <...> Но словарный состав языка получает величайшее значение, когда он поступает в распоряжение грамматики языка, которая определяет правила изменения слов, правила соединения слов в предложения и, таким образом, придает языку стройный, осмысленный характер.

В общем, директивная роль грамматики изофункциональна «организующей и мобилизующей» работе идей или, точнее, самих вождей-идеологов, претворяющих неоформленные классовые устремления в стройные и ясные концепции. В силу этой аналогии, владеющей сталинской схемой, получается, что словарный состав накапливается, так сказать, сперва сам по себе, в никак не упорядоченном виде, и лишь потом поступает в аппаратное «распоряжение грамматики». Путаница возникает, ко всему прочему, из-за топорно понятой марксистско-материалистической доминанты: ведь материя, исподволь отождествленная здесь со «словарным составом», онтологически должна предшествовать своему идеальному отображению и осмыслению, которое в данном случае представлено грамматикой. Последняя, поясняет Сталин, «абстрагируясь от частного и конкретного как в словах, так и в предложениях... берет то общее, что лежит в основе изменений слов и сочетаний слов в предложениях, и строит из него грамматические законы. Грамматика есть результат длительной абстрагирующей работы человеческого мышления».

До августейшего лингвиста не доходит разница между грамматикой как внутренней регулятивной моделью самого языка («то общее, что лежит в основе...») — и грамматикой как нормативным описанием этой модели. В сущности, его мысль и здесь пребывает в каком-то плавающем, межеумочном состоянии между «имманентным» и «трансцендентным» модусами объекта.

Как бы то ни было, ясно, что в языке его привлекает как раз некая стабильность, преемственность, устойчивость[537], заменяющая для него другие, богословские ценности. Хотя сама работа написана в поучение «молодежи» и направлена против замшелых марристов, она насыщена странным для автора, чисто старческим, пафосом медлительности, тягучего растягивания и, по наблюдению Солженицына, отдает предпочтение эволюционным процессам перед взрывными, революционными метаморфозами. Длительность занимает его как суррогат вечности: язык, напоминает Сталин, создан «усилиями сотен поколений»; его словарный фонд «живет очень долго, в продолжение веков», а управляющий им «грамматический строй» — «в течение ряда эпох».

Но ведь за «общенародным языком» стоит сам народ. В своем державном национализме[538], совпадающем с этой духовной переориентацией, Сталин словно бы опирается на максимально широкий спектр русского населения, шокирующе игнорируя его классовую дифференциацию. Может быть, как в горьковском «богостроительстве», народ — это и есть вечное русло потока, заместитель божества?

---

[537] Аналогичная тенденция проглядывает в его убогой военной доктрине, где он упорно подчеркивает «решающее значение» «*постоянно* действующих факторов» — и в 1947 г. даже заставляет особо выделить этот стратегический вклад в своей «Краткой биографии».

[538] Ср. весомое свидетельство Молотова: «Не зря Сталин занялся вопросами языкознания. Он считал, что когда победит мировая коммунистическая система, а он все дело к этому вел, главным языком на земном шаре, языком межнационального общения, станет язык Пушкина и Ленина...» (Сто сорок бесед с Молотовым. С. 268—269).

Руководители приходят и уходят, а народ остается. Только *народ бессмертен.* Все остальное — преходяще», — говорит он в октябре 1937 года, фактически повторяя изречение не упомянутого им Горького из «Исповеди» о «бессмертном народушке». Вскоре, на неофициальной праздничной встрече в Кремле, он, отвечая на лесть Димитрова, возвращается к этому афоризму: «Личности в истории появляются и уходят, а народ остается, и он никогда не ошибается», — но под народом он подразумевает на сей раз приведшую его к власти родную «середняцкую массу» партии, ее «костяк», «основу основ»[539]. А в 1942-м, во время войны, Сталин щедро переносит приметы вечности даже на немцев: «Опыт истории говорит, что гитлеры приходят и уходят, а народ германский, а государство германское — остается».

Безусловно, во всем этом было немало его обычного лицемерия. В том же 1937 году собственный «бессмертный народ» он истреблял почти с таким же размахом, как спустя пять лет — «народ германский». Тем не менее эти тирады, в общем, соответствовали кадрово-хтоническим предпочтениям Сталина и его крепнущему национализму. Но «бессмертен» ли и вправду народ — тот, что уцелеет после Сталина? На этот счет у него нет иллюзий, судя по трактату о языкознании, где он упоминает о неминуемой смерти всякого данного «общества».

Что же остается незыблемым, кроме самого протекания, смены исторических фаз? Еще в 1924 году он обмолвился оксюморонной сентенцией, привычно соединившей застылость с развитием: «Перефразируя известные слова Лютера, Россия могла бы сказать: "Здесь я *стою*, на рубеже между старым, капиталистическим, и новым, социалистическим, миром <...> Да поможет мне бог истории"». Если заменить «бога» на «крота истории», кредо можно отнести к самому Сталину. По сути, он и на склоне дней сохраняет верность двупланной позиции, сопрягающей статику абсолюта с абсолютной динамикой. В этом амбивалентном ключе он и завершает брошюру о марксизме и вопросах языкознания, обрушиваясь с критикой на консервативных «талмудистов и начетчиков»: «Марксизм не признает неизменных выводов и формул, обязательных для всех эпох и периодов. Марксизм является врагом всякого догматизма». Другими словами, неизменен в этом вечном бурлении только сам марксизм — или то, что сохранил от него Сталин. Но что сохраняет он от себя самого?

Два Сталина

В своем культе он гениально сплавил две солнечных утопии — социалистическую и абсолютистскую. Он и сам подверстывал свой образ

---

[539] См.: *Такер Р.* Сталин у власти. С. 439.

к некой солярной религии. Громов описывает его реакцию на высказывание Анатоля Франса о Наполеоне: «"Если бы ему нужно было выбирать для себя религию, Наполеон избрал бы обожание солнца, которое все оплодотворяет и является настоящим богом земли". Диктатор подчеркивает эти строки синим карандашом, красным обводит слово "солнце". Красным же пишет на полях: "Хорошо!"»[540]. И в самом деле, одним из монархических штампов госфольклора становится сопоставление вождя с солнцем — «красным солнышком», которое, побеждая зиму, старость и смерть, несет новое рождение советским народам. Но в то же время на этой метафорической шкале Сталин порой превосходит самое светило, будто снабжая его руководящими указаниями: «По-иному светит нам / Солнце на земле: / Знать, оно у Сталина / Побыло в Кремле». Еще чаще каноническое сравнение, после краткого раздумья, отвергается сказителем за недостаточностью — отвергается в пользу Сталина («он ярче солнца в июне») или его столь же вечного близнеца из Мавзолея:

> Сравнить ли? Ты блещешь лучами,
> А к ночи сбегаются тени.
> Он же, всегда он с нами,
> Как солнце нам светит Ленин[541].

> Где сравненье, достойное для полководца побед?
> Сталин больше, чем солнце, —
> Ведь солнце не всех освещает, —
> А великий наш вождь всем, кто трудится, — радости свет[542].

Это странный, незакатный свет, вечно стоящее в зените солнце, не чередующееся с ночной тьмой. Казенная агиография довольно мало повествует о страдальческом умирании и воскрешении вождя, если не считать положенной ему должностной квоты скромного революционного мученичества, наподобие бакинской тюрьмы или ледяной туруханской ссылки. Никакого жертвенного преображения, никаких мистических метаморфоз, сопряженных с духовными исканиями, — только неуклонный рассвет и за ним сияние полудня (Сталин за редкими исключениями запрещает рассказывать о своем дет-

---

[540] *Громов Е.* Указ. соч. С. 44—45.

[541] Советский фольклор. С. 95—96. Понятно, что если Сталин — это Ленин сегодня, то Ленин — это Сталин вчера, и приметы вождей взаимозаменимы, хотя предпочтение, естественно, отдается новому правителю. Не стоит все же переоценивать искренность народных льстецов. Порой они так проговариваются, что остается лишь поражаться невежеству цензуры. Прославленная Марфа Крюкова, к примеру, изобразила Ленина в следующем виде: «Он сидит за столиком дубовым же, / Он на стулике на дубовом же, / Он и пишет рукописаньице, / Рукописаньице великое, / Ишше было чего пописать ему, / Как *вся вселенна под видом была*» (Там же. С. 141). Это, конечно, портрет сатаны, поработившего весь мир, из знаменитого апокрифа о «рукописании Адамовом».

[542] Там же. С. 157.

стве и отрочестве). Место инициационных страстей занимают равномерно нарастающие «победы над врагами» как витки уверенного восхождения к божественному апофеозу. Однако наряду с этим статическим величием, есть и вторая, повседневно-динамическая сторона его культового облика.

Пребывая на неотмирных высотах, вождь олицетворяет абсолютную истину — но одновременно, в своей юдольной ипостаси, он вместе со всем советским народом еще только шествует к ней. Он нисходит под землю и в глубины сердец, чтобы распознать там дьявольские козни; удаляется в мрак государственной тайны, чтобы озарить потом всех светом откровения. Он и гарант цели, и способ ее достижения; воплощение коммунизма, и дорога к нему; одновременно и демиург, и преданный жрец демиурга, освежающий страждущую землю благодатной росой мудрых статей, речей и респонсов, которые разрешают недоумение любого советского человека, от высокоумного академика до скромнейшего «винтика» — Иванова Ивана Филипповича. Он живет в каждом — и бытийствует надо всеми.

И это же раздвоение нагнетается в его официальном отношении к собственной личности. Тут стоит вернуться к сталинской манере говорить о себе в третьем лице, которая ранее упоминалась среди прочего по поводу его удивительного призыва «сплотиться вокруг партии Ленина — Сталина» (июль 1941 г.). Понятно, что сам автор лозунга применительно к этому тотему занимает лишь подчиненное, служебное положение: на собственный лучезарный лик председатель ГКО взирает как бы снизу, взглядом истового адепта[543]. Такую же почтительную позу принимает он, включая «труды Сталина» в компендиум непререкаемого марксистского наследия. Зато совсем иначе он ведет себя в тех — правда, довольно редких — обстоятельствах, когда критикует эти работы за несвоевременность и непригодность в новых условиях. Скажем, в брошюре 1926 года «К вопросам ленинизма» Сталин упраздняет «старую, совершенно недостаточную формулу из брошюры Сталина» 1924 года. Спустя четверть века, в 1952-м, он, го-

---

[543] См. замечательное определение Авторханова: «Его самовосхваление было вовсе не "самолюбованием", самоцелью, а обдуманной системой самоутверждения верховного бога в интересах большевистского режима. Его личные интересы при создании этого бога были подчинены интересам большевизма, претендующего на владение абсолютной истиной во всей истории человечества. Абсолютная истина — это и значит большевистский бог, персонифицировавшийся в имени "Сталин". Партия подняла своего бога на такую недосягаемую высоту, что иной раз сама личность Сталина отрывается от общего объекта поклонения — от "бога-Сталина". Совсем не случайно он часто говорил о себе в третьем лице <...> Этому богу добровольно молилась вся партия, принудительно — весь народ; *сам Сталин ему тоже молился*. Вот почему Сталин занимался не возвеличиванием себя, а воздаянием положенной церемонии дани своему второму "я" — "богу-Сталину"» (*Авторханов А.* Загадка смерти Сталина (Заговор Берия). С. 113). См. также: *Жижек С.* Возвышенный объект идеологии. М., 1999. С. 114.

воря об экономике, вновь призывает «откинуть» другую свою «известную формулировку» как «неточную, неудовлетворительную». Аналогичной критике подвергается заодно не менее устаревшее ленинское положение: «Можно ли утверждать, что известный тезис Сталина <...> все еще остается в силе? Можно ли утверждать, что известный тезис Ленина <...> все еще остается в силе? Я думаю, что нельзя этого утверждать. Ввиду новых условий <...> оба тезиса нужно считать утратившими силу».

Итак, правильность или, напротив, неактуальность «тезисов Сталина» оценивает сам Сталин, только нынешний, вновь и вновь соединяющий в себе динамический релятивизм с застылой авторитарностью вердиктов. Отрекаясь от себя прошлого, он приносит его в жертву своему сакральному alter ego. Нелицеприятная самокритика замещает репрессии против пройденного этапа собственной личности, являя собой стадию ее диалектического самоуничтожения во имя сверхцели, тоже олицетворяемой Сталиным. Метафизическую подоплеку этого раздвоения чудесно уловил неведомый сочинитель квазифольклорной лакской песни:

> Но, Сталин, ты выше
> Высоких небес,
> И выше тебя
> Только мудрость твоя[544].

Только состарившийся обладатель этой надмирной мудрости не подлежал замене и ликвидации в том истребительном круговороте, который напоследок должен был унести его ближайших сообщников, но который захватил его самого.

---

[544] Советский фольклор. С. 97.

Эпилог

Книга закончена, и ее заключение уместно будет обвести полумифологическим абрисом. Где-то в начале 1950-х годов Берия, Маленков, Хрущев и Булганин решили спасти свою жизнь, убив Сталина — или, по крайней мере, лишив его врачебной помощи. По воспоминаниям Молотова, 1 мая 1953 года на трибуне Мавзолея Берия сказал ему: «Я его убрал. Я вас всех спас»[545].

Первобытным ужасом веет от последующего распоряжения хрущевского руководства придавить могилу Сталина двумя железобетонными плитами («Будто боялись, что выйдет из гроба», — комментирует Радзинский)[546]. Но встречная магия надежды сквозит в том, что похоронная команда решилась саботировать приказ.

Сегодняшняя массовая ностальгия по Сталину по-прежнему опирается на мощнейший фольклорно-мифологический пласт. Мартовские шествия, посвященные годовщине его смерти, дышат смутной верой в неминуемое возвращение вождя, сопряженное с тем же пробуждением самой земли, которое мы находим в преданиях о Сослане или Сосруко. В них тоже говорится о самом начале весны[547]:

> Сосруко любил жизнь... Он знал, что все растет и обновляется на земле, и сказал своим убийцам:
> — Отнесите меня туда, где все растет и обновляется.

---

[545] Сто сорок бесед с Молотовым. С. 328. Эти сведения, как и свидетельства, собранные А. Рыбиным (*Волкогонов Дм.* Кн. II, ч. 2. С. 193 и след.; *Радзинский Э.* Указ. соч. С. 610 и сл.), в общем, подтверждают известное предположение Авторханова, высказанное в «Загадке смерти Сталина».

[546] *Радзинский Э.* Указ. соч. С. 624.

[547] *Дюмезиль Ж.* Указ. соч. С. 88; Нарты. С. 228.

Но... они зарыли Сосруко живым в землю, придавили его тяжелым камнем, засыпали землей и воздвигли огромный курган.

И с той поры каждый год в тот весенний день, когда Сосруко закопали живым в землю, оживают животные, реки освобождаются от ледяных оков, пробуждаются травы и тянутся к свету земли.

И Сосруко <...> рвется наверх, на свет, но не может сквозь подземную толщу пробиться туда, где все растет и обновляется, — и невольно льются слезы из его глаз.

Ведь здесь, в стране живых, у него еще столько дел:

Каждую весну, когда перепел кричит "куу" и начинает расти лопух, Сосруко кричит из-под земли:

— Когда небо голубое, земля зеленая, появиться бы мне на свете хотя бы на семь дней, свободно проехать по ней! Я бы вырвал глаза всем моим врагам, я бы сровнял с землей всех, кто чинит на земле несправедливость!

Иерусалим, 1998—2000

Указатель имен*

Абрамович Р. 264—266
Абрамович Роман 264
Аввакум 251
Авдеенко А. 25
Авксентьев Н.Д. 360
Авторханов А. 8, 14, 15, 18, 19, 34, 54, 238, 245, 268, 271, 273, 275, 276, 308, 309, 369, 371
Агранов Я. 252
Агурский М. 8, 130, 140, 147, 153, 168, 181, 243—247, 252, 269
Азеф Е.Ф. 356
Айзман Д. 151
Аксаков К. 203
Аксельрод-Ортодокс Л.И. 156
Аксельрод П.Б. 105, 133, 140, 146, 149, 265, 266, 329, 331
Алданов М.А. 25, 26
Александр Невский 51
Александров — см. Василевский А.
Александров Г.Ф. 182
Александровский В. 179, 180
Алексей Михайлович (царь) 315
Алексинский Г.А. 149, 150, 155, 329
Аллилуева Анна 20, 21
Аллилуева Надежда 164, 165, 196
Аллилуева Светлана 18, 20, 21, 23, 25, 140, 165, 196, 197, 253, 340
Андреева Е. 90
Ан-ский С.А. 143
Антонов-Овсеенко А. 8
Аристотель 22, 38, 41
Аросев А. 208, 209
Арский П. 179
Арцыбашев М.П. 21
Асатиани 182
Астахова А. 129
Ауфенберг И. 21
Афанасьев Ю.Н. 52, 53

Бабиченко Д.Л. 17, 129, 255
Баграмян И.Х. 46

Бажанов Б. 146, 251, 253, 275, 303
Бакунин М.А. 140, 246
Бамматов 304
Барбюс А. 97, 289, 290, 341
Бардина 55
Бар-Селла З. 14, 23, 119, 162
Батиев С. 183
Баткин Л. 25
Бауэр О. 139, 153
Бебель А. 186, 190, 209—211, 324, 331, 350
Бедный Демьян 22, 64, 92, 113, 118, 129, 150, 151, 211, 212, 216, 254
Безансон А. 156, 229, 316
Безыменский А.И. 26, 27, 204, 207, 224
Бейгельман М. 215
Белади Л. 8, 181
Белозеров А. 170, 175
Белоруссов А.С. 32
Белый Андрей 11
Бенеш Э. 166
Бережков В. 165
Березовский Б.А. 264
Берия Л.П. 67, 225, 245, 308, 355, 356, 369, 371
Берлин П. 12
Бернштейн А. 163, 241
Бесошвили (Сталин) 165
Беспалов М. 204
Блаватская Е.П. 145
Благовещенский Ф. 13
Блюм А.В. 254
Бобровский В. 269
Богданов А.А. (поэт) 169, 171, 176
Богданов А.А. (Малиновский) 48—50, 132, 133, 146, 156, 168, 246, 329, 351, 365
Богораз-Тан В.Г. 22, 174
Бонч-Бруевич В.Д. 130, 132, 171, 176, 210, 290
Борисова Ю.В. 338

---

* Сост. В. Е. Степанова.
   Поскольку Сталин и Ленин упоминаются почти на каждой странице, в указатель имен они не включены.

Содержание

Михаил Вайскопф

ПИСАТЕЛЬ СТАЛИН

Оформление серии Н. Песковой

Редактор *Е. Шкловский*
Корректоры *Л. Морозова, Л. Белова*
Верстка *В. Дзядко*

ООО «НОВОЕ ЛИТЕРАТУРНОЕ ОБОЗРЕНИЕ»
Адрес издательства:
129626, Москва,
абонентский ящик 55
тел. (095) 976-47-88
факс (095) 977-08-28
e-mail: nlo.ltd@g23.relcom.ru
http://www.nlo.magazine.ru

ЛР № 061083 от 6.05.1997

Формат 60x90/16
Бумага офсетная № 1
Усл. печ. л. 24. Тираж 2000 экз. Зак. № 3412.
Отпечатано в полном соответствии
с качеством предоставленных оригиналов
в ОАО "Ярославский полиграфкомбинат"
150049, Ярославль, ул. Свободы, 97